In den von Umbruch und Unruhen geprägten Neunzigerjahren war Samuel Meffire das Gesicht einer sächsischen Antirassismus-Kampagne, war befreundet mit einem Minister, erhielt Einladungen zu öffentlichen Empfängen, Talkshows und etlichen Medienauftritten. Doch dann rutschte er vom Vorzeigepolizisten in die Kriminalität ab und wurde zu einem weltweit gejagten Verbrecher. Nach sieben Jahren im Gefängnis kämpfte er sich ins Leben zurück und begab sich erneut an die »Frontlinie« sozialer Verwerfungen, diesmal jedoch nicht als Polizist, sondern als Sozialarbeiter und Coach zum Thema Gewaltauffälligkeit.

Die außergewöhnliche und spannende Geschichte einer bewegten deutsch-deutschen Biografie.

SAMUEL NJANKOUO MEFFIRE wurde 1970 in Zwenkau bei Leipzig geboren. Was er an ungewöhnlichen Erfahrungen gemacht hat, reicht mindestens für zwei Leben. Heute ist er endlich angekommen. Mit seiner Frau und seinen zwei Töchtern lebt er in Bonn und arbeitet mit gewaltauffälligen Jugendlichen und als Coach für MitarbeiterInnen im Öffentlichen Dienst zum Thema Gefahrenlagen. Berufsbegleitend studiert er Soziale Arbeit an einer Fernuniversität.

Samuel Meffire

mit Lothar Kittstein

Ich, ein Sachse

Mein deutsch-deutsches Leben

Ullstein

Besuchen Sie uns im Internet:
www.ullstein.de

Wir verpflichten uns zu Nachhaltigkeit
- Papiere aus nachhaltiger Waldwirtschaft
  und anderen kontrollierten Quellen
- ullstein.de/nachhaltigkeit

Ungekürzte Ausgabe im Ullstein Taschenbuch
1. Auflage August 2024
© Ullstein Buchverlage GmbH, Berlin 2023/ Ullstein Extra
Wir behalten uns die Nutzung unserer Inhalte für Text und
Data Mining im Sinne von § 44b UrhG ausdrücklich vor.
Umschlaggestaltung: zero-media.net, München nach einer Vorlage
von Christian Amouzou, Aachen
Titelfoto: © Krentz, Aachen
Satz und Repro: LVD GmbH, Berlin
Gesetzt aus der Scala Pro
Druck und Bindearbeiten: ScandBook, Litauen
ISBN 978-3-548-06921-0

I.
Die fremde Heimat

Bonn, Mitte Juli 2021

»Papa?«

Der Ruf schallt über den kurzen Flur und biegt dann im Galopp um die Ecke. Gerade habe ich die Reste des Mittagessens beseitigt und es mir am Küchentisch gemütlich gemacht. Ich wollte eigentlich nur kurz verschnaufen, innehalten und mich meiner Nachrichtensucht hingeben. Aber daraus wird wohl nichts.

»Papa!«

Nur zehn Minuten. *Spiegel*-Online und ich. Nur klitzekleine zehn Minuten. Davon träumte ich, aber jetzt ruft mich Una, die jüngere meiner beiden Töchter. Und mein Traum zerplatzt. Unas Tonfall sagt mir, dass sie einen Wal gefangen hat. Sie hat etwas Großes, etwas Ungeheuerliches entdeckt. So ungeheuerlich für eine Fünfjährige, dass es postwendend verkündet werden muss. So schnell es nur geht, so laut es nur geht. Jedem, der es hören will.

Una, das ist mein wuselndes, forderndes, unendlich neugieriges Akrobatik-Wunderkind mit Korkenzieherlocken. Ich bestaune mein Nachgeborenes tagtäglich voller Glückseligkeit und liebevoller Bewunderung. Wie es duftet. Wie es sich bewegt.

»Papa, komm! Komm schnell!« Unas Gespür ist legendär.

Nichts, wirklich gar nichts, bleibt ihr auf Dauer verborgen. Sie wühlt sich in die tiefsten Tiefen der Schubladen und erklettert die höchsten unserer Schränke. Sie ist eine Entdeckerin. Sie schafft es, mit meinen sorgsam gehüteten Textmarkern neu gestrichene Wände zu bekritzeln. Oder sich mit dem kussfesten Lippenstift ihrer Mutter zu verschönern, für den glaubhaften Horror einer Gesichtsbemalung, zu Halloween.

»Ich komme! Fass nichts an, bitte, ich komme!«

In der Mitte des Kinderzimmers thront, wie ein kleines Alienraumschiff, das Indoor-Trampolin. Daneben stehen ein Baumhausbett und ein Kletterbogen. Und auf der Fußbodenfläche wurden eine Million Sachen wild verstreut. Hier gibt es wirklich alles, was ein Kinderherz begehrt. Nur keine Una.

»Papa?« Die Stimme kommt aus meinem Arbeitszimmer. Das sollte so nicht sein. Mein Arbeitszimmer ist Sperrgebiet. Sie weiß, dass sie da nicht hineindarf. Zumindest nicht ohne meine ausdrückliche Erlaubnis. Im Arbeitszimmer lagern meine Sachen, mannshoch und chaotisch aufgetürmt: Bücherberge, Aktenordner und eine Armee selbst gebauter Trainingseisen. Das ist alles andere als kindersicher. Und im Arbeitszimmer lagern auch, fein säuberlich in Kisten verpackt, die Geister meiner Vergangenheit.

»Una! Was machst du da?!« Zu spät. Sie sitzt im Schneidersitz unter dem Schreibtisch, vor ihr eine geöffnete Kiste. In der Hand hält sie einen vergilbten zerknitterten *Bild*-Artikel.

Ich wollte diese Kiste nicht öffnen. Noch nicht. Ich habe sie zusammen mit fünf anderen ganz oben in das Regal gestellt, hinauf auf das höchste Brett, so weit weg wie nur eben möglich. Es ist eine beige Pappschachtel, voll mit toxischen Erinnerungen. Doch mein Leben wird jetzt von Disney+ verdaut, diesen ewigen Erzählern epischer Märchen. Yes, it's unreal. Meine Vergangenheit taugt trefflich zu einem Horrorfilm, doch die machen daraus ein prachtvolles Drama, mit allem Drum und Dran. Bloß ohne Einhörner, Zauberer und singende Feen. Merde, verdammte. Die toxischen Kisten habe ich den Leuten von der Produktion versprochen und dafür aus dem Regal geholt. Und jetzt hat Una eine davon.

Ich habe eine Reihe von überaus fragwürdigen Dingen getan. Von unentschuldbaren Dingen. Und deren Ergebnisse waren ... verheerend. So viele Irrtümer. So viele Verluste. So viel Schmerz. Über die die Zeit hinweggeht und so alles der Sinnlosigkeit anheimfallen lässt. Doch dann kamen die vom Film, und ich habe mit ihnen einen Deal gemacht für Geld. Und gegen das Vergessen. Zu diesem Deal gehört, dass ich mich an alles erinnere. Und da ich das nicht kann, habe ich die verdammten Kisten aus dem Regal geholt. Ich wollte sie öffnen. Irgendwann. Vielleicht bald. Nur jetzt noch nicht.

»Was steht da, Papa?«

Una zeigt auf die Schlagzeile, unter der mein Foto prangt. Mein jüngeres Ich schaut mich an. Mit ruhiger, kalter Grimmigkeit. Ja, das bin ich. Ich könnte versuchen zu leugnen, aber es wäre sinnlos. Im Angesicht des Artikels flutet mich sorgsam Verdrängtes. Steigt herauf wie eine kalte ölige Flüssigkeit. Bizarre Blitzlichter des Vergangenen.

»Nigger! Verdammter, dreckiger Nigger!« Sie brüllen und toben auf dem Flur. Noch einmal rammen sie die Tür. Putz rieselt weißlich und dünn aus der Spalte um den Rahmen. »Komm raus da! Du und deine Hure, ihr seid tot!«

Ein Knall. Der Tritt lässt die Tür des Nachtclubs auffliegen. »Auf den Boden! Los, los, auf den Boden!«, brüllt jemand. Ein Kommando. Eine Drohung. Ist das meine Stimme?

Der schraubstockartige Händedruck des Ministers. Ein langer, eindringlicher Blickkontakt. »Ich zähle auf dich, Sam. Denk daran, wofür du Polizist geworden bist. Denk daran, was hier auf dem Spiel steht!«

Die sterbende Frau auf dem Gehweg. »Ich bin Presse! Ich mache hier Fotos!« Der laute große Kerl mit der Kamera. Das

Zischen vom Blitzlicht. »Verpiss dich!« Dunkel rauschende Wut. Ich habe es nicht unter Kontrolle.

Wummernde Bässe. Techno-Disco-Hölle. Eine Hand auf meinen Unterarm. »Der Felix hat gesagt, dass du der Sam bist. Du bist doch der Ex-Polizist?« Sie ist ganz nah. Die Wärme ihres Körpers flutet aus ihrem Kleid heraus. Wieso sieht dieses Mädchen so aus wie die Zwillingsschwester von Fee? Mein Herz sticht und holpert.

Der wimmernde alte Mann am Boden. Endlich. Ein beschissener Ringkampf mit diesem Riesen. »Wo ist das Geld? Wo habt ihr das verdammte Geld?« Eine Vase zerschellt auf den Granitfliesen im Flur. Scherben unter meinen Schuhen.

Stille im Arrestloch. Diese verfluchte bodenlose Stille. Bis auf die knisternden Neonröhren und das Brummen der Ventilation. Ein Sarg unter dem Keller von irgendeiner Behördenfestung. Lange schaffe ich das nicht. Ich möchte gegen die ockergelben Kacheln springen. Mit Anlauf, wieder und wieder. Bis alles zerplatzt. Bis alles herausquillt, all die verdammten Gefühle und Erinnerungen. Und alles im kleinen Ablauf in der Bodenecke versickert. Und dann sollen sie kommen und meine Reste wegspülen.

»Papa?«

Ein Stimmchen aus weiter Ferne. Ich versuche zu verstehen, wo ich bin. Und was ich hier tue. Es dauert einen Augenblick.

»Papa? Was steht da?«

Unas Gesicht, besorgt und ganz nah. Fuck, wie lange war ich weg? Sie hält mir die Zeitung vor die Nase. Ach ja, dieser Artikel! Diese elende Schlagzeile.

»›Staatsfeind‹, Löckchen.« Ich lächle, obwohl mir nicht danach zumute ist. »Da steht: ›Staatsfeind Nr. 1 schreibt Bücher‹.«

»Und was ist ein Staatsfeind?«

»Das ist jemand, der den Staat angreift, Schatz. Der den Staat kaputt machen will.«

»Was ist der Staat?«

»Das sind wir alle. Wir alle zusammen. Das was allen gemeinsam gehört. Und die Regeln, die für alle gelten.«

»Das wolltest du kaputt machen?« Una schaut mich ungläubig an.

»Nein, Floh. Das wollte ich nicht. Das hätte ich auch nie geschafft.« Dabei ist es nicht mal so schwer, denke ich. Manchmal zerstören sich Gemeinschaften ganz von selbst. Sie implodieren einfach. Wenn es einmal anfängt, kann es unfassbar schnell gehen. Dann trauen sich die Wütenden hervor. Die Frustrierten. All jene, deren Leben sich ohnehin vergeblich anfühlte. Und zu ihnen gesellen sich die Soziopathen. Manchmal schwenken sie dabei braune Fahnen. Manchmal rote. Doch im Grunde ihres Herzens ist ihnen jede Ideologie völlig fremd. Es sind niedere Blutsäufer. Sie brauchen den Rausch am Leid der anderen. Ich habe das zweimal erlebt. Ich möchte es kein drittes Mal erleben.

»Warst du wirklich im Gefängnis?«

»Ja, Spatz.«

»Und wie lange?«

»Sieben Jahre.«

»Sieben Jahre?« Sie schaut mich entsetzt an. Dann rechnet sie. »Zwei Jahre länger, als ich auf der Welt bin!«

So ist es. Ein halbes Kinderleben. Ein ganzes Una-Leben.

»Aber du warst Polizist! Kommen Polizisten ins Gefängnis?«

»Wenn sie etwas Schlimmes gemacht haben, ja.«

Sie nickt. Das kann sie verstehen. Jetzt will sie wissen, was ich getan habe. Sie zögert. Spürt sie den Abgrund? Die Scham? Ja, immer noch Scham, selbst nachdem fast fünfundzwanzig Jahre vergangen sind. Scham. Nach all der Zeit. Una schaut zu Boden. Dort hat sie alte Schwarz-Weiß-Fotos ausgebreitet. Auf allen Bildern ist derselbe Mann zu sehen: ein Typ mit bulliger Statur, wie ein Ringer aus einer Hochschulmannschaft. Kurze Haare. Volle Lippen. Am Kinn trägt er einen sauber getrimmten Bart. »Wer ist das?«

Auf dem Bild, das Una in ihrer Hand hält, sitzt der Mann in einem Ausflugslokal. Sein linker Arm liegt lässig auf der Lehne einer Eckbank. Ihm gegenüber sitzt eine schlanke Frau mit Sonnenbrille, sie hat das Gesicht einer Katalogschönheit.

Es gibt noch mehr Fotos von den beiden. Wange an Wange. Arm in Arm. Innig vertraut miteinander.

»Mein Vater«, will ich sagen. Aber ich bekomme selbst diese zwei Worte nicht herausgewürgt. Ich räuspere mich. Einmal. Zweimal. Una sieht mich erwartungsvoll an. Das macht es nicht besser.

»Dein Papa?«

Ich nicke. Sie nimmt eins der Bilder, schaut es prüfend an. »Wie heißt er?«

»Meffire«, sage ich heiser. »Er hieß Samuel Meffire.«

Sie lacht. Es ist ein Lachen wie das Weihnachtsglöckchen meiner Großeltern. »Wie du? Darf man das? Genauso heißen?«

Ich lächele. »Glaub schon. Weißt du, in seiner Familie war das so üblich. Sie haben immer einen ihrer Söhne Samuel genannt, in jeder Generation. Menschen kommen und gehen. Der Name lebt weiter.«

Una nickt. Hält kurz inne. Wenn ich dieses Gespräch nicht schnell zu einem Ende bringe, sitze ich in der Falle.

»Samuel.« Sie wiegt das Wort bedachtsam auf ihrer Zunge, ist längst im Papa-Löcher-in-den-Bauch-fragen-Modus.

»Was bedeutet das? Bedeutet das was?«

»Es kommt aus der Bibel. Es heißt: der von Gott Erwünschte.«

Una betrachtet das Bild. »Er ist tot, oder?«

Auf einmal frage ich mich, ob man das den Bildern ansieht. Ob das an den ausgeblichenen Farben liegt, dem körnigen Schwarz-Weiß. Ob sie spürt, mit ihrem kindlichen Sensorium, dass der Mann dort längst zum Tode verurteilt ist.

Dass er mich, seinen zweiten Sohn, niemals sehen wird.

Ein weiteres Bild. Meine Kleine hat sich noch tiefer in die Kiste gegraben. Wieder mein Vater. Er sieht mich direkt an, so scheint es. Über mehr als ein halbes Jahrhundert hinweg. Über den Abgrund des Todes hinweg. Wie er dasitzt, etwas steif, fast offiziell, auf einer schiefen Holzbank. Das muss in Leipzig gewesen sein, da gab es einen Zoo, und irgendein Genosse hielt es wohl für eine witzige Idee, ihm, dem Afrikaner, für das Familienfoto ein echtes Löwenbaby auf den Schoß zu setzen. Oder hat man das damals mit allen so gemacht? Auf jeden Fall hockt da diese übergroße Miezekatze. Und rechts, neben meinem Vater, sitzt meine Mutter. Und links von ihm ist ein dünner Junge in kurzen Hosen, der schüchtern lächelt.

»Das bist du, Papa! Guck, das bist du!«

»Nein«, sage ich. »Das ist mein Bruder.«

»Du hast keinen Bruder!«, protestiert Una mit kindlich gerechter Empörung. Ja, stimmt. Hier gilt das Präteritum. Ich hatte einen Bruder. Ich habe keinen mehr. Das habe ich doch mal erzählt. Oder nicht? Ich bin mir plötzlich nicht mehr sicher. Und wenn nicht, worüber habe ich dann noch geschwiegen? Ich bin ein zugänglicher Vater. Ein entspannter, moderner Vater. Oder? Ich rede mit meinen Kindern fast über alles. Das tue ich doch. Verdammt ...

»Wo ist dein Bruder?«

»Tot«, murmele ich möglichst leise. »Mein Bruder ist tot.«

Sie legt das Bild auf den Boden, vorsichtig, mit einer beinahe zärtlichen Geste. Sie möchte die Toten nicht stören. Alle meine Toten. Da liegen sie vor uns auf dem Dielenboden des Arbeitszimmers. Für einen Moment ist es still, nur der Lüfter des Computers surrt vor sich hin. Vor uns liegen die Vergangenen. Meine wunderschöne Mutter. Mein Bruder. Mein Vater.

»Feli sagt, dass die Männer ihn ermordet haben.«

»Wen?« Wer soll wen ermordet haben? Ich bin alarmiert, und mein Ton ist schärfer als gewollt. Una lässt sich davon nicht beirren.

»Deinen Papa! Stimmt das, was Feli sagt?« Feli ist Unas zehnjährige Schwester. Woher weiß sie davon? Hat sie irgendwo etwas aufgeschnappt? Hat sie irgendetwas mitgehört? Ein Gespräch? Irgendein Telefonat? Diese kleine Agentin ... Ich investiere extrem viel Mühe, um meine Kinder von dieser Vergangenheit abzuschirmen. Diesem Giftmüll. Und den Dämonen. Meine Kinder sind hier und jetzt. Sie sind meine Gegenwart. Mein Glück.

Aber immer gelingt das mit dem Abschirmen nicht. Anscheinend ist das so. Una sieht ihre Chance als gekommen. Ihre großen blaugrünen Augen schimmern begierig. Es sind die Augen ihrer Mutter. Überaus geeignet, bei mir tranceartige Zustände auszulösen. Zustände des unfreiwilligen Wollens. Dieses Kind könnte in jeder Mentalisten-Show auftreten. Und tatsächlich haben wir heute Zeit. Es sind Sommerferien. Und meine Frau hat frei, sie muss nicht auf ihre Dienststelle und besucht irgendwo im Umland eine Freundin, sie wird erst spät zu Hause sein. Meine Frau hat mich zum »Schäfchenhüte-Dienst« abkommandiert. Heute sind es also nur die Schäfchen und ich. Und draußen regnet es seit Stunden. Es regnet wie aus Kübeln. Was bleibt an einem solchen Tag? Ich könnte maulen. Oder aber mich dem Unausweichlichen beugen. Ich habe die Schäfchen. Draußen tobt die nasse Hölle. Und die Mutter aller Dinge, die Kompaniechefin dieser Familie, ist *on the road*. Wir sitzen hier fest. Und so wird es ein Tag im Familienkokon, denn mit den Naturgewalten kann schlussendlich doch niemand konkurrieren.

»Komm«, sage ich zu Una. »Wir gehen in die Küche. Ich mach dir einen Kakao.«

»Und dann erzählst du mir alles?«

»Dann erzähl ich dir was.« Ich versuche es mit einer kleinen Einschränkung, die Una gewissenhaft überhört. Sie rennt voraus in die Küche und hechtet auf die purpurfarbene Couch. Sie weiß um das Hechtsprungverbot, doch ich lasse es durchgehen. Nichts darf den morgendlichen Frieden stören, schließlich bin ich mit den beiden kleinen Kobolden hier eingesperrt. Ich krame in den Schubladen und rühre einen Kakao zusammen. Morgens gibt es immer Kakao. Es muss immer gleich sein. Abweichungen beunruhigen mich. Sie sind die Vorboten von Störungen. Und hinter den Störungen lauert die Gefahr. Ich muss es wissen. Ich musste es lernen. Und genau deshalb liebe ich mein neues Leben. Grundlegend sortiert. Sauber. Und voll mit vertrauten Dingen.

»Wer hat deinen Papa umgebracht? Du warst doch Polizist, hast du sie verfolgt?«

Ich lache. »Der Reihe nach, Löckchen! Immer der Reihe nach.«

Und ich erzähle. Von Anfang an.

Kapitel 1

Vater

Mein Vater ist elf Jahre alt und hat keine Schuhe.

Keines der Kinder im Dorf hat Schuhe. Nur große Leute haben Schuhe, in dieser Zeit, in diesem gottverlassenen Winkel irgendwo im Nordwesten von Kamerun. Oft sind es geflickte Schuhe mit ausgebleichten Farben. Und die Alten im Dorf tragen Sandalen, damit ihre krummen, vernarbten Füße überhaupt in irgendeine Art Schuh passen.

Darum läuft mein Vater barfuß über den staubigen Feldweg, der von den Hütten bis zur Weggabelung im Wald führt. Von da schlängelt sich ein anderer Pfad zu einer anderen Gabelung und weiter und weiter, bis auf dem festgestampften Band aus Lehm nach Ewigkeiten die rotsandigen Straßen der Stadt Foumban erreicht sind. Da steht die Schule meines Vaters.

Manchmal hüpft Vater auf einem Bein, um sich von der brütenden, staubigen Hitze abzulenken. Vom Durst und von den schmerzenden Füßen. Manchmal hüpft mein Vater, aber meist schaut er zu Boden, denn es gilt den unzähligen spitzen, scharfkantigen Steinchen auszuweichen, die schmerzhaft in die Fußsohlen beißen.

Gegen die zehrende Länge des Wegs kennt mein Vater einen Trick: Er rechnet Aufgaben aus dem Mathematikunterricht, einfach so, im Kopf. Und er ist gut darin. Die Zahlen umschweben ihn wie die Noten einer Melodie, einer Musik, die nur er allein hören kann: Wenn sie fröhlich klingt, fast forderd, wie das Lied des Trauerdrongo-Vogels hinterm Dorf, dann stimmt auch das Ergebnis. So rechnet mein Vater. Das macht ihm Spaß.

All seine Freunde sind längst als Viehhirten auf der Weide gelandet. Manchmal denkt er darüber nach, ob das nicht besser wäre, die Weide. Das Lernen in brütender Hitze ist anstrengend. Und wer im Unterricht das Falsche sagt oder schwätzt, bekommt häufig den Stock zu spüren. Schule ist kein Zuckerschlecken in diesem Land, in dieser Zeit, Anfang der Neunzehnfünfzigerjahre, in diesem entlegenen Winkel des französischen Weltreichs. Soll er seine Tage nicht lieber mit den anderen Jungs verbringen? Im Schatten der großen Akazie liegen, dicht bei den friedlich grasenden Rindern?

Aber irgendwo im Kopf meines Vaters flüstert diese Stimme: »Da ist noch eine andere Welt, *mon petit*. Hinter den Büschen und hinter dem Staub. Da gibt es noch viel mehr!«

Rauszukommen, davon träumen viele in Kamerun. Wer auf dem Dorf lebt, träumt von der Provinzstadt. Wer in der Provinzstadt lebt, träumt von Yaoundé, dem Regierungssitz. Und alle träumen vom fernen, unerreichbaren Märchenland namens Europa. Wo man Französisch spricht, die elegante, zungenverknotende Sprache der Kolonialherren, die die Weißen hergebracht haben und mit deren fremdartigen Lauten die Schulkinder auf ihren Bänken tapfer kämpfen; Tag für Tag. In Europa stehen riesige Türme aus Stahl und Glas. Und man isst von weißen Tellern wie aus Elfenbein, erzählt man sich. Europa scheint voller Wunder. Und es ist unendlich fern. Dennoch ruft es und lockt.

Mein Vater erzählt seiner Großmutter von der Zahlenmelodie in seinem Kopf. Sie nimmt ihn zur Seite, zu ihrer Hütte hinüber und steckt ihm ein großes Stück Backbanane in den Mund. Großmutter ist mittlerweile runzlig und zahnlos. Und sie starrt ihn an wie eine fünfhundertjährige zweibeinige Schildkröte.

»Das kommt vom Herrn«, sagt sie schließlich. »Die Stimme in deinem Kopf kommt von Jesus. Hör auf sie!«

»Aber was soll ich tun?«

»Der Herr hat einen Plan für jedes seiner Kinder«, flüstert die Großmutter im Halbdunkel der Hütte, in der es so angenehm nach der frittierten Banane riecht. »Er bewirkt das Wollen ebenso wie das Vollbringen. Das steht in den Briefen der Apostel. Lies das. Und versuche zuzuhören.«

»Und dann? Was passiert dann?«

Hören ist eine Sache, aber das Richtige tun ist eine ganz andere. Mein Vater ist bloß ein Junge. Was soll ich tun, wenn Gott mich ruft, fragt er sich.

»Dann tust du, was die Stimmen dir sagen. Dann tust du was Er will.«

Mein Vater saugt jedes dieser Worte auf. Er verbirgt sie, tief drinnen, wie einen heimlichen Schatz. Die Großmutter hat ihn herumgetragen, als er klein war. Sie hat ihn getröstet. Sie hat ihm Geschichten erzählt, mit leiser Reibeisenstimme. Auch von Jesus, vom sanften Christengott, in dessen Namen er getauft worden ist. Samuel, der Erwünschte. Viele im Dorf halten die Großmutter für verrückt, denn kein geistig gesunder Mensch betet freiwillig zum Gott der Weißen. Doch Samuel liebt sie. Bis zu den Sternen und wieder zurück. Er liebt sie mehr, als er die Mutter lieben kann, die im Morgengrauen auf die Felder geht und dort bis abends bleibt, im täglichen Kampf gegen den Hunger. Sein Vater ist längst weg, über alle Berge. Wollte sich Arbeit an der Küste suchen, in einer der Hafenstädte. Er versprach, mit viel Geld zurückzukommen. Bis heute hat ihn keiner mehr gesehen. Nur die Großmutter war immer da. Sie ist so beständig wie der Wald hinter den Hütten. Wie der Himmel über den Feldern. Ihr glaubt Samuel jedes Wort. Und so geht er weiter täglich über die Viehweiden, vorbei an seinen alten Freunden, bis zu jener Gabelung zwischen den Bäumen, wo der weite Weg zur Schule beginnt.

Was mein Vater dort nicht lernt: Der Christengott, zu dem die Großmutter betet, ist eigentlich Deutscher. Die Franzosen sind gar nicht die ersten fremden Herren in der Gegend. Vor vielen Jahrzehnten war Foumban die Hauptstadt eines kleinen Königreichs. Das hieß Bamoun und wurde regiert von König Njoya dem Klugen. Dessen Vater hatte sich dem deutschen Kaiser Wilhelm II. unterworfen. Und Njoya nahm sich vor, aus der geerbten Herrschaft der Fremden das Allerbeste zu machen. Als Zeichen der Treue schenkte er dem Kaiser zum Geburtstag seinen eigenen heiligen Thron, ein über und über mit bunt gefärbten Perlen besetztes Wunderwerk der Schnitzkunst. Njoya wurde durch den Kaiser als treu befunden. Und diese Treue machte sich bezahlt. Njoya durfte seinen Visionen anhängen: Er würde Bamoun in eine blühende Zukunft führen. Und der Schlüssel dazu war die Bildung. Jedes Kind in seinem Reich würde lesen und schreiben lernen. Der König erfand dafür sogar ein eigenes Alphabet. Das sollte der Impuls werden, für mehr Handel und eine effizientere Verwaltung. Dass preußische Missionare durchs ganze Land schweiften, ließ er gerne zu. Ein Gott mehr oder weniger, was machte das schon? Und so gelangten die hochgewachsenen, bleichgesichtigen Männer in ein Dorf bei Foumban, wo ein Mädchen lebte, das die Geschichten vom liebevollen einzigen Gott aufsaugte. Das war die Großmutter. Zumindest erzählte sie es so.

Irgendwie hatte Kaiser Wilhelm Streit mit seinem Gott, oder er hatte nicht ordentlich gebetet. Oder vielleicht ganz einfach seinen Teller nicht leer gegessen. Denn er verlor sein Reich und seine Herrschaft im Inferno des Großen Krieges. Das siegreiche Frankreich erbeutete den ganzen nördlichen Teil Kameruns und damit auch Bamoun. Die Franzosen fackelten nicht lange. Ein Vasallenkönigtum wie unter den Deutschen? Das kam überhaupt nicht infrage. Mit einem Federstrich beendeten die Franzosen diese Absonderlichkeit. Des Königs Alphabet wurde verboten. Und der Backsteinpalast, den Njoya nach norddeutschem

Vorbild hatte errichten lassen, steht seitdem mitten in Foumban wie eine steinerne Postkarte aus vergangenen glanzvollen Zeiten.

Frankreich ist fest entschlossen, das wertvolle Land nicht so schmählich zu verlieren wie die Deutschen. Als das Mandat der Kolonialmacht 1960 endet, denkt Paris nicht daran, auf seinen Einfluss zu verzichten. Eine Marionettenregierung wird installiert, die das »unabhängige« Kamerun führen soll. Das sind die fetten Bosse aus den alten Familien, die für Geld alles tun würden. Als sich eine kommunistische Guerillabewegung gründet, die *Armée de libération nationale du Kamerun*, kennt Frankreich keine Gnade. Auf den Straßen der Städte liegen die abgeschnittenen Köpfe von Aktivisten. Niemand darf die blutigen Schaubilder begraben, denn es sind Warnzeichen. Und in den Dörfern verwesen die Toten langsam auf den Feldern, weil niemand es wagt, sie zu begraben. Allein der Verdacht »Kommunist« wird zu einem Todesurteil. Die Angst legt sich über das Land wie ein schwerer, alles erstickender Nebel.

Nur wenige wagen den Widerstand, darunter auch Gewerkschafter. Heimlich rekrutieren sie in den Städten. Sie suchen jene, die bereit sind, in den Ostblock zu gehen. Wer ist so mutig, sich hinter dem »Eisernen Vorhang« ausbilden zu lassen, im Reich der Kommunisten? Wer will in Warschau oder Prag studieren, in Moskau oder auch in Leipzig? Und wer wird den Verlockungen der Ferne widerstehen und danach zurückkehren und zu Hause für die Veränderung kämpfen? Wer hilft bei der Rebellion?

Geeignete Freiwillige für das Oststudium sind selten. Junge Leute wollen in die Welt hinaus, aber gewiss nicht in den Osten. Sie sind von der Sehnsucht nach anderen Orten getrieben. Nach England. Nach Frankreich. Dort, wo Milch und Honig fließen. In den Ostblock gehen? Das ist eher eine Vision des Schreckens. Dort soll es kaum genug zu essen geben, munkelt man. Und alle müssen in grauen Uniformen zur Arbeit marschieren, im Gleichschritt, die »Internationale« singend.

Wer sich von solchen Gerüchten nicht abschrecken lässt, darf seine Fahrt gen Osten niemandem verraten. Er wäre ein Feind Frankreichs und seines Lebens nicht mehr sicher. Die Reise muss deshalb als Trip nach Paris getarnt werden. Von dort aus schleust man die jungen Männer heimlich weiter, das ist die sozialistische *Underground Railroad*. Oft wissen nicht einmal ihre Familien, wo es wirklich hingeht.

Wer diesen Weg wählt, braucht verdammt viel Mut. Oder Idealismus.

Samuel Meffire hat beides. Mein Vater ist jetzt achtzehn Jahre alt, immer noch nicht besonders groß gewachsen, aber mit der kräftigen Statur eines Preisringers. In Foumban gibt es kein *Lycée*, die Stadt ist zu klein. Die Verwandtschaft hat ihre letzten Ersparnisse zusammengekratzt und meinen Vater für den Gymnasialabschluss in eine der großen Städte geschickt. Dort gerät er in den Dunstkreis der linken Gewerkschaften. Sozialismus! Das klingt wie ein Zauberwort für ihn. Endlich eine Alternative zu den jahrhundertealten Erstarrungen. Endlich eine Alternative zum Elend auf den Dörfern. Zum Hunger. Es ist auch eine Alternative zum Kapitalismus, wo am Ende doch immer dieselben gewinnen. Wo einige wenige fast alles haben. Und die vielen anderen fast nichts.

Mein Vater ist Christ. Überzeugt. Tiefgläubig. Das hat er von seiner Großmutter, sie hat mit ihm gebetet und in der Bibel gelesen, jeden Morgen und jeden Abend, so wie die Missionare sie es vor vielen Jahren gelehrt haben. Aber Jesus und Marx, das ist ja gar kein Widerspruch! Sprechen denn nicht beide von Erlösung? Wollte nicht gerade der Christenheiland eine wahrhaft gerechte Welt? Im Kopf meines Vaters verdichten sich Glaube und sozialistische Utopie zu einem einzigen, verheißungsvoll paradiesischen Bild. Kamerun könnte eines Tages das gelobte Land sein. Eines Tages. Bis dahin ist es noch ein weiter Weg, es sind viele Schritte. Meinen Vater führt dieser Weg in das östliche Deutschland. Das Reiseziel heißt Freiberg. Eine winzige Stadt in Sachsen, unweit der tschechischen Grenze. Dort wartet auf ihn ein Studienplatz der Ingenieurwissenschaften. Von Sachsen hat mein Vater noch nie gehört. Von Freiberg erst recht nicht. Über die DDR weiß er nur zwei Dinge: Erstens, dort herrscht Sozialismus. Und zweitens fällt im Winter dort Schnee. Eine frostige weiße Decke legt sich über das Land. Ob er das mit dem Schnee gut finden wird, weiß mein Vater noch nicht.

»Hör auf die Stimme des Herrn, Samuel!« Die Großmutter küsst ihn sanft auf die Stirn. Es ist sein letzter Besuch im Dorf, das letzte Wiedersehen.

»Sei brav und fleißig, hörst du?« Mein Vater nickt und fühlt sich für einen kurzen Augenblick noch einmal geborgen, im Stolz der Großmutter. Ein Studium in Europa! Samuel ist »der Erwünschte«, die Großmutter lächelt zahnlos, sie hat es ja immer gewusst.

An einem neblig nassen Herbsttag 1961 steigt mein Vater am Leipziger Hauptbahnhof aus einem klapprigen D-Zug der ostdeutschen Reichsbahn. Er zieht die Schultern hoch und fummelt am obersten Knopf seines Trenchcoats. Den hat er sich in Paris gekauft. Gebraucht. Und eindeutig zu dünn für diese Stadt. In Leipzig ist es kalt.

Mutter

Große Ferien, endlich! Meine Mutter hüpft die Stufen vor dem stuckverzierten Hauptportal der Schule hinunter. Christine ist vierzehn Jahre alt. Ein schmales dunkelblondes Mädchen von unauffälliger Schönheit. Unter der Oberfläche von Wachstumsschub und beginnender Pubertät ist sie immer noch ein Kind, verspielt und unverbogen von der Welt der Erwachsenen. Jetzt hüpft sie auf einem Bein, ihr langer Rock schwingt auf und ab.

Sie hat ihr Zeugnis in der Tasche, und sie ist zufrieden mit sich. Betragen »sehr gut«, Mitarbeit »sehr gut«, Ordnung »sehr gut«, Sauberkeit »sehr gut«. Das ist ihrem Vater wichtig. Otto, der versessen penible Bauingenieur, kann es nicht ausstehen, wenn Leute sich gehen lassen. Sein Kind schon gar nicht. Schlampigkeit ist, wenn man Häuser baut, bisweilen tödlich. Und darum weiß sie, dass es zumindest keinen Ärger geben wird, wenn der Vater ihr Zeugnis sieht. Die beste Fachnote ist das »sehr gut« in Gesang. Das ist überhaupt das Allerbeste an der Schule: der Musikunterricht. Und das Beste an ihr: dass sie singen kann, dass sie das Singen liebt. Dann vergisst sie die Welt um sich. Sonst stehen auf dem Zeugnis viele Zweien, aber bessere Noten sind in diesen Jahren schwer zu bekommen. Ein Einserschnitt bleibt für echte Genies reserviert, für die Überflieger. Aber das ist in Ordnung für meine Mutter. Sie ist zufrieden mit dem, was sie hat. Und warum sollte sie sich auch um die Zukunft sorgen? Die Lehrer in der Schule predigen, dass es immer nur aufwärtsgehen kann, wenn alle mitziehen und fleißig am Haus des Sozialismus bauen. Für jeden gibt es einen Platz darin. Für jeden gibt es Arbeit. Und irgendwann werden die Einkaufsregale so voll sein wie im Westen, und es wird dann auch genügend Wohnungen geben. Genug Autos. Trabis. Wartburgs. Schöne Urlaube an der Ostsee und im Harz, Urlaub für alle. So wird es sein. Das erzählen zumindest die Lehrer. Und meine Mutter hat keinen Grund, ihnen zu misstrauen. Sie glaubt daran.

Wieso auch nicht? Sie lebt mit ihren Eltern in einer ruhigen Straße, in einer lichtdurchfluteten Wohnung. Die Großmutter ist im Westen und schmuggelt jedes Mal, wenn sie zu Besuch kommt, Westgeld in der Unterhose. Mit listigem Grinsen zieht sie dann die Scheine unter ihrem Rock hervor und zwinkert ihrer Enkelin zu. Aber eigentlich hat die Familie den Schlüpferschmuggel gar nicht so nötig. Die Mutter deckt immer reichlich den Tisch. Otto verdient recht gut. Er ist für seine Tochter wie ein König aus einem Märchenbuch der Gebrüder Grimm. Er ist streng, aber gerecht. Er trinkt nicht. Er schlägt sie niemals. Und so etwas ist in dieser Zeit keineswegs selbstverständlich. In der Umkleidekabine, beim Schulsport, schielt sie manchmal heimlich auf rote Striemen und blauschwarz verfärbte Flecken auf den Rücken anderer Mädchen. Otto, ihr Vater, ist ein Riese. Und da er die dickschaligen altdeutschen Walnüsse zu Weihnachten mit bloßen Händen knacken kann, ist meine Mutter sicher, dass der Mann auch riesenhaft stark sein muss. Ihr Vater aber erhebt weder Hand noch Stimme. Nicht gegen seine Frau, nicht gegen seine Tochter. Er ist ein strenger, häuserbauender König, und sie ist stolz auf ihn.

Doch der König hat auch düstere Tage. Dann wirkt er wie abwesend und spricht kaum. Er starrt dann über seinen Kaffee hinweg ins Nirgendwo und geht wortlos direkt vom Frühstückstisch in sein Arbeitszimmer. An solchen Tagen fürchtet sie sich ein wenig vor ihm. An solchen Tagen lässt man ihn besser in Ruhe. Dazu kommen noch jene Gelegenheiten, an denen er mosernd und mäkelnd durch die Wohnung stapft. Dann beklagt der Vater sich über den Mangel an Baustoffen, über unsinnige Vorschriften und »rote Socken«, was immer das sein mag. Einmal, in einem heftigen Anfall von Wut, stellt er knallend die Kaffeetasse auf den Küchentisch und murmelt etwas davon, dass das »damals« alles anders war.

Damals. Wahrscheinlich hat ihr Vater damit die Nazis gemeint und deren »Drittes Reich«. Und davon hat sie in der Schule natürlich gehört. In ihrem Geschichtsbuch sind Bilder von olivfarbenen Panzern und verwüsteten Landschaften. Von flaggenschwenkenden Jungen und Mädchen. Alle trugen auf den Bildern militärisch wirkende Uniformen. Irgendwie kommt das Christine bekannt vor. Aber die Lehrer sprechen über die Nazizeit, als wären diese Dinge in einem anderen Land geschehen, auf einem anderen Planeten. Ja, dort gab es furchtbar grausame Menschen und abscheuliche Verbrechen. Aber niemand, der in der DDR lebt, kann damit etwas zu tun gehabt haben. Die Mörder sind alle im Westen. Die Welt meiner Mutter ist in allerbester Ordnung, übersichtlich aufgeteilt und gut sortiert in »hier« und »drüben«.

Zwei Jahre später. Wieder Sommerferien. Wieder verlässt meine Mutter die Schule, aber jetzt hüpft sie nicht mehr. Das Mädchen in ihr ist verschwunden. Sie wird eine richtige Frau. Sie achtet neuerdings auf ihre Haltung. Sie weiß jetzt, dass sie hübsch ist. Und ein hübsches Mädchen sollte sich auch »hübsch« benehmen. Zu Hause, wenn sie sich unbeobachtet wähnt, übt sie heimlich vor dem Spiegel. Streicht ihr Haar zurück und prüft ihre Gesten auf die mögliche Wirkung. Ihr Betragen in der Schule ist auf »gut« gefallen. Gerade so ausreichend für die Ansprüche des Vaters. Nach wie vor singt sie traumhaft sicher, im Musikunterricht drehen sich die Köpfe zu ihr um.

Ansonsten könnte sie mit ihrem »guten« Durchschnitt gerade so eben Abitur machen. Dann studieren. Wenn die Behörden es erlauben. Dabei geht es nicht nur um ausreichend gute Zensuren, sondern auch um politische Zuverlässigkeit und um die richtige Herkunft. Meine Mutter ahnt längst, dass Otto sich nicht dafür ins Zeug legen wird, dass sie studieren kann. Einen Sohn hätte er bestimmt zu seinem Nachfolger am Reißbrett machen wollen. Aber ein Mädchen?

Sie drängt den Vater nicht. Heimlich hegt sie längst einen eigenen Traum: Sie will Schauspielerin werden. Sie liebt das Singen. Sie liebt die Bühne. Mit Gesten und Bewegungen die Zuschauer zu berühren. Gesehen werden. Deshalb will sie Schauspiel studieren. Sie hat gehört, dass dabei nur die Begabung zählt, nicht der Schulabschluss. Auftreten kann sie. Zieht sie nicht alle Blicke auf sich, wenn sie im Schulchor ihr Solo singt? Auch in der Laienspielgruppe der Schule erklärt man sie für begabt. Für ihre Bewerbung hat sie sich die anspruchsvollste Schauspielschule im Land herausgepickt. Das Studium wäre in Leipzig, aber das stört sie nicht, im Gegenteil. Sie ist bereit für den nächsten Schritt. In Leipzig war sie noch nie. Die Stadt ist nur eine reichliche Stunde mit dem Zug entfernt. So kann sie es unbemerkt zur Aufnahmeprüfung schaffen. Sie muss sich morgens nur ein einziges Mal heimlich aus dem Haus schleichen, und am Abend ist sie wieder daheim. So lautet der Plan.

Seit Monaten übt meine Mutter. Heimlich, zu Hause. Im leeren Mädchenklo der Schule. Die Auswahl an starken Frauenrollen ist begrenzt, so nimmt sie sich den Gretchen-Monolog aus dem *Faust* vor. Sie spricht vor dem Badezimmerspiegel, wiederholt ihre Stellen. Legt so viel Ausdruck hinein, wie es im Verborgenen flüsternd nur möglich ist.

Der Schulabschluss kommt wie das überfällige Ende eines langen Nieselregens. Unspektakulär, zwangsläufig. Sie arbeitet einige Sommermonate als Hilfskraft in einer Versicherung, um ein bisschen Geld zu verdienen. Sie klebt in einem stickig heißen Büro Beitragsmarken in Versichertenhefte. Das ist eintönig. Sie langweilt sich zu Tode. Bis zur Rente in so einem Büro hocken und Aktenstaub in ihre Lungen saugen? Auf keinen Fall. So fährt das brave, stille Mädchen heimlich nach Leipzig. Sie sitzt mit klopfendem Herzen im Zug und kann doch nicht anders. Sie muss es versuchen. Wider alle Erwartungen, gegen alle Wahrscheinlichkeit, wird sie angenommen. Das Einverständnis der Eltern vorausgesetzt. Meine Mutter ist erst siebzehn Jahre alt. Die Realität holt sie zu Hause ein.

»Was willst du werden? Schauspielerin?« Otto lacht ungläubig, fast höhnisch. »Was für Flausen sind das denn?«

Die Tränen steigen ihr in die Augen. Otto starrt sie an. Jetzt erst bemerkt er, dass es ihr Ernst ist. Auf einmal ist er außer sich vor Wut, er schreit: »Künstler? Das sind Arbeitsscheue! Asoziale! Perverse! Nicht, solange ich lebe!«

Er macht kehrt, geht in sein Arbeitszimmer und schlägt die Tür hinter sich zu. Die Mutter sitzt stumm am Tisch und schaut aus dem Fenster, dann geht sie mit gesenktem Blick hinaus. Fängt im Wohnzimmer an, imaginären Staub von den Möbeln zu wischen. Von ihrer Mutter kommt keine Hilfe.

Im Winter sitzt Christine wieder im Versicherungsbüro.

Klebt Marken in die Beitragshefte. Früher hat sie öfter vor sich hin gesummt, manchmal zu Hause gesungen, einfach so. Volkslieder oder Lieder aus der Schule. Schwungvolle sozialistische Märsche. Was ihr gerade einfiel. Der Vater hat das immer gerne gehört. Jetzt ist sie verstummt. In Berlin wird 1961 die Mauer gebaut. Und ihr Vater, der Baumeister im Baustoffmangelland DDR, hat auch eine Mauer gebaut. Um sein einziges Kind.

Drei Monate lang spricht sie kein Wort mit ihm. Drei Monate schwebt sie wie ein Geist durch die Wohnung ihrer Eltern. Sie fühlt sich verletzt. Verstümmelt. Sie fühlt sich verändert. Sie entdeckt in diesen Tagen eine unbekannte Härte an sich selbst. In ihr reift ein neuer Entschluss: Sie wird ihr Zuhause verlassen. Weg von dem Vater. Raus aus Dresden, egal, wie. Sie wird ihr eigenes Leben leben. Sie wird frei sein.

Warum studiert sie ausgerechnet Gaserzeugung? Ist es Ausdruck kühler Berechnung? Das Fach scheint zukunftsträchtig. Die junge DDR-Wirtschaft ist hungrig nach Energie. Braunkohlebagger fressen sich durch das Land. Ulbricht lässt in diesem Jahr eine groß angelegte Suche nach Erdöl starten. Vielleicht will sie dem Vater auch nur sagen: »Nach Leipzig gehe ich doch. Egal, was ich dort tue.« Denn in Leipzig ist auch die Ingenieurschule, an der sie studieren wird. Danach darf sie sich »Facharbeiter« nennen. Das ist so viel wert wie das Abitur. Dann kann sie an einer richtigen Uni studieren. Aber vorerst zählt nur eins: nicht im Versicherungsbüro enden! Nicht in Dresden enden, nicht bei den Eltern!

Meine Mutter ist neunzehn Jahre alt. Ihr kleines Zimmer im Leipziger Süden, Leninstraße 29, verfügt über ein winziges Bett, einen klapprigen Schrank und eine alte Weinkiste als Tisch. Ihr Stipendium reicht kaum zum Leben. Der Vater legt kommentarlos Geld auf den Küchentisch, wenn sie zum Wochenende wieder einmal daheim ist. Es ist seine Art, Zustimmung zu demonstrieren. Gastechnik, das ist etwas Ordentliches. Er glaubt, dass sie zur Besinnung gekommen ist. Endlich ist sie wieder sein gehorsames, braves Mädchen.

Wie sehr er sich täuscht! Eines Tages, irgendwann im Herbst, ist meine Mutter unterwegs nach Hause. Sie kennt in Leipzig kaum jemanden. Sie geht allein. Der Himmel ist wolkenverhangen, ein fahles Licht liegt auf dem trümmerübersäten Grundstück nahe der Leninstraße, an dem sie vorbeikommt. Von diesen »Geschenken« des Kriegs gibt es in Leipzig noch viele. Sie kennt das aus Dresden. Spuren der Brandbombenhölle. Die Mutter meiner Mutter entkam dem Inferno nur knapp, sie meidet bis heute den Altmarkt, wo tagelang die Leichenberge brannten. Aber für die Nachkriegskinder sind die Trümmer lediglich hässliche Gegenwart. Daran verschwendet man keinen Gedanken. Wozu auch? Der Krieg ist doch vorbei.

Auf dem Grundstück, an welchem meine Mutter vorbeieilt, schuftet ein Trupp junger Leute. Schaufeln und Hacken klappern auf den Steinen. Trümmerbeseitigung durch die FDJ, das hat sie auch mal mitgemacht. Das ist ein Knochenjob. Polternd landen Mauerreste in den Schubkarren. Mutter hält sich die Hand vor Mund und Nase. Die Luft ist voller Dreck und Staub. Man erkennt kaum noch die jugendlichen Gesichter unter der weißlichen Schmiere aus Kalk und Schweiß. Deshalb bemerkt sie erst gar nicht, dass ein paar dieser Gesichter eigentlich nicht weiß sind. Sondern schwarz.

Sie beschleunigt ihren Schritt.

Vater und Mutter

»Wer kommt morgen mit nach Leipzig?«

Draußen, auf dem graufarbenen Gang im Haus der Gaststudenten, ertönt wiederholt eine Trillerpfeife.

»Leipzig, wer kommt mit nach Leipzig?«

Mein Vater steckt seinen Kopf durch den Türspalt, er will wissen, was das Pfeifen zu bedeuten hat. Er ist bereits etliche Monate fern der Heimat. Er hat sich durch den Vorbereitungskurs gekämpft, es war wie ein Marathon im lehmigen Uferschlick des Dorfteiches. Er hat täglich bis in den Abend hinein Vokabeln gepaukt. Erfolg, so lautet sein Auftrag, und den nimmt er ernst. Kein Jahr nachdem er aus dem Zug gestiegen ist, hat er das Sprachniveau für sein Studium erreicht, ist auf den Campus nach Freiberg gezogen, ins Wohnheim. Das karge Zimmer dort erschien ihm wie ein Himmelreich. Der kleine barfüßige Junge aus dem Viehhirtendorf hat es geschafft.

Auf dem Flur steht ein Typ im Blauhemd. Mein Vater weiß, was die Blauhemden bedeuten: FDJler. Freie Deutsche Jugend, die Nachwuchsorganisation der Sozialisten. Das Blauhemd blickt die Galerie der Köpfe entlang, die aus den Türspalten herausragen. Den Köpfen folgen nunmehr auch noch die Hände. Viele melden sich. Ein Tag in Leipzig? Klingt wie eine willkommene Abwechslung, eine Chance, der ewigen Lernroutine zu entkommen. Und der Isolation auf dem Campus.

»Wir machen Trümmer weg! Zieht euch Arbeitskleidung an, verstanden?«

Auf den Gesichtern im Flur macht sich Ernüchterung breit. Es gibt kein Sahneeis oder Lagerfeuer. Es gibt nur Arbeit. Das Blauhemd sieht die Gesichter auf dem Flur und versucht, die Stimmung mit einem Appell zu heben.

»Ihr kommt sogar in die Zeitung! Ihr sendet eine Botschaft an die Jugend der Welt! Wir machen Fotos von euch!«

Für meinen Vater braucht es keine Appelle, man muss ihm die Sache gar nicht verkaufen. Für ihn ist es eine Frage der Ehre und des Anstands, dass er, der Gast, mit anpackt. Dass er hilft. Es ist ein Krieg im Gange, von dem das Schlachten zu Hause, in Kamerun, nur einen verschwindend kleinen Teil ausmacht. So viel hat mein Vater für sich bereits begriffen. Es ist eine neue Art von Weltkrieg. Es ist der an allen möglichen Fronten geführte

Kampf der Systeme. Und da Vater an die Verheißungen des Sozialismus glaubt, möchte er seinen Beitrag leisten. Egal, ob im Vorlesungssaal oder bei einer Sonderschicht.

Und so marschiert er in einer kleinen Abordnung vom Campus. Die Gruppe nimmt Kurs auf Leipzig.

Nach einem Fußmarsch zum Bahnhof, einer zweistündigen Zugfahrt und mehreren Haltestellen mit der Straßenbahn drückt irgendjemand meinem Vater eine Spitzhacke in die Hand und zeigt auf einen absurd großen Haufen Steine:

»Aufräumen, ja? Alles gut aufräumen hier!«

Nach Stunden der Plackerei ist der Steinberg noch genauso hoch wie zuvor. Es ist wie bei Albert Einsteins Zeit-Theorie: Je schneller alle graben, desto langsamer vergehen die Sekunden und Augenblicke. Die Zeit ist zu zäh tropfendem Teer geworden. Der Rücken tut weh, die Hände sind wund. Die Steine scheinen aus dem Boden nachzuwachsen. Als der Fotograf eintrifft, werfen alle begeistert ihr Werkzeug von sich, es ist eine willkommene Pause.

Der Fotograf wählt meinen Vater aus. Er »arrangiert« ihn sorgfältig.

»Spitzhacke über die Schulter«, sagt er. »Schulter!«

Er macht es zur Sicherheit pantomimisch vor. Mein Vater gehorcht.

»Und lächeln. Lachen!«

Der Fotograf verzieht sein Gesicht zu einem überdeutlichen Grinsen, damit der Ortsfremde das auch alles richtig versteht. Mein Vater gehorcht.

Ein sattes mechanisches »Klick«. Das Objektiv der Kamera schnappt zu.

In diesem Augenblick sieht er meine Mutter.

Sie geht am Grundstück entlang. Sie durchschreitet die Staubwolke, die er mit verursacht hat. Mein Vater lässt seine Hacke fallen. Er klettert eilig den Schuttberg hinab, so eilig es eben geht. Ganz einfach ist es nicht, die Trümmerstücke liegen tückisch lose aufeinandergestapelt. Er klettert und rutscht und schafft es ohne Betriebsunfall bis nach unten. Das Mädchen ist schon beinahe vorüber am Grundstück. Er beeilt sich.

Was dann passiert, ist nicht mit Gewissheit zu rekonstruieren. Fällt meiner Mutter etwas aus ihrer Jackentasche zu Boden? Ein Tuch vielleicht? Ein Zettel? Sie weiß es später nicht mehr genau.

»Entschuldigung?«

Sie dreht sich um, erschrickt kurz. Sieht in ein verschwitztes, gespenstisch weiß verschmiertes Gesicht. Die Haut, die stellenweise unter dem Kalk zu sehen ist, wirkt nachtschwarz. Nicht braun, sondern schwarz.

»Sie verloren dieses hier, mein Fräulein?« Vielleicht etwas in dieser Art. Sprachkursdeutsch. Höflich. Superkorrekt.

Sie lacht.

»Ja, ich verlor dieses hier. Ich bin Ihnen sehr verbunden, mein Herr!«

Mein Vater gibt meiner Mutter das Tuch zurück. Ihre Hände berühren sich für einen winzigen Moment. Beide sind fremd in dieser Stadt. Sie ist aus Dresden, immer wohlbehütet, kein Jahr von den Eltern weg. Er ist um die halbe Welt gereist, kommt aus dem Bürgerkrieg. Beide sind so verschieden. Beide sind so allein. Und in ihrer Einsamkeit verbunden?

Mein Vater fasst sich ein Herz. Kramt hektisch im Kopf nach Vokabeln. »Mögen Sie am Sonntag die Sonne anschauen?«

Sie schaut etwas verwirrt. Und übersetzt im Kopf eine mögliche Bedeutung. Dann lacht sie. Sonntag die Sonne anschauen? Warum auch nicht?

»Ich heiße übrigens Christine«, sagt sie. »Sonntag?« Er nickt eifrig. Abgemacht.

Vielleicht war es so. So hollywood-romantisch. Meine Mutter wird später immer nur gut über meinen Vater sprechen. Es gibt in der DDR auch diese anderen Typen. Gaststudenten, getrieben von Bedeutungswahn, Produkte patriarchalischer Erziehung in halbfeudalen Gesellschaften. Typen, die in diversen Städten im Osten Kinder zeugten und sie dann wie bedeutungslosen Müll zurücklassen. Und diese Männer und ihre Bedürfnisse passen gut zu gewissen Frauen, die sich inmitten der grauen Alltäglichkeiten verloren sehen, die in leer tönenden Nachkriegsjahren auf etwas Außergewöhnliches hoffen, etwas Exotisches. Etwas, was die triste Gleichförmigkeit dieser Tage durchbrechen hilft, selbst wenn es nur ein flüchtiger Moment sein kann. Und eine kurze, ebenso flüchtige Freiheit.

Bei diesen beiden ist es anders. Sie fühlen sich verbunden, unerklärlich und alle Vernunft und alle Wahrscheinlichkeiten verdrängend. Mein Vater und meine Mutter sind mehr als zwei verschieden geschlechtliche Puzzleteile, mehr als zwei Tiere im Dschungelfieber. Sie erkennen sich. Sie machen einander vollständig. Zumindest vollständiger. Die Bilder von damals liefern den Beweis. Ein Fotograf in irgendeinem Studio hat eine Großaufnahme des Liebespaars gemacht: blasse Haut neben schwarzer Haut. Meine Mutter neben meinem Vater. Beide eng aneinandergeschmiegt. Sie schauen in die Ferne, ins Irgendwo ihrer Sehnsucht. Das Foto verewigt einen Blick wie aus einer Ufa-Romanze.

Und wie in jedem guten Filmdrama haben die Liebenden mächtige Feinde: Für die DDR-Behörden sind »gemischte Beziehungen« Störungen der Planerfüllung. Die »Neger« sollen auf jeden Fall wieder heim. Und dort ihre Mission erfüllen. Zum Wohle des Höheren. Und es sind und bleiben »Neger«. Die sind unmöglich zu integrieren. Das sagt man so nicht, denn das ist weder gewünschte sozialistische Denkart noch öffentlicher Sprachgebrauch. Doch in den Neunzehnsechzigern besteht fast die gesamte gesellschaftliche Elite der DDR aus Umgeformten. Aus Vorkriegsköpfen. In Generationen geprägt durch Kaiser und Führer. Und der Sehnsucht nach einer deutschen Formel. Nach einer vereinenden Identität. Und bei aller internationalistischen Solidarität: Sex mit Schwarzen? Diese Art der Völkerverständigung sprengt alle Rahmen. Mein Vater und meine Mutter werden überwacht. Seine Briefe an sie brauchen auffällig lang. Und umgekehrt. Und das, obwohl die DDR kein sehr großes Land ist. Beiden ist klar: Die Post wird irgendwo abgefangen und kontrolliert. Und was ist da sonst noch? Welche der Kommilitonen schreiben Berichte? Wem kann man noch vertrauen? Das Glück der beiden Liebenden ist keine Privatangelegenheit mehr.

Mein Großvater ist außer sich. Er fährt zu meiner Mutter nach Leipzig, das hat er noch nie getan. Im winzigen Studentenzimmer redet er auf sie ein, beschwört sie: »Weißt du, worauf du dich da einlässt?«

Sie schweigt trotzig.

»Die Leute werden tuscheln. Das tun sie an deiner Uni sicher jetzt schon. Und am Ende kriegst du noch ein Kind von dem. Dann bist du gebrandmarkt! Für immer! Wie verrückt kann man sich denn aufführen?«

Das Schweigen ist ihre Waffe. Sie senkt den Blick und sagt kein Wort. Sitzt einfach nur da. So bringt man einen übermächtigen Gegner auch aus der Fassung. Der Vater springt unvermittelt auf. Sie ist sicher, dass er sich nun auf sie stürzen wird. Aber stattdessen trifft seine Faust donnernd gegen die Schranktür. Einmal nur, aber es ist wie eine Bombenexplosion in dem kleinen Raum. Es dröhnt nach. Und dann ist da die Stille. Der Vater schweigt nun auch. Und sie merkt auf einmal, wie hilflos er ist. Sie spürt ihre Macht.

Am Ende zieht er unverrichteter Dinge ab. Er geht grußlos. Zehn Jahre lang wird er seine Tochter nicht mehr sehen. Zehn Jahre wird er auf seiner Seite des Abgrunds stehen. Zehn Jahre Schweigen. Zehn Jahre gnadenloser Stellungskrieg und unversöhnliche Härte, in eine weitere Generation vererbt.

Meine Mutter ist jetzt viel allein. Sie sieht ihren Liebsten manchmal wochenlang nicht. Er hockt weit oben, im Norden, an der Ostseeküste. Die wachsende DDR-Wirtschaft hat rasenden Hunger nach Gas und Erdöl. Mein Vater soll aus seinen

Bohrlöchern kleine Wunder heraufbefördern. Dafür ist er im Norden. Mal stapft er auf Frühlingswiesen herum. Dann unter sengender Sommersonne. Und im peitschenden Herbstregen. In Kamerun gibt es keinen Winter. Die ungewohnten Wechsel der Jahreszeiten machen meinem Vater zu schaffen. Er schickt seiner Liebsten Fotos von sich selbst. Eins zeigt ihn im öl- und schlammverschmierten Overall vor einer scheinbar endlosen verschneiten Einöde. Die Wohnadresse lautet: »Bohranlage 133«.

Manchmal bekommt meine Mutter Besuch von ihrer Mutter. Heimlich. Sie bleibt ein, zwei Stunden. Das ist zu wenig. Und es ist besser als nichts. Der Vater darf von den Besuchen nichts wissen. Oder ahnt er es und schweigt? Zumindest das, worüber er dunkel orakelt hat, tritt ein.

»Ich bin guter Hoffnung.« Meine Mutter sagt es sehr leise und blickt dabei zu Boden.

Ihre Mutter versteht jedes Wort, aber sie fragt trotzdem nach. Ungläubig. »Du bist was?«

Ein Kind. Ein Kind von einem Schwarzen. Logischerweise wird das Kind ebenfalls schwarz. Oder bestenfalls hellbraun. Wer weiß das schon? Die Mutter blickt ihre Tochter lange an. Prüfend.

Meine Mutter will das Kind. Sie freut sich. Sie weint. Sie ist verzweifelt. Sie übergibt sich morgens. Sie sucht in den Läden nach Fisch. Nach sauren Gurken. Sie fürchtet, dass Samuel sie verlassen wird. Obwohl sie sich an den guten Tagen recht sicher ist, dass er sie liebt. Doch an schlechten Tagen wachsen ihre Zweifel ins Uferlose. Sie bricht ihr Studium ab. Im Herbst 1963 kommt mein Bruder Moïse zur Welt. Das ist das französische Wort für »Moses«.

Die Nachbarn tuscheln. Und auf der Straße starrt man meine Mutter an, zischt im Vorbeigehen irgendetwas, das manchmal klingt wie: »Negerhure!« Oder »Vergasen.«

Niemand redet offen, niemand sagt ihr etwas ins Gesicht. »Rassenhass« wird von der Staatsmacht nicht geduldet. Aber der unterschwellige Hass ist fast schlimmer. Meine Mutter ertappt sich dabei, wie sie an die Warnungen ihres Vaters denkt. Er darf nicht recht behalten. Sie wird nicht aufgeben. Sollen sie doch starren, auf der Straße. Und soll die alte Blockwarthexe von nebenan sie doch bespitzeln. Sie hat nichts Falsches getan.

Sie stürzt sich in die Arbeit. Was soll sie auch sonst tun? Elternzeit? Fehlanzeige. Dass Frauen im Sozialismus zu Hause hocken, ist nicht vorgesehen. Jeder wird gebraucht. Und für die Kinderbetreuung ist ja gesorgt, vom Kleinkindalter an. Zwei Monate nach der Geburt von Moïse unterschreibt meine Mutter einen Vertrag am Leipziger Gaswerk als »Hilfslaborantin«. Sie fängt noch einmal ganz von vorne an. Bringt Moïse frühmorgens zur Krippe. Geht zur Arbeit. Besucht Kurse, qualifiziert sich bald zur Laborantin. Eisern legt sie von ihrem kargen Lohn all das beiseite, was sie entbehren kann, denn sie will unbedingt wieder studieren. Diesmal Informatik. Sie will Teil der kybernetischen »Revolution« werden. Das ist das große neue Ding, im Osten wie im Westen: Gerechnet wird mit Lochkarten aus Papier. Und Computer sind noch nicht die handlichen Plastikklötzchen des neuen Jahrtausends, sondern gewaltige Maschinenkomplexe, die ganze Büroetagen füllen. Dennoch kommt es den meisten Zeitgenossen vor wie wahr gewordene Science-Fiction. Computer sind moderne Alchemie. Zauberei, in Drähte, Transistoren und Schalter geformt. Die Abschlussarbeit meiner Mutter trägt den Titel: »Vorschläge für den Einsatz der Lochkartentechnik bei der operativen Produktionsplanung und der Kontrolle des Standes der Vertragserfüllung«. Das klingt verdammt trocken, behandelt aber ein existenzielles Thema: An der Versorgung der Massen hängt die Zukunft der Republik. Des Sozialismus. Meine Mutter macht dabei keinerlei bahnbrechende Erfindungen. Sie stellt keine Rekorde auf. Sie ist nur ein winziges, gleichfarbenes Rädchen in einem großen Mechanismus. Aber sie ist dennoch Teil eines Aufbruchs und fühlt sich lebendig, gebraucht, wie niemals zuvor. Mein Vater ist jetzt öfter zu Hause. Und meine Eltern heiraten endlich. Kein ostdeutsches Traumpaar. Aber warum eigentlich? Schließlich leistet mein Vater seinen Beitrag bei den Bohrungen im Norden. Es ist ein Knochenjob. Und meine Mutter tut das ihre für die Kybernetik. Dazu haben meine Eltern ein quicklebendiges, fröhliches Kind. Ist diese kleine Familie nicht der lebende Beweis für jene bessere Welt, von der die Obrigkeit so vollmundig schwärmt? Eine Welt jenseits von Armut und Rassendünkel und anderem Bullshit. Doch all das scheint nicht zu zählen. Die Nachbarn tuscheln weiter. Die Überwachung geht weiter. Einmal sieht meine Mutter die alte Nachbarin mit einem fremden Mann auf der Parkbank am Friedhof. Der Mann hat ein Bürokratengesicht und einen dieser auffällig unauffälligen Anzüge. Das ist einer von den geheimen Wächtern des Ministeriums, da ist sich meine Mutter ganz sicher. Und jenseits davon: Kind wecken, Kinderkrippe, Arbeit, Kind wieder abholen, Kind ins Bett bringen, selbst ins Bett fallen. War das alles im Leben? Es ist zu viel. Es ist zu wenig. Meine Mutter weiß selbst nicht so recht, warum da immer dieses Gefühl ist, als würde irgendetwas fehlen.

Mein Vater ist wieder einmal daheim, auf Urlaub von der Bohrstelle. Meine Mutter kocht etwas. Mein Bruder schläft bereits. Reden meine Eltern nach dem Essen noch bis tief in die Nacht hinein? Haben sie da bereits Worte für das, was kommen muss? Gar einen ersten Plan? Meine Mutter weint an diesem Abend. Sie weiß nicht genau, warum. Mein Vater hält sie im Arm, muss Besserung versprechen und weiß doch nicht, wie. Irgendwann siegt die bleierne Müdigkeit über die beiden. Sie schlafen auf der Couch ein. Halb sitzend, halb verrenkt. Eng umschlungen. Für einige Stunden den täglichen Sorgen entkommen.

Der nächste Morgen. Am Frühstückstisch. Mein Bruder schläft noch.

»Warum gehen wir nicht nach Kamerun?«

Das Herz meiner Mutter rumpelt aufgewühlt in ihrer Brust. Endlich hat sie es ausgesprochen. Sie weiß, dass Samuel, ihr unerwarteter, unverhoffter Lieblingsmensch, der ehemals Fremde, dieser tiefgläubige Anhänger sozialistischer Utopien und biblischer Verheißungen, immer zurückwollte in seine Heimat. Aber sie haben nie darüber gesprochen. Und jetzt hat sie auf einmal Angst davor, dass ihr Liebster vielleicht doch für immer hierbleiben will.

»Du willst nach Kamerun?« Mein Vater wirkt nicht überrascht. Meine Mutter nickt.

»Du kommst mit? Mit Moïse? Alle wir drei, alle zusammen?«

Sie nickt und wiederholt sein noch immer leicht verschrobenes Deutsch, das sie so liebt: »Alle wir drei.«

So wird es abgemacht. Sie ist euphorisch. Vielleicht lässt sich in Afrika viel mehr bewegen als in der DDR, denkt sie. Gibt es in Kamerun überhaupt ein Großrechenzentrum? Und wenn nicht, dann könnte sie vielleicht beim Aufbau einer solchen Anlage helfen. Sie sieht es im Geiste bereits vor sich: Wie die Lochkartenstanzer Papierstreifen einziehen, sie hört ihr nähmaschinenartiges Tackern. Spürt das tiefbauchige Brummen der Lochbandleser und der Lüfter für die Klimatisierung der Transistorschränke. Sie werden den Stromverbrauch planen können. Die landwirtschaftliche Arbeit in den Regionen. Sie werden die Gesundheitsvorsorge koordinieren. Das Impfen. Die Medikamentenproduktion. Alles ist möglich, wenn man es nur berechnen kann! Ihr Herz wird leicht. Der Abschied scheint wie eine Befreiung.

Als meine Mutter im Herbst erneut schwanger wird, ist sie der festen Überzeugung, dass es sich nur um einen kleinen Aufschub handelt. Die Geburt bringt sie noch hinter sich im nächsten Sommer. Sobald sie wieder auf den Beinen ist, geht es los, denkt sie. Alles wird gut.

Bonn, Mitte Juli 2021

»Und dann ist er gestorben, oder?«

In der Küchentür steht Felicitas, die von uns allen nur Feli genannt wird. Sie ist gerade im Harry-Potter-Fieber und froh über jede ungestörte Minute mit ihrem Buch. Kleine Schwestern können wirklich nerven, wenn man zehn Jahre alt ist und in Ruhe lesen will. Allerdings hat Feli irgendwie mitbekommen, dass hier gerade etwas im Gange ist, das noch spannender zu sein scheint als bärtige Zauberer und das Böse.

»Komm rein, Feli«, sage ich. »Willst du einen Kakao?«

Wieso sage ich das? Das klingt, als hätte ich jetzt vor, den ganzen Tag über den Märchenonkel zu spielen. Habe ich aber nicht. Auf keinen Fall. Ich wollte kurz erklären, wer mein Vater war. Mehr nicht. Das ist doch so, oder?

»Papa erzählt mir sein ganzes Leben, Feli!«, verkündet Una mit gewichtiger Miene.

Ich muss über die kleine, mit Stolz hervorgebrachte Gemeinheit lächeln. Die beiden Mädchen lieben sich. Aber zugleich nimmt sich jede, was sie nur kriegen kann. Das ist ihr Job. Und das ist wohl auch das Leben. Ewiges Geschwisterschicksal, ebenso beispiellose Liebe wie Konkurrenz. »Der Kakao ist lecker«, sagt Una. Auch das ist so eine kleine »Schwesternfreundlichkeit«: Ich hab einen Kakao bekommen, du nicht.

Feli zuckt die Achseln, das heißt übersetzt so viel wie »mir doch egal«. Aber ich bilde mir tatsächlich ein, dass ich den allerbesten Kakao mache. In diesem und in allen anderen Universen. Mein Kakao ist ein Zungenschmeichler. Er wird mit Sojasahne gemacht. Und ghanaischen Bohnen. Und bräunlichem Vollzuckergekrümel. Mit einer Prise Salz und reichlich Zimt. Dazu cremig, mit der schnöden Hilfe von etwas Puddingpulver.

»Na, komm schon.« Ich winke Feli herein und stelle den Topf erneut auf die Platte. »Ich mache mehr.«

Feli bewegt sich zum Fenster. Setzen wird sie sich erst in fünf Minuten, schätze ich. Sie hat ihren Stolz. Sie steht kerzengerade an der großen Glasfront, die auf den Hinterhof zeigt. Sie steht dort und starrt in den Regen. Das ist kein normales Wetter, denke ich. Das passt nicht hierher, so was verbinde ich nicht mit Deutschland. Syrien. Afghanistan. Libyen. Der Kongo. Die ganze verdammte Welt spielt verrückt. Und nun auch noch das Wetter.

»Ich hab Fotos gefunden«, erklärt Una mit gewichtiger Miene. »Papa hat mir von seinem Vater erzählt, der ist tot.«

»Weiß ich doch längst«, sagt Feli. »Die haben Opa Samuel umgebracht.« Dazu schneidet sie eine Grimasse in Richtung Una.

»Aber nur ich hab die Fotos gefunden!« Una trommelt wütend mit ihren kleinen Fäusten auf dem Tisch herum.

»Ruhe, ihr Dumpfbacken«, sage ich streng. »Wer Kakao will, ist ruhig.«

Ich rühre mit dem zerfransten Holzlöffel im Kakao. Wie viel Freude die kleinen Dinge machen. Einfach nur Wasser, das in einem Topf kreist. Ein warmer Strudel mit winzigen Wellenringen. Ich muss bei seinem Anblick an den schlammbraunen Kongo-Nebenarm denken, irgendwo in Zaire. An das Fieber. An das besorgte Gesicht des Priesters, der sich über mich beugt. An die lateinischen Worte, die er murmelt. An die düsteren Träume auf diesem verdammten, ewig schaukelnden Kahn, dieser verrosteten, völlig überladenen Karikatur von einem Boot. Am Vorabend des großen Mordens.

Auf einmal bin ich wieder in der Küche. Ich bemerke die Stille. Ich bemerke Unas Blicke. Wie lange habe ich hier gestanden und im Topf gerührt?

Ich gieße zwei Tassen voll.

»Was ist mit ihm passiert?«, fragt Feli. Sie hat sich umgedreht und sieht mich an.

Letzte Ausfahrt. Jetzt ist die letzte Gelegenheit. Es die letzte Chance für mich zu sagen, dass ich arbeiten muss. Trinkt euren Kakao und seid still. Ich liebe euch, aber lasst mich zufrieden. Das sollte ich jetzt sagen.

»Ja, genau«, sagt Una. »Was ist mit Opa passiert?«

Ich habe vielen Blicken standhalten müssen. Da waren emotionsversehrte, roboterhafte Vollstreckungsbeamte. Geradezu allmächtige Staatsanwälte und Richter. Unberechenbare kongolesische Geheimdienstler. Vampire, vollgepumpt mit Hass und billiger Drogenchemie. Aber Felis Blick ist von anderer Art. Er spielt in einer anderen Liga. Ich bin chancenlos. Ich gebe auf. Man muss wissen, wann man verloren hat. Ich setze mich auf den Küchenhocker und beginne zu erzählen.

Kapitel 2

Leipzig. Es ist Sommer. Es ist 1970. Die Arbeitswoche endet. Mit einer warmen Nacht treibt der Freitag in einen Samstag hinüber. Tief über dem Horizont liegt, groß und graugelb schimmernd, der Halbmond auf seinem runden Rücken. Den ganzen Nachmittag über waren die Freibäder voll. Die Leute strömten in die Eisdielen und in die wenigen Parks mit ihren Schatten spendenden Bäumen. Jetzt erst kommt die Stadt zur Ruhe. Langsam strömt die höllische Glut des Tages aus Asphalt, Häusern und Menschen. Es ist ein erleichtertes Ausatmen. Nur eben nicht überall. Leider. Im Kreiskrankenhaus hat sich die Hitze zwischen den Backsteinmauern festgesetzt und will nicht weichen. Die Geburtshilfestation ist ein Backofen.

Meiner Mutter läuft der Schweiß über das Gesicht. Sie hat den Abend damit verbracht, an die nächste Wehe zu denken. Und wieder die nächste. Und dann an die darauffolgende. Sie will diese Geburt endlich hinter sich bringen. Sie will fertig sein mit diesen Schmerzen. Aber es dauert und dauert. Und das Warten nagt an Fleisch und Geist. Bis dann die nächste Wehe endlich kommt und jeden vernünftigen Gedanken aus ihrem Kopf hinfortschwemmt.

Im Kreißsaal liegen noch andere Frauen, nur notdürftig durch Stellwände voneinander getrennt. Es hat die Anmutung einer Fließbandproduktion. Becken an Becken, Schicksal an Schicksal: Eng gedrängt, als ginge es auch hier um die Planerfüllung. Die Schönheit meiner Mutter interessiert an diesem Ort niemanden. Hier ist das Leben auf seine pure Substanz, auf seinen innersten Kern reduziert. Und dieser Kern ist für meine Mutter gerade: Schmerz. Es ist, als ob ihr Unterleib immer wieder von der Hand eines schlecht gelaunten Riesen zusammengepresst wird. Immer heftiger und in immer kürzeren Abständen.

Meine Mutter spürt, dass es nunmehr auf die Zielgerade geht. Bald wird es vorbei sein. Bald wird man ihr das, was da in ihr herangewachsen ist, auf die Brust legen. Winzig. Blutverschmiert. Unwissend. Bald wird sie erschöpft aufatmen können. Bald darf sie schlafen. Aber jetzt noch nicht, noch ist sie in diesem schier unendlichen, unaussprechlichen Schmerz gefangen. Warum muss sie dabei eigentlich auf dem Rücken liegen, wie bei einer absurden Form der Kreuzigung? Ihre Tanten können sich darüber trefflich aufregen. Früher wurde das nicht so gemacht, beklagen sie. Da hockte man sich hin. Presste. Und den Rest tat die Schwerkraft. Aber die Ärzte, welche von den Hebammen längst die Hoheit über die Geburten einfordert haben, bücken sich ungern. Ja, früher, auf den Brandenburger Dörfern mag man das so gemacht haben, hier legt man sich schön ordentlich auf den Rücken, wenn man ein Kind bekommen will. Man ist ja schließlich nicht bei den Hottentotten, so das Argument der Herren Doktoren.

Mein Vater ist nicht dort. Das ist normal in dieser Zeit. Väter sind bei Geburten noch lange nicht vorgesehen, im Osten genauso wenig wie im Westen. Väter warten daheim, in der Nähe eines Telefons. Oder auf der Arbeit. Oder in einer Kneipe. Bestenfalls warten sie im Krankenhaus, verschämt in einer Ecke stehend, auf irgendeinem Gang.

Aber mein Vater wartet nicht daheim. Er wartet nicht draußen auf den Stufen vor dem Eingang. Er hat keine Blumen besorgt, die jetzt in seiner Hand dahinwelken könnten, weil es so lange dauert. Und sein Studienort Freiberg liegt auch nicht endlos weit entfernt. Selbst die notorisch unpünktliche »Deutsche Reichsbahn« bekäme es zustande, jemanden von dort im Verlauf einer stundenlangen Geburt nach Leipzig zu bringen. Meine Mutter denkt kurz an den Zustand ihres Mannes, bevor die nächste Wehe auch diesen Gedanken wegspült. Nichts lässt sich festhalten, nicht in diesem Schmerz.

Das letzte Mal, als sie ihn vor wenigen Tagen sehen durfte, ging es ihm schlecht. Schlechter als jemals in den Wochen zuvor. Die Ärzte hatten ihr abgeraten, das erste Kind mitzunehmen. Ihr Mann sei faktisch erblindet, ein Sekundäreffekt des Organversagens. Der kleine Moïse hat nicht verstanden, warum er nicht mit ins Zimmer durfte. Eine Schwester lockte meinen weinenden Bruder mit der Aussicht auf Bonbons den Gang hinunter.

Aus dem Augenwinkel späht meine Mutter auf einen kleinen Tumult in der Kreissaaltür. Die leitende Hebamme redet aufgeregt auf den Stationsarzt ein. Der eilt unverzüglich davon. Und kurz darauf erscheint ein Anzugträger. Ein Mann mit einem glänzenden Parteiabzeichen am Revers. Ihm folgt ein ganzer Pulk von Ärzten. Man berät sich flüsternd, mit ratlosen Gesichtern. Stimmt etwas mit dem Kind nicht? Eine jähe Welle der Angst durchfährt meine Mutter. Es ist das eine, das einzige Gefühl, das unter einer Geburt noch stärker werden kann als der Schmerz. Tränen schießen ihr in die Augen. Sie wird das Kind jetzt auf die Welt pressen, egal, wie. Sie wird das Kind in den Armen halten. Das ist ihr Lohn, das lässt sie sich nicht nehmen. Sie kann spüren, wie sich das winzige Leben Stück für Stück voranschiebt, durch den engen Kanal, in dem es dann das absurde Kunststück einer Vierteldrehung vollführen muss. Meine Mutter presst. Und schreit. Und auch das ist nicht vorgesehen. 1970 gilt: »Geburt ist Klassenkampf, kein Affenzirkus«. Als

Genossin beißt man die Zähne zusammen. Aber meine Mutter schreit. Ungeachtet der Erwartungen der Partei und »der guten Sitten«. Und dann ist die Riesenfaust, die sie umklammert hielt, mit einem Mal verschwunden. Und jemand anderes schreit. Es ist ein kleines, hungriges Vogelkrähen. Meine Mutter ahnt dabei nicht, dass sie nicht nur ein weiteres Kind auf die Welt gebracht hat, sondern beinahe zeitgleich Witwe geworden ist.

Ein Donnerstag, wenige Wochen zuvor. Mein Vater hat im Studentenwohnheim noch hastig ein paarmal in sein Marmeladenbrot gebissen. Und alles mit einem Limonadenrest hinuntergespült aus der angebrochenen Flasche vom Vortag. Er muss los, die Vorlesung wartet nicht auf ihn. Mein Vater ist voller Tatendrang an diesem Morgen, trotz einer unruhigen Nacht, mit Bauchweh und durchgeschwitztem Bettzeug. Das Studium läuft gut. Bald kommt sein zweites Kind zur Welt. Bald hat er sein Diplom. Bald hat er seine finalen Einsätze im Norden an den Bohrstellen. Bald schreibt er seine letzten Berichte. Dann geht es auf die Reise mit seiner Liebsten und den Kindern. Er sehnt sich nach dem rußigen Geruch von Holzkohle am Morgen, auf der die Straßenhändler in Foumban das Teewasser kochen. Nach dem Geruch der staubigen rötlichen Erde. Er sehnt sich nach den vertrauten Gesichtern der Heimat.

Mein Vater will gerade sein Zimmer verlassen, da kommt auch schon das Frühstück aus ihm heraus. Würgend eilt er zum Waschbecken. Der Speisebrei, kaum verdaut, sammelt sich im Abfluss. Er versucht, sich zu beruhigen. Wahrscheinlich hat er am Vortag etwas Falsches gegessen. Keine große Sache. Er hätte das Frühstück auslassen sollen. Er spült seinen Mund aus, putzt sich die Zähne und geht auf wackligen Beinen auf den Flur hinaus zum Treppenhaus, geht, so schnell er eben kann. Mein Vater ahnt nicht, was er mit der zuckrigen, klebrigen Süße der Limonade noch in sich hineingeschluckt hat. Auf halbem Weg zum Hörsaal setzen die Krämpfe ein. Meinem Vater knicken die

Beine weg, er krümmt sich auf dem Gehsteig zusammen. Er würgt, kann sich aber nicht mehr übergeben. Menschen bleiben stehen, schauen aus sicherer Entfernung zu. Niemand hilft. Dort unten am Boden, auf den großen Steinplatten liegend, springt meinen Vater ein furchtbarer Gedanke an. Mitgehörte Wortfetzen auf dem Flur bekommen auf einmal eine völlig neue Bedeutung. Indizien und Fragmente fügen sich zu einem Bild. Mein Vater muss plötzlich auch an die Geschichten von den Gangas denken, den Medizinmännern zu Hause. Und an ihre vernichtenden Mixturen, die nicht nur magisch heilen, sondern auch ganz irdisch töten können. Wer einen Nachbarn hasst oder von Eifersucht getrieben ist, kann sich für wenig Geld Gifttränke mischen lassen, die kein Mensch überlebt.

Mein Vater geht nicht in den Hörsaal der Uni, sondern fährt stattdessen nach Markkleeberg zu seiner Frau und schleppt sich dort auf die nächstgelegene Polizeiwache. Auf deren Stufen muss er würgen. Drinnen versucht er sich der irritiert dreinschauenden Beamten zu erklären. Er spricht nicht über Gangas oder Zaubertränke. Er legt stattdessen seinen Pass auf den Tresen der Wache. Den Studentenausweis dazu. Er spricht so ruhig und gefasst, wie es geht. Aber die Blicke der Beamten bleiben irritiert bis skeptisch. Mein Vater klammert sich am Tresen fest. Dann erbricht er grünlich gelbe Flüssigkeit. So etwas hebt die Stimmung von Polizisten nicht gerade. Doch man pöbelt hier nicht. Man bleibt unter allen Umständen förmlich, selbst zu einem magenkranken Schwarzen, der in die Wache kotzt. Das lehrt die Polizeischule so. Man hält den Fremden in sozialistisch korrektem Deutsch an, doch das Revier zu verlassen und mit seinen Anschuldigungen künftig vorsichtiger zu sein. Ihm sei wohl das Essen nicht bekommen. Oder das ungewohnte Klima. Man kenne das von den Gaststudenten. Lagerkoller. Vielleicht hilft ein Magenmittel oder ein langer Spaziergang?

Der Schwarze ist verrückt geworden. Ein Wichtigtuer auf der Suche nach Bedeutsamkeit. Ein arbeitsscheuer Simulant. Keine dieser Thesen hält sich allzu lange. Allein schon das hohe Fieber ist lebensgefährlich. Zumal dafür keine klassische Erkrankung als Ursache erkennbar scheint. Muss man die Behauptung des Mannes, er sei vergiftet worden, doch in Betracht ziehen? Hektik macht sich breit. Wenn der Schwarze stirbt, gibt es gewaltigen Ärger. Westliche Gäste sind heilige Kühe. Was macht das für einen Eindruck, was gibt das für Schlagzeilen in der ausländischen Presse? Ein Krankenwagen rast unter Sirenengeheul nach Leipzig, er bringt den Patienten in das am besten ausgestattete Krankenhaus der Stadt. Zu spät, wie sich zeigen wird. Der Kollaps der Organe ist nicht mehr aufzuhalten. So stark der junge stiernackige Mann auch zu sein scheint, das Gift ist stärker.

»Kann das Zeug etwa schon gewirkt haben?« Das hat mein Vater aus dem Gemurmel von Stimmen vor seiner Zimmertür herausgelauscht am Vorabend. Es waren die Stimmen zweier Mitstudenten. Mein Vater hatte sich gerade auf dem Flur erbrechen müssen und wälzte sich nun in der Dunkelheit in seinem Bett herum, vor Bauchschmerzen schlaflos. Die Beschreibung der Ereignisse hat mein Vater seiner Liebsten zugeflüstert. Doch meine Mutter konnte nicht viel mehr tun, als an seinem Krankenbett zu sitzen. Hilflos seine schweißnasse, fiebrige Hand haltend.

Jetzt ist mein Vater tot. Eine Woche vor seinem dreißigsten Geburtstag. Zwei Stunden vor meiner Geburt. Am Ende war er blind. Allein. Und weit weg von zu Hause.

»Frau Meffire?«

Meine Mutter ahnt längst, was passiert ist, als ein paar Stunden nach meiner Geburt der Anzugträger durch die Tür ihres Krankenzimmers schaut. Es ist ihm äußerst unangenehm, diese Nachricht überbringen zu müssen. Es ist ein Scheißjob, den niemand auf der Welt haben will. Und wie macht man so was? »Ich bedaure, Ihnen die Mitteilung machen zu müssen, dass

Ihr Ehemann heute Abend leider verstorben ist. Die Partei spricht Ihnen ihr herzliches Beileid aus, Frau Meffire.«

Er nestelt verlegen an seinem Anzug herum. Kein Blumenstrauß, keine Glückwunschkarten, kein weiterer Besucher am Bett. Die Höflichkeit gebietet es zu gratulieren.

»Glück ... Glückwunsch ... Glückwünsche zu Ihrem Sohn, Frau Meffire«, fügt der Anzug stotternd hinzu. Noch eine angedeutete Verbeugung, und dann empfiehlt er sich hastig. Meine Mutter schaut ihm nach. Lange noch. Irgendwo klappert Geschirr auf dem Flur. Schwesternschuhe quietschen in der Ferne auf Linoleum.

Was ist noch zu retten? Meine Mutter weiß von der Weitergabe des väterlichen Namens, weiß, dass dies Tradition ist. Samuel. Sie will ihren zweiten Sohn so nennen. Vielleicht lässt sich ein Stück ihres Mannes festhalten im Gedenken. Aber Mutter hat ihre Rechnung ohne die Bürokratie gemacht. Die in der Verwaltung wissen, dass sie eine zu Tode erschöpfte Frau vor sich haben. Eine Frau ohne Reserven und Rückhalt.

»Samuel?« Die Oberschwester rührt sich nicht. Eigentlich müsste sie jetzt den Namen in ein Formular eintragen. Stattdessen klopft sie mit dem Stift auf das Klemmbrett in ihrer linken Hand. Samuel? Diesen Namen bespricht sie erst mit ihren Chefs. Das geht so nicht. In den oberen Etagen sorgt der Name für Kopfschütteln: Samuel? Das passt nicht hierher. Ein Thomas, ja. Oder wenigstens ein Johannes. Kann die Frau keinen normalen Namen für ihr Kind nehmen? »Samuel« kommt nicht infrage. Wo jüdische Namen sind, da ist auch der Zionismus nicht mehr weit. Und die DDR steht fest an der Seite der Palästinenser. »Moïse« zuzulassen war ein Fehler. Eine Unachtsamkeit. Irgendjemand hat übersehen, dass der Name das französische Pendant für »Moses« ist. Auch jüdisch. Diese Namen sind unsozialistisch. Flausen. Staatsgefährdend. Noch mal lässt man das nicht durchgehen.

Als irgendwann die Geburtsurkunde kommt, weiß meine

Mutter nicht, ob sie lachen soll. Oder vor Wut aufschreien. Die Oberschwester hat dienstbeflissen etwas eingetragen, das ihr und ihren Chefs akzeptabel scheint. »Sam«. In dieser Namensvariante hocken keine Zionisten mehr. Punkt. Ende. Aus. Meine Mutter hat mich auf die Welt gebracht, allen Widrigkeiten zum Trotz und kerngesund. Und doch bin ich schon verstümmelt. Aus dem klangvollen Namen des alttestamentlichen Propheten hat man ein politisch korrektes Neutrum gemacht. Natürlich wird man mich später nicht englisch »Säm« rufen, in der Sprache des amerikanischen Klassenfeindes. Ich heiße stramm deutsch: »Samm«. So wie Samstag, der Tag meiner Geburt. Ich bin Halbwaise. Und auch mein Name wurde halbiert.

Von meinem Vater bleibt nicht viel mehr als ein leicht zerdrückter Schuhkarton voll mit Fotos und Artikeln. »Welttag der Jugend gegen Kolonialismus« lautet eine Zeitungsüberschrift. Daneben ist das Foto auf jenem Trümmerberg in Leipzig. Mein Vater strahlt über das ganze Gesicht. Zum Bild gibt es einen Text. Das übliche gestelzte Zeug. Über eine Welt ohne Rassenhass und über internationalistische Solidarität. Die Studenten aus Afrika sind unsere Geschwister im sozialistischen Klassenkampf. Und sie kehren eines Tages mit »hohen Kenntnissen« in ihre Heimat zurück. Um dort die Welt zu einem besseren Ort zu machen. Aber mein Vater kehrt erst einmal nicht zurück. Seit seinem Tod ist die DDR überaus anhänglich. Den »stillgelegten« schwarzen Störenfried gibt sie nicht mehr her. Egal, ob der in seiner Heimat begraben werden wollte. Die Leiche ist jetzt eine Staatsangelegenheit. Die Witwe bekommt die schon mal nicht. Und eine Überführung nach Kamerun? Wird nicht genehmigt. Viele andere hätten an dieser Stelle aufgegeben, doch meine Mutter kann nicht. Sie hat ihren Liebsten verloren. Und mit ihm die Hoffnung auf ein anderes Leben. Sie ist jenseits der roten Linie. Ende August beschwert sie sich persönlich im Berliner Ministerium, das für die Gaststudenten zuständig ist. Eine Bürgerin wagt den Widerspruch. Und dann auch noch so.

Das ist ungeheuerlich. Die Reaktion der Ministerialen erfolgt unmittelbar: Nach dem Gespräch wird Weisung gegeben, den Toten unverzüglich auf dem Leipziger Zentralfriedhof in der Erde zu verbergen. Anonym. So, wie früher die hingerichteten Mörder und Staatsfeinde dort verscharrt wurden. Ohne Trauerfeier. Ohne letzte Worte. Meine Mutter erfährt von der Beerdigung lange Zeit nichts. Und die staatlich angeordnete Obduktion hat zuvor das gewünschte Ergebnis erbracht: Todesursache unklar, keine Spuren von Fremdeinwirkung. Die DDR kann einen »Mordfall Meffire« nicht gebrauchen. Rassenhass gibt es nicht im Sozialismus. Die Akte wird geschlossen. So war zumindest der Plan. Meine Mutter spricht jedoch mit Kollegen meines Vaters, mit Vorgesetzten und anderen kamerunischen Studenten. Sie fertigt Notizen an. Sie versucht Zusammenhänge herzustellen. Faktisch ist es eine Ermittlung. Das ist unerhört, das wirbelt Staub auf. Meine Mutter überrascht die Obrigkeit mit der Kraft ihrer Verzweiflung. Sie hat zwei Kinder zu versorgen, eins davon ein Säugling. Sie arbeitet in Vollzeit. Und erzwingt am Ende doch noch mit ihrem Widerstand eine zweite Obduktion. Diesmal nimmt Dr. Matip teil, ein kamerunischer Arzt, der sich gerade in der DDR aufhält. Was Matip findet, scheint ihn derartig zu beunruhigen, dass er sich mit meiner Mutter nach Moskau aufmacht. In der DDR gibt es keine kamerunische Botschaft, und die Post wird natürlich überwacht. Die Telefone werden überwacht. Dr. Matip will deshalb in Moskau persönlich mit dem Botschafter sprechen. Aber nach der Landung nehmen Männer in Zivil den guten Doktor in Gewahrsam und schicken ihn ohne eine Erklärung und ohne den Vorwurf irgendeiner Verfehlung retour nach Ostberlin. Wer hat wovor solche Angst?

1972, zwei Jahre danach, werden in einer streng geheimen Aktion, nur im spärlichen Scheinwerferlicht eines Kleintransporters, der Sarg und der Tote aus der Tiefe gegraben. Im Morgengrauen startet eine sowjetische Maschine von Berlin-Schönefeld aus. Destination Kamerun. Der Sarg ist mit an Bord. Mein Vater darf endlich ausreisen. Ohne seine Frau. Und ohne seine Kinder.

Meine ahnungslose Mutter kommt wenige Tage später auf den Friedhof. Eigentlich wollte sie durch die Verwaltung einen Stein setzen lassen. Das Grab des geliebten Mannes kann schließlich nicht auf Dauer unfertig bleiben, einen solchen Zustand wünscht man nicht einmal einem Feind. Meine Mutter starrt fassungslos auf die herbstkalte Erde, dort, wo ehemals der Geliebte lag, klafft ein Loch, nur lückenhaft mit einigen Brettern bedeckt. Der unerwartete Abschied sticht wie eine glühend heiße Nadel in ihrer Brust. Nun ist der Liebste für immer fort. Sie kehrt am nächsten Tag mit einer Fotokamera zurück. Sie fotografiert das Loch. Sie dokumentiert ihren Schmerz.

Rätselhafterweise ist meine Mutter in Moskau nicht am Flughafen verhaftet worden. Sie gelangte bis zum Botschafter. Seine Exzellenz hatte natürlich bereits von der Angelegenheit gehört. Und er war voller Mitgefühl. Aber tun könne er nichts. Diese ganze Geschichte sei vermintes Terrain, pure, verschlungene Politik, das müsse sie verstehen, beschied der Botschafter meiner Mutter. Um ihr nach längerem Warten auf dem Botschaftsflur doch noch einen Trostpreis zu übergeben: einen kamerunischen Reisepass. Ein textilgebundenes grünliches Büchlein mit der Nummer 09-71-ACM. Darin ihr Foto. Tief beschattete, eingefallene Wangen. Auffällige Augenringe. Leerer Blick. Meine Mutter wirkt, als wäre sie die überzählige Überlebende einer Schiffskatastrophe, ihr Aussehen korrespondiert nicht länger mit ihrem beinahe noch jugendlichen Alter. Sie ist im Zeitraffertempo gealtert. Sie hat die Reserven von Körper und Geist verbraucht. Neben ihrem sind da die Passfotos ihrer Kinder. Zwei kleine schwarze Köpfe ragen aus weißen Pullovern. Moïse lacht. Ich schaue irgendwie erstaunt. Denn noch verstehe ich den Abgrund nicht, aber bald.

Dieser kamerunische Pass, ausgestellt in Moskau, ist bis heute das einzige amtliche Zeugnis, in dem mein vollständiger Name steht: Ich bin der zweite Sohn von Christine Njankouo Meffire, geborene Klemm, geboren am 11. Juli 1970 in Leipzig, Deutsche Demokratische Republik. Ich bin das halb verwaiste, in der sozialistischen Planerfüllung nicht vorgesehene, von meinen Eltern lang erwartete Kind. Und ich heiße wie mein Vater: »der Erwünschte«. Ich heiße Samuel.

»Du hast einen schönen Namen, Papa.«

Ich lächele. »Danke, Una.« Ich spüle die Kakaotassen sofort. Sie sind ein frei bewegliches Objekt des alltäglichen Wahnsinns, dessen Tsunamis mich regelmäßig mit sich davonzureißen drohen. Deshalb der kleine Aufstand um die Kakaotassen. Ich klammere mich an jeden noch so kleinen Sieg gegen das Chaos.

»Und was steht nun in deinem Ausweis?«, fragt Feli.

»Sam.« Ich zucke mit den Schultern. Viele Jahre nach der Wende habe ich mich umgehört, ob der Name vielleicht doch noch zu korrigieren ist. Es war nichts zu machen. Zu Unrecht enteignete Grundstücke konnte man im Osten zurückübertragen lassen. Zu Unrecht enteignete Vornamen nicht.

»Hey, Papa!« Feli steht neben mir und stupst mich an. »Als du klein warst, wolltest du nie weglaufen von dieser DDR?«

»Was ist eine DDR?«, unterbricht Una.

»Das war wie eine Art Gefängnis«, erklärt Feli mit wichtiger Miene. »Es war ganz fruchtbar. Man durfte gar nichts. Man durfte nicht einmal raus da.«

»Gar nichts?« Die Kleine macht große Augen.

»Blödsinn«, sagte ich. »Es gab solche und solche Dinge. Und vor allem war es mein Zuhause. Zu Hause ist immer der wichtigste Ort auf der Welt. Und der schönste.«

Ich sollte den Kindern längst erzählt haben von jenem verschwundenen Land meiner Kindheit. Manche Menschen spazieren durch ihre Erinnerungen wie über eine Blümchenwiese bis in die frühesten Tage ihres Lebens zurück. Für mich ist das Erinnern ein Abgrund. Ich scheue die Reisen in die Vergangenheit. Ich bin ein Meister im Erinnerungsvermeiden. Und manchmal passiert es dennoch, wie eine Art Betriebsunfall, einfach so. So wie gerade jetzt. Es werden Brocken aus grauer Vorzeit heraufgewirbelt. Ein Rückschau-Puzzlestück-Gewitter in sekundenkurzen Bildern. #Ich blicke aus dem Kinderwagen. Vor mir glitzert grünlich das Wasser im großen Becken, dahinter türmt sich himmelhoch ein Berg aus grauem Stein. Das Völkerschlachtdenkmal. #Moïse und ich mit einer Tüte Erdnussflips, tief in der Heckenhöhle vor dem grauen Haus in Markkleeberg. Regentropfen zerplatzen auf den Blättern über uns, aber wir sitzen beinahe im Trockenen. Nichts kann mir hier passieren, im Geheimversteck meines großen Bruders! #Hinterhof. Wir jagen uns durch die aufgehängte Bettwäsche der Nachbarn. Wir rennen herum, und ich bin so unbeschwert glücklich. Unsere Maschinenpistolen machen dazu einen Höllenlärm. Es sind die Spielzeugversionen der sowjetischen PPSch-41. Mein Herz schlägt bis zum Hals. Da taucht Moïse hinter mir auf: Rattatam. »Du bist tot!« »Bin ich nicht!« »Bist du doch!« #Abends im schlauchartigen Kinderzimmer. Die Wände immer etwas feucht, so wie in vielen Wohnungen damals. Im Dunkeln erzählt mir Moïse von Monstern. Ich heule vor Grusel. #Das Sprechzimmer der Sprachtherapeutin in Leipzig. Ich stottere schwer. Und immer öfter, wenn Mutter in der Nähe ist, verstumme ich ganz. Auf dem Tisch der Therapeutin steht ein beiges Telefon. Eins mit Tasten. Das ist wie Sci-Fi zum Anfassen. Ich staune.

Ich könnte der Therapeutin sagen: »Meine Mutter wird oft wütend.« Genau genommen schlägt sie mich grün und blau.

Aber ich erzähle davon nichts, Fremden erzählt man nichts.

Das ist die eiserne Regel. Das hat Mutter mir beigebracht. Ich bin ein gut dressiertes kleines Haustier. Ich schweige.

#Frühstückstisch: Haferbrei, in Milch gekocht. Darüber geriebene Äpfel, darüber klein geschnittenes Brot, darüber eine dicke Zuckerschicht. Alles wird aufgegessen. Ich soll groß werden. Und stark. Selbst die Fürsorge meiner Mutter ist eine Waffe.

#Mutter und ich beim Fotografen. Meine Mutter in bunten Schlaghosen, deren Nähte wie mit dem Lineal gezogen sind. Ihre Frisur sitzt perfekt. Ich, in bunten Siebzigerjahre-Kinderklamotten, ein Kind wie aus dem Katalog. Ich lege die Fotos auf den Küchentisch. Es gibt eine ganze Serie davon, der Leipziger Fotograf war augenscheinlich begeistert von seinem exotischen Motiv.

»Papa, du warst niedlich!«, kreischt Una.

»Die Klamotten sind schräg«, bemerkt Feli fachmännisch. »Alles ist so krass gemustert, guck dir diesen Mantel an!«

Der Fotopräsentationsmantel meiner Mutter. Sieht aus wie Schlangenleder. Keine Ahnung, wo sie den herhatte. Ihr Paradestück.

»Oh, niedlich warst du!«, kreischt Una erneut.

Heute kann ich auf den Bildern sehen, wie der Abgrund aus den Augen meiner Mutter schimmert. Und ich kann ihren alkoholsauren Atem riechen, in der schutzlosen Dunkelheit des Kinderzimmers, beim Gutenachtkuss. Den gab es an den guten Tagen. Und die waren so selten wie ein sechsblättriges Kleeblatt.

1975. Ich bin im Krankenhaus. Verdacht auf Scharlach, das ist eine dieser hoch ansteckenden kleinen Seuchen, die in dieser Zeit herumgehen. Meine Großmutter sitzt am Bett. Sie ist eine geradezu riesenhafte Frau, mit einer hoch aufgetürmten bläulichen Kugelfrisur. Ich muss bei ihrem Anblick sofort an den gigantischen Wolf aus dem Märchen denken, das mit dem Rotkäppchen. Großmutter schaut mich lange an. Es ist ein harter, ein prüfender, ein abwägender Blick. Ich schaue zur weiß gestrichenen Decke hinauf. Das Fieber glüht in mir und verhindert, dass ich mir allzu viele Gedanken mache. Der gigantische Großmutter-Wolf lässt sich derweil Zeit mit seiner Begutachtung. Dann folgt das Urteil:

»Es reicht. Das geht so nicht weiter. Ich nehme dich mit. Du wohnst bei uns.«

Feli steht der Mund offen. Ihre Pupillen sind groß wie Untertassen. Fuck, das wollte ich meinen Kindern nie erzählen. Zumindest nicht so. Aber warum eigentlich? Ist es die Scham? Nach all den Jahren immer noch dieser Stachel. Nach all den Jahren immer noch dieser Zweifel. War ich schuld daran? An Mutters Wutausbrüchen? Ihren Schlägen? Und all dem, was fehlte?

»Warum hat deine Mama das gemacht?«, will Feli wissen.

Ich zucke die Achseln. Wie erklärt man einem Kind, was es bedeutet, wenn das Leben unvermittelt auseinanderbricht, wie ein Keks in einer durchgeschüttelten Einkaufstüte? Und was der flüssige »Sorgenbrecher« mit den Menschen macht? Wie soll ich Feli erklären, dass meine Mutter versucht hat, mich am Kachelofen zu zerschmettern? Und dass ich mein Leben nur meiner zufällig auf einen Besuch kommenden Großmutter zu verdanken habe, die in letzter Sekunde eingriff?

»Meine Mutter war sehr traurig«, sage ich. »Wisst ihr, wenn Erwachsene sehr, sehr traurig sind, werden sie manchmal auch sehr, sehr wütend.«

»Aber warum?«, fragt Una.

»Vielleicht, weil man dann die Traurigkeit nicht mehr so spürt. Man spürt nur noch die Wut.«

»Das ist doch total bescheuert!«

Ich lächele. Ja, es ist bescheuert. Menschen sind manchmal bescheuert. Meine arme, wütende Mutter, die in ihrer Traurigkeit zu ersaufen drohte und in ihrer Verantwortung, sie war so verdammt bescheuert. Und gleichwohl fühle ich mich schuldig. Immer noch.

»Wie war es bei deiner Oma und deinem Opa?«, fragt Una. »Besser?« Una ist einfach unverbesserlich neugierig. Ich muss lachen.

»Besser? Du hast keine Ahnung, Schätzchen. Es war das Paradies!«

Kapitel 3

Herbst 1975. Weißig ist eine winzige Ansammlung von Häusern, die sich weit oben an den Hang über Dresden ducken. Riesige Pappeln ragen in den dichten Nebel dieses frühen Morgens. Fahles Licht fällt durch die Baumkronen, an deren Zweigen sich nur noch wenige halb verdorrte Blätter klammern.

Und wieder kommt da dieses unbestimmte Ziehen in der Brust. Es ist die Zeit des Übergangs. Der Sommer zieht fort, nach Süden, und weit im Norden schnürt der Winter sich bereits die kalten Stiefel. Otto, mein Großvater, wandert gern. Wahrscheinlich würde er ständig wandern, von irgendwoher nach irgendwohin, wenn es sein Beruf nur zuließe. Wer ihn auf das Herumziehen anspricht, dem erklärt er lächelnd, dass er die Wanderfreude von seinen Eltern geerbt hätte.

Das stimmt. Und ist doch nur die halbe Wahrheit. Hinter der Pappwand seiner Freundlichkeit, tief drinnen, wandert dieser riesenhafte Mann nicht in der friedlichen Heide herum, vor den Toren von Dresden. In seinem Kopf marschiert mein Großvater immer noch über die löchrigen Straßen und die matschigen Felder des Krieges, irgendwo in Frankreich. Er läuft auf den Feind zu. Oder vom Feind weg. Das weiß man an der Front oft nicht genau. Er stürmt strategisch bedeutende Anhöhen hinauf. Oder strategisch bedeutungslose Anhöhen. Seine zerschundenen Füße fühlen nichts mehr. Sein vom Marschgepäck wunder Rücken fühlt nichts mehr.

Grundsätzlich schweigt mein Großvater über den Krieg. Das tun die meisten von denen, die beim großen Schlachten dabei gewesen sind. Aber niemand kann das für alle Zeit. Und mit mir, seinem fünfjährigen Enkel, der ihn über alles liebt und niemals verurteilen würde, mag der Großvater-Mann das Schweigen brechen. Er erzählt mir, dass sie mal eine Mühle erobert haben. Darin hätten Ratten gelebt, so groß, dass sie die Katzen jagten. Und dann hat seine Einheit die Mühle gesprengt. Es sind solcherart Geschichten. Großvater achtet darauf, dass kein Blut fließt in seinen Erzählungen. Nie werden Kameraden von Panzerfäusten zerfetzt. Nie stirbt irgendjemand. Schützt er mich? Oder schützt er sich selbst, weil seine Finger zu zittern beginnen, wenn er sich daran erinnert, wie er mitten in einem Gefecht versucht, die Patronen in den Ladestreifen zu pressen?

Wir wandern den Weißiger Hügel hinauf, zum Wochenendhaus meiner Großeltern, auf die fernen, restgrünen Pappeln zu, die wie unbesiegbare Riesen den Herbstwinden trotzen, die gerade über das Land wehen. Jetzt bleibt er stehen. Ich schaue zu ihm hinauf. Ich bin fünf Jahre und drei Monate alt, und er kommt mir vor wie ein gütiger Riese aus einer Märchenwelt.

Wir drehen uns um und blicken in die Richtung, wo die Stadt sein müsste, hinter dem Nebel. Woran denkt Großvater? An das Mittagessen? Die Herbststürme? Oder an das Bombeninferno? Daran, dass dort unten ein Krieg tobte, ein Feuersturm, dem seine Frau, meine Großmutter, nur knapp entkam? Als Fünfjähriger weiß ich fast nichts über den Abgrund des Großvaters, aber ich verstehe dennoch alles. So ist die Liebe nun einmal. Dresden trägt immer noch die Narben des Krieges, über die der Herbst seinen gnädigen Nebel gelegt hat. Ich umarme Großvaters Beine. Es ist eine wilde, zärtliche Geste. Es ist pure Liebe. Er legt seine Hand auf meinen Kopf. Die Berührung der riesigen

Hand bedeutet für mich absolute Geborgenheit. Mehr geht nicht. Ich bin behütet, beschützt. Ich bin sicher.

Wir erreichen die Datsche, das Wochenendhaus. Hinter dem Haus ist eine Hollywoodschaukel aufgebaut. Mittagsschlafzeit. Ich werde in die Schaukel gehoben. Die Decke ist alt und schwer und leicht kratzig. Sie riecht nach Großvater. Er setzt sich neben die Schaukel und stößt sie mit dem Fuß sacht an. Nach wenigen Minuten bin ich bereits im Traumzauberwald. Großvater bewacht meinen Schlaf wie ein mythischer Riesenhund. Ich bin sein unerbetener später Aufbruch. Sein Enkelsohn. Sohn seiner Tochter. Mit ihr hat er jahrelang einen Grabenkampf geführt. Einen Stellungskrieg. Doch ich bin sein Schicksalsgeschenk aus der Fülle des Lebens. In einer Zeit, die voller Mängel ist.

Großvater kann dem Sozialismus wenig abgewinnen. Er ist ein wirklich fähiger Ingenieur. Für ihn müssen Pläne, wenn man sie denn macht, auch funktionieren. Sonst bricht das Haus zusammen. Aber in diesem verdammten System der unfähigen Parteibürokraten und idealistischen Spinner funktioniert kaum etwas, wie es soll. Und man darf nicht einmal darüber reden. Großvater verabscheut das Bluten und das Brennen im Krieg. Und dieser »böhmische Gefreite«, welcher sich zum größten Hanswurst und Mörder und zum »Führer« aufgeschwungen hatte, war, gelinde gesagt, ein Fall für eine Irrenanstalt. Aber damals funktionierte wenigstens das mit dem Bauen. Und mein Großvater ist halt ein Baumeister. Das Bauen ist seine Welt.

Die Kommunisten haben die Stadt nach 1945 wieder halbwegs bewohnbar gemacht. Aber wie sie jetzt aussieht! Dresden, das vormalige Venedig des Ostens, existiert nun verunstaltet durch ganze Legionen von hässlichen Neubauten. Alles sieht gleich aus. Gleich trist. Großvater vertritt seine Meinung auch am Küchentisch im Kreis der Familie. Seine Tochter, meine Mutter, hat ihn dort einmal als »Revanchist« beschimpft. Das klingt reflektiert, ist aber nur ein anderes Wort für Nazi. Und diesen Vorwurf macht sie ihm heute umso mehr. Er soll ein Nazi sein? Nur weil er nicht wollte, dass sein einziges Kind sich mit einem Schwarzen einlässt? Man hat ja gesehen, wohin das führt. Jetzt hockt sie da. Als Witwe. Isoliert und halb verrückt vor Kummer. Und genau das wollte er verhindern. Doch welches Druckmittel hat ein Vater noch, wenn sein Kind erwachsen ist? Die Drohung, nie mehr mit der Tochter zu reden, erschien ihm als der einzige Weg. Und wer droht, das hat Großvater im Krieg gelernt, der darf im Angesicht der Gefahr nicht zögern. Großvater hat mit meiner Mutter kein Wort mehr gesprochen, bis der fremdländische Schwiegersohn überraschend den Weg alles Irdischen gegangen ist. Großvater verspürt keinerlei Triumphgefühl. Den Tod hat er dem Jungen nicht gewünscht. Aber seit sie wieder allein ist, geht es zwischen Vater und Tochter geringfügig besser. Zumindest reden sie wieder. Beobachten einander misstrauisch. Belauern sich. Es ist eine brüchige Waffenruhe. Ein kalter Krieg.

Denkt Großvater daran, während er neben mir sitzt? Ich liege in der Hollywoodschaukel, eingemummelt unter der Decke. Und Großvater wacht und lauscht dem Rauschen der Pappeln. Ich bin der Sohn, den er nie hatte, meint die Großmutter manchmal. Und bei solchen Bemerkungen trägt sie wieder das prüfende Wolfsgesicht.

Auf dem Rückweg gehen Großvater und ich manchmal in die Schänke an der Heide. Großvater bestellt uns dort ein frühes Abendessen. Der Schänkenwirt tafelt köstlichen Fleischkäse auf. Den organisiert er auf verschlungenen, unerforschlichen Wegen, die durch die Wüste der sozialistischen Mangelwirtschaft führen, von einem Metzger. Goldbraune Zwiebeln, ein Spiegelei darauf, dazu Bratkartoffeln und Spinat. Und fertig ist meine Leibspeise. Der Metzger kennt den Schänkenwirt. Der Schänkenwirt den Großvater. Und der Großvater liebt mich, und deshalb werde ich mit der Fleischkäse-Köstlichkeit beschenkt. Und natürlich lässt sich der Großvater auch gerne für mich loben. Wie höflich und erwachsen ich spreche. Wie kerzengerade ich sitzen kann. Wie geschickt ich mit Messer und Gabel bin. Mein Großvater genießt die Aufmerksamkeit des Wirts. Ich lächle zaghaft. Vielleicht bin ich ja wirklich Großvaters Sohn.

Am nächsten Morgen in Dresden. Draußen, hinter den noch geschlossenen Fensterläden, kündet das blecherne Tuckern der Trabantmotoren von einem neuen Tag. Großvater geht in sein Arbeitszimmer, wo er bis zum Mittag vor dem Zeichenbrett sitzen wird. Im Haus muss es dann ganz still sein. Ich male und spiele in der Küche. Und hinter drei verschlossenen Türen, über den Flur, hinter der Wohnstube, im Arbeitszimmer, kratzt Großvaters Bleistift über das große aufgespannte Papier. In Stunden absoluter Konzentration entsteht unter seinen Händen das Bild eines Bungalows – schlicht, modern und zeitlos akzeptabel. Ein Haus für einen der Privilegierten, die im Arbeiter- und Bauernstaat gleicher sind als die vielen anderen Gleichen. Nur wegen der Beziehungen, die sich aus solchen Aufträgen ergeben, darf Großvater von zu Hause aus arbeiten. Nur so hat Großvater sich die Datsche in Weißig kaufen können. Und nur so komme ich an meinen Fleischkäse mit Spiegelei. Meinem fünfjährigen Ich ist das schnuppe. Ich fiebere dem Augenblick entgegen, da der Großvater wieder aus dem Arbeitszimmer herauskommt. Dann hat der Großvater Zeit für mich, und wir unternehmen etwas. Dienstags und freitags gehen wir zum Metzger. Der Metzger grüßt höflich und wiegt einige Scheiben der grauen Cervelatwurst ab. Unauffällig legt er ein weiteres Päckchen daneben auf die Theke. »Ihre Bestellung, Herr Klemm.«

Mein Großvater nimmt die »Bestellung« an sich und zwinkert mir schelmenhaft zu. In dem sorgsam eingewickelten Päckchen verbirgt sich ein Schatz: Würstchen aus grobem Mett und etwas »Hackepeter« für das Frühstücksbrötchen meiner Großmutter. So was kriegt hier nicht jeder. Wir eilen fröhlich mit der Beute heim. Freitag, am Nachmittag, transportieren wir die Würstchen auf die Datsche, und Großvater grillt. Ich staune über das Knistern der Holzkohlebröckchen im Feuer. Und wie zischend ein flüchtiges Tröpfchen Fett aus den Würsten fällt, hinein in die Glut. Auf der Datsche gibt es auch einen Plattenspieler. Großvater legt zum Essen eine Platte auf. Die Nadel senkt sich auf das Vinyl und schält aus diesem Rauschen und Kratzen Musik. Wir hören einmal mehr Großvaters Lieblingsstück. Es ist Brahms. Das *Requiem*. Ich verstehe die rätselhaften Verse natürlich nicht und bin dennoch ergriffen:

> »Herr, lehre doch mich
> Dass ein Ende mit mir haben muss
> Und mein Leben ein Ziel hat
> Und ich davon muss.
>
> Siehe, meine Tage sind
> Eine Hand breit vor dir
> Und mein Leben ist wie nichts vor dir.«

Würstchen und der überirdische Brahms. So hat es Großvater geplant. Er ist glücklich. Ich bin glücklich. Nichts fehlt.

Jeden Mittwochabend läuft im Fernsehen Jacques Cousteau. Direkt nach der *Aktuellen Kamera*, den DDR-Nachrichten, pünktlich um acht. Großvater und ich lieben diesen rot bemützten Franzosen. Und wir bestaunen die Calypso, das Schiff, mit dem Cousteau die Weltmeere durchstreift. Auf seinen Fahrten stößt er auf Walgiganten und Kraken und Haie. Und er trifft an den entlegensten Orten auf Indigene, die kaum ein Mensch jemals zuvor zu Gesicht bekommen hat. Mittwoch ist Cousteau-Tag. Großvater lässt mich auf seinen Knien sitzen. Und ohne diese Hilfestellung würde ich angesichts von wilden Stürmen, mordhungrigen Haifischreißzähnen und Schrumpfköpfen sicher aus der Wohnstube rennen. Jacques Cousteau. Das ist die große, weite Welt, von der man in der Stadt an der Elbe, tief im Bauch der DDR, nur träumen darf. Jeden Mittwochabend fahre ich mit Großvater auf das weite Meer hinaus. Wach werde ich am nächsten Morgen im riesigen Eichenholzbett. Dort habe ich sicher die Nacht verbracht, dicht an Großvaters Rücken, der vor mir aufragt wie eine immer warme schützende Wand. Und Großvater? Vielleicht sehnt auch er sich nach einem sicheren Ort. Vielleicht beschützen wir uns gegenseitig. Er mich, am Tag, vor Mutter. Und ich ihn, in der Nacht, vor den Dämonen der Schlachtfelder.

Am Morgen werde ich aus dem großelterlichen Schlafzimmer an den Küchentisch getragen zu Kakao und Honigbrötchen. Mein Großvater, der Nazi?

Zwei Jahre Frieden. Zwei Jahre Gnadenfrist. Das Paradies der Großeltern liegt weit entfernt von der dunklen Königin. Schon immer hatte ich Angst vor ihr. Grauenhafte Angst, die macht, dass ich mir allein bei dem Gedanken an sie in die Hosen pissen muss. Und in der Nacht in mein Bett. Der beißende Gestank lässt sich schwerlich verbergen. Für das Einpissen bekomme ich Schläge. Und Schläge für meine Langsamkeit. Und für Mutters Magenkrämpfe, an denen all meine Fehler schuld sind, sagt sie. Später sind es dann Schläge für schlechte Noten. Und »schlecht« ist alles jenseits von einem »sehr gut«. Und manchmal kommt meine Mutter kurzerhand nur so ins Zimmer gestürmt. Einfacher könnten Lektionen nicht sein. »Ich herrsche überall. Du bist nirgendwo sicher. Niemals.«

»Darfst du manchmal auch bei deiner Mutter schlafen? Vielleicht würdest du dort eher zur Ruhe kommen«, fragt mich die Großmutter eines Morgens. Der Wolf blickt über den Küchentisch zu mir herüber.

»Nnnein!« Allein die Vorstellung löst in mir bereits Entsetzen aus. Bei der Mutter schlafen? Meine Finger zittern, das Brötchen klatscht mit der Honig-Butterseite auf den Boden. Ich nehme den Kopf nach unten zwischen die Schultern und erwarte das Unvermeidliche. Doch es kommt nicht. Der Großmutter-Wolf nimmt mich stattdessen in den Arm. Hält mich. Bis das Zittern aufhört. Danach muss ich heulen vor Erleichterung.

Die Monate vergehen. Der Großvater beschließt, dass es das Beste ist, wenn ich ganz bei ihm bleiben würde. In der Nähe gibt es eine Schule. Im Haus ist Platz genug. Was als Quartier auf Zeit anfing, soll zur Dauerlösung werden. Irgendwann, an einem Besuchssonntag bei Kaffee und Kuchen, lenkt Großvater das Gespräch auf seine Idee. Er unterbreitet meiner Mutter seinen Plan. Mir geht es gut hier. Und sie kann mich jederzeit besuchen kommen. Und hat gleichzeitig weniger Arbeit. Und sie kann sich mehr um meinen Bruder kümmern. Sie könnte erneut studieren. Es ist für alle das Beste!

Doch dieses eine Mal hat mein Großvater, der begabte Bauingenieur, sich verrechnet. Meine Mutter explodiert. Sie springt erregt von Kaffee und Kuchen auf, die Tassen scheppern. Und ich, im Nebenzimmer, rutsche sicherheitshalber hinter den gewaltigen Ohrensessel.

Meine Mutter faucht nebenan mit sich überschlagender Stimme. Das Angebot ist für sie nichts anderes als eine Geiselnahme. Und ein versteckter Tadel. Der Vater hat sie im Stich gelassen, allein gelassen. Und jetzt will er dafür auch noch das Kind? »Ich hatte eine schlechte Zeit«, sagt meine Mutter, nach langem Schweigen. »Aber das ist jetzt vorbei. Ich schaffe das.« Danach presst sie ihre Handtasche an sich und steht auf.

Ich bin nur ein Kind, noch keine sieben Jahre alt. Ich lebe im Jetzt. Ich bin glücklich. Und erkenne die Gefahr erst in ihrer Gänze, als meine Mutter mich hinter sich aus der Wohnungstür hinauszerrt. In jeder anderen Situation wäre mir auch nur die kleinste Auflehnung gegen sie wie ein Sakrileg erschienen. Schlichtweg undenkbar. Doch mein Instinkt hat erfasst, was der kindliche Verstand nicht begreifen kann: Wenn ich durch diese Tür hinaus bin, ist das Paradies für mich für immer verloren. Also schreie ich. Ich strample. Und ich flehe den Großvater weinend um Hilfe an, bis mir der Rotz schließlich in einem langen Faden aus der Nase hängt.

Der Großvater hat seine Hände tief in den Hosentaschen vergraben. Und die Türen der sonst so freundlichen Nachbarn bleiben verschlossen. Niemand hilft.

Noch einmal gelingt es mir, mich loszureißen. Ich stürme auf Großvater zu und klammere mich an seine Beine. Es ist die Kraft der panischen Verzweiflung. Die Hände des Großvaters bleiben, wo sie sind. Und die Großmutter kommt nicht in den Flur.

»Bitte! Bitte! Bitte!« Ich flehe. Ich bettle. Das vertraute Gesicht des Großvaters hoch über mir. Unerklärlich versteinert und starr. Das gibt mir den Rest. Aller Widerstand bricht in mir zusammen. Meine Mutter zerrt mich vom Großvater weg. Der Mann überragt sie fast um zwei Köpfe. Und neben seiner massigen Gestalt wirkt meine Mutter winzig, fast selbst wie ein Kind. Und dennoch schreitet der Großvater nicht ein. Mutter schleift mich polternd die alte Holztreppe nach unten. Die Haustür fällt ins Schloss.

Kapitel 4

Dresden-Prohlis. Neubaugebiet. Platten aus Beton, so weit das Auge reicht. Ich stehe am weit geöffneten Kinderzimmerfenster und schaue hinaus. Links und rechts von mir ziehen sich die Häuserwände in endlosen Reihungen, es ist eine gigantische Wohnmaschine. Zehn Stockwerke geht es hinab. Zehn Stockwerke hoch stapelt der Sozialismus hier seine Bürger. Wohnraum ist Mangelware, das neue Viertel am Stadtrand wurde in Rekordzeit hochgezogen. Beton. Und nochmals Beton. Und was zwischen den Häusern ist, besser gesagt, was zwischen den Häusern sein sollte, das vergisst man einfach. Tief unter mir erstreckt sich eine wüste Landschaft mit unregelmäßigen Erdwällen und Unkraut. Bretterstege überbrücken dieses chaotisch verschlammte Niemandsland. Alles hat die Anmutung einer lieblos zurückgelassenen Großbaustelle. So zurückgelassen, wie ich mich gerade fühle. Moïse ist weg. Mein Bruder ist fort. Ich verstehe es nicht. Niemand hat mir irgendetwas erklärt. Ich bin elf Jahre alt. Ich bin allein. Mein Bruder ist fort. Und die Tiefe, dort unten, erscheint verlockender als jemals zuvor. Ich klammere mich mit aller Kraft an einen letzten Rest Hoffnung. Und an den Fensterrahmen, in dem ich stehe. Der Gehweg, zehn Stockwerte tiefer, ruft und lockt.

Meine Mutter scheint unbeeindruckt von Moïses Verschwinden. Sie hockt stolz in ihrer neuen Wohnung. Drei Zimmer im Neubau, das ist für sie wie ein Lottogewinn. Die meisten, die hier leben, denken so. Das hier ist der begehrte Fortschritt. Kein Mensch will in den halb verrotteten Gründerzeitvillen hausen, die den Krieg überdauert haben. Hier im Plattenbau gibt es sogar einen Müllschlucker: Man geht den Flur hinunter, öffnet eine Klappe, Beutel rein und weg damit. Als wir einzogen, kam ich mir vor wie in einem meiner utopischen Zukunftsromane. Stanislaw Lem. Asimov. Strugazki. Plattenbau gewordene Science-Fiction. Und vom Balkon aus blickt man auf die Obsthaine im Süden der Stadt, man sieht bis zur Babisnauer Pappel, einer grünen Attraktion aus Ästen und Blättern, deren Geschichte bis in die Tage des Deutschen Krieges zurückreicht.

Das Zimmer, das bislang Moïse und mir gehörte, ist jetzt meins. Ich könnte das große Fichtenholzregal umrunden, das den Raum notdürftig teilt. Niemand wird mich anraunzen: »Raus hier!« Ich könnte nach seinem kostbarsten Schatz suchen, einer Armbanduhr von Großvater. Aber die Uhr ist verschwunden. Meine Mutter hat alle seine Sachen in Säcke gepackt und weggeschleppt. Nur das Bett ist noch da. Darauf liegt eine Matratze ohne Laken wie eine Art gehäutetes Tier. Mein Bruder ist fort. »Ausgebürgert«, das hat mir meine Mutter schließlich doch noch eröffnet. Das Wort kenne ich. In meiner Vorstellung betrifft das nur Leute, die unaussprechliche Dinge getan haben. Nur wirklich üble Verbrecher. Die werden in den Westen geschickt, und wahrscheinlich fühlen sie sich dort recht wohl bei all den anderen Raubtieren. Dass man solche Leute fortbringen muss, verstehe ich natürlich. Aber was hat das mit meinem Bruder zu tun? Einmal, auf dem langen Betonplattenweg nach Hause, nach einer späten Schul-AG, entdeckte mich ein Trupp irgendwelcher Jungs. Sie waren groß. Und sie waren alle vollgepumpt mit Gemeinheit. Erst warfen sie von der anderen Straßenseite aus mit Erdklumpen, dann jagten sie mich. Ich rannte, so schnell ich konnte. Trotz meiner Furcht war ich mit vollbeladenem Ranzen und Sportbeutel viel langsamer als eine Gruppe Soziopathen auf Rädern. Ich selbst bekomme kein Fahrrad, weil Mutter panische Angst hat, ich könnte damit verunfallen. Stürzen. Sterben. Immer wieder hört man von so was. Von auf der Straße zu Brei gewalzten Kindern. Ich besaß kein Fahrrad, also rannte ich. Meine Füße flogen über den Plattenweg, bis meine Lunge brannte und die Beine sich anfühlten wie Stelzen aus Beton. Dann hörte das Klappern der Pedale hinter mir plötzlich auf. Ich wurde langsamer und blieb schließlich ganz stehen. Keuchte. Würgte. Ließ den Sportbeutel und den Ranzen fallen. Als ich mich umdrehte, war da niemand mehr. Ganz hinten, am anderen Ende des Plattenwegs, sah ich noch meine Verfolger verschwinden. Und neben mir war eine vertraute Gestalt. Moïse. Breitbeinig. Gedrungen. Und in der rechten Hand hielt er ein Stück Armierungseisen wie einen rostigen Knüppel. »Ein Äffchen allein ist ein Opfer. Zwei Äffchen sind fast schon eine Bande.« Und wer weiß, was die Eltern dieser beiden Wilden tun. Vielleicht stecken die ja weiße Kinder in Kochtöpfe. Oder solche Sachen. Manchmal wirkt das absurde Kino in den Köpfen der Leute wie ein Heilzauber. Und manchmal hilft auch ein großer Bruder mit einem improvisierten Totschläger. Moïse ist mir sieben Jahre voraus. Und die angeborene Stiernackigkeit unseres Vaters schützt ihn schon lange vor den Prügelorgien der Mutter. Moïse ist nicht länger klein und schwach. Er geht auf der Straße keiner Schlägerei mehr aus dem Weg. Und diese Tatsache lässt ihn auch daheim tollkühne Ideen spinnen. Als unsere Mutter eines Tages für einen Einkauf das Haus verlässt, nur mit ihrer Geldbörse bewaffnet, sieht mein Bruder unsere Chance gekommen. Die heilige schwarze Tasche der Mutter liegt, ungeschützt und unserer Neugier ausgeliefert, auf der Wohnzimmer-Eckbank.

Mutter ist verschwiegen. Über das, was sie tut, sagt sie uns nur, dass es »Datenverarbeitung« heißt. Und dass es uns nichts angeht. Sie hütet ihre Akten. Sie hütet ihren Kalender. Und mehr noch hütet sie diese Tasche. Und nun liegt das Ding einfach so herum, fast wie eine Einladung. Ich traue mich natürlich nicht, aber Moïse.

Viel Spannendes ist nicht drin. Eine Geldbörse mit ganz vielen Markstücken und Pfennigen, ein richtiger Klumpen Münzen. Und Mutters handschriftlich bekritzelte Zettel, eingelegt in ihren Kalender. Es sind Erinnerungen an Termine und Besorgungen. Ganz zuletzt fördert Moïse aus einem Seitenfach noch ein schmales braunes Etui zutage. Darin liegt eine kleine Karte. Auf der Karte steht nur ein einziges Wort in ordentlichen Großbuchstaben:

»Rittersporn.«

»Was ist das?«, frage ich.

»Das ist ein Losungswort, Mann!«

»Was ist ein Losungswort?«

»Oh weh, du bist so was von blöd.« Mein Bruder schlägt mir mit der flachen Hand vor die Stirn. »Das weiß doch jedes Kind. Das ist wie bei Alibaba und den Räubern.«

»Ach so. Klar.« Ich ärgere mich über meine Dummheit. »Ist so was geheim?«

»Ja klar, Mensch. Ein Losungswort ist immer geheim!«

Ich bin wahnsinnig aufgeregt. Ist Mutter so was wie eine Spionin? Oder verarscht mein Bruder mich bloß? Das macht er ständig. Und er macht es gern. So ganz glaube ich ihm diese Geschichte noch nicht. Wir legen die Karte samt Etui in das kleine Fach in der Tasche zurück.

Dann kommt dieser Sonntag, ein halbes Jahr später. Irgendwann im Frühjahr 1980. Der Sonntag ist heilig. Alle Läden und Betriebe sind geschlossen. Niemand belästigt irgendwen vor zehn Uhr. Unvermittelt schrillt unsere Türklingel. Mehrfach. Die Mutter duscht im Bad. Moïse streunt draußen auf der Straße herum. Vielleicht hat er seinen Schlüssel vergessen. Aber er würde sich niemals wagen, derartig zu klingeln. Oder doch?

Was soll ich tun? Für einen langen angstvollen Augenblick ringe ich um eine Entscheidung. Jetzt bloß keinen Fehler machen, der die Mutter wütend aus dem Bad stürmen lässt. Ich nehme all meinen Mut zusammen und betätige die Wechselsprechanlage.

»Ja?« Mehr bekomme ich nicht raus.

Eine unbekannte Männerstimme auf der anderen Seite: »Ist deine Mutter da?«

»Die ist im Bad.«

»Hör zu, Junge. Sag deiner Mutter: Rittersporn. Ich wiederhole: Rittersporn.«

Da steht meine Mutter bereits mit nassen Haaren in der Badezimmertür und herrscht mich an: »Wer war das?«

Habe ich einen Fehler gemacht? Ich ducke mich. »Ein Mann. Rittersporn. Ich soll dir sagen: Rittersporn.«

Die Wiederholung hätte ich mir sparen können. Für eine halbe Sekunde steht die Mutter da wie eine Art Gespenst, noch blasser als sonst. Dann kommt Bewegung in sie. Sie stürzt ins Schlafzimmer und erscheint keine Minute später vollständig bekleidet im Flur. Das habe ich noch nie erlebt. Es wirkt wie ein Zaubertrick. Mutter stürzt hinaus. Die Tür knallt zu.

Ich schaue aus dem Fenster. Unten, im stadiongroßen Innenhof, ist niemand zu sehen. Die Plattenwege zwischen den Hauseingängen liegen verwaist. Sonntagmorgen eben. Aber die gewöhnliche Leere erscheint mir nun seltsam aufgeladen. Ich denke furchtsam an das, was sie uns in der Schule erzählt haben, bei den Jungpionieren. Wie die Imperialisten uns vernichten wollen. Auslöschen, um jeden Preis. »Wenn etwas passiert, dann passiert es plötzlich. Und unverhofft. Deshalb müssen wir immer wachsam sein.« Plötzlich und unverhofft. Das haben sie in der Schule doch gesagt.

Wo sind alle anderen hin? Hat man sie gewarnt und mich vergessen? Ein Knall lässt das Haus erzittern, ich ducke mich erschrocken unter das Fenster. Direkt über den Häusern haben zwei Kampfflugzeuge die Schallmauer durchbrochen. Das Heulen ihrer Triebwerke verschwindet hinter den Dächern. Dann ist es wieder still. Bis auf das Geräusch im Flur. Im Schloss der Wohnungstür kratzt ein Schlüssel. Ich zittere furchtsam. Das ist so blöd. Als ob die Imperialisten durch die Tür kommen würden mit einem Schlüssel.

Natürlich ist es Moïse. Und ich erzähle ihm aufgeregt, was vorgefallen ist. Mein Bruder winkt nur ab und wirft sich auf sein Bett samt Turnschuhen.

»Ich war doch gerade draußen, da ist nix.« Er gähnt.

»Woher willst du das wissen, dass da nichts ist?«

»Weil sonst draußen die Sirenen gehen würden, Doofmann. Hörst du Sirenen?«

Tatsächlich, da sind keine Sirenen, nur der Sonntag und die Stille. Wir warten. Aber der Klassenfeind erscheint nicht. Und das Sirenengeheul bleibt aus. Erst gegen Abend kommt die Mutter zurück. Müde. Und reizbar. Sie murmelt etwas von einer Übung, dann verschwindet sie im Schlafzimmer. Ich aber träume noch wochenlang von Atomraketen, die in der Ferne aufsteigen und Kurs auf die Stadt nehmen.

Ein richtiger Ernstfall tritt erst ein Jahr später ein: Moïse ist weg. Fort. Einfach so. Mir gehört nun das ganze Zimmer. Und ich würde es lieber wieder mit meinem Bruder teilen. Am Wohnzimmertisch sitzt die Mutter. Sie schreibt etwas auf ein Blatt, dann hebt sie ihren Kopf. Ihr Blick ist eisig.

Jahre später erfahre ich, was sie mir an diesem Tag nicht zu sagen bereit ist. Moïse hat irgendeinen Jungen geschlagen an seiner Berufsschule. Es gab einen Streit, und mein Bruder hat die Kontrolle verloren. Der Junge musste ins Krankenhaus, seine Verletzungen erwiesen sich als lebensgefährlich. Mein Bruder ist nicht der lässige Held, als den ich ihn sehen möchte. Ich ahne, dass ihn der Tod unseres Vaters übel verstümmelt haben muss, innen. Und erst viele Jahre nach seinem Auszug erfahre ich einiges mehr über meinen Bruder in jener Zeit. Meine Mutter erzählt es mir, wie immer spätabends, weinend und wie immer kniend vorm dunklen König. Wie Moise irgendwann damit begonnen hat, seine eigenen Kreise zu ziehen. Immer wilder. Immer widerständiger. Und wie er sich geprügelt haben muss. Und schlimmer noch: wie er sich irgendwoher Nazibücher besorgt und herumzeigt. Selbst in den Waschraum der Berufsschule schmiert er Hakenkreuze. Ein schwarzer Neonazi, das ist wahrlich die ultimative Provokation. Und dann erschlägt er fast einen Mitschüler. Das reicht. Man holt meinen Bruder ab und sperrt ihn ein. Und niemand fragt ihn nach einem toten Vater und irgendeinem Schmerz. Sie bringen meinen Bruder nach Bautzen II, in die Haftanstalt des geheimen Ministeriums. Sie bringen ihn in die Hölle. Was in ihm nicht bereits ohnehin kaputt war, geht dort zu Bruch. Der Junge, den ich kannte, stirbt dort. Seine Überreste werden bei einem Gefangenenkauf nach Westdeutschland herausgehandelt. Harte Devisen gegen Progressive, Störer und andere unerwünschte Elemente. Mein Bruder wird in den Westen ausgebürgert. Ich werde ihn nie wiedersehen.

Die Mörder haben meinen Vater umgebracht. Und sie haben meine Mutter verstümmelt und traumatisiert zurückgelassen. Genau wie ihren ältesten Sohn. Es ist der unheimliche, zerstörerische Nachklang dieses Verbrechens. Es ist wie ein schwerer Stein, der ins Wasser gefallen und längst in der Tiefe verschwunden ist. Aber an der Oberfläche erzeugt er unverändert Wellen. Und so sitzt die Mutter an diesem Tag am Wohnzimmertisch und bringt in Druckbuchstaben zu Papier:

»Hiermit erkläre und versichere ich ..., dass meinerseits ab sofort kein Kontakt mehr zu meinem Sohn ... besteht.«

Sie hält kurz inne, überlegt. Dann kratzt der Stift wieder übers Papier: »Seine negative politische Einstellung ... sowie die in diesem Zusammenhang begangenen kriminellen Handlungen sind die Hauptursache, dass ich mich von ihm lossage.«

Mutter schaut lange auf das Blatt. Zögert sie? Ekelt sie sich im Angesicht ihres Verrats? Oder hat sie schlichtweg keine andere Wahl, wenn sie mich nicht auch noch verlieren will wegen »Erziehungsuntüchtigkeit«?

Meine Mutter hat sich hochgekämpft. Sie musste sich nach dem Aufstand um den Tod meines Vaters bei der Partei rehabilitieren. Und sie hat es durch harte Arbeit geschafft. Walter Ulbricht, oberster Zirkusdirektor der DDR, hat die »Kybernetik«, die maschinelle Informationsverarbeitung, zur Chefsache gemacht. Der Maschinenfortschritt soll den Sozialismus retten. Die Kybernetik soll helfen, die perfekte Planerfüllung zu erreichen. Meine Mutter ist jetzt Teil eines IT-Teams, Teil einer Projektgruppe, die unter Geheimhaltungsauflage arbeitet: Durch die automatisierte Verarbeitung der gewaltigen Datenmengen aller Alltagsverrichtungen will man einen »gläsernen« Menschen erschaffen. Man wird die Aktivitäten der Genossen Arbeiter analysieren, ihre Gewohnheiten und ihre Routinen. Und so wird man auch ihre Wünsche erkennen. Ihr Sehnen. Und man wird dann wissen, wie viele Jeans man herstellen muss und wie viele Schuhe. Und welcher Größe und Farbe. Alles per Knopfdruck, mithilfe einer computerisierten Planungsmatrix. Die Zufriedenheit der Bevölkerung beugt den Störungen kollektiver Gleichschaltung vor. Die Kybernetik ist die Zukunft, da sind sich die Experten einig. Und meine Mutter ist bei dieser Reise in den Fortschritt mit dabei. Ein kleines Rädchen von vielen nur, aber das lässt sie sich nicht kaputt machen. Sie sagt sich von ihrem Sohn los, ganz formell. Mit Stift und Papier und einer Erklärung. Verloren ist er sowieso. Sie wird ihn nie wiedersehen. Sie spricht seinen Namen nie wieder aus. Sie ist jetzt allein mit mir. Und ich mit ihr.

Ich werde mich dreißig Jahre lang seltsam wurzellos fühlen. Verloren. Es beginnt in jenen Tagen. Dieses Gefühl, dass da niemand ist, zu dem ich wirklich gehöre. Dass ich für niemanden von Bedeutung bin. Dass mich niemand um meinetwillen haben will. Ich bin damals ein fast normaler Junge, mit guten

Zensuren, sportlich und belesen. Ich gehe zur Schule. Und viermal in der Woche spiele ich Fußball in einem Verein. Doch ich habe keinen einzigen Freund. Und Großvater darf ich bald gar nicht mehr besuchen.

Meine Mutter ist eine Getriebene. Und ich bin eines ihrer Projekte. Wozu brauche ich einen Großvater? Wozu Freunde? Das ist überflüssiger Luxus. Mein Vater hat es nicht geschafft. Und mein Bruder auch nicht. Der eine ist tot. Der andere ist exorziert worden und verschwunden. Ich muss es schaffen, ich darf nicht versagen. Und deshalb werde ich von ihr gepusht. Und deshalb bemühe mich. Doch es bräuchte ein unmögliches Hybridwesen aus Superman und Jesus Christus, um all ihren Erwartungen gerecht zu werden. Allein der Versuch wird zu einem täglichen Marathon der Anstrengung. Und die Summe dieser Anstrengungen schneidet mich in zu viele kleine Fetzen. In zu heftig erschöpfte, kaum noch brauchbare Einzelteile. Mein Emotionskörper verdaut den Reibungswiderstand zu einem bizarren Kopfkino über Selbsttötung und Erlösung. Mein Kinderzimmer liegt weit oben, zehn Stockwerke über einem Fußweg aus Betonplatten. Der Fenstersims meines Zimmers entwickelt eine ganz eigene Anziehungskraft, der ich zunehmend schwer widerstehen kann. Auch Straßenbahnen ziehen mich fortan magisch an. Oft muss ich mich nunmehr mit aller Kraft an das Haltestellengeländer klammern, bevor die Bahn einfährt. Oder an mein Kinderzimmerfensterbrett. Warum ich nicht springe? Am meisten fürchte ich wohl den Schmerz beim Aufprall. Und ich fürchte das Gemecker meiner Mutter auf der Beerdigung, weil ich etwas Verbotenes getan habe.

Ich entgleite der Wirklichkeit zunehmend in den finsteren Wald meines Kopfes. Und meine Mutter trinkt. Allabendlich säuft sie gegen die Trostlosigkeit der Tage an. Allabendlich beugt sie sich der Herrschaft eines dunklen Königs. Dieser verspricht ihr Linderung. Meine Mutter trinkt. Und natürlich hat sie alles unter Kontrolle. Von wegen. Wenn der Abend kommt und der

König auf seinem Thron Platz nimmt, bin ich für meine Mutter kein menschliches Wesen mehr. Im Suff bin ich für sie nur noch eine kleine Wanze. Ein Spiegelbild ihres Scheiterns, der Feind ihres Erfolgs. Mutter ist von Dämonen verfolgt. Und im Alkohol wird sie selbst einer.

Sie prügelt mich nun immer öfter. Immer härter. Und ich suche umso verzweifelter nach einem Weg, all ihre Erwartungen zu erfüllen. In der Schule glänze ich mit Bestnoten. Und daheim träume ich von Utopia, das alle Ungerechtigkeit hinwegfegen wird. Danach sehne ich mich. Der Kommunismus wird gewiss einlösen, was ich heute noch nicht haben kann. Heute muss ich einfach durchhalten. Funktionieren. Und das ist einfacher gesagt, als getan. Ich mache mir unkontrolliert in die Hosen und rieche nach Pisse. Ich stottere schwer. Ich bin ein Freak. Meine einzige Flucht in all dem sind die Sci-Fi-Welten und der Sport. Der Sport dämpft die Stimmen im Kopf. Der Sport macht mich schneller. Stärker. Der Sport bringt Anerkennung und Duldung, zumindest kurzzeitig. Und da ich groß gewachsen bin, falle ich eines Tages einer Trainerin ins Auge. Mein Weg führt direkt vom Schulhof aus in ein Sichtungstraining. Und von dort an die Sportschule. Ich werde Kanute. Ich weiß nichts über diesen Sport und habe noch niemals zuvor in einem Kajak gesessen. Und ich habe deshalb keinerlei Ahnung, worauf ich mich da einlasse. Doch es ist mein Ticket heraus aus dem ewigen Trott. Noch nie zuvor habe ich in einem Boot gesessen. Aber ich bin es gewohnt, Scheiße zu fressen. Und Schmerz. Ich bin fortan auf dem Wasser. Oder im Wasser, wenn ich einmal mehr aus dem Boot stürze und unfreiwillig baden gehe. Und ich bin oft in Krafträumen. Elbe und Eisen. Der Kampf mit dem Fluss und der Kampf mit den Gewichten wird zu meiner Besessenheit. Auf dem Wasser vertreibt die Anstrengung jeden anderen Gedanken und jedes andere Kopfkino. Es geht nur noch um die Kilometer und den Takt. Es ist wie eine Art Gottesdienst. Das Boot ist die Kirche. Und mein Trainer ist der Priester. Und der Schmerz ist der Gemeindechor. Da sind keine Stimmen mehr. Da ist keine Sehnsucht mehr. Nach dem Großvater. Oder nach dem Bruder.

Meine Schulnoten werden immer schlechter. Ich träume nur noch davon, mein Land zu vertreten, als »Botschafter im Trainingsanzug«, so lautet dafür die offizielle Sprachregelung. Doch um »Botschafter« zu sein, bin ich schlichtweg nicht gut genug. Ich mache trotzdem immer weiter.

Eines Abends schnauzt mich Mutter an, weil mir ein Ei heruntergefallen ist. »Was soll das? Willst du jetzt jeden Tag die Küche verwüsten?«

Ich sehe meine Mutter wie durch ein umgedrehtes Fernglas. Die Frau, vor der ich so schreckliche Angst gehabt habe, ist plötzlich mehr als einen Kopf kleiner als ich. Sie kommt mir nicht näher. Sie rührt mich nicht an. Meine Mutter, meine dunkle Königin, hat Angst vor mir.

Spät in der Nacht falle ich aus dem Schlaf. Mein Herz pocht rasend schnell. Und holpernd. Jenseits vom Kopfende des Bettes klafft die Fensteröffnung. Ringsum liegt die Betonburg in beinahe vollständiger Dunkelheit. Mein Blick geht über die Dächer, weit entfernt ahne ich schemenhaft den Umriss des alten Wasserwerkes. Er schimmert in der Ferne wie ein seltsam geformter Riese, der im Stehen schlafen muss.

»Komm«, flüstert die Tiefe mir zu. »Es ist ganz leicht!«

Kapitel 5

»Heil Hitler! Was ist das für eine Judenwirtschaft, Meffire?«

Der Führer starrt mich mit blutunterlaufenen Augen an. Er trägt einen schlecht sitzenden Overall, hat speckiges Haar und riecht, man kann es nur so sagen, nicht ganz koscher.

»Moin, Ulf.« Ich muss grinsen.

»Das heißt ›Moin, mein Führer!‹« Ulf fuchtelt mit seinem Zeigefinger in meine Richtung. »Stehen Sie gerade, Volksgenosse! Und grüßen Sie gefälligst vernünftig, wir sind hier nicht im Busch!« Lustlos hebe ich den rechten Arm.

Der Blick des Führers wandert umher. »Wie sieht das hier überhaupt aus?« Ich drehe den Kopf nach allen Seiten. Der Führer hat recht, die Baustelle wirkt wie in panischer Eile von einem Arbeitstrupp aufgegeben. Und vor allem: Was ich gestern gemauert habe, als ich hier einen Tag lang allein zugange war, hat die Anmutung von gestapeltem Mist.

»Meffire! Was Sie gemauert haben, sieht beschissen aus! Zum Heulen! Sie sollen hier keine Klagemauer errichten! Deutsche Wände stehen gerade!«

Zugegeben, die Mauer ist krumm.

Sie ist der Tat »Mist«. Es gibt kein mäßigeres Wort dafür. Genosse Meffire, also ich, hat schief und krumm gemauert. Keine Ahnung, wieso. Gestern sah es noch gerade aus. Fand ich. Wir werden die Mauer zum Teil wieder abtragen müssen. Das ändert nichts an der Tatsache, dass der Führer ein genauso beschissener Maurer ist wie ich.

Wir starren gemeinsam auf das Desaster. »Hast du wieder an deine Alte gedacht?«, fragt der Führer.

»Nein.« Ich schüttele hastig den Kopf. So war das nicht. Also zumindest nicht nur. »Ich musste zum Training.«

»Du solltest dich entscheiden, Mann. Willst du in deinem Paddelboot die Welt retten oder willst du endlich ein braver Volksgenosse werden?«

Ich soll mich entscheiden, aber so einfach ist das nicht. Ich wollte nie Maurer werden. Diese Lehre ist eine Art Unfall. Ich mache diese Ausbildung, weil jeder das Spiel spielen muss. Es gibt keine Profisportler in der DDR. Es gibt nur nebenbei »Sport treibende Arbeiter und Bauern«. Und mit der Kraft der richtigen Überzeugungen erringen sie Medaillen.

»Wie weit ist die Genossin denn?« Der Führer meint Silke, meine Freundin.

»Sechster Monat.«

»Und?« Er grinst unmissverständlich. »Geht's noch? Ich meine, du weißt schon.« Ich ahne, was dem Führer im Kopf herumfliegt. Er ist ein richtiger Drecksack. Und er ist das, was einem Freund in dieser Zeit am nächsten kommt.

»Stell dich nicht so an! Ich hab noch nie eine geschwängert, ich hab keine Ahnung! Sag's mir.«

Ich werfe eine Kelle voll Sand nach ihm. Eher halbherzig. Über mein Sexleben mit Silke werde ich mit diesem Clown bestimmt nicht diskutieren. Einige Zeit schaut mich der Führer noch erwartungsvoll an, dann winkt er ab. Wir schweigen. Betrachten gemeinsam die schiefe Mauer.

Zu unserer Erleichterung kommt Genosse Wattmilch, der vollbärtige stiernackige Chef unserer Brigade, heute etwas später. Der gute Mann ist Chaos und Kummer mit uns gewohnt. Wir sind seine Last im ohnehin schwierigen Klassenkampfgebiet handwerklicher Tätigkeit. Maurer zu sein ist in der DDR keine dankbare Aufgabe. Es ist eine Art Zaubererjob in der Kernzone der Mangelversorgung. Jeden Tag fehlt irgendetwas am Bau. Oder alles. Zement fehlt. Oder Stahlträger für die Fensterstürze. Die Schläuche für das Hydrauliksystem unseres Baggers. Na ja, das Problem mit dem Bagger wird dann doch noch gelöst: Vor-ort-Direktor Wattmilch lässt uns Lehrlinge statt des Baggers die verdammten Steinquader selbst aus der Erde wühlen. Die Erde ist hart wie Beton, und einige Blöcke sind so groß, dass man sie hätte beim Bau der Pyramiden verwenden können. Es ist der einzige Tag, an dem ich mein Kanutraining schwänze. Ich steige direkt nach der Arbeit in die Straßenbahn und lasse meinen halbtoten Körper daheim ins Bett fallen.

Dennoch habe ich mit Wattmilch einen guten Chef abbekommen. Andere hätten mich längst wegen meiner unwilligen Unfähigkeit in der Zentrale verpfiffen, Wattmilch nicht. Er teilt mir einfache Aufgaben zu, so einfach, dass ich sie ganz und gar hirntot verrichten kann. Die Tage sind immer gleich. Aufstehen. Mörtel anmischen, Steine irgendwohin schleppen. Schippen. Stapeln. Schleppen.

Ich bin mit Abstand der schlechteste Maurer vor Ort, aber gewiss nicht der einzige Pflegefall. Wattmilch führt eine Brigade an, in der sich die Nachwuchs-Chaoten des gesamten Kombinats versammelt haben. Wir sind jene Ladenhüter, die im Plan der sozialistischen Vollbeschäftigung eigentlich nicht vorgesehen sind.

Da wäre Ron, der sich einmal quer durch Dresdens kleine Punkszene gesoffen hat. Und gevögelt. Dabei hat er sich die Syphilis eingefangen. Zweimal. An seinen eitrigen Symptomen dürfen wir alle teilhaben. Seine Frühstückserzählungen sind einfach nur episch.

Neben Ron gibt es noch Karl, den Ex-Priester. Ex-Priester-anwärter. Irgendwann hat er das Seminar abgebrochen. Karl scheint immer etwas zweifelnd. Immer etwas entrückt. Vielleicht kann man den Priester aus dem Seminar nehmen, aber nicht das Seminar aus dem Priester.

Außerdem ist da Ulf, der »Führer«. Hyperintelligent. Zumindest vermute ich einen ziemlich cleveren Verstand hinter dem fiesen Nazi-Clown, den er ständig heraushängen lässt. Der Clown und sein Schandmaul haben dafür gesorgt, dass er vom einzigen christlichen Gymnasium der Stadt geflogen ist.

Und dann wäre da noch Erik, den ich nur Slimo nenne, wegen seiner devoten Schlangenhaftigkeit. Erik ist der Sohn eines hohen Parteitiers im Kombinat, und er rezitiert am liebsten Bandwurmsätze aus dem *Kapital,* jenem kryptischen Erguss von Karl Marx. Aber sonst macht er nicht viel mehr, als mir beim Arbeiten zusehen. Gern würde ich ihm mal eine reinhauen. Aber ich weiß natürlich, dass die geheimen Wächter jeden abholen kommen, der sich an der Parteibonzen-Brut vergreift. Also lasse ich das mit der Backpfeife. Verdammt, was treibe ich bloß hier? Nach den Vorstellungen meiner Mutter hätte ich das Abitur machen sollen, aber in meinem halbkindlichen Trainingsfanatismus, meinem »Ich-steige-hinauf-und-bin-frei«-Fanatismus, hatte ich die Schule so stark schleifen lassen, dass selbst der wohlwollendste Blick auf mein Abschlusszeugnis keinen Gedanken an höhere Bildung mehr zuließ. Zumindest nicht bei der Einser-Konkurrenz, die sich üblicherweise in den höheren Klassen fand. Als meiner Mutter und mir endlich klar wurde, dass ich nur dann weiter auf die Rückkehr in die Sportförderung hoffen durfte, wenn ich einen Ausbildungsplatz fand, war es bereits zu spät. Mir blieben exakt drei Tage. Hektisch aktivierte Mutter die Untiefen ihres Netzwerkes. Und fand für mich einen Ausbildungsplatz. Als Maurer. Ich fuhr wenig begeistert zu einem schmutzig grauen Altbau und wurde in der dortig untergebrachten Kombinatsverwaltung enthusiastisch begrüßt. Man verpflichtete mich sofort per Handschlag. Kräftige Arbeitsdrohnen ... Welcome.

Wattmilch glaubt an Jesus. Ich weiß das vom Führer. Und ich habe keine Ahnung, woher der das weiß. Christen sind eine seltene, seltsame Spezies. Ihr Glaube ist eine Art Halluzinogen zur Betäubung der Massen, damit diese gegen ihre Unterdrücker nicht so schnell aufbegehren. So haben sie uns das in der Schule beigebracht. Wattmilch glaubt an Jesus. Und wie eine ferngesteuerte Geisel kommt mir der Mann wirklich nicht vor, ganz im Gegenteil. Aber was weiß ich schon? Gut, die Eltern einer Klassenkameradin waren Zeugen Jehovas. Die waren auf eine verwirrende Art gegen alles. Gegen das Pioniersein. Gegen FDJler. Gegen Weihnachten feiern. Und Geburtstage. Und natürlich gegen den Wehrsport. Sie lassen sich lieber abholen und ins Gefängnis bringen. Die Zeugen sind derartig verrückt, dass ich sie heimlich dafür bewundere. Aber Wattmilch ist anders. Er verhält sich völlig unauffällig. Niemand würde auf die Idee kommen, in ihm irgendetwas anderes zu sehen als einen ganz normalen Kerl, der seiner Arbeit nachgeht.

Aus irgendeinem Grund muss ich bei ihm an meinen Großvater denken. An seine Lieblingsplatte, und wie er beim Hören nachdenklich ins Nirgendwo blickt: »Siehe, meine Tage sind eine Hand breit vor dir, und mein Leben ist wie nichts vor dir.«

Warum machen sich Leute die Mühe, über solche Sachen nachzugrübeln? Warum erscheint Wattmilch jeden Tag so gut gelaunt, obwohl sein Job darin besteht, eine Bande von durchgeknallten Idioten und Versagern zu beaufsichtigen?

»Sag schon«, unterbricht der Führer meine Gedanken. »Was wollt ihr mit dem Ding machen, wenn es geschlüpft ist?«

Dieser Typ und seine Metaphern. »Keine Ahnung«, erwidere ich. »Wir werden es füttern. Oder so was.«

Er schaut mich lange an, dann schlägt er sich an die Stirn. »Alter, du bist völlig ahnungslos.«

Genau. Ich bin ahnungslos. Und ich bin müde. Nicht nur, weil es fünf Uhr dreiundfünfzig ist. Ich bin auch deswegen so müde, weil ich schon gestern um fünf Uhr sechsundfünfzig hier auf der Baustelle stand. So geht das jeden verdammten Tag. Morgens stehe ich um halb fünf auf. Und ich arbeite bis zwölf. Dann schlinge ich meine Mittagsbrote hinunter. Oder ich sitze bereits in der Bahn, auf dem Weg nach Blasewitz. Und schlinge in der Bahn meine Brote hinunter. In Blasewitz bin ich dann bis in den Abend. Drei Trainingseinheiten. Das ist mein tägliches Programm. Lediglich am Wochenende ist die Baustelle verrammelt. Samstag steht allein das Training an. Nur der Sonntag frei. Das ist mein Leben.

Mein kleines Hamsterrad dreht sich immerzu. Und dass ich mich im Kanu auf diesem stinkenden Fluss herumquälen muss, macht die Sache nicht besser. Andere treiben ihren Kajak in Brandenburg über den See und spiegelglattes Wasser, ich jedoch muss auf die Elbe hinaus. Sie ist ein gigantischer Strom grünbrauner, übel riechender Brühe. Der Fluss ist eine unruhige Bühne für das tägliche Training. Ich umschiffe Strudel und Strömungen, so gut es geht. Und zerschlage mir das Paddel an den Steinen im Flachwasser. Doch schlimmer als das Flachwasser und die Strudel und der Gestank sind die Zweifel. Ich muss mit zunehmendem Aufwand die Tatsachen verdrängen: Ich kann mich zwar zügig in einem Rennkanu fortbewegen, aber selbst für die B-Nationalmannschaft wird es niemals reichen. Versager. Ich höre den Kommentar meiner Mutter dazu, irgendwo im Hinterkopf. Und ihr Vorwurf sitzt dort wie ein hämisch grinsender Dämon. Doch noch hat mich der Trainer nicht gefeuert. Ich paddle dagegen an. Ich quäle mich über die Kilometer den Fluss hinauf, oft voller Wut auf mich selbst.

Es war irgendeiner dieser Tage. Ich bin auf dem Heimweg. Bin müde. Hungrig. Meine Hände umklammern zitternd die Haltestange in der Straßenbahn. Belastung und Unterzucker. Irgendwie schleppe ich mich von der Bahn Richtung Wohnung, eine endlose Reihung schiefer, halb überwucherter Gehwegplatten entlang. Im Hausflur flutet mich unvermittelt das Schwindelgefühl, und ich muss mich an die Wand lehnen. Ich stehe im Halbdunkel des Flurs, und selbst bei geschlossenen Augen dreht sich meine Welt in fröhlichen Kreisen. Und mittlerweile schwitze und zittere ich mit grotesker Intensität.

»Kann ich dir helfen?« Eine Stimme. Leise. Freundlich. Ich wage es nicht, meine Augen zu öffnen. Der Brechreiz ist nur noch einen Millimeter weit entfernt.

Die Stimme bekommt Gesellschaft von einer Hand und einem Arm. Ich werde auf wackligen Beinen bis zur Zwischentreppe geführt und dort abgesetzt. Das tut gut.

»Essen«, bringe ich endlich heraus. »Ich bin unterzuckert, ich brauche was, irgendwas ...« Schritte entfernen sich. Dann ein Schlüssel in einem Schloss, ganz nahe, direkt im Erdgeschoss. Kurz darauf ein Stück Zwieback in meinem Mund. Ich kaue. Dann noch ein Stück. Ich werde gefüttert wie ein Baby. Kaue und kaue. Der Zwieback wird zu einem leicht süßen Brei, und gierig saugt sich der Körper die Kohlenhydrate heraus. Damit versuche ich einen Neustart. Langsam und vorsichtig. Was ich sehe, ist von schockierender Schönheit. Zu der Hand und dem Zwieback gehören dunkle, fast schwarze Augen. Und gleichfarbige Locken bis auf die Schultern. Dieses Mädchen ist atemberaubend schön. So viel verstehe ich, trotz Übelkeit im Bauch und Zwiebackkrümeln im Gesicht.

Und langsam dämmert mir auch, dass ich in meinem Zustand im falschen Hausflur gelandet sein muss. Das ist nicht das Haus, in das ich vor einigen Monaten in einem Anfall wütender Verzweiflung vor meiner Mutter geflüchtet bin. Wo ich bei einem Trainingskameraden Unterschlupf gefunden habe. Richtige Straße. Falsches Haus.

Die Märchenprinzessin führt mich durch eine schwach erleuchtete Türöffnung im Erdgeschoss. Hinter einem winzigen Flur sitzt eine Gruppe von Leuten in einer Küche. Sie sind jung. Und sie lachen. Viele halten sich an ihren Teetassen fest, etliche stricken. Es sind überwiegend Langhaarige. Irgendwelche Aktivisten für Blümchenwiesen und Weltfrieden, vermute ich.

Auftrainiert und kurzhaarig passe ich hier so gut rein wie der Wolf in eine Herde Sommerlämmer. Und irgendwie dämmert mir, dass sich in diesem Raum auch allerhand staatsgefährdende Ideen zusammengefunden haben müssen. Ideen von Umweltschutz bis Pazifismus. Ein paar von denen würden sogar die Mauer mit Gänseblümchen schmücken, falls man sie machen lassen würde. Wenn ich in der Parteischule richtig aufgepasst habe, kann es auf Dauer nur ein System auf der Welt geben. Das da drüben. Mit Ungleichheit und faktischer Sklaverei. Oder unseres. Marx, Luxemburg und Liebknecht wussten das. Und auch Stalin. Und die drüben wissen das auch. Also werden sie kommen. Ich für meinen Teil will dann nicht mit Gänseblümchen dastehen. Oder Strickzeug. Ich starre mit verkniffenen Augen auf die Langhaarigen.

Das Mädchen drückt mich sanft auf einen Stuhl in der Ecke. Meine Knie berühren unweigerlich die von einem der Hippies. Unbehagen durchströmt mich wie zu heiß geschlürfte Suppe. Ich möchte davonrennen, finde aber die Kraft in mir nicht. Mir wird ein Tee gereicht. Ich nehme die Tasse, in der etwas Grünliches herumschwimmt, nur mit einigem Zögern.

»Das ist ein Hopfen-Minze-Gänseblümchen-Aufguss.« Sie lächelt aufmunternd. Aus der Tasse steigt ein streng riechender Dampf auf. Ich werde dieses Zeug auf keinen Fall trinken. Da hätte man auch alle alten Socken aus der Umkleidekabine im Trainingszentrum auskochen können.

»Ich bin übrigens Silke.« Das Mädchen streckt mir die Hand entgegen. Sie ist warm und überraschend kräftig. Sie lächelt.

Wahrscheinlich sollte ich jetzt zurücklächeln. Ich versuche es. Und nippe mit fest geschlossenen Lippen an meinem Tee.

Was ist dann passiert? Wer hat was gesagt? Wer hat was getan? Ich werde am darauffolgenden Morgen bei Silke wach. Silke ist in allem von einer gelassenen Selbstverständlichkeit. Sie mag ihren Körper. Und unerforschlicherweise mag sie auch meinen. Zumindest macht sie sich gern daran zu schaffen. Ich bin natürlich mit meinem Körper vertraut. Ich kenne jede Variante von Rotation und Kontraktion. Und ich kann sehr genau meinen Puls und meinen Blutdruck schätzen, egal, in welchem Belastungszustand. Der Körper ist ein Werkzeug. Mittel zum Zweck. Aber bei dem, was die schwarz gelockte Märchenprinzessin und ich in den Nächten tun (und manchmal auch an den Morgen), geht es nicht um Rotation oder Pulsfrequenz. Und es ist unmöglich zu berechnen. Überhaupt ist das »Berührtwerden« irgendwie seltsam.

Klar, ich bin bereits von Fremden angefasst worden. Bei Arztbesuchen. Oder in der Physiotherapie, nach Verletzungen. Und natürlich in der hässlichsten Variante: durch die Schläge meiner Mutter. Berührt zu werden, jenseits von Untersuchungen oder Verletzungen, das fühlt sich für mich seltsam an. Die Märchenprinzessin lehrt mich mit ihren Händen eine neue, fremde Sprache. Ich fühle mich entblößt. Vorgeführt. Wie der Statist im Film eines anderen. Es ist unaussprechlich schön. Bodenlos intensiv. Ich hasse es. Ich liebe es. Und zwischendurch möchte ich manchmal splitterfasernackt aus dem Bett springen und davonrennen.

April '87. Ich erscheine wieder einmal völlig ausgehungert bei Silke. Doch statt einer Mahlzeit und langer Umarmungen erwartet mich eine ganz spezielle Überraschung: Es gibt ein Gruppentreffen zum vorösterlichen Fasten. Silke hat mir davon schon tagelang vorgeschwärmt, doch ich habe es vergessen. Ich habe es verdrängt. Ich bin so unfassbar hungrig. Ich könnte glatt die Rinde von einem Baum nagen. Doch alles, was ich bekomme, ist ein Kräutertee. Die Minuten vergehen zu langsam. Und noch schlimmer steht es um die Stunden. Die Gruppe diskutiert über all das, was sich in der Republik endlich ändern muss. Und über Rezepte für Kräuterbrot und selbst gemachte Butter. Mein Magen knurrt hörbar, meinem Teddybären aus Kindertagen nicht unähnlich. Ich bin mit ca. 1000 Kalorien akut unterversorgt. Und die nach reichlichen vier Stunden Training aufgeheizte Muskulatur sorgt dafür, dass sich dieses Defizit minütlich und überaus schmerzvoll vergrößert. Ich bin wie ein ausgehungerter Zombie. Keiner der Hippies im Raum ahnt, in welcher Gefahr er sich befindet.

Gegen zwei Uhr am Morgen. Die Letzten der Fastenjünger sind endlich verschwunden, ich springe zu den Schränken, auf der Suche nach etwas Essbarem. Erleichtert stoße ich dort auf einen Rest Brot. Ich stopfe so viel wie möglich davon in meinen Mund und beginne zu kauen.

»Sam? Wir müssen reden.« Ich fahre herum. Die Märchenprinzessin steht in der Küchentür und hält sich an ihrer Tasse fest.

»Ich bin schwanger. Glaube ich.« Sie sagt es so ruhig, als würde sie über das Wetter reden.

»Was bist du? Aber ...« Mein Herzschlag tackert wie eine Nähmaschine.

»Ich kriege ein Kind.« Und dann sagt sie noch: »Ich bin mir sogar ziemlich sicher.«

Das Brot ist plötzlich ein zementartiger Klumpen in meinem Mund, der sich nicht herunterschlucken lässt. Um Verhütung habe ich mir nie Gedanken gemacht. Silke wollte keine Pille nehmen. Und für den Gebrauch von Kondomen war ich in der Hitze unserer Begegnungen schlichtweg zu grobmotorisch. »Wir verhüten auf natürlichem Weg«, beschloss Silke. Und damit meinte sie eine mir kompliziert und verworren erscheinende Methode, fruchtbare und unfruchtbare Tage in ihrem Zyklus zu errechnen und mit selbst ertasteten Befunden der Schleimkonsistenz zu ergänzen. Silke verkündet täglich wie eine Art Wetterfrosch, ob ich eine Landeerlaubnis bekomme. »Heute geht es.« Oder, wenn ich mich zur Unzeit nähere: »Heute ist geschlossen.«

Manchmal war allerdings auch an den fruchtbaren Tagen geöffnet. Manchmal können wir trotz »Geschlossen« einfach nicht die Finger voneinander lassen. Und ich bekomme an solchen Tagen eine ganz spezielle, ganz speziell üble Aufgabe übertragen: das Herausziehen. Doch wer bin ich schon? Die griechischen Titanen sind in den Sagen oft unter weitaus günstigeren Umständen gescheitert. Ich versuche es. Ich versuche es wirklich. Doch mein Fortpflanzungsaggregat, in einem gefährlichen Zustand freudiger Begeisterung, lässt sich nur ungern Befehle erteilen. Und überdies entlädt sich das eine oder andere gänzlich ungeplant. Long story short: Wir treiben es wie die Karnickel und verlassen uns dabei auf nichts weiter als einen Wandkalender und meine Fähigkeit zur Selbstbeherrschung. Das klingt nach einer wirklich gut durchdachten Idee.

Vier Wochen später. Es ist ein nasskalter, grauer Novembersamstag an der Elbe. Ich stürze mit den anderen Richtung Landungssteg und versuche im Gedränge, mein Boot möglichst schnell auf das Wasser zu bringen. Die Ersten haben schon ihre Spritzdecken über den Einstieg gezogen und überqueren den Fluss zur anderen Seite. Spritzdecken sind unerlässlich. Sie hängen an einem starken Gummizug um die Hüfte wie eine Art seltsames orangefarbenes Kleid aus wasserdichtem Kunststoff. Die Spritzdecke wird über den gesamten Einstieg gespannt und verhindert das Eindringen vom Restwasser des hinteren Aushubs. Und dass man nicht durch die Wellenkämme eines vorbeifahrenden Binnenschiffers absäuft. Bei diesen Temperaturen wäre Wasser im Boot auch die allerbeste Bedienungsanleitung für eine Erkältung. Ich zerre und reiße an der Spritzdecke, bekomme sie nicht über den Einstieg. Ich darf diese eifrigen, Paddel schwingenden Übermenschen nicht entkommen lassen. Ich will, kann und darf nicht der letzte Genosse auf dieser Seite des Flusses sein. Endlich habe ich das orange Dings über den Einstieg bekommen und treibe mein Boot über den Fluss. Trotz aller Mühe bin ich als Letzter übergesetzt und muss nun Körner opfern, Kraftanstrengung, um aufzuschließen. Ich ärgere mich über mich selbst. Bei mittlerem Gegenwind und ohne eine Bugwelle, auf die ich mich hängen kann, ist das alles eine zähe

Schinderei, im Schneckentempo den Fluss hinauf. Zwei-, dreimal hacke ich mit dem Paddel auf Grund. Mir bleibt nichts anderes übrig, als mich nahe am Flussufer zu halten, um der Gegenströmung zu entgehen. Aber das heißt eben auch, dass das Paddel wieder und wieder auf die Steine unter der Oberfläche trifft. Der Bootsmeister wird mir eine Strafpredigt halten, wenn ich ihm mein malträtiertes Paddel in die Werkstatt bringe.

Ich ziehe mit aller Kraft. Ich strecke mich. Ich mache die Bewegung lang. Und da passiert es: Ich bleibe zwischen zwei Steinen hängen. Mit meiner Kraft am Paddel ziehe ich mich ungewollt auf der linken Seite herum. Das Boot reagiert sofort, schneller, als ich es kann. Es ist schließlich ein verdammtes Rennkanu, so schmal, dass mein Hintern nur mit Mühe und Not in die Sitzöffnung passt. Dieses Ding verzeiht keine Fehler. Ich falle.

Das Boot schlägt mit einer schnappenden Bewegung um, und ich bin unter Wasser. Das Wasser beißt in meinen Körper wie ein wütender Hofhund nach einem unerwünschten Besucher. Ich sehe nichts als grünlich trübe Brühe und werde sofort davongezogen, denn die Strömung bläht die gummierte Spritzdecke unter Wasser auf wie ein Segel. Ich werde immer schneller davongezogen. Scheiße. Scheiße. Scheiße. Ich strample. Will unbedingt nach oben. Schnappe nach Luft. Auf dem Wasser drehe ich mich in die Rückenlage und versuche, die Spritzdecke von meiner Hüfte zu bekommen. Das Boot treibt in der Zwischenzeit immer weiter auf die Flussmitte hinaus. Das Wasser hat fünf Grad. Vielleicht sechs.

Ich bin in der Mitte des Flusses. Mit unterkühlter Muskulatur. Ertrinken ist das Letzte, was ich mir für diesen Tag vorgenommen habe. Ich wäre nicht der Erste, den der Fluss sich holt. Ich schwimme und schwimme, durchflutet von Angst und Adrenalin. Am Ufer, weit weg, steht eine Menschenschlange am Bäcker. Ich sehe, wie sich immer mehr Köpfe drehen. Die letzten Körnchen Kraft sind raus. Ich bestehe nur noch aus

Kälte und Panik. Ich sinke. Das Wasser über mir. Ich komme nach oben. Versuche zu strampeln. Die dreilagige wollene Trainingsgarnitur hat sich vollgesaugt. Hemden. Hosen. Alles zieht mich in den Fluss. Scheiße. Scheiße. Scheiße. Und dann kommt wie aus dem Nichts ein gewaltiges Dröhnen. Das Motorboot zieht in einer scharfen Kurve um mich herum. Dann packt mich eine Hand. Es ist ein eiserner, entschlossener Griff.

Mein Trainer, mein Retter, ist stinksauer. Er ist außer sich. Und er hat recht damit. Seine Tirade dauert immer noch an, als wir bereits zurück sind und er das Motorboot am Steg festmacht. Ich klettere wortlos auf den Steg und gehe die betonierte Böschung hinauf. Ich gehe weiter und weiter, während hinter mir die Stimme des Trainers leiser und leiser wird. Ich bin so verdammt müde. Ich fahre heim. Daheim ist bei der Märchenprinzessin, bei Silke. Ich bin vor Monaten bei ihr eingezogen, es fühlte sich richtig an. Passend. Doch jetzt, durchgefroren und halb im Schock, macht alles plötzlich keinen Sinn mehr. Ich starre aus dem Busfenster und sehe nichts. Ich steige mit schweren Schritten den kleinen Absatz im Hausflur hinauf. Hier ist mein Zuhause. Und doch gehöre ich nirgendwohin. Ich gehe über den schmalen Flur wortlos an Silke vorüber und lege mich zitternd unter alle Decken.

Ich bin kein Kanute mehr. Ich habe mir das nicht reiflich überlegt, ich weiß es einfach. Ich bin auch kein Maurer mehr, zumindest bald nicht. Ich habe meine Tage dort fast abgerissen und werde nie wieder eine Baustelle betreten, das schwöre ich mir. Kein Kanute. Kein Maurer. Kein Vater. Ich kann das nicht. Jeden Tag vier Uhr dreißig aufstehen und schippen und schleppen und hacken. Und fressen. Und blödes Zeug reden. Und ins Bett fallen. Und ficken. Und bald noch das Baby wickeln. Und nachts blutige Träume haben. Und zweimal pissen gehen. Und dann ist es wieder vier Uhr dreißig, der Wecker klingelt. Ich kann das so nicht.

»Wir brauchen einen Namen«, stellt Silke fest.

Ich zucke die Schultern. Nicke. Klar, müssen wir wohl. Silke hat jede Menge Mädchennamen in petto, aber wenn es ein Junge wird? »Was ist mit Samuel? Wie dein Vater.«

»Klar«, sage ich. Und setze ein Lächeln auf. Aber meine Freude ist nur noch wie eine alte, locker sitzende Tapete. Ich bin ein verdammter Verräter, bereit zur Fahnenflucht. »Samuel ist gut«, sage ich.

Ich traue mich nicht auszuziehen. Und ich traue mich nicht zu sagen, wie kaputt ich mich fühle. Wie völlig zerstört und ausgebrannt. Ich traue mich nicht einmal, es mir selbst einzugestehen. Ich bin ein verdammter Feigling. Ich lasse mich eine Woche krankschreiben, das ist für mich die äußerste Form von Eingeständnis. Von Schwäche. Ich rede in diesen Tagen immer weniger. Und außer zu seltenen, flüchtigen Umarmungen finden Silke und ich für nichts mehr zueinander. Nicht weil die Märchenprinzessin jetzt kugelrund ist, sondern weil ich selbst schließlich von meinem »Hochverrat« weiß und mich für diesen schäme. Ich berufe mich allabendlich auf den »Kopfschmerz«-Ausnahmezustand und drehe mich zügig Richtung Wand. Ich bin ein Drecksack.

Eine Woche später. Meine Krankschreibung läuft aus. Der Arzt weigert sich, sie zu verlängern. Also gehe ich auf die Baustelle zurück. Dort sitzen alle nur herum und warten auf eine Lieferung Material, die nicht kommt. Einige spielen Karten. Im Hintergrund dudelt ein Kassettenrekorder belanglose Schlager.

Am Nachmittag flüchte ich mich ins Laufen. Ich laufe nicht mehr fürs Kanu. Und nicht mehr zum Gefallen meiner ehrgeizigen Mutter. Ich laufe, weil ich es gewohnt bin zu laufen, solange ich zurückdenken kann. Ich laufe, Kilometer um Kilometer, rastlos. Bis ich erschöpft unter die Decken kriechen darf. Ich laufe am Fußballfeld entlang, unten am Fluss. Und dann über die Brücke am Gericht und rechts, Richtung Bezirksbehörde. Die geheimen Wächter sitzen gar nicht so geheim weithin sichtbar auf dem Elbhang. Vom Weg an der Wiesen aus kann man auf die Terrassen blicken, falls man sich traut. Auf jeder Terrasse hockt ein hoher Zaun. Und Stacheldraht. Und auf einer Ebene dazwischen eilen, von langen Kettenbändern und Stahlseilen geführt, die Hunde umher, genauso rastlos wie ich. Ich laufe immer weiter am Fluss entlang. Bis zum Blauen Wunder, dieser alten, nietenbesetzten Brücke unterhalb der Hänge. Ich laufe hinüber zum anderen Ufer. Und von dort wieder Richtung Uniklinikum. Ich laufe. Und laufe. Und laufe. Aus den Tagen werden Wochen. Ich durchstreife Dresden und das Umland auf immer längeren Runden. Ich laufe an brandneuen, trostlos grauen steinigen Plattenbauten vorbei. Und an Villen in den verschiedenen Stadien des Verfalls. Ich laufe vorbei an unkrautübersäten Nachkriegsbrachen und überhole rumpelnde Straßenbahnen, die sich auf einem der vielen maroden Gleisabschnitte schwankend im Schritttempo voranquälen. Ich laufe in den Großen Garten bis hinauf auf die Zschertnitzer Höhen. Ich laufe einmal bis nach Weißig, zum Stadtrand und dann die Pappelallee entlang. Die Bäume ragen unverändert riesig in den Himmel auf. Jetzt sind es nur noch zwei Minuten lockeren Trabs bis zum Haus. Ich stehe oben, auf der Höhe. Und wage mich nicht hinunter. Großvater ist fort, er ist tot. Der Krebs hat den Riesen meiner Kindheit gefällt. Er hat ihn aufgefressen. Ich war bei ihm, am Ende. Im Röcheln. Im Kampf. Im Schwinden. Und nun kann ich dort nicht hinunter. Es ist einfach zu viel. Kein Wort kann beschreiben, wie ich ihn vermisse. Selbst von hier oben höre ich seine brummige Stimme. Ich spüre seine riesige Hand, tröstend auf meinem Kopf. Ich rieche den Rauch der Holzkohle auf dem Grill. Irgendwie wird er für immer dort sein, hinter dem Zaun.

Ich drehe mich um und laufe davon. Und laufe zurück in eine Stadt, die sich in immer mehr Einzelteile aufzulösen scheint. Immer öfter sehe ich die gelb lackierten Umzugswagen an mir vorbeirollen. Mit denen werden die Sachen von jenen weggekarrt, die weggehen. Rüber, gen Westen. Das geht schon seit Jahren so, aber seit einigen Monaten rollt gefühlt Welle auf Welle. Selbst unser Volvo fahrender Sportarzt im Wasserfahrtzentrum hat sich abgesetzt. Er ist einfach nach einem Urlaub nicht mehr aufgetaucht. Warum haut so einer ab? Der hatte doch alles. Und augenscheinlich doch nicht.

Es kommt ein wolkenverhangener, unnatürlich warmer Frühsommertag im Mai 1989. Ich gehe mit schweißnassen Händen und einer im Park gepflückten Karikatur von einem Blumenstrauß Richtung Krankenzimmer. Vorbei an vielen anderen Zimmern. Immer die Schilder entlang, über den grünen Linoleumfußboden, den Flur hinunter.

Schon von weit auf dem Flur höre ich seine Stimme durch die offene Tür. Sie klingt wie bei einem frisch geschlüpften Vögelchen, krächzend und ungeduldig. Hungrig. Die Märchenprinzessin erwartet mich. Sie ist blass. Wirkt müde. Sehr müde. Sie legt den Kleinen auf meinen Arm. Er hat gerade noch an Silkes Seite geschlafen. Jetzt öffnet er kurz die Augen. Sie sind milchig trüb. Irren umher, auf der Suche nach irgendetwas. Kaum habe ich ihn mir auf dem Arm zurechtgelegt, fallen die Augen wieder zu.

»Wie findest du ihn?«, flüstert Silke. Gute Frage. Wie finde ich ihn? Wie soll ich ihn denn finden? Ich weiß es nicht. Mein Sohn ist ein unter vielen Klamottenschichten begrabener Klumpen Fleisch. Er wiegt weniger als die kleinste Blockhantel im Kraftraum. Er ist federleicht. Schutzlos. Was für ein Witz. Was für eine Verantwortung. Was für ein erdrückendes Gewicht.

»Er ist toll. So knuffig«, antworte ich. Ich glaube, dass sie das jetzt hören will. Hören muss.

»Fremd, er fühlt sich fremd an«, das hätte ich antworten sollen. »Er ist schlecht zusammengebaut. So klein und dazu noch Leichtbau. Das ist Mist.« Ich hätte sagen sollen: »Wie soll man so etwas beschützen? Es ist ein Ding der Unmöglichkeit! Ich kann das nicht!«

Das alles hätte ich sagen sollen. Doch wer macht so etwas, am Wochenbett der Mutter seines Kindes? Aber vielleicht wäre die Wahrheit weniger grausam gewesen als meine unbeholfenen Lügen.

Die Oberschwester kommt mit einem Klemmbrett ins Zimmer gestürmt. Sie lächelt knapp. Und verbindlich. »Na, wie soll der Kleine denn jetzt heißen?«

»Samuel«, sagt die Märchenprinzessin mit heiserer Stimme. »Er soll Samuel heißen.«

Die Schwester schaut kurz zu mir herauf. Unter ihrem Blick fühle ich mich entblößt. Ich fühle mich durchschaut. Sicher spürt eine produktionserfahrene Fachkraft wie sie längst, dass ich auf dem Absprung bin.

»Steve. Ich möchte als zweiten Namen Steve«, sagt sie dann noch, ohne den Blick von mir zu wenden.

»Erster Vorname Samuel. Zweiter Vorname Steve. Alles klar, das trage ich so ein«, sagt die Oberschwester. Sie kritzelt etwas auf ihr Klemmbrett. Neun Wochen später ziehe ich aus.

II.
Kinder der Revolution

Bonn, Mitte Juli 2021

Ich sitze allein in der Küche und starre nach draußen. Das Erinnern frisst sich durch alle Schichten. Durch Jahre und Mauern und Gräber. Innen und außen. Ich habe uns eine Pause verordnet, es ist genug für heute. Die Mädchen haben sich verkrochen. Im Schutz einer Bettdeckenhöhle, unter dem Hochbett, lauschen sie wieder einmal *Ritter Rost*, ihrem Lieblingshörbuch. Das ist eine Geschichte über einen kleingeistigen, feigen und dennoch überaus liebenswerten Schrott-Ritter namens Rost. Und über sein mutiges Burgfräulein Bö. Feli ist mittlerweile zu groß dafür, aber manchmal, so wie heute, lauscht sie dennoch andächtig, eng umschlungen mit ihrem über alles geliebten schwesterlichen Erzfeind. Manchmal brauchen wir alle die alten Geschichten.

Ich versuche erneut, meine Frau anzurufen, aber ihr Anschluss ist immer noch nicht erreichbar. Ihre Freundin wohnt hinter den sieben Bergen, und wahrscheinlich gibt es dort draußen keinen Empfang. Ich starre in den Regen und mache mir Sorgen. Noch nie hat die Stadt so viel Wasser abbekommen. Es ist wie eine Wasser gewordene Böswilligkeit von Petrus. Ein nasses Begräbnis. Bald werden die Kanalschächte überlaufen. Straßen, Wege und Unterführungen verwandeln sich dann in reißende Sturzbäche. Ich starre ungläubig aus dem Fenster. Irgendjemandem da oben, in der Bürokratie des Wettergottes, muss ein Fehler unterlaufen sein. Meine Finger fischen nach dem Telefon. Ich wische auf dem Startdisplay eilig durch die Meldungen. Das Wetter: Regen. Nichts als Regen.

Und auch sonst verkündet *Spiegel Online* wenig Erfreuliches. In Afghanistan ist ein weiterer Grenzübergang an die Taliban gefallen. Palma, die größte Ölstadt in Mosambik, wurde von den Islamisten überrannt. Und aus dem Vatikan dringt dröhnend das Schweigen zum Missbrauch, während die Zeitungen voll mit Enthüllungen sind. Fuck. Ein wenig Action gibt es ja alle Tage wieder, aber das hier? Die Welt scheint aus den Fugen gehoben. Oder war das schon immer so, dass eine Katastrophe der nächsten folgt?

»Papa?« Feli steht in der Tür.

»Was ist, mein Schatz? Keine Lust mehr auf *Ritter Rost?*«

»Das ist was für Babys!« Feli winkt gönnerhaft ab und setzt sich zu mir.

»Papa, die Frau, von der du erzählt hast. Die Mama von Samuel.«

Ich nicke. Ich warte. Ich weiß, was sie über die Mutter ihres großen Bruders wissen will.

»War die nicht traurig? Und sauer auf dich?«

Ich nicke. Oh ja. Das war sie. Zu Recht. Die Märchenprinzessin war wahrlich und wahrhaftig angepisst. Feli schweigt. Wir schauen gemeinsam in den Regen. Wahrscheinlich macht sich Feli dabei Gedanken, wie sie noch mehr aus diesem Tag herausschlagen kann. Noch mehr Beute machen.

»Ja«, sage ich so gelassen wie möglich. Aber ich bin nervös. Ich spüre die alte Schuld. »Sie war mir sehr, sehr böse. Ich habe sie furchtbar enttäuscht.«

Feli schaut mich an. Sehr eindringlich, sehr ernst.

»Und dann? Dann hast du Mama kennengelernt?«

Ich schüttle meinen Kopf. Und hänge längst am Haken von Felis Neugier. Ich muss jetzt liefern. Ich muss mich erinnern.

Kapitel 6

Dresden, Oktober '89. »Wir wollen raus! Wir wollen raus! Wir wollen raus!«

Tausende Kehlen liefern sich einen wütenden Wettstreit. Wenn Fee wüsste, dass ich unter all diesen Leuten stehe, mittendrin, würde sie mich kreuzigen. Mindestens. Ich treibe in einer unübersehbaren Menschenmasse, die Masse drängt zum Bahnhof. Viele sind verbittert. Viele sind verzweifelt. Und viele halten sich an den Händen, um nicht verloren zu gehen. Eine Frau mit schütterem weißem Haar schreit sich mit überschlagender Stimme neben mir die Seele aus dem Leib, in ihren Augen schimmert ein fiebriger Glanz. Die Frau ist klein und alt, doch ihre Wut ist groß und jung. Und in der Menge ist sie nur eine wütende Gestalt von vielen. Das Getümmel der Leute ist wie ein großes Tier nach langer Gefangenschaft, halb wahnsinnig vor Hunger. Hunger nach etwas, was heute nicht zu bekommen sein wird. Oder nur zu einem furchtbaren Preis.

Ich wollte bei dieser Demonstration gar nicht mitlaufen. Ich wollte bloß zusehen, aus sicherer Entfernung. Seit Tagen reden alle davon, dass die Züge durch Dresden rollen werden. Es sind diese Züge aus Prag, wo sich massenhaft DDR-Bürger in der westdeutschen Botschaft verschanzt haben sollen. Sie dürfen die Botschaft angeblich Richtung Westen verlassen. Mit dem

Zug. Und diese Züge rollen nun durch Dresden. Sie werden nicht halten, nur durchfahren. Alle reden davon, dass Leute sich auf die Gleise werfen werden, um diese Züge zu stoppen. Es ist die pure Verzweiflung. Ich kann mir das nicht vorstellen: einfach »nach drüben« abhauen. Einfach losrennen, nur mit dem, was ich am Leib habe. Und alles hier im Stich lassen. Die Flucht kann nicht die Lösung sein. Wir und die drüben, das sind doch völlig verschiedene Leute. Drüben, das ist ein völlig fremdes Land. Die haben dort ganz andere Ideen im Kopf. Und wahrscheinlich auch ganz andere Träume. Die drüben, die werden von mächtigen Bossen gelenkt. Und von den zusammengerafften, gigantischen Vermögen dieser Bosse. Drüben, das ist Arbeitslosigkeit. Obdachlosigkeit. Drogenelend. Drüben ist das Land, das meinen Bruder verschlungen hat. Angelockt und verschlungen. Ich sehne mich nicht nach drüben, nach dem Westen. Nichts, was ich über das Land hinter dem Zaun zu wissen glaube, ist dazu geeignet, mich zum Gehen zu bewegen. In meinen Kopfkinowelten ist der Westen bunt und schillernd und von toxischer Anziehungskraft, wie eine gigantische Falle für Arbeiterdrohnen. Der Westen, das ist der große Verführer.

Die Masse der Leiber trägt mich fort. Ich versuche, an den Rand zu kommen, aber es ist aussichtslos. Die Menge drängt mit unaufhaltsamer Kraft Richtung Bahnhof. Eine riesige Wasserfontäne peitscht über die Köpfe hinweg, trifft auf irgendjemanden weiter hinten. Streicht dann von der Mitte nach links, von dort zurück zur Mitte. Und nach rechts. Bald sind sehr viele Leute angefeuchtet. Mittlerweile stehe ich so weit vorn, dass ich die riesenhaften, grün metallenen Ungetüme sehen kann, die die Demonstranten vertreiben sollen. Ihre kalten Wasserschläge sollen den Protest vom Bahnhofsvorplatz spülen. Das funktioniert nicht. Und dann marschieren die Soldaten heran, in Felddienstanzügen und in dreifacher Linie aufgestellt. Ihre Stiefel knallen im Gleichtakt auf den Asphalt. Es ist eine gewaltige

Kehrmaschine aus Uniformen. Rauch wabert. Steine fliegen. Knüppel fliegen. Eine uniformierte Frau reißt einen riesenhaften pöbelnden Demonstranten von den Füßen, als wäre er eine Übungspuppe. Der Kerl rotiert im Flug um sich selbst und schlägt dann quer auf den Asphalt. Die Luft entweicht ihm mit einem scharfen Zischen. So etwas habe ich noch nie erlebt. So etwas hätte ich mir nicht einmal vorstellen können. Ich bin starr vor Entsetzen. Ich möchte mich erbrechen. Ich möchte mich einfach auf den Boden werfen und heulen.

»Hoch da!«, schreit irgendjemand. Zwei oder drei Sekunden später schreien Hunderte Leute um mich herum wie besinnungslos: »Hoch! Hoch!«

Gemeint sind die Bahnsteige auf der oberen Ebene. Die Menschen auf dem kleinen Platz vor dem Bahnhof schreien und toben. Es entlädt sich der Druck von Jahren. Von Jahrzehnten. All die kleinen und großen Ärgernisse, all die Zurücksetzungen und unerfüllten Wünsche, all das will raus. Der Sprung auf den Zug scheint wie ein Sprung in die Freiheit, ins Paradies.

»Hoch! Hoch! Hoch!«

Es ist ein kollektiver Wille in den Köpfen, die stärkste nur vorstellbare Sehnsucht, fast schon ein Wahn. Raus hier. Jetzt. Egal, was es kostet, Hauptsache, jetzt. Jemand stößt mich heftig von hinten. Ich kralle mich an irgendeinem Arm fest. Zu spät. Ich bin fast schon am Boden. Die Leute drücken und schieben, ich habe Angst, dass sie mich einfach in den Asphalt trampeln, dort, auf dem Vorplatz vor dem Bahnhof. Ich sehe mich mit kaputten Knochen liegen bleiben, als Sekundärschaden. Die Leute schieben. Und ich rudere verzweifelt am Boden herum. Als die Menge kurzzeitig stillsteht, schaffe ich es wieder hoch, irgendwie. Ich will weg. Aber keine Muskelkraft, keine Fitness dieser Welt schützt gegen diese panische Masse um mich herum.

Ich schiebe mich nach links. Stecke fest. Drücke schließlich rechts, angetrieben von wachsender Furcht, unsanft eine Gasse in die Leiber. Stolpere über irgendwas. Irgendwen. Werde angeschnauzt. Beeile mich noch mehr. Nur weg hier. Weg. Und schaffe es irgendwie dort heraus. Ich stolpere die Ränder der Menschenmasse entlang, als die unvermittelt anfängt, sich aufzulösen. Auf einmal sind da keine Ränder mehr. Alle rennen. Die Menge, eben noch ein brüllendes, vorwärtsdrängendes Monster, löst sich in tausend Einzelne auf, wie lauter ängstliche Kaninchen, die hektisch den Schutz ihrer Erdlöcher suchen. Ich pralle auf einen Begrenzungspoller, den ich mit meinem panischen Davonrennen übersehen habe. Das obere Ende des Pollers trifft mich im Bauch wie eine Lanze. Alles ist Schmerz. Meine Sicht wird unvermittelt schwarz. Wie ich auf den Boden aufschlage, bemerke ich bereits nicht mehr.

Ein dünner kalter Oktoberregen fällt. Wange und Hinterkopf sind nass. Ich taste vorsichtig an mir herum. Die Nässe ist kein Blut. Wie lange war ich weggetreten? Sekunden? Minuten? Möglicherweise hat die Bauchmuskulatur einen Riss, die Schmerzen sind heftig. Ich hocke mich mühsam auf ein Knie. Schließlich stütze ich mich am Poller hoch. Und dann schleppe ich mich zusammengekrümmt immer weiter vom Bahnhof weg.

Meine Blicke suchen ängstlich die Umgebung ab. Niemand nimmt in irgendeiner Form Notiz von mir. Aber ich darf hier trotzdem nicht so allein herumschleichen. Dreckig und verletzt. Das ist sicher wie eine Einladung, mich festzunehmen. Ich steuere aus der Nebengasse zurück auf die Prager Straße. Es ist die größte Straße im Zentrum. Hier sind Menschen. Hier sind viele, viele Leute, in deren Gewusel ich untertauchen kann. Auf der Vorzeigeflaniermeile von Dresden falle ich um diese Abendstunde höchstens durch den Zustand meiner Klamotten auf. Rechts von mir, Richtung Bahnhof, liegt das Interhotel, satt erleuchtet und luxuriös. Eine ferne, unerreichbare Welt mit weichen Teppichböden und gedämpftem Licht. Eine Welt, nur für Funktionäre und Geschäftsleute. Wahrscheinlich kleben die mit ihren Gesichtern jetzt an den Fensterscheiben ihrer Zimmer und im Restaurant und genießen das Schauspiel eines Volks, das sich selbst zerfleischt.

Wie schnell kann ich gehen, ohne dass es jedermann auffällt, dass ich davonlaufe? Sehr schnell wird es ohnehin nicht sein, mit diesem Bauch. Der Schmerz hat etwas nachgelassen, und so schaffe ich es nach einer reichlichen halben Stunde zur Augustusbrücke über die Elbe. Je mehr ich mich vom Chaos am Bahnhof entferne, umso mehr beruhigt sich mein Puls. In der Mitte der Brücke bleibe ich stehen.

Unter mir strömt die Elbe. Rechts von mir, hinter den Regenschleiern, liegt die barocke Silhouette der Brühlschen Terrassen, liegen die Türmchen des Schlosses und der Semperoper. Links davon ducken sich die Plattenbaufestungen der Johannstadt nahe dem Ufer. Und hinter dem Plattenbau wohnt die Märchenprinzessin mit unserem Baby. Auf einmal sehne ich mich unaussprechlich nach den beiden. Und kann doch nicht zurück. Ich habe mich eigenhändig aus meiner kleinen Familie herausgeschnitten, ausgebürgert. Und selbst wenn ich wollte: Die Märchenprinzessin will es nicht. Nicht mehr. Sie hütet ihr kleines Paradies, argwöhnisch und wachsam, ein Mutter-Engel mit Flammenschwert.

Dem Fluss ist all das gleich. Dem Fluss ist egal, was ich denke und wonach ich mich sehne. Dem Fluss ist es egal, dass in dieser altehrwürdigen, später zerbombten und dann wieder notdürftig zusammengeflickten Stadt ein Aufruhr brodelt. Dass noch an diesem Tag jemand am Bahnhof auf die Gleise vor einen der Züge stürzen und ein Bein verlieren wird. Dieser Fluss strömte schon damals unbeeindruckt in seinem Bett Richtung Nordwesten, als diese Stadt für den entfesselten, blutgierigen Führer und seinen Irrsinn bezahlen musste und im Feuerinferno der Brandbomben versank. Und wenn seine Quellen nicht versiegen, wird dieser Fluss noch durch das Land ziehen, wenn all die Menschen und ihr verschrobener Irrsinn schon nicht mehr sind. Ich müsste von der Gelassenheit des Flusses lernen. Aber so einfach ist es nicht. Ich sorge mich. Ich fürchte mich.

Drüben, auf der anderen Seite des Flusses, wartet auf mich die Neustadt. Das ruinöse Altbauviertel Dresdens, das heruntergekommene Stiefkind der Stadtplaner, das man verrotten lässt, weil all die dürftigen Ressourcen in die schicken neuen Plattenbauten gepumpt werden. In die Retortenstädte auf der grünen Wiese. Orte ohne Geschichte. Ohne Seele. Aber notwendig, wenn die Menschen den Glauben nicht gänzlich verlieren sollen, in Bezug auf den Sozialismus und seine Segnungen. Immer mehr Plattenbau-Ufos landen im Brachland um Dresden, während die Neustadt faktisch aufgegeben wird. Mit all ihren Stadthäusern und deren notdürftig geflickten, oft löchrigen Dächern. Halb eingestürzte Dachstühle sind keine Seltenheit, das Haus darunter ist häufig unrettbar angefault. Die Neustadt, das sind rissige, rußige Fassaden. Das sind die verzogenen, aufgequollenen Fensterrahmen, von denen die Farbe abblättert. Und die mit Unkraut überwucherten Hinterhöfe. Die Neustadt ist dem Untergang geweiht. In diesen zerfallenden Haufen Steine steckt die Obrigkeit all jene, die nicht so recht dazugehören. Da leben die »249er«, die »arbeitsscheuen Asozialen«. Und Ex-Sträflinge. Und ewige Querulanten, die mit ihrem Gemecker und ihren Bedenken die Leute aufhetzen könnten. Zu ihnen gesellen sich Studenten, die nirgendwo sonst ein Zimmer finden. Und Künstler, von denen viele lieber am Rand leben und ihrer Kunst nachgehen, als in die Plattenbauburgen zu ziehen. Und ich.

Mein Leben ist nach allen denkbaren Maßstäben ein komplettes Desaster. Im Leistungssport bin ich gescheitert. Meine Beziehung liegt in Trümmern, und mein Kind wächst vaterlos heran. Da ich zum Abschluss der Lehre noch keinen neuen Arbeitsvertrag vorweisen konnte, bekam ich bereits einen Warnhinweis wegen »Asozialer Gefährdung«, amtliche Vorladung inklusive. Rumgammeln? Schön wär's! Dazu bin ich gar nicht in der Lage. Die Stimme meiner Mutter sitzt mir im Nacken:

»Versager, du bist ein Versager! Wer nicht arbeitet, soll auch nicht essen!« Als ich zum Gespräch erscheine, wo ich Besserung geloben soll, habe ich mir längst einen Job als Lagerist gesucht. Die Arbeit ist nur halb so heftig wie auf dem Bau. Und immerhin trocken. Und der Lohn reicht für ein schuhkartongroßes Quadrat mit einem alten Ofen, für den ich erst einmal keine Kohlen auftreiben kann und der ohnehin dazu neigt, stinkende schwarze Wolken auszustoßen, wenn draußen der Herbstwind auf den Dachabzug drückt. Das Klo liegt über den Flur, auf halbem Treppenabsatz. Das kleine Fenster ist nur noch ein Platzhalter ohne Glas und das Klo entsprechend zugig.

Der Lageristenjob ist ein Killer. Täglich verbrennt mir der Stumpfsinn dort ganze Felder mit Gehirnzellen. Diese Arbeit ist etwas für einen hirntoten Schimpansen. Schließlich frage ich in der »Scheune« nach. So nennt sich das Kulturzentrum schräg gegenüber von meiner Wohnung. Tatsächlich suchen die Genossen dort noch einen Universal-Dilettanten. Einen, der von nichts eine Ahnung haben muss und sich für nichts zu fein ist. In der Scheune findet Theater statt. Es gibt Lesungen. Und es gibt viele Live-Konzerte von angesagten Ost-Bands. Und natürlich gibt es auch Musik aus der Konserve.

Hier schleppe ich nun Unmengen von Bierkisten hin und her. Und Weinkisten. Oder irgendwelche anderen Kisten mit Zeug drin. Oder ich putze den Boden, wenn die Veranstaltungen vorbei sind. Sammle den Müll von Treppe und Hof. Oder befreie die Klos von Erbrochenem. Oder von reingestopften Klorollen. Oder von beidem. Für meine Arbeit bekomme ich Essen aus der Kantine. Und mein Lohn ist ein erweitertes Taschengeld. Aber irgendwie reicht es. Ich trinke nicht. Ich rauche nicht. Ich feiere nicht. Ich arbeite. Trainiere. Und lese viel. Während mein Land den Atem anhält. Zwischen allem wabert ein Dunst von Veränderung. Und dann kamen dieser Oktobertag und diese Nacht am Hauptbahnhof.

»Ich wollte dich heute fotografieren. Wo warst du denn?«, fragt Fee. In ihrer Stimme schwingt ein Vorwurf mit. Es ist spät geworden. Und ich habe in all dem Chaos vergessen, dass wir verabredet waren. Fee ist das für mich, was man einen Freund nennen könnte, wenn ich nicht so heftig und überaus heimlich in sie verliebt wäre. Fee ist vieles. Sie ist Fotografin mit einem brillanten Auge für Details. Und sie ist ein Mathematikgenie. Gerade beendet sie ihr Abitur, ein Jahr vor der Regelzeit. Zudem hat Fee bereits einige Vorlesungen an der Uni belegt. Vielleicht ist sie eine Art Wunderkind, vielleicht hat sie zwei Gehirne oder so was. Auf jeden Fall ist sie mit derartig viel Kram zugange, dass kein Raum für irgendetwas anderes bleibt. Zum Beispiel für einen Freund. Schon gar nicht für einen Mathematik-Blindgänger wie mich. Ich kenne Fee von einem lauten Aktionskunstabend aus der Scheune. Fee durfte dort fotografieren. Und immer wieder knipste sie auch Bilder von mir, ungefragt und stets mit einem frechen Grinsen im Gesicht. Ich wusste nicht so recht, ob ich ihr die Kamera aus den Fingern reißen sollte. Oder einfach nur verlegen wegschauen. Aber niemand auf der Welt vermag Fee zu bremsen. Sie macht Bilder von allem, was ihr vor die Linse kommt. Sie fotografiert tote Tauben, die mit bizarr verdrehten Flügeln auf dem Gehweg vor der Scheune liegen. Sie macht Bilder von den kleinen Müllbergen am Fuß des Soldaten-Denkmals, vorn an der Kreuzung. Und sie fotografiert all die zahnlosen Typen, welche aus den Fenstern der Erdgeschosswohnungen starren wie Gespenster.

Und heute wollte sie Bilder von mir machen. Aber ich war nicht da. Und vielleicht habe ich ja unbewusst unser Treffen hintertrieben. Sabotiert. Denn ich mag keine Fotografien. All diese Bilder sind doch Täuschungen. Ich weiß das von den Fotos mit meinem Vater.

Auf einem der Bilder sitzt er noch lächelnd und verliebt in einem Park, direkt neben meiner Mutter. Und wenig später ist er tot. Doch verändern kann man nun das Foto nicht mehr. Der

Tod hat das Foto überlistet. Ich will nicht überlistet werden. Ich will nicht, dass die Zeit über mich lacht, weil sie längst eine andere Wirklichkeit erschaffen hat. Eine andere, als auf den Bildern zu sehen ist. Ich hatte lediglich einen Foto-Vater, einen toten. Sein Beispiel ist mir eine Warnung. Deshalb gibt es kaum Fotos aus meinen Kindheitstagen, außer denen, zu denen mich meine Mutter jedoch schleifen musste. Es sind natürlich Lügengeschichten, dokumentiert von einem Zeitfänger. Geschichten über einen gut angezogenen fröhlichen Jungen, den es niemals gab.

Fee starrt mich an. Erst kommentarlos, doch das bleibt nicht lange so. »Warum willst du keine Fotos mit mir machen?«

»Ich will das einfach nicht. Ich wirke darauf immer wie ein fett gefressener Hamster. Oder wie ein Serienmörder, der zu oft Gast in seinem Lieblingscafé ist. Das mit der Buttercremetorte.« Das ist natürlich Schwachsinn, aber dass ich Angst vor den Fotos habe, kann ich ihr nicht sagen.

»Du bist nicht fett. Und es gibt in keinem meiner Bücher auch nur den kleinsten Hinweis darauf, dass Fotos schlanke Leute fett aussehen lassen.« Sie kann sich über meinen schafsköpfigen Starrsinn ziemlich aufregen. »Der Flächeninhalt des Quadrats über der Hypotenuse ist gleich der Summe der Flächeninhalte der Quadrate über den beiden Katheten.«

Ich schüttle den Kopf. Der beschissene Satz des Pythagoras, echt jetzt?

»Was hat das bitte mit den Fotos zu tun? Ich will einfach nicht.«

Fee hat mittlerweile eine geschwollene Halsschlagader. »Es geht um Logik! Um Naturgesetze. Die Erde ist keine Scheibe. Der Regen fällt von oben nach unten. Und Fotos machen nicht fett.«

Mist. Sie weiß es. Ich schüttle dennoch mit dem Kopf.

»Wie kann man so hübsch sein? Und so blöd.« Fee schlägt sich mit der flachen Hand an die Stirn. Hübsch? Wieso hübsch, ich bin doch kein Mädchen. Das hat noch nie jemand zu mir gesagt. Ich lächle verlegen. Was findet sie nur an mir? Sie kennt doch so viele Leute, viel interessantere. In ihrer kleinen Wohnung gibt es regelmäßig ein verrücktes Gedränge von Leuten, die so begeistert-verbissen ihrer Kunst anhängen wie Fee der Mathematik. Ich treffe dort Musiker. Theatervolk. Und selbst ernannte Berufsrevolutionäre. Und in aller Regel verstehe ich nur einen Bruchteil von dem, was an den langen Abenden durcheinandergeredet und referiert wird. Und all der verschlungene Mist in deren Köpfen interessiert mich auch nicht wirklich.

Doch Fee sieht etwas in mir. Sie ist wie der Bohrer beim Zahnarzt. Sie dringt durch das Verfaulte bis an den Nerv. Verdammte Fee. Ich brauche keinen weiblichen Freund. Und ich brauche keine Schmetterlinge im Bauch. Auch keine heimlichen, bei denen ich zumindest nicht Gefahr laufe, abgewiesen zu werden. Verdammte Fee. Verdammte Logik. Verdammte Fotos. Und doch bleibt ihr Glaube an mich nicht ohne Wirkung. Ich schreibe auf alte Zeitungen. Ich schreibe mit abgenagten Bleistiften auf irgendwelche Zettel. Und natürlich schreibe ich heimlich. Es ist nur Gekritzel. Es sind nur Gedankenfetzen, Zacken von irgendetwas. Wenige Zeilen lang, oft nicht einmal das. Man könnte es nur schwerlich Prosa nennen. Ich habe immer schon geschrieben. Gekritzelt. Selbstredend immer im Verborgenen. Aus Angst vor der Häme meiner Mutter. Und der Häme meiner Deutschlehrerin. Beide waren glühende Fans des sozialistischen Realismus und hatten für meine kindlich verquirlten Texte nicht viel übrig. Verdammte Fee. Ich dachte eigentlich, ich hätte das Schreiben hinter mir gelassen. Viele Texte werfe ich sofort den Aschekasten des Kachelofens, die meisten etwas später. Selten hebe ich etwas auf. Ich schäme mich für all den gefühlsgetränkten Buchstabensalat.

»Halt mich, wenn ich falle,
halt mich,
wenn die schwarzen Wolken kommen

und die Wellen das Land davontragen,
so weit.
Halt mich, wenn ich falle.«

Verdammte Sehnsucht. Verdammte Fee. Schließlich lasse ich
mich doch von ihr fotografieren.

»Hast du gehört, was da am Bahnhof los war? Da ist sogar
einer vor einen Zug gefallen. Grauenvoll!«

Klick, macht die Kamera.

»Ich war dort.«

»Wo?« Fee lässt die Kamera sinken. Runzelt die Stirn.

»Auf der Demo, am Hauptbahnhof.«

Das gibt einen Streit. Vielleicht will ich diesen Streit. Vielleicht
brauche ich diesen Streit. Fees Gesicht verfärbt sich im Bruchteil
einer Sekunde. Sie ist außer sich vor Wut. »Bist du völlig verrückt
geworden? Die haben Hunderte eingesackt. Und kein Mensch
kann sagen, wohin sie die bringen.«

Ich zucke die Achseln. Ich weiß, dass sie recht hat, aber ich
würde es niemals zugeben. Nicht für Gummitiere und nicht für
Kekse. »Sie haben einige vor dem Bahnhof fast totgetrampelt.
Das hättest du sein können!« Sie ist sauwütend über so viel
Leichtsinn. »Ist dir das denn alles egal?«

Du! Du bist mir nicht egal, will ich ihr sagen. Aber fühlen und
aussprechen sind zwei verschiedene Dinge. Ich will, aber ich
kann nicht. Aber Fee kann und will. Sie will reden. Sie will, dass
ich mehr mache als die Hilfsarbeiten in der Scheune. Fee will,
dass ich mit ihr spazieren gehe. Will, dass ich mich vom Aufruhr
am Bahnhof fernhalte. Sie ist so erwachsen. So organisiert. Und
jetzt läuft sie wütend auf und ab.

Mitten in der Bewegung verharrt ihr Schritt in der Luft. Und
dann kommt dieser Satz. »Ich war in Berlin.«

»Wieso?« Ich bin irritiert.

»Da gibt es eine Kirche. Da machen sie heimlich Flugblätter.«

»Wie bitte?« Das kann doch nur ein Scherz sein.

»Die habe ich dabei. Die habe ich hergebracht.«

Ich weiß nicht, was ich sagen soll.

»Hilfst du mir beim Verteilen?«, fragt sie. Ganz so, als ginge es um Bonbons für Kinder. Mir wird schwindelig. Das ist doch noch viel schlimmer, als auf irgendwelche Demonstrationen zu gehen. Ich bin da hineingestolpert. Aber Fee will sich an einer Verschwörung beteiligen! Mein konditioniertes Gehirn rebelliert in den schrillsten Farben und Tönen. Man widerspricht nicht. Man lehnt sich nicht auf, zumindest nicht, wenn es sich irgendwie vermeiden lässt. »Schluss!«, höre ich meine Mutter rufen. »Sam! Jetzt ist Schluss! Geh in dein Zimmer!« Fee will Teil einer Rebellion sein. Nein, sollte ich sagen, an so etwas habe ich keinen Anteil. Nein, nein und nochmals nein!

»Ich hoffe, sie erwischen uns nicht.« Meine Stimme klingt heiser, fremd, wie die von jemand anderem. Innerlich schlage ich mir die Hand vor die Stirn. Wie blöd kann man nur sein? Wir werden alle im Knast enden. Oder schlimmer noch: in einem Keller der Geheimen.

Wir gehen raus. Es dämmert. Wir laufen zusammen im Regen die Alaunstraße hinunter, die vermüllte rissige Hauptschlagader des Viertels. Fee erzählt mir vom »Demokratischen Aufbruch«, das ist diese Gruppe, die sie mit den Flugblättern aus Berlin unterstützen will. Demokratischer Aufbruch, das klingt wie ausgedacht. SED. Sozialistische Einheitspartei Deutschlands. Das klingt amtlich. Total uncool, aber amtlich. Demokratischer Aufbruch. Das klingt wie der Hobbyverein von ein paar Spinnern.

»Was wollen die denn?«, frage ich Fee.

»Die wollen, dass sich endlich wieder etwas bewegt.«

Ich schaue extra begriffsstutzig. »Bewegt? Also sind die so eine Art neues Trainingskollektiv?«

»Du bist ein Arschloch. Du weißt genau, was ich meine.« Fee macht eine unbestimmte Bewegung mit den Armen. »Alles ist hier wie tot. Alles hier ist wie ein ewiger Stillstand.« Erzähl mir was Neues, das weiß ich doch selbst längst. Dass sich nichts mehr bewegt und alles zerfällt. Und die öffentlichen Verlautbarungen immer absurder werden. Es ist wie bei Tarkowski in der Zone. Genauso schön. Und genauso kaputt.

Fee greift nach meiner Hand. »Lass uns das Richtige am Leben halten. Und das Falsche lass uns niederreißen. Und das Hässliche machen wir schön.«

Ich bin stehen geblieben und starre Fee an. Ich bin fassungslos. Dieses Mädchen sagt so abgefahrene Sachen. Sachen, die mich aus meinem ewig gleichen Trott werfen. Manchmal könnte ich anfangen zu heulen. Sie sollte unter die Dichter gehen und nicht ich. Und ja, sie hat recht. Natürlich. Es ist unsere Heimat. Und die sollte voller Leben sein. Bunt. Und voll mit Fortschritt, mit Technik und Zeug. Und alle sollten hier bleiben wollen und nicht abhauen. Ich starre verwundert auf Fee und ihren klugen Mund. Und über uns kreisen die Raben auf der Suche nach irgendwas. Fee und ich sind eine riesige Schleife gelaufen. Die Bautzner Straße hinauf und dann links, Richtung Staatsbibliothek. Irgendwie sind wir am Armeemuseum gelandet, diesem riesigen Klotz aus grauen Steinen. Kein Mensch ist hier oben. Das Gelände ist leer. Wahrscheinlich bieten diese unruhigen Tage wenig Anlass, ein Museum zu besuchen. Und schon gar keins, das von russischen Panzern umstellt ist. Auch wenn diese mattgrün glänzenden Monster ihren Stahl nirgendwohin mehr bewegen werden. Sie sind alt. Sie stehen hier nur noch als Mahnung an das letzte große Gemetzel. Fee lehnt an einem der Sockel. Der Regen hat aufgehört, aber die verbliebenen Tropfen lassen das Metall im letzten Tageslicht surreal schimmern und glänzen. Fee hält ihre Augen auf mich gerichtet. Dann nimmt sie wortlos meine Hand und zieht mich zu sich heran. Fee macht, und ich mache es ihr nach. Der folgende Kuss ist nicht viel mehr als eine kurze Berührung. Und doch ist er eine Art mathematischer Beweis. Er ist nicht zu widerlegen.

»Wir werden alles verändern. Verstehst du das?«

Nein, das verstehe ich nicht. Aber ich nicke trotzdem. »Also bist du dabei?«

Ich würde mich mit dieser Frau gerade auch auf die Spitze einer Kanonenkugel setzen und zum Mond schießen lassen. Ich würde alles tun.

»Klar. Bin ich.« Meine Worte klingen eher wie verzagtes, ausweichendes Geflüster. Und Fee ist davon nicht überzeugt. »Ich bin dabei. Wirklich.« Ich schiebe das eilig nach. Fee durchforscht mich mit ihrem Blick und nickt schließlich. Und ich habe keine Ahnung, was nun kommen soll.

Kapitel 7

In Fees Mansardenzimmer steht ein winziger Schreibtisch. Hier sitze ich und bestaune schreibend die Welt. Und ganz nebenbei organisiere ich auch noch einen Verein. Denn in diesen Tagen fällt nicht nur die Mauer. Für mich endet ebenso das Leben mit Farbenblindheit. Ich bin, wie ich bin. Und ich kann nicht länger leugnen, dass das einigen Ex-Genossen extrem missfällt. Plötzlich scheint es sogar ziemlich vielen Leuten zu missfallen. Die Reaktionen auf der Straße reichen von grimmigen Gesichtern bis hin zu offenen Hassfressen und Parolengezischel. Ich soll abhauen. Ich soll weg. Ich sei ein dreckiger Nigger ... Am Anfang halte ich das für tagesbedingte Verstimmungen. Und manchmal auch für einen Witz. Schließlich habe ich neunzehn Jahre unter ebendiesen Genossen gelebt. Ohne so etwas. Vielleicht ist es ein Virus? Oder eine Art von Massenpsychose? Oder auch die Auswirkung einer Nahrungsunverträglichkeit, die bei vielen Leuten gleichzeitig auftritt?

Aber leider scheint das Problem tiefgehender und löst sich weder in Luft noch in Wohlgefallen auf. Irgendwelche blöden Sprüche gab es immer schon. Aber der Sozialismus verlangte von seinen Bürgern solidarisches Mitgefühl mit den Unterdrückten der Welt. Farbenblindheit inklusive. Und weil das so war und weil die Staatsmacht der Arbeiter und Bauern bei ihren

Grundeinstellungen keinerlei Spaß verstand, waren auch alle farbenblind. So durfte ich aufwachsen. Ich war geschützt durch die Haltung der Partei. Die Partei hatte eiserne Besen und Männer in Uniformen, die sie zu schwingen wussten. Und deshalb konnte ich zu jeder Tages- und Nachtzeit in meiner Heimatstadt unbehelligt herumtrotten. Damit ist es nun vorbei. Die Mauer liegt in Trümmern, die Partei ist weg und ihre ehemaligen uniformierten Bevollmächtigten sind auf einmal mit dem eigenen Überleben beschäftigt. Und deshalb sitze ich an Fees Schreibtisch und deshalb verwende ich Zeit und Mühe auf die Gründung dieses Vereins. Wir, die wir ohne die staatlich verordnete Farbenblindheit nicht zu übersehen sind, müssen unsere Existenzsicherung, unser Überleben jetzt selbst in die Hand nehmen. Wir, dass sind hier Geborene. Und Angolaner. Mosambikaner. Vietnamesen. Algerier. Einige kaukasische Russen. Und drum herum gibt es noch jene, die einfach nur wollen, dass die Welt eine Blümchenwiese ist. Dass die Welt gerecht ist. Ohne den dämlichen Hass aus einem anderen Jahrhundert.

Ich bin also aus der Not heraus Geburtshelfer eines Multikulti-Vereins, der sich in diesen November- und Dezembertagen in der Scheune trifft. Dort hocken Russen neben Vietnamesen und Afrikaner neben Afrodeutschen, und die sind selbstverständlich umzingelt von der bleichgesichtigen indigenen Bevölkerung, der pueblos indígenas. Den wenigen Gutwilligen. Die Vertragsarbeiter hat der Zusammenbruch der DDR am schlimmsten getroffen. Sie sind jetzt ganz offiziell unerwünscht. Und damit Freiwild. Die meisten Betriebe stehen am Rande des Zusammenbruchs, sie brauchen keine fremdländischen Handlanger mehr. Wo diese in Zukunft arbeiten werden, wo sie wohnen und was sie essen sollen, interessiert niemanden. Und wütende Teile der Stammbelegschaft lassen in den Betrieben ihren Unmut an den geborgten Arbeitskollegen aus. Es wird gedroht und gepöbelt. Viele der »Geliehenen« werden kommentarlos in Sammelflüge geladen und in ihre Heimatländer verbracht. Andere packen eilig ihre wenigen Habseligkeiten und verstecken sich in Westdeutschland.

»Helfen, bitte? Sie helfen, ja? Schreiben Brief bitte.«

Jemand zupft mich am Ende einer Veranstaltung von hinten an meiner Jacke. Ich drehe mich um. Da steht ein kleiner dunkelhaariger Mann. Eine der vielen verzweifelten vietnamesischen Arbeitsdrohnen, die man jetzt loswerden will. Einer von vielen aus dem »sozialistischen Bruderstaat«, die nun Angst haben müssen. Vor Abschiebung. Verarmung. Und Elend. Jetzt wendet er sich in seiner Angst an einen, der selbst Angst haben muss. Wie kann einer wie ich helfen? Für das überraschend eingetretene Ende meiner Welt fehlt mir jegliche Qualifikation. Ungeachtet dieser Tatsache erklimme ich kurz danach das Treppenhaus eines siebzehngeschossigen Wohnheimblocks am Rande der Johannstadt. Es riecht nach zu oft erhitztem Fett und Katzenpisse. Ich trage mein einziges Oberhemd, frisch gebügelt. Und einen Aktenkoffer, den ich mir extra für diesen Tag ausgeliehen habe. Ein Aktenkoffer wirkt immer gewichtig. Und zeugt von Bevollmächtigung. Welche ich nicht habe und deshalb den armen Leuten vortäuschen muss. Im Wohnzimmer wartet bereits eine Vietnamesin. Und ein Vietnamese. Und ihr vietnamesisches Baby. Das Baby ist ganz inoffiziell nur mit einer Windel bekleidet, und es kennt augenscheinlich noch keine Sorgen, denn es schläft auf der Schulter seiner Mutter.

»Helfen, ja?«, sagt der Mann, der mich in der Scheune angesprochen hat. Ich räuspere mich. Die beiden schauen mich an. Sie denken, dass ich jetzt sagen werde, was zu tun ist.

»Liebe Genossen«, beginne ich reflexartig.

Der Gastgeber nickt mir erwartungsvoll zu, ich soll weiterreden. Aber ich habe keinen blassen Schimmer, was ich sagen soll. Mehr Vietnamesen kommen aus dem Nachbarzimmer. Fünf. Sechs. Sieben. Wie viele Menschen hausen bitte schön in diesem Schuhkarton von einer Wohnung?

Ich klappe meinen Aktenkoffer auf. Darin herrscht gähnende

Leere. Ich habe einen Stift und ein paar Blätter Papier einge-
packt. Mir fällt nichts Besseres ein, als das Schreibzeug herum-
zugeben, damit alle ihre Namen aufschreiben. Ich versichere,
dass ich einen Brief an die zuständigen Stellen senden werde.
Aber wer zur Hölle ist hier zuständig? Meinen Gastgebern ist
das Lächeln im Gesicht festgefroren. Ich glaube, dass sie meine
Verlegenheit spüren. Ich nippe an der mir zu Ehren aufgetrage-
nen Limonade. Am Ende schleiche ich mit dem Aktenkoffer
völlig durchgeschwitzt Richtung Neustadt zurück.

Ich schreibe gleich am nächsten Tag der örtlichen Sektion
der Freien Deutschen Jugend. An die Bezirksleitung. Ich kenne
noch jemanden aus Schulzeiten, der dort jemanden kennt. Die
FDJler hatten bereits früher nie wirklich etwas zu melden. Aber
sie haben Verbindungen bis ganz nach oben in der Stadt. Etwas
Besseres fällt mir nicht ein. Wochen später kommt eine freundliche Antwort. Nichtssagend. Man unterstütze das Anliegen,
man sei solidarisch, werde sehen, was sich machen lässt. Das
Ganze verläuft im Sand. Treibsand, denke ich. Wir alle stecken
im Treibsand.

Die Mauer ist weg. Die FDJ: bedeutungsloser denn je. Die
Partei: in Auflösung. Die Sicherheit auf den Straßen: verschwunden. Dafür gibt es pappweiches Westbrot und ekelhaft süßen
Nuss-Nougat-Aufstrich. Fee hat mich mit ihrem Traum vom
hippen Sozialismus angesteckt. Eine gerechte Welt ohne greise,
verbohrte Bonzen und die vielen Hungerleider unter ihnen. Eine
Science-Fiction-Welt. Mit Nahrungskonzentraten aus Automaten. Eine Welt mit sprechenden Computern. Fliegenden Autos.
Und zur Reparatur von Krankheiten steckt man die Menschen
in Heilmaschinen. Fee träumt davon. Aber leider ist es nicht das,
was die Leute wollen. Die Republik blutet aus. Die Plattenbaufestungen leeren sich wie eine Packung Milch, in die irgendjemand übellaunig mehrere große Löcher gestochen hat.

Ein junger Hippie-Typ, wie ich ein Neustadt-Bewohner, den
ich am Rande eines Bandauftritts kennengelernt habe, nimmt

mich mit zurück in den Plattenbau. Er braucht jemanden, der ihm schleppen hilft. Ich habe keine Ahnung, woher er den Schlüssel für die verlassene Wohnung hat. Mir ist extrem mulmig bei der ganzen Unternehmung. Ist es die Wohnung seiner Eltern? Der Typ will nicht darüber reden, bewegt sich aber ortskundig zwischen den Räumen. In der Essecke im Wohnzimmer, gegenüber der Küche, stehen fein säuberlich arrangiert zwei Frühstücksgedecke. Keramikschüsseln neben den Haferflocken. Dazu Löffel. Groß. Teetassen. Dazu Löffel. Klein. Der Kühlschrank brummt. Am Küchenfenster krabbelt eine Fliege aufwärts, bis sie oben angekommen ist. Dann fällt sie herunter. Die Fliege beginnt von vorn. Sie will raus, denke ich. Alle wollen raus. Alle wollen weg.

Ich öffne das Fenster, und kalte Herbstluft strömt in die Küche. Hinter mir ein kratzendes Geräusch. Ich wirbele herum, aber da ist nur eine schwarze Katze im Flur. Ein winziges mageres Ding mit weißem Lätzchen. Sie starrt mich wütend an. Die Herren der Wohnung sind verschwunden, haben aber die Katze dagelassen. Sie buckelt und faucht, das schwarze Fell gesträubt. Die Katze ist sichtlich erbost über den Verrat ihrer Besitzer und überträgt ihren verständlichen Hass nun auf alle Zweibeiner. Beim Anblick des Hippies jedoch mauzt sie herzerweichend. Der Hippie nimmt die Katze auf den Arm, während ich in einem Wäschekorb einen ultramodern wirkenden Plattenspieler und eine Wagenladung von Platten aus der Wohnung schleppe. Der Hippie trägt die Katze, verborgen unter seiner Jacke, eingewickelt in ein Tuch, fast wie ein Baby. Die Wohnung gehört jetzt den Geistern allein.

Fee und ich trotzen der Realität. Wir wollen unseren Traum von Utopia nicht aufgeben. Wir hoffen immer noch. Wir gehen auf eine der letzten Montagsdemos am Fučíkplatz. Wir kommen spät, die Stimmung ist aufgeheizt. Ein Redner, ein Dr. Soundso vom Ardenne-Institut, versucht die versammelten Menschen darauf hinzuweisen, dass eine schnelle Wiedervereinigung der falsche Weg ist. Sie wäre ein richtiger »Die-Scheiße-ist-in-den-Ventilator-gefallen«-Moment. Es droht die Vernichtung der gesamten ostdeutschen Wirtschaft. Es drohen Millionen von Arbeitslosen. Man solle warten. Geduldig sein. Zehn Jahre. Besser fünfzehn. Aber davon will die Menge nichts hören. Die Menge buht und tobt. Es fehlt nicht viel, dass sie den armen Doktor von der Bühne schleifen und prügeln.

Fee zeigt zu den Fahnen hinüber. Am Rande der Demo wehen einige Reichskriegsflaggen. Diese rot-schwarzen Dinger sind mir nicht entgangen. Und auch deren Träger nicht. Und wenn jene gestiefelte, hasserfüllte Armee und diese Flagge dereinst hier herrschen sollten, dann Gnade mir Gott. Ich kenne diverse Skinheads und andere Varianten von diesem »Neo-Irgendwas« natürlich aus der Neustadt. Ich kenne sie von den Konzerten verschiedener Ska-Bands. Und von ihren besoffenen Ausritten durch das Viertel. Aber das hier mit den Flaggen, das ist neu.

»Guck mal«, sagt Fee und zeigt auf eine kleine Gruppe von Polizisten. Sie stehen weit abseits und wirken ganz so, als wäre ihnen ihre Anwesenheit unangenehm.

»Warum machen die nichts?«, fragt Fee.

Was für eine Frage? Was könnten denn fünf alte Männer gegen diese Armee ausrichten?

»Die sollen uns doch beschützen! Verdammt, wieso machen die nichts?«

Fee will zu den Polizisten gehen und diskutieren. Aber ich will nur noch runter von der Straße. Ich will unter meine Decken. Und die Welt aussperren. Fee ist jemand, der aufsteigt. Jeden Tag neu. Ich bin jemand, der manchmal schon froh darüber ist, dass er den Abend des Tages noch erleben darf. Und sich nicht umgebracht hat. »Diese Frau ist nicht deine Liga. Sie ist zu gut für dich«, flüstert die altvertraute Stimme aus meinen Kindertagen. »Zu gut für dich. Lass es einfach.« Siehe, da ist er ja wieder. Der ewige Kläger. Unpassend und unwillkommen. Ich bin jetzt kein kleiner Junge mehr. Und Fensterbretter in schwindelnden Höhen gibt es in meinem Leben auch nicht. Aber meine Liebe zu Fee ist ein ausreichend hoher Abgrund, in den ich mich stürzen kann. Ich bin so wütend. Ich bin so verloren.

Das Neo-Irgendwas gehört jetzt auch bei Tageslicht zum normalen Stadtbild. Die Vampire sind länger an die Nacht gebunden. Oder an die Wochenenden. Sie haben sich selbst von diesem Bann freigesprochen. Und die braven, demoralisierten Bürger haben dazu Beifall geklatscht. Der Oberbürgermeister bestreitet das Problem im Fernsehen, während seine Ausländerbeauftragte, nur einige Räume weiter, vor den versammelten Kameras der Presse Warnungen ausspricht. Wer erkennbar fremd ist, der soll nach Einbruch der Dunkelheit das Haus nicht verlassen. Der Oberbürgermeister tobt und dementiert, doch seine Bedienstete hat recht und er eben nicht. Die alltäglichsten Verrichtungen sind zu einer Art russischem Roulette geworden. Selbst der Weg zum Süßigkeitenladen, einhundertfünfzig Meter die Louisenstraße hinauf. Die Neustadt ist jetzt ein urbanes Kampfgebiet. Jede Nacht bleibt irgendjemand auf ihren Straßen liegen. Jeden Morgen findet sich Blut auf dem Asphalt. Und auf Gehwegplatten und in Hausfluren. Die Angst wohnt mit uns allen in diesem Viertel.

Irgendwann im März. Wieder ein Konzert in der Scheune. Es ist der übliche bunte Auflauf. Irgendwann mache ich eine Runde durch das Gedränge, auf der Suche nach etwas Essbarem, oben im Gastrobereich. Auch hier ist es gerammelt voll. Die Band lässt selbst durch die geschlossenen Saaltüren die Gläser an der Bar vibrieren. Eine der Bürodamen schiebt sich aufgeregt durch die Gäste in meine Richtung. Sie gestikuliert und deutet mit weit aufgerissenen Augen nach unten Richtung Erdgeschoss.

Dort herrscht bereits das Chaos. Irgendjemand presst irgendjemandem ein Taschentuch an die Stirn. Es ist blutdurchtränkt. Ich entdecke Dirk in der Menge, er ist der Direktor der Scheune.

Ich wedle mit den Armen und versuche ihn auf mich aufmerksam zu machen. Ohne Erfolg. Der Herr Direktor verschwindet durch den Haupteingang nach draußen. Und draußen, da warten die Vampire des Neo-Irgendwas. Dicht gedrängt stehen sie am kurzen Aufgang zum Hauptweg. Sie bilden eine murmelnde dunkle Masse. Und ihre kahl geschorenen Köpfe glänzen wie polierte Bowlingkugeln im Dämmerlicht der Straßenlaternen. Irgendjemand wirft eine Flasche. Sie huscht als ein trudelnder Schatten über mich hinweg und zerplatzt an der Fassade in tausend Scherben. Aus der Gruppe der Vampire ertönt freudiges Gejohle.

Die da drüben, die sind nicht alle von hier, da bin ich mir sicher. In der Gruppe gibt es jede Menge westdeutschen Dialekt. So eine Scheiße im Quadrat. Ich kenne nicht eines der Gesichter. Noch keiner von denen ist mir jemals auf einem Konzert als Gast untergekommen. Noch keinen habe ich gegen die Mauer des Clubs gelehnt, wenn er völlig besoffen draußen herumlag. Keiner von denen ist mir bekannt, keiner ist mir etwas schuldig. Und die Westtypen haben einen verheerenden Ruf als Totschläger. Sind noch viel fanatischer als unsere eigenen Problemkinder.

Ich drehe mich Richtung Tür. Die Tür wirkt wie der verwaiste Eingang zu einer Bärenhöhle, zugewuchert und winzig. Hinter mir ist niemand, der mir zu Hilfe eilen könnte. Hinter mir ist niemand mehr. In der ersten Etage sehe ich unzählige Gesichter an die Scheiben gepresst, aber draußen bei den Monstern, da stehen nur der Herr Direktor und ich. Im Kopfkino jault der Verkläger bereits schadenfroh: »Du wirst sterben, du Hund. Jetzt wirst du sterben. Und vorher werden sie dir noch sehr, sehr wehtun.«

Dirk versucht, aus einiger Entfernung zu diskutieren. Er will Zeit gewinnen, bis die Polizei kommt. Falls sie kommt. Aber das ist in diesen Tagen recht unwahrscheinlich.

Hinter mir ist eine Bewegung, sehr nah. Ich wirble herum.

Die Angst presst das Adrenalin durch die Kanäle. Mein Herz sticht wie nach einem Stromschlag. Hinter mir scheint Hannes direkt aus dem Minirasenstück vor dem Club emporgestiegen zu sein. Glück im Unglück. Es ist nur Hannes.

Er ist seit Kurzem Teil des Scheunen-Personals. Und er ist wie ich. Oder ich bin wie er, wie man es nimmt. Auch sein Vater kam aus Afrika zum Studium und verliebte sich dann hier. Hannes ist in der DDR zur Welt gekommen. Geprägt, erzogen und gedrillt. Ein Vorzeige-DDR-Bürger. Na ja, jetzt Bürger eines Nirgendwo. Hannes hilft eigentlich hinter der Bar aus. Und neuerdings, da die Bürodamen beim Kartenverkauf häufiger mit schwieriger Klientel zu tun haben, ist Hannes immer öfter an der Tür, so wie ich auch. Er ist fast zwei Meter groß, und wo bei Normalsterblichen ein Hals sein sollte, ist bei ihm ein ambossartig geformter Nacken, ein Block aus Sehnen und Muskelsträngen. Hannes war ebenfalls auf der Sportschule. Ein Ringer. Ein Schrank. Eine Maschine. Er hat versucht, mir einige Grundbegriffe des Ringens beizubringen. Das war eine nette Geste. Allerdings habe ich das Training nur abnorm erschöpft und völlig demoliert überstanden. Im Gegensatz zu mir ist Hannes ein richtiger Mann. Er redet und kleidet sich und geht wie ein richtiger Mann. Ich hingegen spiele nur die Rolle eines Erwachsenen. Tief drinnen bin ich noch ein Junge. Ich will in die Wolken schauen. In Pfützen springen und mit Stöcken spielen. Ich will kreischend um die Häuser rennen. Nur die Angst vor den Blicken der richtigen Erwachsenen hindert mich daran. Ich bewundere Hannes. Wenn ich so etwas wie einen besten Freund hätte, dann wäre er es.

Dirk diskutiert. Hannes und ich halten uns mit kurzem Abstand hinter ihm. Die Vampire starren uns an. Die hätten in der Scheune wohl mit allem gerechnet, aber gewiss nicht mit zwei Exemplaren wie uns. Kahl geschoren wie sie. Trainiert. Und vielleicht erinnern wir sie ein wenig an Teófilo Stevenson, den hünenhaften, afrokubanischen Boxer und die regelmäßigen

Zerstörungen seiner weißen Kontrahenten. Jeder in der DDR kennt Stevenson. Und wahrscheinlich sehen wir für die sowieso alle gleich aus. Egal, weshalb, die verheerend überlegene Truppe schreitet nicht sofort zur Vollstreckung, sondern diskutiert. Meine Knie zittern, und meine Zähne klappern wie eine Armee von Buntspechten bei der Arbeit. Meine Panik ist allumfassend. Ich stehe noch. Und falle nicht zu Boden. Das ist meine ganze Leistung.

»Eh!«

Der Ruf schallt die Alaunstraße hinauf. Eine harte, befehls-gewohnte Stimme.

»Was wird das hier?«

Die Stimme steckt in einem Felddienstanzug. Die tätowierten Vampire machen ihm Platz, als wären sie ein paar Fünftklässler auf dem Schulhof der Großen. Auf dem Felddienstanzug der Stimme prangt groß der Aufdruck »Polizei«, aber der Typ trägt ein Barrett und hat überhaupt keine Ähnlichkeit mit den volks-eigenen Wächtern, die ich sonst so erlebe. Es ist, als hätte man einen weiteren Hannes in eine Uniform gesteckt und ihm ge-sagt, dass er böse gucken soll. Nur das zerfurchte Gesicht des Mannes verrät sein Alter. Er könnte wahrlich jedem russischen Faltenhund Konkurrenz machen. Ist er sechzig? Aber das kann unmöglich sein. Nicht mit diesem Körper. Ich schiele zu Hannes hinüber, der zuckt nur mit den Schultern.

»Ihr verpisst euch jetzt. Und zwar sofort.«

Der Faltenhund sagt es ruhig. Und hinter ihm öffnen sich dazu mit einem rollenden Ratschen mehrere Wagentüren. Jetzt sehe ich es auch. Da stehen drei Barkas-Transporter. Und aus den Transportern klettern vermummte Gestalten. Was sind das für Helme? Sprunghelme? Ich habe so was schon einmal in einem Soldatenmagazin gesehen, bei einem Bericht über die Fallschirmjäger. Fallschirmjäger in der Neustadt? Sollte dieser Gesinnungsakrobat von einem Minister sich doch noch dazu entschlossen haben, die Stadt zu retten?

»Schlagstock frei!«

Der gebrüllte Befehl vom Faltenhund lässt mich zusammenzucken. Die Vermummten ziehen wie ein perfekt synchronisiertes Wasserballett lange schwarze Knüppel aus ihren Westen.

»Und jetzt sage ich euch das noch ein letztes Mal: Macht euch unsichtbar. Sofort.«

In der Stimme des Faltenhunds liegt fast schon etwas gelangweilte Kälte. Und eine Drohung. Die Vampire müssen nicht lange überlegen. Ihre Versammlung löst sich auf. Rückwärts stolpernd. Rennend. Anscheinend will keiner von ihnen der Letzte sein. Niemand will herausfinden, was der uniformierte Riese seiner kleinen Armee als Nächstes befiehlt.

Keine Minute später sind wir allein mit ihm, ganz so, als hätte es hier den ganzen Auflauf niemals gegeben. Der Riese wendet sich an Dirk, Hannes und mich. In seinem Gesicht sitzt der Hauch eines Lächelns.

»So, schönen guten Abend zusammen. Müller mein Name.« Er tippt sich kurz an das Barrett.

»Tut mir leid, das so sagen zu müssen, aber ihr verpisst euch jetzt auch. Ich will hier keinen auf der Straße haben. Wir haben heute noch andere Sachen zu tun.«

Hannes und ich schauen zu Dirk. Dirk schaut zum Uniformierten.

»Ab durch die Mitte.« Das sagt das Faltenhund-Gesicht beinahe wie ein Vater zu seinen Kindern und deutet dabei in Richtung Eingang. Dirk, Direktor und Boss, grinst nur, dreht sich um und schlendert in die Scheune hinein. Hannes und ich dackeln ihm nach. Ich kann mein Glück noch kaum fassen. Es gibt also doch irgendeine Art von gnädigem Gott.

Ein paar Wochen später. Es ist der Geburtstag des wahnsinnig gewordenen schnauzbärtigen Österreichers und damit ein willkommener Groß-Sauftag für alle Jungmänner des Neo-Irgendwas. An diesem Tag in der Neustadt unterwegs zu sein ist eine schlechte Idee. Denn heute ist es nur eine Frage der Zeit, bis die besoffenen Horden einfallen. Hannes und ich verdingen uns deshalb als Aufbauhelfer bei einem Konzert in der Jungen Garde, dem Freilichttheater im Großen Garten. Das ist der zentrale Park im Herzen der Stadt. Irgendeine angesagte verrückte West-Band spielt auf. Die Garde wird voll sein.

Hannes und ich schleppen schwitzend Zeug für die Bühne heran, die Techniker schrauben. Ich für meinen Teil wäre gern bald durch mit allem, dann kann ich in die Sicherheit der Mansarde zurück. Ich denke an Fees Umarmungen. An den Duft ihrer Haare. Und wie wir im Raum unter der Dachschräge liegen und den Kacheln des Ofens diese wundervolle Wärme entströmt. Aber Hannes will, dass wir uns zumindest den ersten Teil des Konzerts anschauen. Die Band ist hochgelobt. Und da mich ihr Punkgeschrammel nicht interessiert, hoffe ich auf andere Abwechslungen. Vielleicht können sie ein paar Kunststücke, haben feuerspuckende Drachen oder lassen langbärtige Zwerge mit Streithämmern auftreten.

Ich hüpfe auf der Stelle. Hüpfe auf und nieder. Wartezeit. Und diese nasse Aprilkälte. Ekelhaft. Kaum hat die Band mit ihrem Krawall richtig losgelegt, kommt an verschiedenen Stellen im Publikum Unruhe auf. Neben mir blutet eine Studentin und stöhnt. Ihre Begleiter rufen verzweifelt um Hilfe. Die Dunkelheit legt einen diffusen Schleier über die Szenerie. Ich drehe mich mehrfach um mich selbst. Was passiert hier? Was ist hier los? Hannes und ich stehen weit oben in den Rängen. Er schiebt sich eilig nach links. Ich bewege mich nach rechts. Meine Schritte tasten im Halbdunkel nach Stufen. Die Angst macht grobmotorisch. Ich komme ins Rutschen und lande halb auf dem Boden. Rapple mich. Hannes ist weit, weit links außen in den Rängen. Zwischen uns liegt ein feinkörniger Teppich aus Regen. Und endlich sehe ich es. Winzige Schatten zucken über die Mauer. Irgendjemand wirft von draußen Steine in die Garde. Große hässliche Brocken. Ich eile. Ich stolpere. Da ist ein Junge, der auf dem

Boden liegt. Meine Hand greift nach unten, packt eine feuchte Lederjacke. Ich ziehe sofort die Hand zurück, doch es klebt kein Blut an ihr, sondern Kotze. Der Typ hat sich übergeben. Er dünstet eine Wolke üble Gerüche ab. Ich lasse ihn dort am Boden und presse mich durch den Ausgang. Bämm! Jemand knallt seitlich in mich rein. Ich falle. In meiner Panik beginne ich sofort zu strampeln und mich am Boden zu rollen. Irgendjemand stammelt über mir Entschuldigungen und rennt davon.

»Tut mir leid. Tut mir wirklich leid. Echt. Echt.«

Dann ragt Hannes plötzlich über mir auf. Er beherrscht das plötzliche Erscheinen perfekt. Wahrscheinlich ist er insgeheim ein Zauberer.

Die Vampire sind mittlerweile überall und nirgends. Irgendwer rangelt mit irgendwem. Hannes zieht mich links vom Haupteingang weg. Ja, rennen. Weg von hier. Nur weg. An den Bäumen steht sogar ein Polizist herum. Das kann doch nur ein verdammter Scheißwitz sein. Ein einziger Mann? Wir rennen dennoch in diese Richtung. Als wir den Uniformierten erreichen, erkenne ich in ihm mit Erstaunen einen ehemaligen Klassenkameraden.

»Rico?« Manche Dinge haben die Eintrittswahrscheinlichkeit von null. Das hier liegt sicher noch darunter.

»Sam?! Alter, was machst du hier?« Rico starrt mich an.

Ich zeige auf Hannes. »Wir haben beim Aufbau geholfen.«

Rico starrt weiter. Wir haben uns Jahre nicht gesehen. Genauso gut hätte ich ihm den Weihnachtsmann vorstellen können. »Los, komm da weg!« Rico zieht mich weiter um die Kurve. Hannes folgt. Und auf einmal stehen wir mitten in einem Déjà-vu. Da sind wieder diese uniformierten Superhelden, die aus der Neustadt. Verwirrenderweise tragen sie erneut Felddienstanzüge mit Polizeiabzeichen. Aber es kann keinerlei Zweifel geben. Es sind dieselben. Dieselben Uniformen und Helme. Und wieder sind es nicht mehr als zwei Dutzend Mann. Und um uns herum schleicht ein x-fach so starker blutgieriger Feind.

Doch zumindest haben die Genossen wieder ihren furchtlosen Anführer dabei, den mit dem Faltengesicht. Er starrt für einen Augenblick ungläubig zu uns herüber.

»Was macht ihr zwei Pappnasen denn hier?«

Schon wieder sind wir zur falschen Zeit am falschen Ort.

»Die sind okay.« Rico klopft mir auf die Schulter »Mit dem war ich sogar zusammen auf der Schule.«

Das Faltengesicht nickt beschwichtigt. »Steht einfach nicht im Weg rum. Verstanden? Wir gehen da jetzt rein.«

Dabei zeigt der Uniformierte auf den dichten Bewuchs aus Büschen und Bäumen, die das Freilichttheater umgeben. In der Dunkelheit wirken sie wie eine schwarzgraue Wand. Sicher macht der Mann einen Scherz. Oder ich habe irgendetwas nicht verstanden? Ich zupfe Rico am Ärmel.

»Das sind doch viel zu wenige«, zische ich ihm ins Ohr. Währenddessen verschwinden die ersten Vermummten in der Dunkelheit. Sie sind wie Geister. Doch sollten sie nicht auch noch unsterblich sein, dann werden sie nicht wiederauftauchen. Das hier waren nicht einfach ein paar besoffene Spinner auf der Alaunstraße. Das hier waren mehrere Hundert Vampire im Blutrausch. Man hörte ihr Grölen und Jaulen in der Dunkelheit. Ihre vereinigte Kraft erschien wie ein gigantischer Fleischwolf. Was sollten da zwei Dutzend Männer bewirken? Außer einen kollektiven Selbstmord und ein hübsches Begräbnis von Amts wegen?

»Das ist die Neunte«, meint Rico. Als wäre dazu mehr nicht zu sagen. Er klopft mir auf den Rücken, wie einem im Straßenverkehr überforderten Tattergreis. »Das ist die Neunte. Mach dir keine Sorgen um die. Ich erklär dir das. Komm, ich nehme euch mit.«

Er deutet auf den Streifenwagen. Hannes und ich springen auf die Rückbank. Der Lada setzt sich mit knirschenden Reifen auf dem Kiesbett in Bewegung. Wir rollen über den kleinen Querweg. Dann rechts. Uns kommt eine blinkende Lawine entgegen. Ich starre auf Blaulicht bis zum Ende der Allee hinauf. Es ist eine endlose Reihe von Lkw.

»Das ist die Bereitschaftspolizei, die haben zu viel Zeug und brauchen immer ewig«, meint Rico. Also hat es endlich auch die Kavallerie geschafft. Wir rollen langsam an der Kolonne vorbei über die regennasse Straße, Richtung Stadtzentrum.

»Und die mit den komischen Helmen?« Ich will es wissen. Diese Typen haben mir gleich zweimal den Arsch gerettet. »Wer sind die?« Ich muss es wissen. Ich muss. Ich muss. Ich muss.

»Das ist die Neunte!« sagt Rico, so als würde das alle erklären. Aber in meinem Kopf erklärt es sich nicht. Die Neunte von was, bitte schön?

»Das sind die Geheimen«, setzt Rico nach. »Anti-Terror und so. Die sitzen drüben, auf der Neustadtseite.«

Ich bin perplex. »Die sind von der Stasi? Ich dachte, die hätten sie dichtgemacht. Und du bist einer von denen, auch Stasi?«

Rico stöhnt auf. Wahrscheinlich habe ich gerade die Idiotenschallmauer durchbrochen. »Das sind Polizisten. Spezialtypen halt. Wie bei den Russen. Und ich bin überhaupt nicht bei denen.« Er lacht auf, fast ein wenig erschrocken bei der Vorstellung. »Ich habe die nur eingewiesen. Die Ecke gehört zu unserem Revierbereich.« Wir haben die Neustadt erreicht. Rico schmeißt Hannes und mich raus. Hannes trollt sich. Und ich gehe heimwärts, immer noch mit diesem Grummeln im Bauch. Diesem Brummen. Alaunstraße, Ecke Böhmische hockt ein Punkmädchen. Sie hält ihr Gesicht in den Händen vergraben.

»Alles okay?« Ich beuge mich zu ihr herab. Sie zuckt vor mir zurück, als hätte ich eine ansteckende Krankheit. Wahrscheinlich stinken meine Schuhe immer noch unerträglich nach dem Erbrochenen, in das ich in der Garde versehentlich getrampelt bin. Ich denke an die Vermummten, die irgendjemand in völliger Unterzahl in einen Kampf geschickt hat, den sie nicht gewinnen können. Sie kennen den Preis und erfüllen dennoch ihre Pflicht, sie halten ihre Stellung. So einfach und reichlich

naiv buchstabiere ich in meinem Wörterbuch »Heldentum«.
Noch habe ich nicht gelernt, mit wie viel Abgrund solcherart
Geschichten geschrieben werden, nur zu oft.

Ich schleiche das muffige Treppenhaus hinauf, in die Mansarde. Fee schläft bereits. Ich bin so leise, wie ich irgendwie
kann. Warmes Wasser haben wir nicht, ich lasse mir dennoch
eine Schüssel voll ein. Ich seife mir den Kopf ein, Gesicht und
Glatze, der vertraute Geruch beruhigt mich. Florena-Seife. Flo-
rena-Creme. Ich wasche mir den Gestank der Garde weg. Jene
Männer, die in vermeintlich aussichtsloser Lage kämpfen. Sie
gehen mir nicht mehr aus dem Kopf. Wahrscheinlich gerade
deshalb, weil ich das Gegenteil davon bin. Verängstigt. Und gehetzt. Beute. Ich kann so nicht weiterleben. Da muss irgendeine
Hoffnung sein. Irgendein Morgen. Mein Weg muss irgendwo
hinführen, irgendein ein Ziel haben. Da muss noch etwas sein,
jenseits der Tatsache, dass alles in meiner Welt zerbricht. Schwin-
det. Und scheinbar die Einzigen, die es noch kümmert und die
noch kämpfen, die noch standhalten, sind diese Vermummten.
Ich muss herausfinden, aus welchem Lehm sie gemacht sind.
Und wie sie aufsteigen konnten, weit jenseits aller Angst.

Ich laufe aus der Neustadt heraus. Es riecht nach frühem Nebel
und dem Rest der Nacht. Die Straße glitzert verwaschen schwarz
und feucht. Ich laufe und laufe. Und bin dabei so schwerelos,
wie es einer wie ich in diesen Tagen nur sein kann. Das Wehr-
ersatzamt liegt nur knapp zwei Kilometer die Steigung hinauf.
Es ist ein heruntergekommener grauer Altbau. Am Empfang
duckt sich ein Uniformierter hinter einen hohen Tresen. Der
Mann hat einen sorgsam gefütterten runden Bauch und eine
dicke Brille. Mit seinem Schnauzbart sieht er einem Walross
nicht unähnlich.

»Guten Morgen. Ich möchte mich zum Wehrdienst melden.«
Er starrt mich an und sagt nichts. Sein Blick ist voller Herz-
lichkeit, ganz so, als wäre ich ein blutbeschmierter Sturmtrupp

vom westdeutschen Klassenfeind. Wer kann es ihm verübeln. Kein geistig gesunder Mensch kommt hier freiwillig einfach so hereinmarschiert.

»Guten Morgen«, sage ich nochmals. »Ich möchte mich bei der Bereitschaftspolizei bewerben.«

Der Uniformierte öffnet seinen Mund und schließt ihn wieder. Sein Verstand arbeitet sichtbar hinter der zerfurchten Stirn.

»Warum?«, knurrt das Walross, mehr gelangweilt als verärgert.

Von Rico weiß ich, dass das der Weg ist. Nur so kommt man zur Neunten. Erst der Wehrdienst. Und dann wird man Berufssoldat. Falls man die Leistungen bringt, die Krochen es mitmachen und man nicht durch den Psychotest fällt.

»Sag bloß nichts von der Neunten«, hat Rico mich gewarnt. »Von denen solltest du gar nichts wissen!«

Also antworte ich dem Walross so unbestimmt wie möglich.

»Ich möchte Berufssoldat beim MDI werden. Man hat mir gesagt, dass ich dafür meinen Wehrdienst bei der kasernierten Volkspolizei machen soll.«

Der uniformierte Mann schickt mich zu einer nah stehenden Holzbank. Ich setze mich wie befohlen. Das Walross telefoniert. Seinem Akzent nach gehört er zu den Preußen. Die stets besserwisserischen, vom Hauptstadtdünkel zerfressenen anmaßenden Preußen, das sind die natürlichen Erzfeinde aller Sachsen. Und von so einem dürfte ich mir eigentlich gar nichts sagen lassen. Aber scheiß drauf, man kann nicht immer wählerisch sein. Der Mann ist schließlich der Türsteher zum Paradies. Er telefoniert. Heftig und kurz. Dann wirft er den Hörer auf die Gabel und wählt eine andere Nummer.

»Hmh. Ja, spezieller Fall, Jenosse Hauptmann.«

Pause, das Walross lauscht der Stimme am anderen Ende.

»Hmh, jawohl. Det hab ick mir schon jedacht.«

Pause. Lauschen.

»Den hab ick bereits anjerufen, Jenosse Hauptmann, der hat mir doch an Sie verwiesen.«

So geht das einige Zeit. Dann endet das Telefonat abrupt. Ich sitze auf der harten Holzbank. Ich warte wie befohlen. Das Walross blättert sich durch eine Zeitung. Ich schwitze. Niemand kommt in das graue Haus. Niemand geht.

Am Ende ist es eine Sache von Minuten. Ich werde zum Hauptmann geschickt. Der drückt mir wortlos ein gestempeltes Papier in die Hand. Zwei Tage später habe ich einen Musterungsbescheid im Briefkasten. Ich komme damit zurück und gehe im grauen Haus über endlose Flure. Von Zimmer zu Zimmer. Von Frage zu Frage. Ein Mann in einem weißen Kittel tastet an meinem Gehänge herum und macht dabei ein verstörend zufriedenes Gesicht. Nach der Begutachtung meiner Testikel werde ich als voll wehrtauglich eingestuft. Ich bin gemustert. Was wird Fee dazu sagen? Ich will es mir nicht vorstellen. Ich will nicht daran denken. Das ist es doch, was ich wollte. Es gibt jetzt keinen Weg mehr zurück.

Kapitel 8

»Uh-uh-uh! Uh-uh-uh! Uh-uh-uh!«

Das dort drüben sind keine menschlichen Geräusche mehr. Das ist wie ein aus tausend Leibern zusammengewachsener Organismus, erfüllt von einem einzigen Zweck: Brüllen. Angst verbreiten. Es ist ein wütendes, stampfendes Überaffen-Kollektiv. Eine gewaltige Horde. Und sie hat ein ziemlich großes Problem mit Impulskontrolle.

Ich bin erst einige Wochen bei der Bereitschaftspolizei. Und ganz frisch aus der verkürzten Grundausbildung. Und dennoch wurde ich bereits in diesen Einsatz geworfen. Drüben, im Gästeblock, wabert der Wahnsinn. Die Horde springt auf und ab. Und sie brüllen und brüllen, nur einen verdammten Steinwurf von mir entfernt. Ich stehe auf den leeren Rängen des Nachbarblocks. Den haben sie extra freigehalten, für entbehrliches Frischfleisch wie mich. Dresden und Fußball, das waren schon immer die großen Emotionen, die heftigen. Und heute erlebe ich es zum ersten Mal live. Das Spiel wogt hin und her, vor und zurück. Und gleich kommt der Schlusspfiff. Die Leipziger können den Rückstand nicht mehr aufholen. Das ist gewiss nett für Dynamo, doch wenn das Spiel vorbei ist, wird die dritte Halbzeit dafür umso hässlicher.

Unsere Kaserne ist halb leer. Etliche der Jungs erscheinen

einfach nicht mehr zum Dienst. Warum sollen sie sich auch für ein Land herumärgern, das bald nicht mehr existieren wird? Alle, die dennoch hier sind, gehören zu den Blöden, den Erzfaulen oder den Idealisten. Zu blöde, um die Sache zu überschauen. Zu faul, um abzuhauen, so wie die anderen. Oder einfach zu idealistisch und naiv, um sich vor dem Dienst drücken zu wollen. So wie ich. Dieser ganze Einsatz ist ein einziger großer Haufen Schwachsinn. Sie haben uns in hübsche Ausgangsuniformen und Halbschuhe gesteckt und mit einigen Schilden und Knüppeln ausgestattet. Wobei die Bezeichnung »Knüppel« ein nachsichtiger Euphemismus ist für diese schwarz glänzende biegsame Gummiwurst.

Ich bin neunzehn Jahre alt und bemanne mit anderen Neunzehnjährigen einen leer gehaltenen Block. Die gegnerische Horde wirft über unsere Köpfe hinweg Steine mitten in die Menge der pueblos indígenas hinein. Die schlechter gezielten Würfe treffen dabei natürlich uns. Es gibt ein kurzes hässliches »Tack«. Und dann weiß man, dass der Stein getroffen hat. Die Altgedienten haben uns vorgewarnt. Nicht umsonst heißen unsere Schilde intern nur »Kuchenblech«, doch eigentlich verdienen sie die Bezeichnung »Einsatz-Keks«: Bei einem schweren Treffer knacken die Dinger in mehrere Teile auseinander, und dann hält man nur noch das verdammte Griffstück in der Hand. So eine elende Scheiße.

Unser Einsatzzug ist eine lange dünne Linie, vom Spielfeldrand bis hinauf zur Tribünenkante. Ein einziger Zug gegen Hunderte junge Männer mit ausgeprägter Freizeitbegeisterung, es ist einfach nur lächerlich. Der alleinige Grund, warum die Leipziger Horde nicht einfach über den Zaun steigt und sich durch uns hindurch ihren Weg zum Feind bahnt, sind die Genossen von der Trapo, der Transportpolizei. Die stehen noch einige Meter hinter uns. Und Gott sei es gedankt, stehen sie dort nicht allein. Ehrlich gesagt verursacht mir ihre Begleitung ebenso viel Kopfschmerz wie Erleichterung. Die Trapo-Genossen haben ihre durchgeknallten polizeilichen Hilfsmittel dabei. Manche würden sie Hunde nennen, andere Dämonen. Oder was immer diese Viecher in Frankensteins Labor einmal haben werden sollen. Es sind auf jeden Fall monströs massige, griesgrämige Viecher, groß wie Ponys und mit stierartigen Nacken. Der Riesenschnauzer ist als Schutzhund eher eine weitere DDR-Besonderheit. Die Leipziger Horde klettert nicht über den Zaun. Vor unserem Zug uniformierter Clowns haben diese schlachterprobten Veteranen der dritten Halbzeit gewiss keine Angst, da bin ich mir sicher. Aber vor den Hunden schon. Und so verlegen sich die Genossen lieber aus sicherer Entfernung auf das Steinewerfen. Tack. Tack. Tack.

Dann der Pfiff. Gewaltiger Jubel. Dynamo Dresden ist soeben der vorletzte Meister in der DDR-Oberliga geworden. Nein, eigentlich der letzte. Denn zum Ende der nächsten Fußballsaison wird es die DDR schon nicht mehr geben. Das scheint bereits so sicher wie das Amen in der Kirche.

Wir sammeln uns außerhalb des Innenraums vor dem Mittelzugang. Wir, die B-Kompanie. Zweiter Zug. Achtzehn Dilettanten. Achtzehn blutjunge Wehrdienstleistende und ein Offizier. Uns allen steckt das Entsetzen in den Knochen. Wenn das nur die Aufwärmrunde war, was kommt dann bitte schön jetzt noch? Wir alle laufen mittlerweile auf Panik bis auf Genossen Hemmerle, den ehemaligen Leistungsjudoka in unserer Einheit. Hemmerle hat die Ruhe weg. Er harrt der Dinge, die da kommen. Und sie kommen rasch.

Erst ist es nur ein Brummen hinter der Kurve. Kurz darauf bereits eine Wand aus Leibern. Schulter an Schulter. So dicht zwischen der Stadionwand und Ringgeländer zusammengepresst, dass es wie ein einziger menschlicher Klumpen wirkt mit vielen Armen und Beinen.

Der Klumpen rennt nicht. Und er schleicht nicht. Es ist stattdessen ein stetiges, schabendes, brüllendes Schieben nach vorn. Unsere Sperrkette wird zu einer abfallenden Linie. Und die beginnt rasch sich aufzulösen. Links und rechts neben mir sind Lücken. Ich halte mich an Hemmerle. Und schließlich stehen wir dort allein. Plötzlich ist da niemand mehr. Keine B-Kompanie. Kein zweiter Zug. Nur Hemmerle und ich. Und uns trennen nur noch geschätzte lächerliche achtzig Meter von diesem vielbeinigen, vielarmigen, brüllenden Klumpen Hass. Noch könnten wir wegrennen. Noch gäbe es dafür eine Gelegenheit. Aber Hemmerle macht irgendwie so gar keine Anstalten. Und ich halte mich an ihn. Wir sind wirklich zwei prächtige Idioten.

Und als ebensolche hätte uns der Fleischwolf gewiss zu Manitu aufsteigen lassen, nach einem kurzen schmerzvollen Tod. Uns retten lediglich die als Diensthunde getarnten Werwölfe der Trapo. Sie springen in die feindliche Menschenwand hinein. Sie knurren nicht, sie bellen nicht, sie haben eine Mission zu erfüllen. Aus der Masse werden in panischer Eile rennende, stolpernde, schreiende Einzelne. Dann ist es vorbei.

Das Land löst sich immer schneller auf, und wer jetzt noch nicht getürmt ist oder den Dienst geschmissen hat, der wird irgendwo irgendwie eingesetzt und verwurstet.

Unser Unteroffizier ist ein Mann mit leiser Stimme und einem großen Alkoholproblem. Wohl auch einem Eheproblem. Ich erfahre nie, welches der beiden zuerst da war. Der Uffz trägt wochentags ein sorgendurchzogenes Gesicht mit gelblicher Färbung. Ein verlebtes Untertage-Gesicht, obwohl er nicht viel älter sein kann als wir selbst. Der Uffz ist unser Kompass. Er erklärt uns, wie der Laden hier läuft, falls er nicht gerade besoffen ist. Früher soll der Uffz in der Kaserne allseits gefürchtete Schulungen gegeben haben, ein Fakten-Hagel wie aus einem Maschinengewehr. Rattatatam. Jetzt redet er wirr und macht viele unnötige Pausen, oft mitten im Satz. Dann sieht er aus dem Fenster hinaus auf die Baumwipfel der Hauptallee vor der Kaserne. Der Uffz ist ein netter Kerl und irgendwie furchtbar hinüber.

Mit ihm schleppen wir uns durch die Tage. Die Wochen. Wir marschieren. Und marschieren. Und marschieren noch mehr. Wir springen auf die Lkw. Und sitzen wieder ab. Wir stellen auf dem Kompanieflur Tische auf und zerlegen unsere Waffen, um sie anschließend in Windeseile zu reinigen. Und wieder zusammenzusetzen. Und dann das Ganze noch einmal von vorn. Wieder und wieder. Und wir lernen, dass es nur dann Ausgang gibt, wenn all der übliche Mist abgearbeitet ist. Die Karos der Bettwäsche müssen gerade sein, wie mit einem Lineal gezogen. Die Sachen im Schrank lotrecht gestapelt, mit geglätteten Falten. Und unsere eingeknöpften Kragenbinden strahlen schneeweiß. Selbst unser Kompanieflur glänzt vor dem Wochenende mit blank poliertem Wachs. Äußere Ordnung ist ein Ausdruck innerer Disziplin. Jawohl. Das ist es, was uns der Uffz beibringt, falls er gerade wieder einmal nüchtern ist.

Für mich ist das Wichtigste, dass sie uns zum Rennen antreten lassen. Wir rennen über die Sturmbahn. Wir rennen in Sportsachen. Wir rennen im Felddienstanzug. Wir rennen in der schwabbeligen, quietschenden Gummihaut des ABC-Vollschutzes. Wir rennen mit und ohne Gasmaske. Solange ich rennen muss und klettern und robben und marschieren, ist es leicht. Das kann ich. Schwitzen. Und den Schmerz fressen. Ich mag den Schmerz nicht. Aber der Schmerz macht, dass ich in der Jetzt-Welt mehr bin. Dass ich nichts anderes mehr fühlen muss. »Gestatten Sie, dass ich eintrete?«, »Gestatten Sie, dass ich spreche?«, »Gestatten Sie, dass ich wegtrete?«

Die Kompanie ist ein Zuhause. Eine Familie. Hier macht niemand mir gegenüber irgendwelche Faxen, hier gibt es nur Kameraden. Das gerade so populäre Neo-Irgendwas hat natürlich auch in der Kaserne zahlreiche Jünger. Aber für die bin ich nur einer, der jeden Tag gemeinsam mit ihnen Scheiße fressen muss. Ja, in der Kaserne gibt es viele Vampire, aber sie sind hier alle farbenblind.

Irgendwie habe ich mir eine Seuche eingefangen. Mit Fieber und allem Drum und Dran. Ich bewege mich im Zeitlupentempo aufs Klo, den Kompaniegang hinunter. Und selbst das schaffe ich kaum noch. Der Arzt am Standort schreibt mich krank. Ich soll ruhen, mich ins Bett legen. Theoretisch könnte ich Ausgang nehmen. Theoretisch könnte ich zu Fee gehen und mich bei ihr ins Bett legen. Theoretisch sind wir immer noch zusammen. Irgendwie. Und selbst dieses »Irgendwie« ist über die Wochen sehr vage geworden.

Fee hasst die Büttel der Obrigkeit, die gemeine Lebensform des »le flic«. In der Mathematik hält sie es mit strenger Ordnung, in der Gesellschaft eher mit Anarchie. »Der Nutzen gerechter Herrschaftslosigkeit.« Erst hat sie mich in diesen Vortrag geschleppt, zu all diesen Möchtegern-Hippies. Und dann haben wir uns in der Mansarde angeschrien. Wir hackten aufeinander ein. Fee wollte mich zur Vernunft bekehren. Ihrer Vernunft. Und dabei konnte ich kaum so viel Vernunft aufbringen, um nicht zweimal täglich in Flammen aufzugehen, vor lauter Eifersucht. Liebe und Vernunft, das hat wenig miteinander zu tun. Dieses wunderschöne kluge Mädchen wird von mehr langhaarigen Studenten umschwärmt als manche Boygroup von ihren Teenager-Fans. So ein Dreck. Und leider ist meine Grundbefähigung zum »Gefühlehaben« echt beschissen. Alle möglichen Kleinigkeiten knipsen mich an. Angst. Ich trage ständig diese verdammte Angst mit mir, dass Fee mich verlassen könnte. Fee ist eine Frau, sie hat die Bedürfnisse einer Frau. Nur irgendwelche Schmetterlinge im Bauch reichen ihr nicht. Sie will lieben. Und genau darüber weiß ich so gut wie gar nichts. Fee will leben. Aber meine verdammte Angst macht aus jedem Augenblick etwas beängstigend Unberechenbares. So ist das halt. Liebe ist anstrengend. Liebe ist Sehnsucht. Liebe ist Zweifel. Liebe ist wundervoll. Liebe ist Abschied. Manchmal auch das. Der jüngste Besuch bei Fee endete mit Türenknallen. Und wahrscheinlich hätte sie mich gern noch angespuckt, während ich die Treppe hinunterstieg. Le Flic. Sie hasst mich.

Also bleibe ich über das Wochenende allein in der Kaserne und schwitze mir die Grippe aus. Und schlafe. Falls mich denn die anderen einmal schlafen lassen. Auf dem Flur herrscht beständige Unruhe. Zweimal wird für die DHE, die Diensthabende Einheit, Gefechtsalarm ausgelöst. Dieses verdammte Getrampel und Gerenne. So ist das eben, wenn es unten in der Stadt mal wieder »brennt«. Noch können sie die DHE fliegen lassen, an die Front werfen. Doch selbst das wird immer mehr zu einem Kunststück. Unsere Kaserne ist kaum noch zur Hälfte gefüllt. Es gab massenhaft Kündigungen und unerlaubte Abgänge. Warum auch nicht, da sie doch von niemandem mehr verfolgt werden können. Wir sind das letzte ungeplante Aufgebot einer sterbenden Republik. Der große Zusammenbruch macht uns auf einmal zu »Helden der Arbeit«. Aber vielleicht sind wir auch nur eine Bande von Bekloppten, die wie eine Piratentruppe ohne Kapitän das eigene, das sinkende Schiff entern muss.

Nach dem Fieber kehre ich zu meiner üblichen Routine zurück. Rennen. Robben. Marschieren. Und an den Nachmittagen gehe ich hinüber zur Nahkampfhalle, so wie heute auch. Auf den grün bemoosten Platten vor der Kfz-Werkstatt macht irgendein Typ in seinem Felddienstanzug Purzelbäume. Angesprungene Überschläge auf Beton, der Typ hat ganz eindeutig eine Schraube locker. Das gefällt mir. Ich bleibe stehen und gönne mir das Schauspiel. Es ist ein Genosse aus dem Aufklärungszug der Stabskompanie. Als er sich genügend über den Beton gewälzt hat, in allen nur möglichen akrobatischen Verdrehungen, und sich den Dreck von seinem Felddienstanzug klopft, gehe ich zu ihm hinüber. Der Genosse wirkt vergnügt wie ein Zirkusclown nach einer gelungenen Hochseilartistik. Als der Clown aufblickt, nehme ich unverzüglich Haltung an.

»Wachtmeister Meffire. B-Kompanie. Zweiter Zug, Herr Hauptwachtmeister.«

Der andere winkt ab. »Komm, lass den Scheiß.« Er streckt seine Hand aus. »Ich bin der Udo.«

»Ich bin der Samuel.«

»Du und dein Kumpel, ihr seid doch die Bekloppten, die nicht weggerannt sind, als die Leipziger Randale gemacht haben? Seid ihr doof oder einfach nur bescheuert?«

Die Aktion im Stadion hat sich also herumgesprochen. »Ich bin auf jeden Fall beides«, möchte ich sagen, traue mich aber nicht. »Was hast du da gerade gemacht?«, frage ich stattdessen.

Udo grinst. »Die Fallschule aus dem Gjogsul.«

Was für'n Ding? Gjogsul? Nie gehört. Der Genosse Udo macht vielleicht gerade einen Witz auf meine Kosten. »Ich verarsche dich nicht.« Udo beherrscht neben Purzelbäumen auch noch das Gedankenlesen. »Das ist ein nordkoreanisches System.«

Ich bin verwirrt. Nordkoreanisch? Hier haben sie doch alle zum Polizei-Jiu-Jitsu verdonnert.

»Du bist doch in der Stabskompanie?« frage ich. Udo nickt.

»Macht ihr da was anderes?«

Der Genosse grinst. Und winkt ab. »Nee, im Stab machen sie dasselbe wie alle anderen auch. Aber ich war bei der Neunten. Da machen sie Gjogsul.«

Mit fällt die Kinnlade herunter. Der Genosse Udo war bei der Neunten. Ich kann mein Glück kaum fassen.

»Du warst bei der Diensteinheit IX? Heftig!«

Er winkt ab.

»Nee, nicht bei der Diensteinheit. Die sitzen im jeweiligen Bezirk. Ich war in Potsdam-Eiche. Also bei der neunten Volkspolizeibereitschaft.«

Davon habe ich ebenso wenig gehört wie zuvor von der Diensteinheit.

»Die sind für Anti-Terror-Einsätze aufgestellt«, erklärt Udo. »So, wie das die Russen machen.«

Er mustert mich kurz. »Wenn du so heiß darauf bist, dann bewirb dich doch.«

Er macht eine raumfüllende Geste, die das Kompaniegebäude, den Exerzierplatz und alles andere mit einschließt.

»Das hier ist doch sowieso schon drüber. Willst du hier gern das Licht ausmachen, als Letzter?«

Udo hat recht. Hier geht wirklich alles den Bach runter. Sogar die Waffen werden schon abgeholt. Wir haben erst vergangene Woche Handgranaten auf Lkw verladen. Und RPGs und anderes Zeug. Und das haben sie dann weggebracht.

»Es muss ja auch nicht Potsdam sein«, meint Udo. »Melde dich doch einfach mal hier in Dresden.« Er zuckt mit den Schultern. »Was soll schon passieren? Die haben hier gerade doch ganz andere Probleme.« Warum eigentlich nicht. Mehr als Nein sagen können sie doch nicht. »Wer immer tut, was er schon kann, bleibt immer das, was er schon ist.« Dieser Spruch hing in Holz gerahmt über dem Zeichenbrett meines Großvaters. Angeblich war das ein Zitat vom Erzkapitalisten-Großfürsten Henry Ford, aber das störte meinen Großvater nicht. Dieser Spruch geht mir auf jeden Fall noch lange im Kopf herum, als ich am Abend in meiner Koje liege.

Die Bezirksbehörde ist ein riesiger Steinquader nahe der Elbe. Sie hat die charmante Ausstrahlung einer Werbeaktion für die Nazi-Welthauptstadt Germania. Ich gehe eingeschüchtert durch das Hauptportal und lege bei der Wache meinen dienstlichen Zettel auf den Tresen, ein Formularblatt, gestempelt und unterschrieben vom Kompaniechef selbst.

Der Posten schickt mich in den ersten Stock. Auf der linken Seite wartet eine gepanzerte Tür auf mich. Neben der Tür ist ein Tastenfeld für den Zugangscode. Darunter eine Klingel. Ich drücke. Kurz darauf öffnet sich die Tür einen schmalen Spalt.

»Wachtmeister Meffire auf Ihren Befehl zur Stelle.«

Ich habe Haltung angenommen. Jetzt bloß nichts falsch machen. Bloß nichts verbocken. In der Tür lehnt ein riesenhafter blonder Typ, der mich einen Augenblick lang belustigt anstarrt und dann hereinwinkt, meine Meldung ignorierend. Drinnen erstreckt sich ein endlos langer Flur. Holzgetäfelt. Mit blankversiegelten Dielen. Es sieht aus wie auf der Direktorenetage des Baukombinats.

»Was willste?«

»Ich wollte mich hier bewerben.«

»Wo hier?«

Ich gerate ins Stocken. Na, hier eben. Oder ist das die falsche geheime Etage? Die falsche geheime Einheit?

»Also, ich dachte ...«

Die Augen des Blonden blicken jetzt irgendwie drohend. Mist. Es läuft nicht wie geplant. Es läuft genau genommen überhaupt nicht.

»Und wer, verdammt noch mal, hat dir verraten, dass wir hier sitzen? Dem brennt wohl der Hut!«

Ich schwitze jetzt wie verrückt in meiner Uniform. So eine verdammte Scheiße. Was soll ich darauf antworten?

»Ich verarsch dich nur! Entschuldige.«

Er holt aus, und ich ziehe bereits den Kopf ein. Doch dann landet seine Pranke nur auf meiner Schulter.

»Du hättest mal dein Gesicht sehen sollen.« Der Blonde lacht. Und lacht. So ein Wichser.

»Komm her. Setz dich.« Er zieht mich durch eine Tür und drückt mich auf einen Stuhl. »Da schicken die Blödmänner von der Bereitschaft dich also hierher, obwohl die ganz genau wissen, dass uns hier der Arsch brennt.«

Der Blonde kratzt sich zwischen seinen raspelkurzen Haaren.

»Das ist alles eine riesige Scheiße, einfach riesig.«

Er starrt durch die Gardine nach draußen.

»Die lösen uns auf. Ach, Quatsch, die lösen die gesamte BDVP auf, die ganze verdammte Scheißbehörde.« Der Blonde lässt sich krachend auf einen Stuhl fallen. »Diese feigen Arschlöcher da oben haben Angst vor der Presse.« Er schnauft vor Empörung. »Und wenn auch nur ein einziger Bürger-Revolutionär laut

›Stasi!‹ in unsere Richtung ruft, dann werden die sich wegducken und davonrennen.«

Ich weiß nicht, was ich dazu Sinnvolles sagen kann. Also halte ich besser meinen Mund.

Der Blonde zeigt auf eine Akte auf dem Tisch, halb zu mir gewandt.

»Ich hab deine Leistungsbeurteilung gelesen. Die ist gut. Unter normalen Umständen könnten wir jemanden wie dich langsam aufbauen.« Er schüttelt den Kopf. »Aber jetzt, unter diesen Umständen? Nee, das kannst du vergessen. Jetzt geht erst mal gar nichts mehr, mein Großer.«

Der Blonde klappt die Akte zu und wirkt auf einmal müde.

»Die Arschlöcher verlegen uns«, sagt er dann leise.

Ich bin schockiert. Ich verstehe es nicht, wirklich nicht. Immer wieder höre ich, dass auf Notrufe hin niemand mehr ausrücken kann, weil keine Kräfte verfügbar sind. Und dann so was. Ich schweige. Irgendwie ist die Luft raus. Der Blonde schweigt jetzt auch, während er sinnloses Zeug auf ein Blatt kritzelt.

»Warst du im April mit an der Garde?« Die Frage purzelt einfach so aus meinem Mund, gänzlich ungeplant. Der Blonde blickt von seinem Schmierblatt auf.

»Natürlich war ich da! So ein riesiger Haufen Scheiße!« Er schüttelt den Kopf. »Wie dämlich kann man denn sein und zum Hitler-Geburtstag ein Punkkonzert machen? Noch dazu auf einer verdammten Freilichtbühne ...«

»Und davor, auf der Alaunstraße, warst du da auch dabei?«

Der Blonde schaut abschätzend über den Tisch. Vielleicht hält er mich für einen Pressespitzel oder so was. Doch ich musste das fragen. Ich musste das einfach loswerden. Ich trage es die ganze Zeit mit mir herum, und jetzt muss es raus.

»Ich war auch dort.« Ich kämpfe mit einem Kloß im Hals. »Danke!« Mehr bekomme ich nicht herausgewürgt. Der Blonde entspannt sich sichtlich.

»Geh nach Potsdam«, sagt er und blickt dann wieder auf seine Kritzelei. »Hier wird das nichts mehr. Nächste Woche kommen wir an den Flughafen. Wahrscheinlich lassen sie uns dort nach Sprengstoffen suchen, in der Unterwäsche von irgendwelchen Urlaubern.«

Er streckt mir zum Abschied seine Pranke entgegen. »Ich bin Frank. Luger, Frank.«

Wie die Pistole. Den Namen merke ich mir.

Kapitel 9

»Sanitäter!«

Ich brülle noch mal aus Leibeskräften. »Sanitäter!«

Rotschopf liegt vor mir auf dem Boden. Wir sind am Kiosk, dem kleinen Ding an der Ecke, das mit den zerschossenen Scheiben. Rotschopf hat einen Treffer im Bauchbereich. Sein Felddienstanzug ist dort dunkel bräunlich verfärbt und tropfnass mit Blut. Die Luft ist von dichtem beißendem Rauch erfüllt. Keine Ahnung, wo wir hier Deckung suchen sollen. Vielleicht drüben an der Sparkasse? In dem verdammten Rauch erscheint alles irgendwie verschwommen. Nah. Und irgendwie doch nicht. Wahrscheinlich ist die Sparkasse viel zu weit weg, und ich bekomme Rotschopf gar nicht bis dorthin hinübergeschleift. Rotschopf blutet und wimmert. Ich presse ihm notdürftig mein Handtuch auf den Bauch, etwas anderes habe ich mit meinen zittrigen Fingern nicht aus dem Sturmgepäck bekommen. Rotschopf geht es immer schlechter. So eine Scheiße. Feuer von rechts. Glaube ich. Ich packe den Rotschopf unter den Achseln, ihn am Tragegestell einfach wegzuschleifen traue ich mich nicht. Nicht in seinem Zustand. Wahrscheinlich fallen ihm dann die Gedärme aus dem Bauch. Ich knalle rückwärts laufend gegen die Tür zum nächstgelegenen Hausflur. Draußen höre ich Getrampel. Sehr nah. Ich zerre Rotschopf nun doch am Tragegestell die Treppe hinauf, in den ersten Stock. Es muss schnell gehen. Oben sacke ich zu Boden. Mein Atem rasselt, als wäre ich ein defekter Opa.

»Du Wichser«, flüstert der Rotschopf. »Das mit den Treppen kriegst du zurück.«

»Was willst du, du Arsch? Ich hab dir das Leben gerettet!«

Unten tritt jemand in den Hausflur. Stiefel knarren und schaben auf Steinchen, Scherben und Dreck. Ich knie mich hin, halb gedeckt durch die Ecke, und nehme das Gewehr in den Anschlag. Die Stiefelgeräusche kommen langsam näher. Ich kontrolliere den Sicherungshebel. Er steht auf Einzelfeuer. Besser Einzelfeuer. Munition bedeutet überleben. Munition ist kostbar. Also Einzelfeuer. Ich muss irgendwie treffen.

Tack. Tack. Tack. Es knallt. Dreimal schnell hintereinander. Ich bin getroffen. Von hinten in den Rücken. Mist. Ich sterbe.

Der Rotschopf setzt sich auf. Schaut missmutig nach oben. Ich verdrehe den Kopf und folge seinem Blick. Oben steht der Uffz und feixt auf uns herunter. Da fehlt eine Deckenplatte. Wir Idioten sind genau in dem Haus gestrandet, in dem sich der Uffz versteckt hat.

»Sind wir tot?«, frage ich.

Der Rotschopf sieht nicht glücklich aus. Er nimmt die Hände vom Bauch. »Wahrscheinlich schon.«

Übungsende. Aus die Maus. Oh Mann, ist das peinlich. Mein erster Tag im SKO, dem Städtekampfobjekt in Lehnin, unweit von Potsdam. Ich habe es tatsächlich geschafft, mich von Dresden nach Potsdam versetzen zu lassen. Und dann schleife ich bei der ersten Übung meinen Partner halb zu Tode. Und ich übersehe ein fußballplatzgroßes Loch in der Decke und lasse mich erschießen. Von hinten. Was für ein Desaster.

Wir üben hier schon seit Stunden das blutige Chaos. Wir üben den raschen Vorstoß in den Westen. Im Ernstfall, im Krieg, würden sie uns nahe an den Zielen absetzen. Sie würden uns in Hubschrauber laden und weit hinein in den Westen fliegen. Tief und wahrscheinlich im Schutze der Nacht, wegen deren Luftabwehr. Sie würden uns am Rathaus absetzen. Am Flughafen. Oder am RIAS. Offiziell ist das hier natürlich eine polizeiliche Anti-Terror-Übung, aber irgendwer hat vergessen, das Drehbuch zu ändern. Und die Kulisse. Wir üben ganz einfach den guten alten Blitzkrieg. Und den Häuserkampf. Was für eine schräge Scheiße. Ich lehne mich gegen die Wand und schraube gierig am Verschluss meiner Feldflasche. Ein paar Stunden Übung bei sommerlichem Sonnenschein, und schon habe ich Durst wie ein Esel. Und schwitze auch wie einer. Gott sei Dank wird diese Einheit nicht mehr nach Westberlin fliegen. Diese Einheit ist bereits zum Tode verurteilt, so wie die ganze Republik. Ich trinke meine Flasche leer und denke dabei an gar nichts.

Wir kommen spät in die Kaserne zurück. Das Kompaniegebäude der Neunten ist schick, nur im Treppenhaus riecht es nach scharfen Reinigungsmitteln und Kerlen. Es ist der typische Geruch von Männerumkleide. Und für mich ist es der Geruch von Zuhause. Turnhallen. Krafträume. Kasernen. Gute Orte. Und dieser Ort hier hat dazu noch ganz hervorragende Stockbetten. Nach verrückt vollen Tagen schlafe ich in den Dingern wie ein Baby. Rennen. Marschieren. Hanteleisen bewegen. Gjogsul. Die Handhabung der Waffen. Trocken. Ohne scharfen Schuss. Alles wird wiederholt. Und noch mal wiederholt. Und noch mal, in endlosen Reihungen. Bis es einem zu den Ohren herauskommt. Bis es in jeder Faser festklebt. Und in jeder Bewegung. Elite? Das ist nur ein anderes Wort für Dauerschleife. Man tut immer dieselben Dinge auf immer dieselbe Weise. Immer und immer wieder. Stumpf, so nennen sie das hier. Elite sein heißt stumpf sein, über jedes vorstellbare Maß hinaus. Stumpf, das ist die beste Methode. Zumindest für das, was uns erwartet, uns arme Irre. Stumpf ist ein Rezept zu überleben. Müde. Verletzt. Verstümmelt. Sie fliegen diese Jungs irgendwohin. Und keine Filmmusik spielt auf. Es ertönt kein pathetischer Schnickschnack-Kommentar aus dem Off. Alles dient hier der Vorbereitung auf die ultimative aller Prüfungen: den Stadtkampf. Den Krieg inmitten der Häuser. Krieg in einer seiner hässlichsten Formen. Ich liege nach einem langen Tag in meiner Etage des Bettes und muss für heute nicht mehr an das Kämpfen denken. Ich muss nicht mehr an daheim denken. Nicht an den Fluss und nicht an die Neustadt. Ich gleite in die gnädige Dunkelheit des Traumzauberwaldes hinüber. Dort vermisse ich nichts. Dort vermisse ich niemanden. Nicht einmal Fee. Dort bin ich vor ihr sicher.

Ich stehe am Fenster unserer Stube und schaue über den Sportplatz hinüber zu den Kiefern. Kahle hohe Stämme. Oben saftiges Nadelgrün. Die Nacht war lediglich eine Atempause im Heimweh. Ich sehne mich heim. An den Fluss und in die Mansarde. Ich vermisse, dass der Rücken von Großvater vor mir aufragt. Aber ganz besonders vermisse ich Fee. Es ist wie ein vertrautes und nun fehlendes Körperteil. Diese verdammte Hexe hat mir meine Herzmaschine aus dem Körper montiert und nur ein klaffendes Loch zurückgelassen. Ich verfluche sie. Ihre Nähe. Ihren Geruch. Ihr Lachen und ihre Umarmungen. Ich stehe am Fenster der Stube und starre auf die Kiefern, drüben, hinter dem Sportplatz. Ich starre auf die Kiefern und weine.

Das Kompaniegebäude der Neunten ist ein hoch gesicherter Betonklotz voller Waffen. Aber all diese Waffen bedeuten nichts mehr. Die Republik ist hinüber. Die Kompanie wird aufgelöst, pünktlich zur Wiedervereinigung ist Schluss. Viele werden nicht übernommen. »Systemnähe«. Es ist einmal mehr diese wunderschön bequeme Killerphrase. Und »Systemnähe« hat diese Einheit reichlich. Auf dem alten roten Wachssiegel an der Waffenkammer ist gut sichtbar der Stempel »Ministerium für Staatssicherheit« eingeprägt. Nur arbeiten hier gar keine Agenten, all diese Jungs sind Polizisten. Genau genommen sind sie Leistungssportler in Uniformen. Ich habe in der Kompanie weder Stalinisten getroffen noch Spitzel. Doch diese offensichtlichen, leicht beweisbaren Tatsachen sind den Entscheidern einfach schnuppe. Und der öffentlichen Meinung sowieso. Diese Einheit unterliegt einer betriebsblinden Pseudo-Gerichtsbarkeit. Es werden keine Zeugen gehört. Keine Akten gesichtet. Kein Anwalt stellt einen Antrag. Alles passiert ohne praktische Vernunft. Und ohne Gerechtigkeit. So billig ist der Verrat an den Helden. Das Ende kommt. Wir rennen, marschieren und robben wie gewohnt. Und wir lachen über unsere dämlichen Witze und grinsen wie Honigkuchenpferde in unsere Schüsseln, wenn darin zum Mittag einmal mehr etwas Undefinierbares herumschwimmt. Frei von Nährstoffen oder erträglichem Geschmack. Wir sind verrückt. Wir müssen verrückt sein. Wir rennen, marschieren und robben. Und fressen dieses Zeug. Und tun so, als wäre nichts. Wer hierherkommt, der will sich verlieren in der größeren Sache. Und in der Gemeinschaft, die im Schmerz geboren wird und von dort aufsteigt. Bald ist all das aus der Zeit gewischt.

Der Uffz reißt die Tür zur Stube auf.

»Meffire?«

Ich springe vom Bett und nehme Haltung an.

Sein Blick ist gewohnt hart. Scheiße, was habe ich nur wieder falsch gemacht? Was ist meinem kleinen Goldfischgehirn entfallen? Gott sei Dank ist mein Arsch angewachsen, sonst würde ich den auch irgendwo vergessen und liegen lassen.

»An der Wache ist jemand.« Nach einer kurzen eisigen Pause fügt er hinzu. »Für Sie.«

Für mich? Wieso für mich? Die ganze Sache wird immer kryptischer.

»Meffire, wir sind hier kein Hotel. So was gibt es hier nicht, verstanden?«

»Jawohl.«

Jetzt habe ich richtig Ärger. Und ganz offensichtlich keine Ahnung, worum es geht. So eine Scheiße.

»Die Dame lässt fragen, ob Sie kurz herbeikommen könnten. Da wollen wir sie doch nicht warten lassen, oder?«

Eine Dame? Was für eine Dame? Ich möchte im Boden versinken. Kaum ist der Uffz aus der Stubentür verschwunden, laufe ich eilig zur Wache hinüber.

Es ist, als würde man Kornblumen gegen das Licht einer Taschenlampe halten. Ich hatte ganz vergessen, wie blau die Augen von Fee leuchten können. Fee. Fee an der Kaserne. Ich glaube kurz an eine Sinnestäuschung. Fee. Lebendig und in Farbe. Neben dem Wachhäuschen und dem hohen Zaun wirkt sie klein, regelrecht winzig.

Gestern ist mir ein Schneidezahn verloren gegangen beim Training. Bämm. Treffer. Raus. Meine Lippen sind stark geschwollen. Und in meinem Mund hängt immer noch das Trümmerstück.

Ich schäme mich. Fee ist durch die halbe DDR gereist, und ich sehe aus wie ein verprügelter Clown.

»Komm heim«, sagt sie.

Mehr nicht. Ich strecke meine Hand aus. Ich weiß, dass jetzt drei Jungs mit ihren Gesichtern an der Fensterscheibe des Wachhäuschens kleben. Und es ist mir egal.

Egal. Alles egal. Fee nimmt meine Hand. Ich bin verloren. Ich bin gerettet.

»Lass das hier. Du gehörst nach Hause«, sagt sie erneut.

Mir entkommt eine Träne. Sie rollt die Wange hinab und zieht eine lange feuchte Spur hinter sich her. Fee hebt ihre Hand und rettet den kleinen salzigen Gefühlsausbruch.

Und für einen unwirklichen, unmöglich unwahrscheinlichen Moment steht die Zeit still. Die Erde verharrt inmitten ihrer begonnenen Umdrehung. Und die Vögel kleben wie festgetackert am Himmel. Züge rollen nicht mehr weiter. Und die Sprechblasenproduzenten der Nachrichten halten endlich einmal ihre Schnauze. Gleiches gilt für das Kollektiv der ewigen Nörgler in meinem Kopf. Und für einen Augenblick lang scheint es, als könnte doch noch alles gut werden.

Kapitel 10

Adolf Hitler lebt. Ich weiß es, ich kann ihn hören. Er steht gleich nebenan in der Küche und zetert.

»Am 30. Januar 1933«, krakeelt er mit sich überschlagender Stimme, »zog ich in die Wilhelmstraße ein, erfüllt von tiefster Sorge für die Zukunft meines Volkes!«

Der Führer läuft sich warm.

»Wahrlich«, tobt der Mann. »Wahrlich, wir vermögen vielleicht mehr als eine andere Generation, den frommen Sinn des Ausspruches zu ermessen: ›Welch eine Wendung durch Gottes Fügung!‹«

Dann quietscht die Tür. Schritte knarren auf den Dielenbrettern. Der Führer erscheint. Unter dem Arm trägt der ungebetene Gast einen Kassettenrekorder, Ostbau, SKR 700, Marke Sternradio, volkseigen gebaut von glücklichen pueblos indígenas und liebevoll »Stern« genannt. Des Führers Haar hängt müde und unordentlich, aber immerhin stilgerecht einseitig gescheitelt von seinem Kopf herunter. Er trägt nichts als einen Bademantel, und dieser ist bedauerlicherweise vorne offen. Fee reibt sich verschlafen die Augen. Das Erste, was sie an diesem Morgen sehen muss, ist das blond umkrauste Gemächt des Führers. Arme Fee.

Bevor der Kerl seinen rechten Arm zum Gruß heben kann,

schleudere ich ihm meine Unterhose ins Gesicht. Fee versucht sich unter der Bettdecke zu verbergen. Zu spät, der Führer hat ihr Grinsen gesehen. Er wirft ihr einen verletzten, aber gleichsam lüsternen Blick zu, dann lacht er dreckig und trollt sich. Ich werde nicht schlau aus ihm. Ist er einfach nur ein Oberschichtkind auf Abwegen? Oder schlichtweg ein Menschenhasser mit guter Bildung? Und wenn ja, was würde dieser Umstand aus mir machen? Ein geduldetes Haustier? Egal, ich verdiene kein Mitgefühl. Ich verdiene kein Mitleid. Ich bin doch selbst schuld. Kein geistig gesunder Mensch mit meiner Abstammung wäre auf den Gedanken gekommen, beim Führer um Asyl zu bitten. Doch wie so oft suche ich auch hier Zuflucht in einem vertrauten Übel. Ich bin pleite von Potsdam nach Hause gekommen. Mein lächerlicher Sold war schnell verfressen. Notgedrungen wandte ich mich an den Führer, schließlich war der auch mal mein alter Maurerkumpel. Der haust jetzt in den ruinösen feuchten Resten eines Dachgeschosses, in dem auch Fee ihre Wohnung hat. Seit unserem Gastspiel auf der Baustelle ist der Führer nicht gerade weniger exzentrisch geworden. Sein Geschmack zur Inneneinrichtung ist bizarr. Die Fenster hat er mit löchrigen schwarzen Tüchern verhängt und die Wände gleichfarben gestrichen. Jeder Quadratzentimeter dieser Bude wirkt wie der Tages-Ruheraum eines Untoten. Der Führer ist halt der Führer. Voll mit Hass und Müll und Innovationsgeist. Deshalb braucht der Führer auch eine standesgemäße Tür. Er sägt und bohrt und schraubt tagelang dafür herum. Das Ergebnis ist auf eine schräge Art und Weise beeindruckend. Die Tür ist jetzt mit dicken Brettern und Stahlblech verstärkt und im Mauerwerk verankert. Und die Tür kann zusätzlich mit mehrfingerdicken Metallstangen von innen verriegelt werden. Eher würde das verdammte Haus zusammenstürzen, als dass sich jemand ungebeten zur Behausung des Führers Zutritt verschaffen könnte. Und nein. Ich werde nie herausbekommen, wovor sich unser allseits geliebter Führer derartig fürchten muss. Vielleicht ist seine Paranoia viel alarmierender als die verbastelte Tür. Wir wissen nur zu gut, wie der Verfolgungswahn des Originals Millionen von Juden das Leben gekostet hat. Tja, was soll man da machen? Die Nachbarschaft zu Fee ist perfekt. Und ich kann froh sein, nicht unter viel schlimmeren Umständen kampieren zu müssen. Bei meiner Mutter zum Beispiel. Der Führer und ich, das ist eine fast ganz normale Jungs-WG. Aufräumen und Putzen? Fehlanzeige. In der Küche stapelt sich der Müll zwischen schmutzigen Tellern. Und über allem dröhnt der überforderte Kompressor des uralten Kühlschranks. Er brummt verzweifelt bei dem Versuch, die Temperatur zu halten. Aber vielleicht bezieht sich seine Verzweiflung auch auf die gähnende Leere in seinem Bauch.

Herbst 1990. Der November ist kalt. Der Führer und ich streunen durch das Viertel, auf der Suche nach einigen Briketts. Ohne Brennstoff werden wir uns im Winter den Arsch abfrieren. Wir sind arbeitslos. Die meisten Betriebe in der Stadt haben Probleme. Viele machen diverse Abteilungen dicht oder schließen ganz. Es scheint der unschöne, überaus reale Effekt der eiligen Währungsunion vom Sommer zu sein. Erst habe ich den Zusammenhang nicht verstanden, doch der Führer hat ihn mir erklärt.

»Also, ich beschränke mich auf eine starke Vereinfachung«, doziert der Führer gnädig und herablassend.

»Der Zielmarkt ostdeutscher Produktion, und das sollte selbst für einen dämlichen schwarzen Kerl wie dich wenig überraschend sein, war der Osten. Also Polen. Tschechien. Bulgarien. Rumänien. Russland und so weiter.« Der Führer deutet dabei auf eine unsichtbare Landkarte an der Küchenwand. Ich nicke brav, so weit kann ich noch folgen. »Damit ist jetzt Schluss«, erklärt der Führer. Er macht mit einer heftigen Bewegung seiner Hand ein gewaltiges Kreuz über die nicht existierende Karte. Und schon verstehe ich etwas nicht. Brauchen die denn im Osten plötzlich unser Zeug nicht mehr? Keine Werkzeugmaschinen?

Keine Lkw? Keine Computer? »Wieso ist damit Schluss?«, wage ich eine Frage. »Das Problem liegt doch wohl auf der Hand«, stellt der Führer zufrieden fest. »Die sollten im Osten faktisch über Nacht unsere Waren in D-Mark bezahlen. Das konnten sie nicht. Also stellten sie den Handel mit uns ein.« Wie bitte, was? »Häh?« Mein Kommentar ist so geistlos wie notwendig. »Wieso?« Ich verstehe das einfach nicht. »Was soll das heißen ›Wieso‹?« Das sind ganz arme Schlucker. Die brauchen unser Zeug, haben aber keine harten Währungen. Und weiterhin Zeug gegen Zeug tauschen funktioniert einfach nicht mehr. Dafür haben unsere neuen Bonzen gesorgt.« Der Führer grinst siegessicher. »Das nennt sich Kapitalismus, mein kleines braunes Häschen.« Aha, deshalb will niemand in dieser verdammten Stadt irgendjemanden einstellen. Deshalb ist da diese Endlos-Schlange am Arbeitsamt, ganz so, als gäbe es Bananen und Westschokolade umsonst. Ich glotze entgeistert auf die unsichtbare Karte. Dem Führer gefällt mein Gesichtsausdruck. Er zaubert einen kleinen Runden Käse aus seiner Jackentasche und lässt ihn in seinem Mund verschwinden. »Guten Appetit«, sagt er schmatzend und grinsend und marschiert irgendwohin ab.

Nach einigen Wochen Schmalkost und Kälte finde ich doch noch einen Job in einem Behindertenheim. Mein kleiner Erfolg stimmt Fee gnädig. Es ist Ostersamstag. Und ich habe mich aus der Führer-WG zu ihr hinübergeschlichen. Fee riecht nach Schlaf und Nivea-Creme und nach dem, was wir am Abend zuvor miteinander geteilt haben. Womit habe ich das verdient? Sie steht doch erklärtermaßen auf den Typ Dauerstudent. Androgyn. Und langhaarig. Ich hingegen sehe aus wie ein Gewichte stemmender Ork. Und ich lese am liebsten sowjetische Fantastik statt Hesse. Oder Kant.

»Heute«, brüllt der Führer drüben unvermittelt und ekstatisch, »heute kann ich zu dem ersten Reichstag Großdeutschlands sprechen!« Herr im Himmel. Wird denn der arme Irre dieser Nummer niemals müde? Und ja, sein Großdeutschland, das ist wohl jetzt die Wirklichkeit. Schon vor Monaten haben Flugzeuge Kurs auf die Stadt genommen. Doch statt Brandbomben und Tod brachten sie diesmal D-Mark-Noten. Tonnenweise. Dresden hat sich nach diesem Überfall gesehnt. Es hat die letzten Monate in fiebriger Erwartung darauf verbracht. Die Revolution ist hinüber. Unsere Utopie von einem erneuerten Land, von einem generalüberholten, realen Sozialismus, ist tot. Und Leute wie Fee und ich, die sich solcherlei Hoffnungen hingegeben haben, sind zu anachronistischen Überbleibseln geworden. Wir sind mit unseren Träumen dahingeschwunden. Im Zeitraffer gealtert. Und fremd in unserer eigenen Stadt, unter all diesen Leuten, die etwas ganz anderes wollen als wir. Das Land meiner Geburt ist aus den Karten gelöscht. Wer bin ich? Oder was könnte ich sein? Und wofür? Die Volkspolizei wurde mit der DDR abgewickelt. Ich hätte versuchen können, der neuen westdeutschen Polizei beizutreten, aber irgendwie wusste ich nicht mehr, wozu. Tag für Tag muss ich miterleben, wie sich Laurence J. Peter als Prophet erweist. »In a hierarchy every employee tends to rise to his level of incompetence.« Einige wiederauferstandene Ex-Genossen geben für diese Theorie beredte Beispiele. Sie verursachen auf ihren Posten durch ihre überforderte Untätigkeit maximalen Schaden. Man hätte auch Aufblaspuppen oder dressierte Affen an ihre Schreibtische setzen können, und niemand hätte einen Unterschied gemerkt. Seit Wochen schon veranstalten die Vampire in der Stadt ihre Hetzjagden auf Leute wie mich. Und die Genossen im verantwortlichen Ministerium stellen sich dennoch vor die Kameras der versammelten Presse und leugnen, dass es überhaupt irgendein Problem gibt. Wahrscheinlich werde ich ihrer Definition von vollwertigen Menschen gar nicht gerecht. Und warum einen großen Aufstand veranstalten, für ein paar »Fidschis« und »Nigger«? Für ein paar »Wilde«? Und so wechselt ein dunkler Tag den anderen ab. Ein übler Tag folgt dem nächsten. Ach, wie gern

würde ich diese verdammten Apparatschicks vor ihren vollklima-
tisierten Behördenpalast schleifen und anzünden.

Da draußen wird es ernst, da draußen läuft das Endspiel. Dresden ist zur Pilgerstätte für Soziopathen geworden. Die hasserfüll-
ten Unterweltwesen eilen auf den Befehl ihrer dunklen Meister
herbei. So, als hätte Sauron auf den Festungsmauern von Barad-
dûr nach seinen Orks gerufen. Narbengesichtige Typen fluten
die Stadt, und man kann sie schwerlich mit meinem Mitbewohner verwechseln, denn sie sind das Gegenteil von einem harm-
losen Führerclown. Die Neuen organisieren sich in Gruppen,
Brigaden und Gauen. Sie betreiben sogar einen eigenen Geheim-
dienst, genannt »Abwehr«. Und längst kaufen sie von den ab-
ziehenden Russen Kalaschnikows. Und Granaten. Und Spreng-
stoff. Die Ministeriumsschranzen thronen in ihrem Palast, mit
Blick auf die Elbe, und tun nichts. Außer zu leugnen, dass es ein
Problem gibt.

Früher trainierten die glatzköpfigen Schläger in der Turnhalle
der Bezirksbehörde der Geheimen und bekamen von dort auch
ihre Aufträge. Man sagte ihnen genau, wen sie platt hauen durf-
ten und wen nicht. Und wann sie es tun sollten. Punker. Grufties.
Friedensapostel aus den Kirchengruppen. Vampire und Orks
bekamen ihre amtlichen Ansagen und zogen los. Faktisch waren
sie freie Dienstleister der Staatssicherheit. Jetzt kontrolliert sie
keine Obrigkeit mehr. Sie hören nur noch auf ihre dunklen, hass-
erfüllten Meister und die niedrigsten ihrer Veranlagungen. In
der neuen Endzeit bewegen sich diese Mordbuben vollständig
gelassen durch die Straßen und Viertel, ganz so, als sei die Stadt
ihr persönlicher Safaripark.

Gegen meine Angst fahre ich mehrmals in der Woche zu einer
riesigen Schulsporthalle. Dort trainiere ich Karate, verkleidet in
eine Art schneeweißen steifen Schlafanzug. Gemeinsam mit
vielen anderen Leuten fröne ich schwitzend und schnaufend
dem fernöstlichen Kampfballett. Es hat vieles von dem, was ich

bereits kenne. Es geht um Schnelligkeit, Ausdauer und Schmerz. Das Training hinterlässt auf mir eine dunkelblaue Spur blutunterlaufener Beulen. Und ich liebe es. So wie ich den stumpfmodrigen Geruch der Turnhalle liebe. Und all die gebrüllten Kommandos. Es ist eine Welt der Disziplin. Eine Welt klarer, unumstößlicher Regeln und Gewissheiten. Und es ist eine Welt, in der ich mit Schmerz bezahlen kann, um dazuzugehören. Und während ich bald schon zu einem heimlich bewunderten Trainingsweltmeister aufsteige, schleiche ich mich allabendlich aus der Halle zum Bus, und der kleine Junge in mir hofft verzweifelt, dass er nicht einer Horde Ungeheuer begegnet. Karate mochte ein überragendes Naturheilmittel gegen Langeweile abgeben, gegen meine Angst jedoch half es nur bedingt.

Ich biege von der Hauptstraße Richtung Feuerwache ab. Das Training hat mich völlig zerstört auf die Straße gespuckt, ich freue mich auf eine Tasse Tee mit Honig und mein Bett. Es sind noch zweihundert Meter bis nach Hause, als das Wächterkollektiv in meinem Kopf unvermittelt Alarm schlägt. Vorn in der Straße ist irgendetwas. Ich verlangsame sofort meine Geschwindigkeit auf null. Bis zu meinem Wohnblock sind es noch hundertfünfzig Meter. Bis zu dem Klumpen Unruhe vor mir geschätzte sechzig, vielleicht achtzig. Da vorn, auf Straße und Gehweg, da sind viele Leute. Leute, die da gar nicht sein sollten um diese Zeit. Und zwischen diesen Leuten taumelt eine Gestalt umher, kurz ist sie sichtbar, bevor sie dann wieder in der Menge verschwindet. Im Dämmerlicht der Straßenlaternen erscheint die Szene schemenhaft, verschwommen. Ich friere an Ort und Stelle fest. Mein Magen verklumpt zu einer steinernen Kugel. Und die Sporttasche hängt an meinen zittrigen Fingern wie ein halb voller Kohlensack. Dreck. Dreck. Dreck! Das da vorn ist ein Mob. Ein Mob und sein Opfer. Ich habe es erkannt. Es ist das Punkermädchen mit den feuerroten Haaren, auf das ich auf dem Heimweg von der Garde getroffen bin. Das ist sie doch, oder? Diese feuerwehrrot leuchtenden Haare lassen sich nur schwer verwechseln, selbst bei diesem Licht. Beinahe bin ich versucht, meine Hand zu heben und dem Mädchen zu winken. Die Kleine geht zu Boden, es ist ein plötzlicher Hagel von Schlägen und Tritten. Sie kreischt, ist nur noch ein kleines Häufchen auf der Straße, mit einem feuerroten Büschel Haare, knapp über dem Asphalt. Sieben oder acht kahl rasierte Köpfe bewegen sich wie in einem wilden Pogo hin und her und um das auf der Straße liegende Mädchen herum. Sich gegenseitig rempelnd und stoßend, miteinander wetteifernd im Blutrausch. Da ist auch noch ein anderes Mädchen. Es liegt nicht auf der Straße, sondern lässt wie die übrigen Vampire seine Stiefel um den Rotschopf tanzen. Es hat diese typisch wasserstoffblond gefärbte, fedrig verschnittene Frisur. Das Vampirmädchen zerrt den rot behaarten Kopf ihres Opfers an den Rand der Straße, Richtung Bordsteinkante. Nein. Nein. Nein. Ich muss weg hier. Ich weiß, was jetzt kommt. Ich muss weg. An das Haus, vor dem ich angehalten habe, grenzt eine Mauer. Ich taumle dorthin. Dann flanke ich über zwei Meter Stein in einen dunklen Hof. Äußere Mauer. Innere Mauer. Queren. Hangeln und Rennen. Das haben sie mir in den Kasernen beigebracht. Die Überwindung von Hindernissen aus der Bewegung zur Einnahme befestigter Stellungen. Das kann ich. Dieser armen Kreatur dort draußen zu Hilfe kommen dafür reicht es allerdings nicht. Dafür bin ich zu feige. Mein Puls fliegt. Ich lehne mich an die Wand. Würge. Kotze weißliche Brühe auf meine Turnschuhe. Dann rappele ich mich auf. Haste weiter. Rauf. Rauf. Rauf. Immer schön die Treppe rauf. Tür zu. Der Führer ist nicht da. Ich mache kein Licht. Lausche in die Dunkelheit. Randsteinbeißen. Das haben die mit ihr gemacht. Der Kopf wird auf den Bordstein geschleift. Dann werden die Zähne herausgetreten. Und ich habe sie diesen Monstern überlassen. Schuldig, ruft das Kollektiv der Verkläger in meinem Kopf. Schuldig. Schuldig. Schuldig. Meine Feigheit erscheint unleugbar bewiesen. Die Verkläger jubeln. Ihr Fall ist gewonnen. Und nur wenige Meter weiter unten wird auch gejubelt. Und diskutiert. Bis sich die Stimmen entfernen. Scherzend. Grölend. Fröhlich. Es wird still. Ich sollte hingehen und nach dem Mädchen schauen. Doch ich kann nicht. Ich will ja, aber ich kann nicht. Ich sollte dem Mädchen helfen und hocke doch nur da, in der dunklen dreckigen Küche. Und keine Macht der Welt würde mich dazu bringen können, wieder auf diese Straße hinauszugehen.

Am nächsten Morgen ist es schwer zu glauben, was passiert ist. Ich wage mich an die Straßenecke, doch da liegt natürlich kein Mädchen mehr. Da war ein Mädchen, aber jetzt ist es fort. Ich sauge die Luft ein. Heule kurz. Und gehe dann zum Bäcker, eine Querstraße entfernt. So ist das Leben. Es geht immer weiter. Ich gehe immer weiter. Weil man das eben so macht. Selbst hier, im linksanarchistischen Zwergstaat BRN, der Bunten Republik Neustadt, stellt dieses Grundprinzip niemand infrage. Wobei die BRN irgendeine Art von Fortschritt ist. Ein Fortschritt sein muss, um unser aller willen. Halb verschmierte Kreidestriche auf den Straßen markieren die Grenzen der neuen Republik. Aus den offenen Fenstern ihrer Bewohner dröhnen Beethoven und Ska-Musik. Und eine alte Dame hat ihre Parterre-Wohnung kurzerhand zu einem Sexshop umfunktioniert. Spielende Kinder toben umher. Bunt berockte barfüßige Studentinnen wiegen sich die Alaunstraße hinunter im Takt. Es gibt kryptische Performances und Hinterhoftheater. Und natürlich jede Menge Kellerkneipen und illegale Cafés. Über allem liegt der Geruch von Grillfleisch und Marihuana. Die Republik der vier Straßenzüge hat sich die Freiheit auf ihre Fahne geschrieben. Die Befreiung vom Mief. Die Befreiung von den Denk- und Mach-Verboten. Wir alle verdrängen, was da gerade heraufzieht, was da gerade kommt. Wir lassen den Gedanken an ein neues Zeitalter der Sklaven nicht zu. Ein Zeitalter der Sklaven und der Herrschaft der wenigen. Und wie mich die vergangene Nacht gelehrt hat, wird auch in der neuen improvisierten Republik durch die Vampire Beute gehetzt und verstümmelt. Was für eine neue gerechte Freiheit soll das sein? Freiheit ohne Sicherheit? Ohne Frieden? Ohne Schutz? Das erscheint mir wie eine weitere fiktive und gleichsam wertlose Blase.

Diese vier Straßenzüge Selbstermächtigung werden keinen Bestand haben. Die eingeschränkte Freiheit der Kommunarden wird kurz sein. Dieses Licht wird schnell verlöschen, wir alle wissen das. Und deshalb tragen alle dazu bei, dass die verbleibende Zeit bis an die Schmerzgrenze, bis an den Rand des Erträglichen, mit Leben gefüllt ist. Selbst Fee schminkt sich, entgegen ihrer sonstigen Gewohnheit. Und sie tanzt ausgelassen mit ihren Freundinnen die Alaunstraße hinunter. Meine Liebste tanzt und tanzt. Es geht bis in den Morgen hinein. Und natürlich ohne mich. Erst wenn der neue Tag längst angebrochen ist, kommt Fee nach Hause. Sie riecht dann nach Rauch und Alkohol und fremdem Schweiß. Während ich, der ängstliche Nichttänzer, hier in der Mansarde hockte, gegen den Ofen gelehnt. Eifersüchtig. Aus der Welt gefallen. Niemanden kümmert das. Auch Fee nicht. Und warum sollte es auch. Es ist allein meine Baustelle, meine Furcht, das Kollektiv der Verkläger macht aus meinem Kopf ein riesiges Partyschiff ohne Steuermann. Fee tanzt und tanzt. Und ich brüte düster vor mich hin, während draußen das Leben tobt. Ich hocke in der WG-Mansarde, heule vor ohnmächtiger Wut und quäle Fee mit meiner dämlichen Eifersucht, falls sie sich denn einmal blicken lässt. Ich lese. Ich fresse die Bücher und ihre Geschichten wie im Rausch. Fees Wohnzimmerregal ist voll davon: Dostojewski. Düster. Bukowski und Miller. Irre. Hans-Joachim Maaz. Ernüchternd. Manchmal glaube ich, alles zu begreifen. Und noch viel öfter begreife ich gar nichts.

»Gestern brannte es,
heller als jemals zuvor.
Diese Stadt ist zur Resterampe alles

Menschlichen verwildert,
und der Mob tanzt im Fieber billiger Pillen.
Der Mob tanzt, und es dürstet ihn nach
Vergeltung.
Für alles. Für irgendwas.
An irgendwem.«

Ich habe einen Zettel bekritzelt und lege ihn zu Fee hinüber. Irgendwann wird sie ihn finden. Irgendwann wird sie herbeischweben. Schwerelos zu mir heraufschweben, über Besoffene und Kotze hinweg, in unser kleines Mansardenparadies. Dieser Zettel ist mein Geständnis an sie. Ein wirres Geständnis von Einsamkeit, Eifersucht und Weltschmerz. In meiner Vorstellung lächelt Fee. Und versteht.

Ich bin wieder zurück. Ich falle aus meiner Zeitreise zurück in diesen Ostersamstag. Es ist spät, und ich liege immer noch im Bett. Liege bei Fee. Die Welt scheint in bester Ordnung. Drüben, über den Flur, klappert die Tür. Der Führer geht irgendwohin. Frühstücken? Ficken? Oder auf einen seiner ziellosen Streifzüge? Mich kümmert es nicht. Ich habe alles, was ich brauche. Und als Fee sich schläfrig unter den Decken streckt, tun wir, was viele junge Leute tun, die sich eine schmale Matratze teilen. Der Führer ist ausgeflogen. Und auf diese Art vom ewigen Zuhörer befreit, wird es ein recht bewegter, schweißtreibender Morgen. Was kann ein Mensch noch mehr wollen? Ich überlege kurz und weiß darauf keine Antwort. Postkoitale Zufriedenheit verdrängt alles andere. Warum kann mein Leben nicht immer so einfach sein?

Der Kachelofen bollert vor sich hin. Ich werde wach durch irgendwelchen Krach. Es ist wieder mal irgendetwas los auf dieser verdammten Straße. Irgendwer rennt dort unten. Irgendwer schreit. Manchmal scheint es, als wäre das hier immer so. Ich löse mich von Fee und streife mir ein Hemd über. Ich klettere steifbeinig von der Matratze herunter und gehe nachsehen. Ich schlurfe am Ofen vorbei zum Fenster und stecke meinen Kopf hinaus. Da unten sind eine Menge Leute. Da unten ist keine Ansammlung der üblichen besoffenen Pöbler. Nein, das ist ein Mob. Es ist ganz eindeutig ein Mob. Auf dem Gehweg hat eine mopsfidele Hassbrigade Aufstellung genommen. Weiter hinten stolpert eine langhaarige Gestalt panisch die Louisenstraße hinauf, die versammelten Truppen machen sich nicht die Mühe, ihr nachzusetzen. Ich schaue nach unten. Und einer von denen schaut nach oben. Unsere Blicke treffen sich. Eine Weile betrachten wir einander mit Überraschung.

Der glatzköpfige Typ stößt seinen Nachbarn mit dem Ellbogen in die Seite und deutet nach oben. Der zweite Kahlkopf starrt bereits staunend zu mir herauf, bis ich mich zu fragen beginne, was hier gerade falsch läuft. Viel zu spät denke ich daran, dass einer wie ich solche wie die da unten besser nicht anglotzen sollte. Ich ziehe mich rasch hinter die Dachschräge zurück. Mein Puls fliegt. Vielleicht habe ich mehr Glück als Verstand. Für einige Augenblicke höre ich von unten nur Gemurmel. Doch leider bleibt das nicht so, das mit dem Glück ist eben so eine Sache ...

Ich renne zu Fee ins Schlafzimmer. Halb trage ich sie und halb schleife ich sie hinter mir her, ihren verwirrten Gesichtsausdruck ignorierend. Ich zerre Fee über den Flur in die Wohnung des Führers hinüber. Es ist ein Gedanke in allerletzter Sekunde. Im Treppenhaus donnert das Getrampel schwerer Stiefel. Und als Fee und ich durch die Wohnungstür des Führers stolpern, taucht auf der Treppe bereits der erste Vampir auf. Der arme Kerl. Gewiss bekommt er den Schreck seines Lebens. Wahrscheinlich hat er mit allem Möglichen gerechnet, aber nicht mit dem Anblick eines halbnackten Schwarzen und dessen vollständig nackter Freundin. Der Vampir hält verdutzt inne, und ich knalle die Tür zu. Der erste Riegel klemmt. Natürlich.

Ich rüttle panisch an dem kleinen Hebel. Es dauert eine gefühlte Ewigkeit, dann schnappt das Ding schabend in die Halterung. Schnell lege ich noch die dicken Quereisen nach

»Kommt raus, ihr zwei Fotzen!« Jemand knallt die Klinke nach unten und rüttelt.

Fee und ich stehen wie angewurzelt im winzigen Flur.

»Los jetzt, kommt raus da!« Bämm! Ein Tritt gegen die Tür.

Mein Herz rast. Fee quetscht meine Hand in ihrer zusammen. Nein, nein, nein! So eine Scheiße! Ich quetsche Fees Hand nun auch.

»Ihr sollt da rauskommen, sag ich!«

Von wegen. Das können sie vergessen.

»Ihr verdammten jüdischen Fotzen!« Bämm.

Ich überlege kurz, mich aus dem Fenster zu lehnen und nach Hilfe zu rufen. Aber was sollte das bringen? Bei einer solchen Meute kommt niemand, das steht fest.

Bämm! Bämm! Bämm! Die Tür zittert. Der Türrahmen bebt. Aus der Wand rieselt der Mörtel. Bämm! Der obere Teil der Tür biegt sich unter dem Tritt nach innen und schnellt dann in seine alte Position zurück.

Ich schnaufe. Sauge voller Anstrengung Luft ein. Dann bin ich endlich aufgetaut. Endlich wach. Und hier. Ich mache drei Schritte in die winzige Küchenecke hinüber. Die Spüle ist wie immer begraben unter verdrecktem Geschirr. Daneben der genauso verdreckte Herd. Daneben eine verbeulte Alukiste mit Kohlenresten und einer zerfransten Packung Feueranzünder. Ich schnappe mir den rostigen, leicht verbogenen Schürhaken. Dann springe ich auf den Flur zurück und zerre Fee von der Tür weg, hinter mich.

Bämm! Der Mob will mit aller Macht zu uns herein. Doch sie haben ihre Rechnung ohne den Führer gemacht. »Kommt raus, ihr Fotzen!« Bämm! »Du verdammter Nigger, wir kriegen dich sowieso!« Der Mörtel rieselt. Die Tür bebt in ihrer Verankerung. Aber sie hält.

»Und deine Fotze werden wir totficken. Hörst du zu? Wir ficken sie tot!«

Fee und ich zerren das Stahlbettgestell aus dem Zimmer des Führers in den winzigen Flur hinein und verkeilen es mit der Kohlenkiste auf der einen und einem uralten Stuhl auf der anderen Seite. Dann kauert sich Fee auf den Boden der Küche. Sie zittert sichtbar. Ich umklammere den Schürhaken.

Ich starre auf die kleine nackte Gestalt vor mir. Bämm! Bämm! Bämm! Die Tür hält. Und je länger diese Sache dauert, desto mehr wird aus meiner Angst etwas anderes. Etwas Hässliches. Etwas Notwendiges. Bämm! Bämm! Bämm! Ja, ich bin mir sicher. Mit einem Mal bin ich mir sicher. Ich werde jeden töten, der es durch diese Tür schafft. Durch das stählerne Bettgestell lässt sich die Tür selbst im schlimmsten Fall nur einen schmalen Spalt breit öffnen. Dort müssen sie hereinkommen, einer nach dem anderen. Und dort werde ich sie töten. Einen nach dem anderen. Ich habe so etwas noch nie gemacht und weiß plötzlich dennoch, dass ich dazu fähig bin. Ich weiß, wie sich das anfühlen wird, wenn der Metallhaken durch Fleisch, Knochen und Haut bricht. Fee sagt irgendetwas, aber ich höre es nur als fernes Murmeln. Ich bin irgendwo in meinen tiefsten Tiefen. Ich wusste bislang gar nicht, dass es diesen Ort gibt. Dieses Kalte. Mordgierige. Ich wünsche mir jetzt regelrecht, dass diese Tür aufgeht. Bämm! Bämm! Bämm! Ich komme, Vater. Ich komme.

»Hörst du mir endlich zu?« Fee schreit mir ins Ohr. »Die sind weg! Verstehst du das? Die sind weg.«

Ich höre Fee. Und ich bin gar nicht da. Ich schaue durch Fee hindurch in die Vergangenheit. Ich renne auf dem zerlöcherten Gehweg vor den Fahrrädern davon, irgendwo im Plattenbauparadies. Ich renne. Bis ich nicht mehr kann. Ich bücke mich nach einem Stein. Ich hebe den Stein auf. Ich will dem Wortführer der Fahrradtypen diesen Stein mitten in die Fresse schlagen, aber ich darf nicht. Ich darf mich nicht schlecht benehmen, hat meine Mutter gesagt, egal, was die anderen machen. Ich muss ein vorbildlicher Junge sein. Ich stehe im Flur vom Führer und schaue durch dessen Panzertür bis in die Vergangenheit. Und die Vergangenheit schaut in mich. Wenn die Vampire durch die Tür kommen und ich auf sie einhacke, dann wird sich meine Mutter ärgern. So etwas macht man nicht. »Was sollen die Leute denken?« Ja, was sollen die Leute denken? Irgendwas denken sie sich immer, aber zum ersten Mal ist es mir egal. Zum ersten Mal in meinem Leben ist es ohne Bedeutung. Diese Horde da draußen will mich auslöschen. Sie wollen Fee auslöschen. Es sind Vampire. Orks. Es sind Mordbuben. Die Mutter irrt sich. Die Mörder darf man totschlagen. Man darf ihnen das Eisen in den Kopf hacken.

»Verdammt, bist du taub?« Fee schüttelt mich. Fee schreit nicht weiter. Fee steht nackt im Flur und zittert. Und weint.

Später macht jener Mob doch noch Beute. Dann wird es bereits Abend sein. Es ist derselbe Trupp. Derselbe Hass. Wenige Hundert Meter entfernt, beinahe in Sichtweite unseres Mansardenfensters, hetzen diese Typen einen Mann zu Tode. Er ist auf dem Weg nach Hause. Er ist ein von seinen Eltern geliebter Sohn. Er wird von seinem Bruder gemocht. Und von seinen Freunden. Und den Kollegen im Betrieb. Es ist ein stiller, ruhiger Typ, der seine Arbeit macht und sich auf seinen Urlaub freut. Im Urlaub will er die Eltern besuchen fahren. Daraus wird nichts. Die Vampire prügeln ihn zu Tode. Sie prügeln einen Vater zu Tode. Einen Bruder. Einen Freund. Einen Kollegen. Die Mörder morden einen Mann. Der Mann heißt Jorge Gomondai. Geboren 1962, in Mosambik. Um diese Zeit herum ist mein Vater in die DDR gekommen. Und zehn Jahre nach dessen Tod kam Gomondai nach Dresden. Und heute, nochmals über zehn Jahre später, und nachdem die DDR in die Geschichtsbücher verschwunden ist, macht sich keiner mehr die Mühe, Gift zu besorgen, wenn er einen schwarzen Kerl umbringen will. Man wirft ihn einfach aus einer

Straßenbahn. Schwer verprügelt. Bei voller Fahrt. Fee und ich hatten Glück. Uns hat die Tür des Führers gerettet. Aber unser Haus ist jetzt bekannt. Sie können jederzeit wiederkommen. Wir müssen weg. Schleunigst.

Fee brütet stumm ihren Kummer aus, ihren Schock. Mit Tränen in den Augen. Sie liebt ihre Wohnung, und diese Wohnung ist jetzt nicht mehr sicher. Der Auftritt der Horde hat sie mit etwas besudelt. Fee könnte sich die Haare färben. Sie könnte sich eine Brille zulegen und das Gesicht unter einer Schirmmütze verbergen. Ich bin und bleibe eine wandelnde Zielscheibe. Der große Schwarze aus der Alaunstraße. Ich sehe in Fees Augen, dass sie das längst verstanden hat. Ihr Gehirn ist die meiste Zeit pure Mathematik. Und dreimal so schnell wie meines. Vielleicht kann Fee wirklich irgendwo in der Neustadt untertauchen. Aber ich muss weg.

Kapitel 11

»Wer hat hier im Stehen gepinkelt?«

Knapp zwei Wochen später. Radebeul, ein Vorort von Dresden. Ein WG-Küchentisch.

Alle schweigen. Ich studiere mit höchster Konzentration das Muster der Tischdecke. Es ist eine geblümte Wachstuchtischdecke, so ein Ding hatten meine Großeltern auch. Meine Hände liegen auf dem Tisch. Gefaltet. Artig. Still. Jeder, der seine Hände so ruhig auf einen Tisch legen kann, ist unschuldig. Ich hoffe darauf, dass alle Anwesenden dieses Signal verstehen, dass sie Körpersprache in Unschuldsvermutung übersetzen können. Vielleicht komme ich dann dieses eine Mal noch mit einem blauen Auge davon. Im Zweifel zugunsten des Angeklagten. Oder so.

»Es ist doch ganz einfach. Irgendjemand hat im Stehen gepinkelt. Und es wäre schön, wenn die Person uns sagt, dass sie es war. Damit wir darüber reden können.«

Im Stehen gepinkelt. Ein schwerer Vorwurf. Und natürlich ist allen klar, wer der Schuldige gewesen sein muss. Am Küchentisch sitzen Anke, Kathrin, Regina und Nadine und ich, ihr neuer Mitbewohner auf Zeit. Das sind alle, die in dieser Wohnung zugange sind. Und nur einer davon hat ein Körperteil an sich, welches zu dieser Art von Verbrechen einlädt. Leugnen ist sinnlos. Ich füge mich in mein Schicksal und hebe die Hand. »Ich war's. Es tut mir leid.«

Wie konnte ich das auch wissen? Mir hat nie jemand gesagt, dass Männer, die im Stehen pinkeln, ein Problem sind. Problempinkler. Und das mit dem Pinkeln ist nicht das Einzige, was man mir hätte beibringen sollen. Beispielsweise etwas über Frauen wie diese hier. Das Frauen manchmal Frauen mögen, das wusste ich. Allerdings nur aus dem Schulbuch. Das erwies sich als Problem. Weil Schulbücher eben Schulbücher sind. Und in aller Regel nur wenig mit der Wirklichkeit zu tun haben. *Non vitae sed scholae discimus.* »Nicht für das Leben, sondern für die Schule lernen wir.« Diesen Spruch hat sich der Führer auf seinen Unterarm tätowieren lassen. Er muss die Schule wirklich gehasst haben. Frauen mögen manchmal Frauen. Das Frauen »es« mit anderen Frauen taten, war für mich jedoch eine ziemliche Entdeckung. Davon hatten sie uns in der Schule nämlich nichts erzählt.

»Es tut mir leid«, wiederhole ich. »Es kommt nicht wieder vor. Versprochen. Kann ich trotzdem bleiben?«

Die Frauen wechseln überraschte, leicht irritierte Blicke. Dann fangen sie an zu lachen.

»Wir haben dir hier kein Asyl angeboten, damit du nach so einer Kleinigkeit wieder auf der Straße stehst«, stellt Kathrin fest, die Wortführerin der Runde.

»Eben«, pflichtet ihr Anke bei.

»Sonst wirst du am Ende doch noch von ein paar geistig Verwirrten totgeschlagen. Und dann war all unsere Mühe vergebens.«

Mir fällt ein Stein vom Herzen, ich könnte glatt heulen vor Erleichterung. Wieder hier wegzumüssen, das wäre mehr gewesen, als ich gerade hätte ertragen können. Die ganze Scheiße aus der Neustadt saß mir immer noch in den Knochen. Bleiern und Furcht einflößend.

Eine große Auswahl an Schlafplätzen hatte ich nicht, als ich fluchtartig die Führer-WG verließ. Erst bin ich bei diversen Bekannten untergekrochen, immer nur für eine Nacht. Ich habe selbst meine Mutter eingespannt, unter dem Vorwand eines Besuchs.

»Was willst du denn hier, mitten unter der Woche?« Sie wirkt überrascht, fast verärgert. Sie reagiert auf meinen Anblick, als wäre ich gekommen, um sie auszurauben.

»Ich wollte nur mal nach dir sehen«, behaupte ich scheinheilig. Und könnte nicht weiter von der Wahrheit entfernt sein. Meine Mutter argwöhnt natürlich eine Lüge meinerseits, lässt mich jedoch widerstrebend ein. Sie habe zu tun, erklärt sie mir. Auf dem Küchentisch liegt ein angefangenes Bewerbungsschreiben. Die DDR mag tot sein, aber auch die neue Obrigkeit braucht Arbeitsdrohnen in ihrer Verwaltung. Gerade in der EDV. »Daher möchte ich verantwortungsvoll an den Aufgaben zum Schutz personenbezogener Daten mitwirken«, steht da in ihrer sauberen Handschrift. Aha. Verstehe. So schnell wird also nicht gestorben bei George Orwell in der Sachbearbeitung. Ich ziehe mich früh am Abend in mein altes Zimmer zurück. Und meine Mutter hat nichts dagegen. Auf dem Tisch liegt immer noch die angefangene Bewerbung.

Am nächsten Tag bin ich früh auf den Beinen. Ich fahre zu Nancy, genannt Nan. Sie und ich teilen uns dieselbe Hautfarbe. Und die Freude an den Büchern von Asimov und Lem. Und an langen Elbspaziergängen. Mit Nan habe ich den Multikulti-Verein gegründet. Doch irgendwann war es genug. Studium. Und Freund. Und Verein. Irgendwann war es einfach genug. Nan muss haushalten mit ihrer Kraft, Nan ist fast blind. Sie und ich haben uns einige Wochen lang nicht gesehen und nicht gehört. Sie tastet behutsam mein Gesicht ab. Dann nimmt sie ihre Hände weg und lauscht auf irgendetwas irgendwo, das nur sie allein hören kann. Schließlich dreht sie ihren Kopf in meine Richtung. »Du wirkst ziemlich kaputt. Müde.«

Das bin ich. Kaputt. Und müde. Immer noch. Oder schon wieder. Ich fühle mich rastlos. Entwurzelt. Und dieser Zustand setzt mir mehr zu, als ich mir eingestehen möchte. Einmal noch gehe ich zur alten WG in der Alaunstraße. Der Führer ist verschwunden. Niemand im Haus weiß, wohin es ihn verschlagen hat. Die Wohnung steht leer. Und der alte Kühlschrank brummt immer noch vor sich hin. In seinem Bauch ist mittlerweile irgendetwas Grünliches gewachsen. Schnell schlage ich die Tür des Kühlschranks wieder zu. Das da drinnen war sicher einmal ein Käse. Und jetzt ist der Käse zu einer anderen Lebensform geworden. Ich starre auf die geschlossene Kühlschranktür. In meinem Kopf höre ich Stiefel die Treppe heraufpoltern. Ich sehe Fee nackt auf den Dielen hocken. Bämm! Bämm! Bämm! Ich zucke vom Kühlschrank zurück, waren das Schritte im Flur? Ich lausche hinaus. Durch die geöffnete Tür des Führers dringt nur die Stille. Ich drehe mich noch einmal zum Kühlschrank. Dann ziehe ich ab.

Wenige Tage später kaufe ich mir eine Fahrkarte. Ich setze mich in den Zug und fahre erst einmal irgendwohin. Dann steige ich um und fahre wahllos einige Stationen in eine andere Richtung. Doch sosehr ich auch Ausschau halte: Niemand folgt mir. Niemand ist zu sportlich. Niemand meidet den Blickkontakt. Oder verhält sich sonst in irgendeiner Weise zu unauffällig. Ich kaufe mir eine neue Fahrkarte und steige in einen weiteren Zug. Für die Leute sehe ich wahrscheinlich aus wie ein Irgendjemand. Wie irgendein Bürotyp. Irgendwas mit Verwaltung. Oberhemd. Collegejacke. Tasche. Doch der harmlose Anschein hat System. unter der Jacke trage ich, fein säuberlich verdeckt, eine Menge Werkzeug und Gerät.

Beim Angriff der Horde auf die Mansardenwohnung ist irgendetwas in mir kaputtgegangen. Irgendeine Grenze ist gefallen. Ich weiß jetzt mit absoluter Gewissheit, wie die ganze Sache ausgehen wird. Geschichte verläuft in Schleifen, immer und immer wieder. Jene, die so sind wie ich, sollten fliehen. Und alle, die nicht fliehen, fliehen können oder wollen, werden sterben, davon bin ich überzeugt. Und natürlich auch alle, die sich eine Flucht schlichtweg nicht leisten können. Die werden sie abholen kommen. Aus diesem Plan machen die Vampire keinerlei Geheimnis mehr.

»Wir kriegen euch alle!« Sie schreien es bei meinem Anblick mitten am Tag. Sie schreien es auf offener Straße. Und nicht einer der braven Bürger, die es in solchen Momenten auf einmal alle sehr eilig haben, wagt es, auch nur den Kopf zu schütteln. Niemand ergreift Partei für mich.

Die Mädchen auf der Straße.

Die nackte weinende Fee.

Der Schürhaken in meiner Hand.

Irgendetwas ist kaputtgegangen. Etwas von dem Wenigen, was gesund an mir und noch heil geblieben war.

Der Zug bringt mich aus der Stadt heraus. Ich tue, als ob ich lese. Aber ich schaue über das kleine Büchlein hinweg in alle Richtungen. Es gibt keinen sicheren Ort mehr. Es gibt keine sicheren Zeiten mehr. Die Kanadier haben offizielle Warnungen ausgesprochen. Keiner ihrer Bürger schwarzer Hautfarbe soll nach Ostdeutschland reisen. Und die Amerikaner empfehlen Ähnliches. Ich bin also nicht verrückt. Oder ich bin verrückt, aber zumindest ist die Gefahr real.

Ich habe eine Fahrkarte bis weit hinauf in den Norden gebucht. Zur Sicherheit. Auf halber Strecke steige ich aus. Bahnhöfe sind überall gleich trostlos. Lange Bahnsteige. Beschmierte Bänke. Defekte Automaten. Überteuerte Automaten. Herrliche Automaten. Taubenkot. Ich gehe in die Bahnhofskneipe. Ganz hinten, unweit der Klos, wartet bereits eine kleine Versammlung auf mich. Ein kurzes herzliches Willkommen, ein Umarmen und Händeschütteln, dann legen wir los. Alle, die hier versammelt sind, haben die gleiche Hautfarbe. Und damit teilen sie dasselbe Schicksal. Dies ist kein Freundschaftsbesuch. Wir sprechen über das Ende. Die Bürger haben augenscheinlich beschlossen, dass unser Tod akzeptabel ist. Die wenigen Kern-Demokraten und linken Aktivisten, die für uns die Stimme erheben, werden das Ruder nicht mehr herumreißen. Wir sind allein. Weit über den Osten verstreut. Und wir sind dem zu allem entschlossenen Feind in keiner Weise gewachsen. Es gibt Fakten. Unumstößliche Tatsachen. Das Eingeständnis unserer Unterlegenheit gehört dazu. Leute wie wir werden gejagt. Sie werden verstümmelt und ermordet. Und nahezu niemanden scheint das zu interessieren. Oder gar zu stören. Dies sind die Tatsachen. Und dies ist unsere Heimat. Wir kennen keine andere. Nachdem all das ausgesprochen ist, entsteht eine lange Pause. Jeder am Tisch starrt in seine Limonade und hängt seinen eigenen Gedanken nach. Wer wird der Erste sein?

Wer wird aussprechen, was uns allen im Kopf herumgeht und wofür wir gekommen sind? Wer von uns spricht als Erstes über den letzten Widerstand, die letzte Wut? Nachdem der Kellner unsere Bestellungen aufgenommen hat und davonschleicht, legt jeder seine Karten auf den Tisch. Einige in der Runde haben den Inhalt einiger hilfreicher Bücher studiert. Und auch das eine oder andere daraus zusammengerührt. Und getestet. An Telefonzellen und Müllcontainern. Und in dem ein oder anderen leer stehenden Wohnblock. Der Wirkungskreis der Vorrichtungen ist auf wenige Meter begrenzt, wird aber ausreichen müssen. So weit, so gut. Bei Schnitzel und Bratkartoffeln geht es um die Verständigung auf eine Prioritätenliste und die Festlegung auf eine rote Linie.

»Jetzt, wir sollten es jetzt tun. Worauf noch warten?«, sagt ein Falke am Tisch. Andere Falken nicken. »Wir sollten den Bürgern zumindest eine Warnung zukommen lassen«, sagt eine Taube. »Eine Art Ultimatum. Vielleicht reagieren sie darauf. Zumindest irgendwer in Bonn«, pflichtet ihr eine weitere Taube bei.

»Die sollen bezahlen. Für die sind wir doch nur Vieh«, sagt der Falke. »Und kein Warten mehr. Sie sollen endlich unseren

Schmerz spüren. Vor allem das«, springt der andere Falke seinem Kollegen bei.

Wir einigen uns auf einen Mittelweg. Nach dem nächsten Mord, nach dem nächsten großen Hetzen, schreiten wir zur Tat. Wir kappen eine Vene zum Herzen. Etwas, was sie spüren werden, jenseits von einem kleinen Juckreiz. Etwas, das gut platziert, durch pure Angst, die Räder zum Stehen bringt. Es ist ein schmaler Grat zum Overkill. Doch auch die Tauben stimmen zu. Alle stimmen zu. Alle heben die Hand.

Der Wortführer der Ostjungs nickt zufrieden und widmet sich dann wieder seinem Schnitzel. »Aber wenn das nicht reicht? Wenn es dann immer noch nicht aufhört?« Ich finde den Plan gut, doch bin ich heute des Teufels Advokat. Irgendjemand muss es sein, irgendjemand muss diese Frage stellen. »Was dann?«, hake ich nach. Der Schnitzelmörder schaut von seinem Teller auf. Das Schweigen in der Runde erzählt mir mehr über den Abgrund in uns als alles andere. Ich bin erleichtert. Und traurig. Das Ende ist nahe. Wir werden es nicht auf einer Rampe erleben, nackt und voller Angst. Wir werden brennen. Alles wird brennen. Und selbst das ist allemal besser, als still darauf zu warten, dass die Mordkommandos unsere Eltern holen kommen. Und unsere Geschwister. Und uns selbst. »*Do not go gentle into that good night*«, das lässt Dylan Thomas den Sohn zum Vater sagen. Wir werden nicht still gehen. Die Nacht, die jetzt über das Land heraufzieht, wird keine gute sein.

Meine anfängliche Widerstandseuphorie übersteht kaum die Zugfahrt nach Hause. Die alten Mechanismen des Gehorsams fluten mein Gehirn mit Zweifeln. Das Kollektiv der Verkläger versammelt sich in meinem Kopf. Das Kollektiv der Opportunisten. Rebellion ist schlecht, verkünden sie. Rebellion ist vergeblich. Das hat mir schon die Mutter in Kopf und Fleisch gebrannt. »Halte dich an die Regeln!«, faucht ihre Stimme zum Chor der anderen. Das ist in mir eingestanzt. Aber vielleicht ist das ganze

Mutter-Gerede nur eine Ausflucht. Vielleicht bin ich einfach nur zu feige. Ich sollte vor allem meinen Sohn retten. Und nicht einmal dafür habe ich einen Plan. Und selbst wenn, überall würden wir Fremde sein ... Als der Zug in Dresden einfährt, hat mich aller Mut verlassen. Alle Gewissheit. Auf meinem Weg, durch die Kuppelhalle des Hauptbahnhofs, ahne ich, dass ich kein einziges Leben retten werde. Nicht einmal mein eigenes.

Feige. Und heimatlos. Und ratlos. Zurück in Radebeul blicke ich durch das WG-Fenster auf die Straße. Menschen eilen dort herum, von irgendwoher irgendwohin. Auch ich eile umher, nirgendwohin. Und wie bin ich bitte schön, gegen alle Wahrscheinlichkeit, in dieser WG gelandet, bei den Frauen? Angefangen hat es nach Frühstück und Tee, mit einer List, an einem Morgen, in der Woche nach dem Ork-Überfall. »Wir machen einen kleinen Ausflug«, sagt Fee. »Es wird dir gefallen.«

Sie lächelt beruhigend und streicht mir sanft über den Rücken. Wahrscheinlich rettet man mit dieser Methode verwirrte Alte und bockige Kleinkinder, man rettet sie vor sich selbst. Und so schlendern Fee und ich schließlich Richtung Stadtzentrum. Und nahe der alten Brücke treffen wir auf Nan. Einfach so, ganz »zufällig«. Nan freut sich. Nan lacht. Und sie hat eine Tasche dabei. Wir laufen alle gemeinsam über die Brücke. Schwatzend und lachend. Und am Haus der Presse steigen wir in die Straßenbahn, Linie 4, nach Radebeul. Radebeul: Liegt an der Elbe. 30.000 Einwohner. Kreisstadt. Sie ist ein wenig wie ein ausgelagertes Organ der nahen Metropole, untrennbar mit der viel größeren Schwester verbunden und doch eine andere Welt. Direkt vom Bahnhof aus werde ich in den Bauch einer Gründerzeitvilla geführt. In der Villa steigen wir in den ersten Stock hinauf. Ich bestaune das stuckbesetzte Treppenhaus. Mit Nan und Fee fühlt sich das alles nicht beunruhigend an. Es ist eher wie ein Schulausflug. Oder das Kaffeetrinken bei einer entfernten Verwandten. Und so landen wir in der Frauen-WG.

Als Fee andeutet, dass ich einige Zeit hierbleiben werde, halte ich das zuerst für eine Art Scherz und warte auf ein Zeichen. Bestimmt ziehen wir gleich weiter. Bestimmt geht es auf einen Bauernhof. Oder in die Weinberge. Oder so was. Aber ich warte vergebens. Das Zeichen von Fee kommt nicht. Ich werde bei den Frauen untergebracht. Man braucht kein Soziologie-Diplom, um zu verstehen, dass das hier keine artgerechte Haltung sein kann, zumindest nicht für einen einundzwanzigjährigen, Gewichte stemmenden heterosexuellen Mann aus dem Plattenbau. Alles läuft hier fleischlos. Und auf halben Kalorien. Und das grammatische Geschlecht aller Dinge in dieser Welt ist weiblich. Und *last, but not least*: Gepinkelt wird natürlich im Sitzen, bitte schön. Ich trinke drei verdammte Liter am Tag. Drei Liter Tee, lauwarm und ungesüßt. Das ist genau das, was sie uns an der Sportschule beigebracht haben. Drei Liter, das heißt fünfzigmal pinkeln. Hosen runter. Hockstreckbeuge abwärts. Der Uralt-Klodeckel ist kalt und hart, aber wozu habe ich schließlich ein Anti-Terror-Training absolviert? Ich bin kälter, und ich bin härter als dieses WC-Fossil an meinem Hintern. Der Befehl lautet nun mal »Sitzpinkeln«. Also pinkle ich im Sitzen, wider alle meine natürlichen Instinkte, mein Fortpflanzungsorgan im Stehen summend hin und her zu schwenken.

Es folgen verregnete kalte Monate. Der Himmel ist immer grau. Die Provinz ist immer grau. Und dort hinaus gehe ich nur, wenn es unbedingt sein muss. Ansonsten warte ich. Über ein Buch gebeugt. Über das Fensterbrett gebeugt. Über meine Zweifel gebeugt. Und warte. Ich höre dem Kollektiv der Verkläger zu, wie sie in meinem Kopf ihre Verhandlungen abhalten. So vergeht der Nachmittag. Und nach dem Training falle ich wie ein Stein ins Bett. Fee kommt manchmal zu Besuch. Dann gehen wir in mein Zimmer und steigen über die Kartons mit den Klamotten der eigentlichen Mieterin, die sich zu irgendeiner Selbstfindungsreise aufgemacht hat und wenig bis nichts von sich hören lässt. Tagsüber, wenn die Frauen unterwegs sind, holen Fee und ich nach, was die Entfernung zwischen uns sonst unmöglich macht. Wir schämen uns ein bisschen, sind zwei fleischfressende Hetero-Fremdkörper im lesbisch-veganen Kleinstadt-Vorposten. Aber mein Asyl macht, dass ich noch »an einem Stück« bin. Unverletzt. Unverkrüppelt. Am Leben. Während im nahen Dresden das nachrevolutionäre Meer bewegte Wellen schlägt. Die Stadt schlingert auf immer höheren Drehzahlen. Ich höre von riesigen Partys in einem gigantischen Zelt, direkt an der russischen Garnison. Da gibt es halb nackte Tänzerinnen. Da gibt es günstigen Fusel in blank polierten Gläsern. Und billige Chemie. Chemie zum Ficken. Chemie zum Tanzen. Chemie für das Vergessen. Es gibt »Polski Kompot«. Es gibt günstiges »Ice«. Und es gibt es jede Menge preiswerten Sex in immer neuen Bordellen. Das schnelle Geld im Milieu lockt immer neue Genossen an. Und die »Erschließung« des Marktes wird mit russischen Maschinengewehren betrieben. Und mit Handgranaten beigelegt. Die Stadt läuft auf Hochtouren. Ich höre von ehemaligen Parteifunktionären, die mit blauem Gesicht vor ihren Datschen baumeln, von ihren Holzverandas hängen wie Maifähnchen. Und ich höre von immer neuen Schließungen in dem bisschen Rest, was an Betrieben noch geblieben ist. Und für Leute meines Aussehens folgt schlichtweg ein blutiger Horrortag auf den anderen.

Ich bleibe von Dresden verschont, aber nicht von den unruhigen Zeiten. Ich habe keine Rücklagen. Kein Erspartes. Und ich habe Hunger, weit über die halben fleischlosen Kalorien in der WG hinaus. Und so verdinge ich mich als Handlanger und Einlasshilfe in einem Studentenclub. »Schuster, bleib bei deinen Leisten.« Es ist schlichtweg der Geruch der vertrauten Scheiße, der mich erneut an die Tür zieht. So vergehen die Tage. Ich lese. Ich schreibe. Ich widme mich meiner vormittäglichen Trainingsroutine aus Expander-Übungen, Liegestützen und Laufen. Und am Nachmittag dem Karate. Den Rest meiner Zeit schaue ich, halb verborgen hinter einem Vorhang, dem Treiben vor dem Bahnhof zu. Auf der Bühne am Bahnhofsvorplatz erscheinen jetzt auch immer öfter blutjunge Vampire und ihre minderjährigen Mitläufer. Vorerst ändert das nichts. Vorerst nimmt niemand wirklich Notiz von mir. Ich habe keine Ahnung, warum. Sind die zu jung? Zu unerfahren für eine wehrhaft wirkende Beute? Ich weiß es nicht und verlege dennoch meine Laufrunden auf den frühen Morgen. Dann sind nur die Schichtarbeiterinnen unterwegs, die zu ihren Verkaufsständen eilen. Und zu den Werkbänken. Und viele von ihnen sind es ohnehin nicht mehr. Und wenn ich vom Laufen zurück bin, von den steil in die Weinberge führenden winzigen Pfaden, krieche ich in meinen Schlafsack hinein, unsäglich erschöpft und glücklich. Nach dem Laufen bin ich geradezu schwerelos frei und treibe erlöst in den Traumzauberwald davon. So vergehen die Tage. Radebeul ist ein stiller Ort mit wenig Aufregungen. Manchmal könnte ich hier glatt vergessen, dass ich ein Flüchtling bin.

Ich sitze in einem langen Gang mit Stuhlreihen. Ein Großabteil im Zug? Nein, eher ein Flugzeug. Draußen ziehen Wolkenfetzen vorüber. Ich mache eine weite Reise. Als sich meine Blase mit Betriebsamkeit meldet, wanke ich den schwankenden Gang hinunter. Die Stuhlreihen links und rechts verschwimmen. Ich reibe mir die Augen, und das Verschwommene wird wieder klar. Nun stehe ich eindeutig auf einem Flur. Der Flur wankt nicht. Er ist eine gerade Linie ins Nirgendwo. Links und rechts führen immer gleiche Türen ab. Ich drehe meinen Kopf nach hinten, doch auch da ist nur dieser Wald aus immer gleichen Türen. Ich wanke von Tür zu Tür. Jede Tür ist gleich. Jede Tür ist verschlossen. Ich rüttle und hämmere an den verdammten Türen herum. Und muss meine Tür finden ... Fee redet bei ihren Besuchen neuerdings viel von Amerika. Vielleicht träume ich deshalb immer und immer wieder von diesem einen Traum. Von diesem Flugzeug. Und dem riesigen, dunkel schimmernden Wasser, tief unten. Vielleicht träume ich deshalb panisch schwitzend von dem Flur und diesen Türen, die sich nicht öffnen lassen. Fee will raus hier. Sie ist des Wartens überdrüssig und will nur noch aufbrechen, irgendwohin. Sie will einfach nur weg. Auch jenseits des Meeres gibt es Mathematiker. Und Fee ist so verdammt schlau und so verdammt gut in dem, was sie macht. Und wahrscheinlich will sie in den unendlichen Weiten dort auch ihrem Auge folgen, auf der Suche nach dem perfekten Schuss, dem perfekten Bild. Sie hat sich bereits ein neues, sündhaft teures Objektiv gekauft. Und sie hat bislang mit keiner Silbe erwähnt, dass wir zusammen weggehen. Nein, sie schließt es nicht kategorisch aus. Sie wägt ihre Worte genau. Und ich weiß nicht, ob dies Teil einer Taktik ist. Oder vielleicht Mitleid für einen, der nicht mit in den Flieger darf.

Fee kommt irgendwann immer seltener zu Besuch. Und ihre Umarmungen fühlen sich irgendwie seltsam an, wie sorgsam choreografierte und eingeübte Manöver. Irgendetwas verändert sich gerade zwischen uns. Ich muss oft an meinen Traum denken.

»Wer immer tut, was er schon kann, bleibt immer das, was er schon ist.« Ich trage den Großvaterspruch mit mir herum. Als ich im Supermarkt am schwarzen Brett von einem Projekt lese, bewerbe ich mich. Mein potenzieller Arbeitgeber ist ein winziges Sozialamt, zusammengepfercht auf der ebenso winzigen Etage eines Altbaus. Sie suchen dort »Streetworker«. Das ist irgendwelches Westdeutsch und meint nichts anderes, als dass das Amt Leute braucht, die auf die sperrigen Jugendlichen in der Stadt ein Auge haben. Das Amt sucht ausführende Organe, und das kommt mir entgegen. Ich bin der ewigen Nachtschichten überdrüssig. Und ohnehin geht es in dem Club immer heftiger zur Sache. Besoffene Bauarbeiter, die nicht reindürfen. Erlebnishungrige Freizeitschläger, die auch nicht reindürfen. Und natürlich besoffene junge Vampire. Die schon gar nicht reindürfen.

Und diese ausgeschlossenen, verstoßenen Kinder der Nacht toben sich dann an der Tür ab. Mit all ihrem Frust. Und manchmal auch mit Bierflaschen, Gürteln und Zaunlatten. Der Job beim Sozialamt hört sich dagegen beinahe harmlos an, fast schon wie ein bezahlter Urlaub.

»Sind Sie sich sicher, dass Sie das machen wollen?«

Die zuständige Sachbearbeiterin klammert sich bei meinem Anblick an ihren Schreibtisch fest. Auf ihrem Gesicht sitzt eine Mischung aus Überraschung und Entsetzen.

»Ja, ich würde das gern probieren.«

Ich bemühe mich um einen möglichst ruhigen Ton. Ich täusche Gewissheit vor. Dabei bin ich mir alles andere als sicher. Eigentlich will ich mich nicht auf der Straße herumtreiben, mit wem auch immer. Ein hübsch warmes Büro wäre mir lieber. Und ein paar Akten zum Stempeln und Heften.

»In diesem Projekt sind, nun ja ...« Die arme Frau ringt um die angemessenen Formulierungen. Schließlich ist man hier auf einem Amt.

»Bei der zu betreuenden Gruppe handelt es sich um ... spezielle Jugendliche.«

»Wie speziell?«, hake ich nach.

Die Frau würgt an ihrem nächsten Satz. »Hm ... ja ... sozusagen ... sehr speziell, fürchte ich.« Sie gießt sich Sprudelwasser in ein Glas und trinkt, als wäre sie einige Tage lang durch die Wüste gewandert.

»Diese Jugendlichen verherrlichen schädliches Gedankengut.« Die Frau gießt sich eilig Wasser nach. »Genauer gesagt verherrlichen sie ...«, die Frau trinkt hastig aus ihrem Glas, »... den Nationalsozialismus. Oder zumindest sehen wir die Gefahr, dass die Stadt sie an solcherart Ideen verlieren wird.« Mit anderen Worten, es geht um kleine Vampire. Ich dachte mir das bereits. Gern würde ich über die Ironie in der Sache erhaben lächeln, schaffe aber nur ein gequältes Grinsen. Die Vampire und ich. Das ewige Lied. Aber vielleicht ist es gerade deshalb

eine gute Idee. »Die Löwen werden bei den Lämmern weiden.«
Das habe ich in der Bibel gelesen. Ganz hinten drin. Und das
probieren wir jetzt einmal aus. Wobei ich in der Nacherzählung
dieser Geschichte nicht der Löwe sein werde, fürchte ich.

»Irgendwie wird das schon funktionieren«, versichere ich der
Frau und verabschiede mich. Auf dem Heimweg läuft das Kollektiv der Verkläger Amok in meinem Kopf. Sie randalieren im
Gerichtssaal. Sie wollen mich für unzurechnungsfähig erklären
lassen. Aus dem Heimweg wird eine Höllentour.

Dem ersten Termin im Sozialamt folgt bald ein weiterer, auf
dem ich vor einer versammelten Runde hohlphrasige Erklärungen zu den Umsetzungsdetails meines Konzeptes abgebe, es ist
nicht viel mehr als gut ventilierte Luft. Über die offensichtliche
Tatsache, dass gerade ich die völlig falsche Besetzung für diesen
Job sein könnte, breite ich einen undurchdringlichen Schlamm
aus Worthülsen. Alle nicken wohlwollend über ihren Kaffeetassen. Ganz kurz, gegen Ende meines Vortrags, dämmert es
mir, dass ich vielleicht der einzige Bewerber für diese Stelle bin.
Aber dann ist es bereits zu spät. Ich bin eingestellt.

Am nächsten Tag entere ich mit einem schrundigen Schlüssel
bewaffnet meine neue Wirkungsstätte. Es ist ein halb verfallenes
Schlösschen am Stadtrand, der verwahrloste Park, drum herum,
passt zum Gebäude. Drinnen riecht es nach uralter Couchgar-
nitur und muffiger Feuchtigkeit. In der Ecke des Hauptraums
hat sich die Nässe durch die Decke gefressen, und der Putz brö-
ckelt froh und frei von der Wand herunter. Der alte Dielenboden
quietscht unter meinen Schritten. Wahrscheinlich ist es eine
Installation der hier lebenden Ratten, eine Art Warnsystem vor
den menschlichen Parasiten. Trotz der Kälte draußen reiße ich
die Verandatür auf. Dann warte ich. Die Sekunden bewegen sich
zäh den Minutenkreis entlang und stapeln sich zu einem kleinen Gebirge auf. Niemand kommt. Ich bleibe allein hocken, mit
einem Teller Bestechungskeksen und einigen Flaschen Limonade. Am nächsten Tag gehe ich kurz entschlossen aus der

Haustür hinüber zu der Gruppe am Bahnhof. Es ist früh am Vormittag, und die drei kahl rasierten Köpfe versammeln noch drei leicht verschlafene halbwüchsige Gesichter, welche sich verwundert in meine Richtung drehen. Mit ihren bleichen Glatzen wirken die Jungs wie die Versammlung von drei Krebspatienten in einer Chemo-Pause. Einer trägt Bomberjacke. Alle haben Stiefel unterhalb der Jeans. Keine Dr. Martens, sondern günstige, aufpolierte Arbeitsschuhe. Stiefel sind Teil der »Uniform«, und die billigen sehen dem beliebten Original ausreichend ähnlich für ein Gefühl von Zusammengehörigkeit. Das hier sind keine ideologisch gefestigten Mordbuben, sondern kostümierte Anwärter aus dem Einsteiger-Programm. Aber auch die können gefährlich sein nach fünf Dosen Billigbier und einer Hassrede ihrer Anstifter. Ich grinse breit und scheinbar entspannt, während in den Tiefen meines Kopfes das Kollektiv der Verkläger über meine vermeintliche Leichtsinnigkeit tobt und wütet.

»Einen wunderschönen guten Morgen.«

Ich lasse meine zur Arbeitstrage umfunktionierte Sporttasche auf den Gehweg fallen.

»Ich komme vom Sozialamt Radebeul und wollte euch einladen, hoch in den Park zu kommen.« Ich nicke die Straße hinter der Unterführung hinauf. »Wahrscheinlich kennt ihr das Haus.«

Die drei Typen starren erst mich an und dann einander. Nach einigen Augenblicken verdatterten Schweigens ergreift der Älteste der drei das Wort.

»Wo ist denn der andere Vogel hin?«

Ich bin perplex, ich kann nur rätseln, was er meint.

»Welcher andere?«

»Na, dieser langhaarige Typ, dieser Jesus. Der hatte immer was dabei«, erklärt der Junge.

»Was dabei?« Ich bin völlig verwirrt. Was kann denn ein Jesus dabeihaben? Die Frohe Botschaft?

»Na, belegte Brote und so.«

Bei der Erwähnung der Bestechungen muss er hungrig grinsen. Ich grinse zurück. Hab dich!

»Futter gibt es bei mir auch.« Für heute Kekse und Limo. Und morgen mache ich einen richtigen Einkauf. »Wir können auch mal Spaghetti kochen, wenn ihr wollt.«

Spaghetti geht immer. Kinder lieben Spaghetti. Erwachsene lieben Spaghetti. Ich liebe Spaghetti. Alle lieben Spaghetti. Der Typ überlegt kurz und nickt. Die anderen Jungs sehen das und brauchen dann keinerlei Bedenkzeit mehr, sie nicken sofort. Ich nicke auch, möglichst gelassen, cool. Und innerlich dem Herzinfarkt nahe. Dann nehme ich meine Tasche und schlendere Richtung Park davon. An der oberen Biegung der Allee muss ich die Straßenseite wechseln und bemerke, dass mir die drei Nachwuchsvampire in einiger Entfernung gefolgt sind, ganz wie die Küken ihrer Entenmama. Anscheinend mögen sie Spaghetti über alle Maßen. Kein schlechter Anfang.

»Das ist ja immer noch ein richtiger Scheißladen.« Drei enttäuschte Gesichter. Jawohl. Dem kann ich nur zustimmen. Ich nicke und zucke entschuldigend die Achseln. Warum das Offensichtliche leugnen?

»Aber wir sind schön weit weg vom Amt. So geht uns wenigstens niemand auf die Nerven. Oder wollt ihr hier etwa tägliche Kontrollen?«

Der Blick des Wortführers streift durch die Bruchbude.

»Ja, was jetzt? Was nicht passt, wird passend gemacht. Ihr seid doch große Jungs, oder etwa nicht?«

Das ist meine letzte Karte. Entweder diese Schmeichelei zieht, oder ich sitze gleich wieder allein hier. Der Wortführer lässt sich schließlich auf das ranzige Sofa fallen und greift nach einem Keks. Die anderen tun es ihm nach. Geredet wird erst mal nicht mit mir. Das einen Traumstart zu nennen wäre leicht vermessen. Aber ich verkaufe es beim Kollektiv der Verkläger als einen phänomenalen Sieg.

»Das hier ist fast besser als im Interhotel. Das könnt ihr ruhig zugeben«, sage ich in das Schweigen der Jungs. Der Wortführer ist kurz perplex, dann lacht er und streckt sich erneut Richtung Keksteller. Und irgendwie reden wir dann auch noch. Über die Lehrer in der Schule. Nervig. Über Mädchen. Blöd, allesamt. Und wir reden über arbeitslose Väter, die zu Hause hocken und ebenfalls ständig nerven mit ihrer beschissenen Laune.

»Na ja, tagsüber seid ihr zumindest in der Schule.« Einer der beiden Mitläufer schüttelt protestierend den Kopf.

»Fast die Hälfte der Lehrer ist weg. Bei uns fällt ständig der Unterricht aus. Manchmal lassen die Idioten uns für eine einzige Stunde in die Schule kommen.«

»Gute Lehrer kann man halt nicht backen. Und eine Stunde ist besser als nix«, versuche ich mich in Schönfärberei. Das ist anscheinend mein inoffizieller Arbeitsauftrag. Denn ich bin weder mit Lehrern ausgestattet noch mit Jobs für arbeitslose Väter. Ich habe vom Amt für die Kids nicht einmal eine vernünftige Couch bekommen.

»Aber oft schreiben sie uns dann nur Aufgaben an die Tafel.« Der Junge verdreht genervt die Augen. »Da steht nicht mal irgendjemand dabei, den man was fragen könnte. Was für eine Art Schule ist das denn?« Vielleicht ist es sogar die bessere Variante. Nicht alle Lehrer sind ein Hauptgewinn im Lotto. Aber das sage ich ihnen natürlich nicht. Ich nicke stattdessen verständnisvoll. Und dann reden wir noch viel über Fußball. Und essen und trinken uns durch die spärliche Ausstattung. Das ist mein erster Tag. Es könnte wahrlich schlimmer kommen.

Es kommen immer mehr von den Jungs ins »Schloss«. Ich habe keinerlei Plan, was ich mit den emotional bedürftigen Massen anstellen könnte. Ich bin spärlich vorbereitet und noch spärlicher ausgestattet. Und so lasse ich die Jungs einfach rumhängen. Maulen. Und wenn sie wollen, dann können sie zu mir kommen und reden. »Teegespräche« nenne ich das. Wobei sich die Begeisterung der Jungs für meinen Tee in Grenzen hält. Eine offene Tür. Kekse aus dem Aldi. Und viele Gespräche. Ich bin wie eine Art hantelstemmender Beichtvater. So vergehen die Tage. Ich habe einen Job.

Fee will immer noch nach Amerika. Und ich will immer noch Fee, vielleicht mehr als jemals zuvor. Was mit dieser Tatsache zu tun ist, weiß ich leider nicht. Ich fühle mich nicht mehr ganz so gehetzt, nicht mehr ganz so hilflos wie noch vor einigen Monaten. Vor Radebeul und vor der WG. Ich habe jetzt eine richtige Aufgabe. Einen Job. Und einige meiner Klienten hängen so sehr an mir, als wäre ich ihr lang verschollen geglaubter Lieblingsonkel. Ich ziere und winde mich, und das Komitee der Verkläger findet meine diesbezüglichen Gefühle erbärmlich, aber es tut einfach gut, gebraucht zu werden. Und anscheinend irgendetwas zu bewirken.

Ich sperre das »Schloss« auf und verteile Kekse auf Teller und Limonadenflaschen auf mehrere Tische. Bald darauf trudelt das Publikum ein. Ein normaler Tag im »Betrieb«. Einer der Jungs will mit mir reden. Er zieht mich weg von den anderen. Wir setzen uns auf die verranzten Hocker in der Küche. Der Junge scheint bedrückt. Ich setze mein Kummerkasten-Gesicht auf, es zeigt eine Mischung aus Mitgefühl und Verständnis, vielleicht hilft ihm das etwas. Der Junge rutscht unruhig auf seinem Hocker hin und her. Ich reiche dem Jungen kommentarlos eine Untertasse voll mit Keksen und eine lauwarme Limo. Und warte. Ich bin wahrlich die Mutti der Kompanie.

»Da ist was«, beginnt der Junge.

»Hm. Was denn?«, frage ich, nach der neuen Packung Teebeutel kramend. Da muss eine große Packung sein, ich war schließlich einkaufen.

»Da kommt was«, druckst der Junge herum. »Ich weiß nicht so richtig, wie ich das sagen soll ...«

»Einfach raus damit«, sage ich. »Dann können wir dein Problem umgehend ersäufen. In einer schönen Tasse Tee.« Mein Scherz war ein Brückenbauversuch, doch der Junge lacht nicht.

»Die wollen dich kaputt schlagen«, sagt der Junge unvermittelt, den Tränen nahe. Ich höre auf, in den Schubladen zu kramen.

»Ich war gestern drüben. Das ist schon beschlossene Sache.« Drüben, das ist ein anderes kleines Nest von einer Stadt, nur wenige Kilometer entfernt. Dort haben die älteren Vampire der Gemeindeverwaltung ein Haus abgerungen. Und dort residieren sie jetzt und verbreiten von da aus eine Menge Ärger. Dieser Ansatz, also die Klienten völlig sich selbst und ihren Problemen zu überlassen, nennt sich »niederschwelig«. Es geht um Angebote für besonders vulnerable Gruppen. Oder besonders schwer zugängliche. Ich halte das gelinde gesagt für opportunistischen Schwachsinn.

»Aber wieso? Wir haben mit denen doch nichts am Hut.« Vielleicht ist es ja nur aufgeblasenes Gerede von irgendwem, versuche ich mich zu beruhigen.

»Du störst die Jugendarbeit im Gau, haben die gesagt. Deshalb musst du weg.« Es ist diese Wortwahl, die meine bequemen Hoffnungen zu Boden stürzen lässt. Das sind nicht die Worte des Jungen. Das ist der Neusprech der Radikalen.

»Mach dir keine Sorgen, das bleibt unter uns.« Der Junge kann jetzt etwas Zuspruch vertragen. Er hat gerade die Pläne seiner dunklen Meister verraten. Er hat sie verraten, um mich zu warnen. Dennoch klebt das schlechte Gewissen an ihm.

»Du bist echt in Ordnung«, versucht der Junge sich zu erklären. »Du machst das alles hier. Und kümmerst dich.« Die Tränen rollen dem Jungen die Wangen hinab. Er wirkt jetzt, trotz Jacke und Stiefeln, eher wie ein verzweifelter Grundschüler als irgendetwas anderes.

»Mach dir keine Sorgen, alles wird gut.« Das ist natürlich ausgemachter Unsinn. Nie werden die Dinge einfach so wieder gut. Niemals. Nicht in dieser Welt. Ich lege dem Jungen meinen Arm um die Schultern. »Alles wird gut.« Manchmal müssen wir das glauben, glauben wollen, sonst würde nie wieder etwas gut werden.

Noch am selben Abend gibt es ein Krisentreffen im Amt.

Ich erzähle vom Teegespräch mit dem Jungen. Allgemeines Nicken. Meine Quelle erscheint glaubwürdig. Erst letzte Woche ist ein von Punkern besetztes Haus angegriffen und niedergebrannt worden. Das lag auch im Wald, neben den Weinbergen. Und weil ein Unglück eben selten allein kommt, hat diese Woche dann mit einem Paukenschlag begonnen. Der Capo ist tot. Der selbst ernannte oberste Befehlshaber des »Neo-Irgendwas« ist nicht mehr am Leben. Der Kerl und einige seiner Leute haben sich mit dem Milieu angelegt. Und das Gewerbe hat ihm dafür den Kopf weggeschossen, auf offener Straße. Der Vampir-Fürst ist tot. Gemeuchelt. Und sein Tod ist für die Radikalsten der Radikalen ein willkommener Anlass, zur Blutorgie zu blasen.

»Das war ja klar«, klagt die Obrigkeit. »Das war ja klar, dass so etwas passiert. Und jetzt?«

»Was können wir denn überhaupt tun?«, fragt die Stellvertreterin in gleichfalls besorgtem Ton.

Nach einer sehr kurzen Beratung werde ich vom Dienst beurlaubt und nach Hause geschickt. Am Küchentisch der WG tagt umgehend das Plenum der Frauen. Ich habe beim Hinsetzen den Porzellanschirm der Lampe gestreift, und jetzt schaukelt das Ding hin und her und verbreitet eine wechselschattige, leicht psychedelische Atmosphäre.

»Die müssen dich schützen!«, »Die Polizei muss was machen!«, »Wir gehen an die Presse!«

Alle reden aufgeregt durcheinander. Ich schüttle den Kopf. Es bringt alles nichts. Die Polizei? Hat gerade ganz andere Sorgen als mich. Als ich diese den Frauen aufgezählt habe, bemerke ich auch endlich für mich selbst, wie real das alles ist. Es wird still am WG-Tisch. Ich starre aus dem Fenster auf den Innenhof. Das einzige Licht dort kommt aus den umliegenden Wohnungen und bricht sich an den Ästen der Bäume. Es bleibt nichts weiter zu sagen. Ich bin verbrannt. Mal wieder. Und für diese Frauen hier sieht es kaum besser aus. Niemand da draußen wird zu Hilfe eilen, wenn sich irgendwer überlegen sollte, die WG zu stürmen. In der Lesart der Vampire sind diese wundervoll verrückt mutigen Frauen nichts anderes als unwertes Leben, als Perverse. »Volksschädlinge«, die man aufhängen muss, an den hübschen alten Gaslaternen auf dem Bahnhofsvorplatz. Jede Minute, die ich noch bleibe, erhöht ihr Risiko. Ich stemme mich vom Tisch hoch und verteile Luftküsse in die Runde. Zeit zu gehen. Ich raffe mein Zeug in die große Sporttasche und nehme die Straßenbahn. Linie 4. Diesmal in die andere Richtung.

Soviel ich weiß, ist Fee bei ihren Eltern. Mitten in den finalen Vorbereitungen für Amerika. Sie ist im Kopf schon halb drüben. Bei Fee kann ich zur Nacht also nicht unterkommen. Aber ich habe immer noch den Schlüssel für die Wohnung des Führers. Ein oder zwei Nächte geht das dort. Wahrscheinlich bin ich nirgendwo in dieser Stadt so sicher wie hinter dieser Tür. Und dann? Noch mal zu meiner Mutter? Noch mal zu ihr nach Prohlis? Unmöglich, allein die Vorstellung lässt mich erschaudern. Außerdem ist das Viertel inzwischen weitestgehend Vampir-Territorium. Fee geht fort. Prohlis ist verseuchtes Gebiet. Und in der Neustadt bin ich bekannt wie ein bunter Hund. Also kann ich nirgendwohin. Ich hocke mich auf die Matratze hinter der sicheren Tür und danke dem Führer für seine Weitsicht. Dann lasse ich mich in den Traumzauberwald davonspülen, bevor die Panik vollständig von mir Besitz ergreifen kann.

Spät am Abend werde ich von Schritten geweckt. Fee ist zurückgekommen. Als ich bei ihr klopfe, öffnet sie nur wenig überrascht die Tür. Kurz darauf liegen wir im Schlauchzimmer unter den Decken.

»Kann ich mitkommen?«

Mein Herz klopft wie wild. Meine Frage hängt fest, irgendwo in der Dunkelheit des Zimmers. Ich musste das fragen. Ich musste zumindest den Versuch wagen. Ich musste fragen. Und ich weiß nicht, wie ich nun mit ihrer Antwort weiterleben soll. Ich falle. Der Abgrund ist riesig. Und bodenlos.

»Ich finde schon was, was ich dort machen kann.« Ein letzter Versuch, es noch zu meinen Gunsten zu drehen.

»Was denn? Was willst du denn machen?«, fragt sie zurück. Ihr Mathematikverstand hat in Sekundenschnelle mein Kartenhaus ermordet. Ich habe keinen Plan für Amerika. Und im Gegensatz zu Fee kann ich auch nicht irgendetwas Besonderes, was die da drüben unbedingt gebrauchen könnten. Mein Versuch ist gescheitert. Ich merke es an ihrem Tonfall. Ich werde mich an der Klippe nicht viel länger halten können. Die Tränen drängen bereits herauf wie eine gewaltige Flut. Ich fummle eilig an meinen Hosenbeinen. Und an den Socken. Es ist so scheiße dunkel. Wo sind nur die verdammten Socken? Ich schaffe es nicht mehr rechtzeitig. Ich kann es spüren. Also lasse ich eben die Socken zurück, ehe mich die Flutwelle ganz erfassen kann.

Gerade als ich mich von der Matratze stemme, packt mich Fees Hand am Ellbogen. Ich will keinen Trost. Ganz sicher will ich jetzt keinen scheiß Trost von ihr. Was soll ich mir davon kaufen? Ich versuche, die Hand abzuschütteln. Nur keinen Trost, bitte alles, nur das nicht. Das ist, als würde man einem Todeskandidaten bei der Vollstreckung einen Schokoriegel in den Mund stecken und ihm beschwichtigend die Wange tätscheln. Je mehr ich versuche, Fees Hand in der Dunkelheit abzuschütteln, desto fester wird ihr Griff. Dann sind es zwei Hände. Und Arme. Und schließlich falle ich in eine unauflösbare, unendlich erlösende Umklammerung.

III.
Aufstieg und Fall

Bonn, Mitte Juli 2021

»Essen ist fertig!« Im Kinderzimmer regt sich nichts. »Löckchen-Flöckchen, Essen!«

Keine Reaktion. Üblicherweise locken sie Duft und Kochgeklapper in die Küche. Ausnahmen bestätigen die Regel. Dabei gibt es heute Unas Leibgericht. Gulasch mit Kartoffelstampf. Wo bleibt sie nur? Wo ist mein Mädchen? Ich habe mir Mühe gegeben. Habe Zwiebeln und Paprika geschmort. Das Fleisch goldbraun angebraten und dann für Stunden der sanften Hitze überlassen. Ich koche für die Kinder ausschließlich dreimal Leibspeise: Haferbrei. Dicke Gemüsesuppen mit Huhn, im großen Topf. Und eben Gulasch mit Kartoffelstampf. Mehr kann ich nicht. Und selbst das nur für die Mädchen. Damit sie sich zankend, schwatzend und glücklich über ihre Teller hermachen können. Ich selbst würde mich wohl Tag für Tag von weißen Bohnen ernähren, Bohnen aus der Dose. Und Vitamalz-Konzentrat aus Tuben.

Feli kommt in die Küche, in der einen Hand ihr *Harry Potter*-Buch und in der anderen Hand Schweini, das maximal zerfledderte Kuscheltier aus ihren Kindergartentagen. »Wo ist Una?« Feli schaut besorgt, auch sie kann nicht glauben, dass ihr von der kleinen Schwester kampflos das Feld überlassen wurde. Gemeinsam marschieren wir los, Richtung Kinderzimmer. »Schleichen«, flüstert sie. »Wir schleichen wie die Katzen! Auf leisen Tatzen.« Dazu legt sie den Zeigefinger an die Lippen. Ich nicke. Verstanden. Wir pirschen uns an. Aus dem Kinderzimmer dringt kein Geräusch. Feli und ich durchstöbern alle möglichen Ecken und Ebenen. Una finden wir unter dem lilafarbenen Baldachin in ihrer Räuberinnenhöhle. Sie pennt. Sie pennt, schnarcht und sabbert. Ich blicke auf mein Tochtermädchen. Meinen kleinen Frieden. Und bald schon gar nicht mehr klein. So ist das Elternschicksal. Wenn die süße Brut am Abend endlich schlafen soll, dann weigert sie sich. Und mitten am Tag dann das hier. Während ich noch verzückt auf Una schaue, schleppt Feli ihre Kuscheldecke heran. Sie wickelt ihre Schwester darin ein, sorgsam, geradezu mütterlich. Und das Schweini wird als Wache abgesetzt, neben Kissen und Kopf. Mehr Liebe geht nicht. Mein Herz macht einen glücklichen Sprung.

»Warst du wirklich in Amerika?«, fragt Feli unvermittelt von ihrem Teller herauf. »Warst du in New York?« Felis Augen funkeln begeistert.

»Nein.« Ich schüttle den Kopf. »Ich war noch nie in New York, nur irgendwo in der Pampa, ganz weit draußen.«

»Musstest du die ganze Zeit über in einem Zelt schlafen?« Ich pruste beinahe mein halb Zerkautes über den Tisch. Was für eine Vorstellung.

»Nein, ich habe in einer Art von Dorf gelebt. Da gab es Häuser.« Und nach kurzem Überlegen füge ich hinzu. »Und Leute. Viele Leute. Hauseltern. Schreiner. Bäcker. Und natürlich die Klienten. Denen habe ich geholfen. Das war meine Arbeit.« Feli macht große Augen. »Du hast in einem Dorf gelebt und als Anwalt gearbeitet?«

Ich muss unwillkürlich lachen und winke schnell ab. »Nein, nein, mit Klienten meine ich Menschen, um die ich mich dort gekümmert habe.« Feli kennt das Wort »Klient« bestimmt aus einer ihrer Serien. Sie liebt »Monk« und seine bizarren Fälle.

»Klient ist dabei nur ein anderes Wort für Bewohner. Manche hatten heftige Schwierigkeiten mit ihren Emotionen, gingen aber ansonsten ganz regulär in die Schule oder zur Arbeit. Aber es gab auch welche mit schwersten Hirnschäden. Mit verdreht gewachsenen Armen und Beinen. Und manchmal waren es nur aus dem Torso ragende Stümpfe.« Feli hat ein feines Gespür für Leid. Sie blickt ernst, ich kann hinter ihrer Stirn das Räderwerk ihrer Gedanken regelrecht rattern hören. »Sind die Leute da sehr traurig?« »Wieso meinst du das?« »Bestimmt haben sie doch viele Schmerzen. Und was können sie denn überhaupt machen, so krank wie sie sind?« Ja, meine Klienten dort waren nicht wie die Masse der Leute, etwas anderes zu behaupten widerspricht den Fakten. Und ich mag Feli auch nicht anlügen. »Du hast recht. Manche hatten große Schmerzen. Tag für Tag. Und manche konnten nichts ohne fremde Hilfe, sie hingen an Schläuchen und Gerätschaften. Aber bei genauer Betrachtung sind es einfach Menschen. Menschen, die atmen. Die sich freuen. Und ärgern. Und traurig sind. Ausgewachsene Menschen, von denen einige in Windeln machen und gefüttert werden müssen. Ich war der, der sich mitfreute und der sich mit ärgerte.« »Und wer hat das mit den Windeln gemacht?« »Das mit den Windeln habe ich auch gemacht.«

»Würdest du dich auch so um mich kümmern? Wenn ich mal so schlimm krank werden würde.« Feli hat das Interesse an ihrem halb vollen Teller verloren. Das ist jetzt wichtiger als Kartoffelstampf und Gulasch. Ich stehe auf und gehe um den Tisch herum.

»Du bist mein Tochter-Mädchen.« Ich ziehe sie fest an mich. »Du. Und Una. Und Brudi. Und Mama. Für euch würde ich alles machen.« »Auch wenn wir uns manchmal streiten.«

»Ja, so ist das in einer Familie. Und auch mit den Geschwistern. Aber es muss auch nicht alles perfekt sein.« Das reicht Feli nicht. Sie bohrt nach und kann sich dabei aber ein Grinsen nicht verkneifen. »Aber für dich bin ich schon perfekt, oder?«

Ich grinse jetzt auch. »Natürlich. Mindestens. Absolut oberperfekt.«

Feli rammt mir lachend ihre kleine Faust in die Rippen. Und dann halten wir uns fest.

»Hat es dir dort gefallen?« Feli sitzt an der zweiten Hälfte ihres Tellers. »Es ist schön dort. Es gibt grüne Hügel. Und den Fluss. Und schmucke kleine Farmhäuser mit ganz viel Platz drum herum.« Ich suche nach einem passenden Vergleich. »Hobbingen! Es sieht eigentlich genauso so aus wie in Hobbingen, wie in *Herr der Ringe*, nur mit Straßen noch dazu. Und Autos. Und einer Bibliothek. Und Pizza Hut und McDonald's.«

Feli muss grinsen. »Klingt super.«

Es war super. Und niemand zischte mir im Vorbeigehen irgendetwas zu. Und niemand rannte hinter mir her und versuchte mich umzubringen. Dort drüben war ich einfach nur irgendein Typ. Und dieser Typ hatte ausnahmsweise einmal ein ganz anderes Problem. Ein Visa-Problem. Als Tourist durfte ich offiziell gar nicht arbeiten. Und sowieso hatten sie im Camphill nur mit Fee gerechnet. Doch die Dorfältesten schickten mich nicht weg. Obwohl ich ungeladen und hohlwangig bei ihnen erschienen war und ungefähr so viel über die Anthroposophie sagen konnte wie über höhere Teilchenphysik. Ich wurde einquartiert. Verköstigt. Und mit einer Aufgabe versehen. Ich machte auf diese Art Bekanntschaft mit der wohl ältesten Form des Sozialismus: Barmherzigkeit.

Auf dem Land geht die Arbeit niemals aus. Man steht in der Frühe auf. Man bringt das Heu ein für das Vieh. Oder gräbt tiefe Löcher, in denen dann viele, viele Pfosten versenkt werden können. Und an diese wird der unendlich lange Weidezaun genagelt. Und man hilft natürlich bei allen mögliche Dingen mit den Klienten im Haus. Nur die Ratten erschlagen, drüben, im Futterspeicher, das konnte ich nicht. Der Hausvater nahm mir miss-

Mein Vater im Kreis von Mitstudenten

Meine Mutter, gezeichnet vom Tod
meines Vaters, und ich

Mein Bruder Moise und ich

Mein Vater im Kreis seiner Kollegen der Bohrstelle, im Norden der DDR

Meine Mutter und mein Bruder
als Baby

Mein Vater und meine Mutter
im Fotostudio

Mein Vater und meine Mutter auf einem Ausflugsdampfer

Mein Vater und meine Mutter, jenseits des Frohsinns, beim ostdeutschen Fasching

Mein Vater, meine Mutter, mein Bruder und eine große Katze,
im Leipziger Zoo

»Fallen soldier« – Die Familie in Kamerun versammelt am Sarg
meines Vaters

Vater, Held meiner Kopfkinowelten

Meine Geburtsurkunde mit meinem bereits teilamputierten Namen

Kamerunischer Pass meiner Mutter

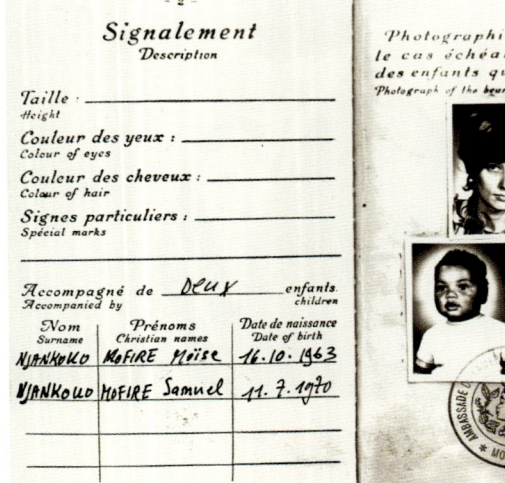

Innenseite des kamerunischen Passes meiner Mutter, mitsamt meinem vollständigen Namen

Mutter, schwerelos, vor dem großen Sturz

Meine Mutter und mein Vater, so unfassbar jung und verliebt, noch hätte alles gut werden können

Meine Mutter, mein
Bruder (Mitte) und ich,
im Fotostudio

Die Plattenbauwüste am Rand von Dresden, Ort meiner Kindheit

mutig die für den Totschlag gedachte Schaufel aus der Hand und machte es selbst. Bämm! Bämm! Bämm! Hundertsiebenundsechzig Tote. Das Massaker rettete wohl die versammelten Vorräte der Farm vor ihrer sicheren Vernichtung. Und davor, dass sie einer neuen, noch viel größeren Armee von Ratten als Futter dienen konnten.

Die Tage waren lang, und ich eilte von Auftrag zu Auftrag. Erst nach dem Abendbrot kehrte etwas Ruhe ein. Und dann lief ich oft noch ziellos hinaus. Immer die stacheldrahtbewehrten Weiden entlang. Ich lief und grübelte, und die Abendsonne senkte sich glutrot über diese entlegene Ecke von New York State. Das hier war für mich das »Gelobte Land«, und ich wollte so gerne bleiben, aber die Dauer meines Visums lief unerbittlich ihrem Ende entgegen.

»Und Fee?« Feli hat endlich ihren Teller leer gegessen. Er ist von ihr blitzblank sauber geleckt worden, ihre Augen leuchten zufrieden. »Los, erzähl. Erzähl alles! Bitte. Bitte. Bitte.« Felis Vernehmungseifer ist geweckt. Und ich bin ihren teuflisch effizienten, schmeichelnden Methoden ohnehin nicht auf Dauer gewachsen. Jeder Widerstand ist sinnlos.

»Fee ist irgendwann weggegangen, in die Stadt. An die Uni. Leute wie sie werden überall gesucht.«

Nach einem kurzen Zögern füge ich hinzu. »Und es ging nicht anders.«

Die Wahrheit ist, dass es nicht funktioniert hat. Was hatte uns zusammengehalten? Wild gewordene Jugendhormone? Und unser Traum von einem DDR-Utopia. Was hatte uns zusammengehalten? Wahrscheinlich auch die diffuse Angst vor dem, was kommen würde. Und Dresden. Postkartenschöne, bittersüße Heimat. Doch weit weg, irgendwo in der Ferne, kam uns schlichtweg abhanden, was uns zusammenhielt.

»Essen, Papa!«, ermahnt mich Feli. Ich nicke und ziehe mir meinen Teller näher heran. Doch statt meiner Gabel habe ich schließlich das Telefon in der Hand. Mein Blick zuckt auf das Display. Meine Nachrichtensucht verzeiht keine Online-Pausen.

»Kein Handy am Tisch, Papa.« Feli hebt mahnend ihren Zeigefinger. Und grinst triumphierend. Punkt für sie.

Mir fliegt wieder einmal so viel im Kopf herum. Es überlagert sich. Es überschlägt sich. Es widerspricht sich. Ich sollte vergessen können. Die Zeit mit Fee. Und das mit den Vampiren. Ich sollte endlich loslassen können. Die Schläge meiner Mutter. Und die harten Kilometer auf dem Fluss. Und den sterbenden Großvater. Wie er röchelt, wie er um Luft ringt. Und schließlich erstickt. Pling, macht mein Telefon.

»Ich muss nur sehen, ob es Mama ist«, sage ich entschuldigend und sehe nach. Aber nein. Nichts von meiner Frau.

»Wer ist es?«

»Es ist Jerome.«

»Schon wieder?« Feli macht ein erschreckend erwachsenes Gesicht. »Gestern Nacht auch schon. Oder?«

Ich nicke. Das ist ein echter Nachteil am Familienbett: Ich schlafe an die Wand gequetscht. Und kein Toilettengang bleibt unbemerkt. Und kein noch so kurzes Aufleuchten des Displays in der Dunkelheit des Bades.

»Ihm geht es schlecht«, sage ich entschuldigend. Feli macht sich Sorgen um mich. Sie macht sich immer Sorgen. Und seit dem Vorfall in der Straßenbahn noch mehr. Manchmal ist sie mir gegenüber wie eine ältere Schwester. Liebevoll, besserwisserisch und streng. Fuck, daran muss ich arbeiten. Ich bin schließlich hier der Vater.

»Mach dir nicht so viele Gedanken, Milchbiene. Ich passe auf mich auf.«

Das muss ich jetzt sagen. Das muss sie jetzt hören. Aber ganz so einfach liegt die Sache nicht. Der Junge ist platt. Der Junge hat eine echt schwere Phase zu verdauen. Und eigentlich ist das gar nicht mein Problem. Und irgendwie doch. Ich wollte einem Freund einen Gefallen tun. Der ist eine Art Krisenpate in einer

Selbsthilfegruppe. Und er brauchte Hilfe bei der Betreuung des Jungen. Ich wollte eigentlich nur ein paar Tage unterstützen. Maximal ein paar Wochen. Und daraus ist dann das hier geworden. Ich habe wieder mal eine Baustelle.

»Woran denkst du, Papa?«

»Ich denke an Jerome.«

»Wieso?«

»Weil für ihn gerade alles ziemlich schwierig ist. Weil es nicht gut läuft. Und die Nachrichten aus Afghanistan machen es nicht besser.«

Ich halte wortlos mein Handy nach oben. Die Quelle aller schlechten News in der Welt. In Felis Kopf arbeitet es, ich kann es sehen.

Jerome ist Fallschirmjäger. Und Sani. Er war mit seiner Einheit in Kundus. Und dort ist er im Grauen stecken geblieben. Im Kopfkino. Zwischen den verstümmelten, leblosen Körpern seiner Freunde, denen er nicht mehr hatte helfen können. Trotz starker Psychopillen geht es ihm schlecht. Er hat seinen Abgrund nicht länger unter Kontrolle. Seine Trauer. Seine Wut. Er kann nicht mehr seine Rolle spielen. Er kann nicht mehr hinaus auf die Bühne. Er kann kein Soldat mehr sein. Er kann kein Ehemann mehr sein. Kein Vater mehr. Oder Freund. Er ist kaputtgegangen, und noch hat ihn niemand reparieren können.

Ich lege das Handy weg und bedecke Felis kleine Hand mit meiner. Ich sollte nicht über so was reden. Nicht beim Mittagessen meiner Tochter. Nicht über Gulasch und Kartoffelstampf gebeugt. Und vielleicht sollte ich mich überhaupt nicht damit beschäftigen. Aber was wäre dann? Ich kann den Jungen nicht einfach aufgeben, das haben doch schon die anderen getan.

Draußen grummelt es. Der Regen hatte kurz aufgehört. Das ist jetzt vorbei. Tropfen klatschen in gewaltigen Versammlungen gegen die Fensterscheiben des Erkers. Es ist, als ob Petrus sich in den Kopf gesetzt hätte, diese Stadt von der Landkarte zu spülen.

»Aber du warst immer noch verliebt in Fee, oder?« Feli lässt nicht locker.

Ich nicke. Auf einmal bin ich wieder dort, auf dem Rückflug. Allein. In dieser doppelwandigen Röhre. Es ist eine klapprige 747, es ist eine alte fliegende Konservendose. Drinnen voll mit aseptischem Plastik. Draußen umhüllt mit Metall. Ich sitze eingezwängt in meinen Economy-Sitz. Vom Land meiner Träume zurückgewiesen. Auf dem Weg nach Deutschland. Zurück zu den rechtschaffenen Häuslebauern. Die zusehen, wenn Leute wie ich an ihrem Gartenzaun vorbeigehetzt werden. Ich habe versagt. Und alle, die versagen, zahlen dafür einen Preis. Ich hasse mich. Ich muss heulen vor Wut. Ich schaue aus den Augenwinkeln zu der blondierten älteren Dame neben mir. Die Dame nimmt von meinen Kullertränchen keinerlei Notiz. Sie ist voll und ganz mit ihrem Kartoffelbrei beschäftigt. Und den goldbraunen Fleischbällchen. Und all den anderen Dingen, die sie uns auf dem kleinen grauen Plastiktablett gebracht haben. Kartoffelbrei, das ist der Geruch meiner guten Kindertage. Der Geruch aus Großvaters Küche.

»Also bist du wieder nach Hause?«

Ich nicke. Nach Hause. Nach Hause?

Kapitel 12

Weihnachten 1991. Ich ziehe am Kragen meiner Jacke. Eine M60 Field Jacket ist keine angemessene Bekleidung in einem sächsischen Winter. Aber die Jacke erinnert mich an Amerika, deshalb friere ich lieber, als das abgewetzte grüne Ding abzulegen. Es ist wieder einmal Weihnachten. Und wieder einmal bin ich fernab vom ausgerufenen Weltfrieden. Ich trage diesen untoten Brief mit mir herum. Es ist der Brief von Fee. Dieser Brief ist vielfach auseinandergefaltet worden. Und mehrere Male in einem Anfall von Wut zusammengeknüllt. Dieser Brief hat mit mir die Reise über den Atlantik angetreten. Und jetzt hat er noch einen fettigen Fleck abbekommen von irgendeinem Rest auf meinem Küchentisch. Dieser verdammte Brief. Ich habe ihn im Farmhaus gefunden. In meinem Zimmer. Ich habe ein großes Blatt aus dem Umschlag gezogen und aufgefaltet.

»Lieber Sam ...«

Mehr stand da nicht. Nur das, weiter nichts. Ich habe dort drüben über dem Brief gebrütet und ihn nicht verstanden. Und ich verstehe ihn hier immer noch nicht. Nachdem ich bis nach Hause gestampft bin, verbrenne ich den Brief, in kleine Schnipsel gerissen, im blechernen Mülleimer, in der Küche des Führers. Und danach randaliere ich. Nachdem ich fertig bin, braucht die Küche eine Renovierung. Und geholfen hat es auch nicht viel. Ich muss ständig heulen. Und heute steigert sich das bis zu einer Panikattacke. Was haben sie mir beigebracht? Was soll man tun? Ich habe den Großteil davon vergessen. Man hockt im Schützenloch. Der Panzer kommt. Im Angesicht von über vierzig Tonnen Stahl will man eiligst aus dem Loch klettern und davonrennen. Angst ist gut. Nur ein Trottel hat keine Angst. Halten Sie die Luft an, hat der Uffz immer wieder gesagt. Halten Sie kurz die Luft an. Und atmen Sie dreifach so lang aus. Der Oberkörper wird leicht nach vorn gebeugt. Lassen Sie den Kopf hängen. Und auch die Schultern ... Klettern Sie auf keinen Fall aus dem Loch, der Panzer ist sowieso schneller als Sie, egal, wo. Atmen Sie. Beruhigen Sie sich. Und dann zerstören Sie das verdammte Ding. Ich atme doch. Und rede mir gut zu. Nur das mit dem Beruhigen funktioniert nicht. Scheiße. Scheiße. Scheiße. Ich verfluche dich, Fee. Du verdammte Hexe.

Mein Land ist tot, nur die Menschen sind noch da. Na ja, zumindest die meisten davon. Auf der Ecke zur Straßenbahn steht ein absurd kitschig geschmückter Kiosk. Eine regenbogenfarbene Lichterkette blinkt dort in unendlichen Variationen immer im Kreis herum. Im Lichterkettenlicht glitzern Fußballsammelbildchen. Und in langen Metallregalen stapeln sich Colgate Zahnpasta, Beck's Dosenbier und »flauschig weiche« Papierrollen. Ein rosa Fönmodell namens »Lady Hamilton« und neongrüner Nagellack konkurrieren um einen Augenblick meiner Aufmerksamkeit. Hier war einmal ein recht hübscher Blumenkübel in XXL. Er war ein Zuhause für Stiefmütterchen, Tulpen und Ziergras. Und für die Zigarettenstummel dummer Menschen. Der Kübel musste dem blöden Kiosk weichen. Der Kiosk ist wie ein grellbunter, blinkender Todesstern, eine Klebefalle. »Kommet her, ihr Kindlein, seht, was ich anzubieten habe«, verkündet sie. »Ich bringe euch die Herrlichkeit und die Pracht unzähliger Gaumenfreuden für ein Taschengeld. So etwas gibt es nur im Kapitalismus, ihr Verlierer. Kommt. Kommt, ihr Kindlein, und tragt eure D-Mark in mich hinein und kauft all die kurzkettigen Kohlenhydrate! Einfachzucker! Und das billige Fett!«

Ich bin diesem Sirenengesang selbst schon oft genug erlegen. Bis mir ein Kumpel schadenfroh lachend erzählen musste, dass in meinen Lieblingskeksen, den Butterspritzringen aus Holland, bis zu zwölf Prozent Tiermehl verarbeitet werden dürfen. Ich sehe vor meinem geistigen Auge einen Wald aus Industriemühlen, in denen weich bepelzte Schafskadaver verschwinden. Ich esse nie wieder in meinem Leben einen Butterkeks, zumindest keinen aus Holland, das schwöre ich mir.

Es ist kaum zu glauben, dass ich nur wenige Monate unterwegs war. All diese neuen Dinge. Milka. Lenor. Und Yes-Torty. Auf Polnisch heißt das »Kuchen«, aber das verdammte Ding ist kein Kuchen. Ich suche in meinem zerfledderten Lexikon. »Torty«. Gibt es nicht. Zumindest nicht in der Oxford-Ausgabe. Egal. Ich kaufe das Zeug und fresse es. Mein Fleisch will Torty. Es will unbedingt, dass ich mir drei von diesen giftigen Dingern in den Mund stopfe. Auch gut, dann soll es so sein.

Eigentlich kann ich mir die Sucht gar nicht leisten, ich kann es mir nicht leisten, Geld für Müll auszugeben. In der Stadt herrscht die große Flaute. Die früheren Verhältnisse sind auf den Kopf gestellt. Wo sonst zahlreiche Gesuche hingen, nach Facharbeitern und Hilfskräften, sind jetzt die Werkstore verrammelt. Dahinter regt sich nichts. Es ist das große Sterben. Die sogenannte THA, die Treuhandanstalt, legt alles still, was nicht auf den ersten Blick profitabel erscheint. Und vieles vom gesunden Rest killen diese Typen von der Anstalt gleich mit. Betriebe kann man einfach dichtmachen, die Menschen nicht. Auch nach ihrer Entlassung kreuchen und fleuchen sie noch herum, oft als lebenslange wütende Alimentierungsfälle. Außer jene, die bereit sind, eine Abkürzung zu nehmen und bei ihrer dauerhaften »Außerbetriebnahme« mitzuwirken. Es sind Familienväter. Großväter. Mütter. Kollegen. Der verzagte Tod geht in der Stadt um. Es ist ein stilles Sterben, hinter zugezogenen Gardinen, unter Zimmerdecken und auf Dachböden. Der ehemalige Abteilungsleiter meiner Mutter hat sich vor ein Auto geworfen, im Nachmittagsverkehr nach Feierabend, einen Tag vor Weihnachten. Dort, wo die Hoffnung aufhört, da fängt der Wahnsinn an.

Doch manche hat die Zeit nicht brechen können, manche geben einfach nicht auf, allen Widrigkeiten zum Trotz. Ich kenne jemanden aus der DDR-Obrigkeit, aus der Mitte der mittleren Ebene, es ist ein Herr W. Ich war mit seinem Sohn auf der Sportschule. Ich treffe den ehemaligen Staatsanwalt auf dem löchrig gepflasterten schiefen Gehweg vor dem Neustädter Bahnhof. Der sechzigjährige Volljurist und hoch dekorierte Soldat einer verloren gegangenen Armee steht in einem angeschmutzten Kittel hinter einem klapprigen Campingtisch. Und verkauft saisonales Gemüse. Der Genosse Staatsanwalt ist immer noch ein rüstiger Mann, mit wachen Augen und leiser Stimme. Als der W. mich im Gewühl sieht, lächelt er und winkt. An seiner Stelle hätte ich mich wohl in Luft aufgelöst vor Scham. Ich überlege kurz, ob ich zu unserer beider Wohl so tun soll, als ob ich ihn nicht gesehen hätte. Doch dann gehe ich doch zu W. hinüber, das bin ich ihm schuldig. Ich frage den W., wie es seinem Sohn geht. Und ich frage ihn, wie er das schafft. Durchhalten und so. Der W. grinst nur. Dann winkelt er lässig den Arm an und ballt die schmutzige Gemüsehand zu einer Faust. »No pasarán«, sagt er in seinem berlinerischen Akzent. Ich muss loslachen, ich kann nicht anders. Der W. lacht auch, bevor er für den nächsten Kunden Spargel auf die Waage legt, als wäre das für einen Ex-Staatsanwalt die natürlichste Sache der Welt. No pasarán. Über diese Losung habe ich auf den Parteischulungen immer gelacht. Albern heroisches Zeug, inhaltslose Sprechblasen kommunistischer Agitatoren aus den Tagen des spanischen Bürgerkriegs, so dachte ich bei mir. No pasarán. Auf einmal ergeben die Worte einen ganz anderen Sinn. No pasarán: Sie kommen nicht durch.

Ich eile die dürftig beleuchtete Alaunstraße entlang nach Hause und wünsche mir, der sozialistische Schöpfergott hätte mich aus demselben Holz geschnitzt wie den Genossen W. hinter seinem Gemüsestand. Hätte ich doch nur halb so viel Rückgrat! Stattdessen hause ich wieder in der leer stehenden Wohnung des Führers und mache dort auf Heulsuse wegen Fee. Je länger ihr Brief wirkt, umso heftiger schmerzt er mich. Ich fühle mich überflüssig und verletzt. Planlos. Hilflos. Ich hocke unter dem löchrigen Dach und schreibe täglich einen Brief. Ich male Buchstaben auf Papier und falte die Blätter in Umschläge. Täglich einen Brief an Fee. Manchmal auch zwei. Ich will ein Wunder herbeischreiben, ihr verständlich machen, wie sehr sie mir fehlt und warum das mit uns sein sollte:

Ich wünschte, ich könnte eine Brücke zimmern
über den verfluchten Abgrund.
Ich wünschte,
ich könnte die Zeit biegen, wie ein Riese
einen Kaffeelöffel biegt.

Ich schreibe. Und schreibe. Und bewirke nichts. Die Zeit fließt nur in eine Richtung. Und in meinem Fall ist es die falsche. Manche Briefe schicke ich ab, doch oft fehlt mir schlichtweg das Geld für die Briefmarken. Dieser Überhang türmt sich Tag um Tag zu einem höheren Berg aus Papier auf. Ich hocke in der leeren Mansardenwohnung des verschollen gegangenen Führers, ich hocke hinter dessen Panzertür, wo von all dem Wenigen nichts mir gehört.

Ich hocke hinter der Tür und bin machtlos gegen die Zeit.

Ich sitze am kerbennarbigen Küchentisch.
Mit einem verwaisten Teller
und einer Tasse mit Rest.
Ich schreibe in die Vergangenheit für eine Zukunft, die
niemals kommen wird ...

»Na, wie fühlt man sich als Amerikaner? Als Kapitalist?«

Nan grinst. Und zieht mich mit sich zum Fenster hin. Zum Licht.

»Du siehst bestimmt noch aus wie immer.«

Ich lache. Ich bin so glücklich, sie zu sehen. So erleichtert über das Vertrautsein. Und wie sie mich zankt. Auch das ist vertraut.

»Natürlich sehe ich aus wie immer, du kleine Eule. Oder dachtest du etwa, ich bin nicht mehr hässlich?«

Sie schiebt ihr Gesicht ganz nah an meines. Fast berührt dabei ihre Nasenspitze meine Stirn. Dass Nan nur so weit sehen kann wie ein Maulwurf, das ist für mich immer noch recht gewöhnungsbedürftig. Sie ist nicht blind, aber weit davon entfernt ist sie auch nicht. Sie ist ein Paradoxon für mich. Wie kann Sie nur hierbleiben? Als eine fast blinde Frau mit meiner Hautfarbe? In einer Welt voller Wölfe ist sie wie ein saftiges Stück Fleisch, das nicht davonrennen kann. Diese Mörder haben keinen Kodex. Sie schonen weder Kinder noch Frauen. Und Nan ist zudem eine schöne Frau. Ich habe keine Ahnung, wie sie es schafft, hier Tag für Tag zu überleben. Ich sorge mich. Nan ist für mich wie die Schwester, die ich niemals hatte. Und umso mehr sorge ich mich um sie.

»Was treibt ihr nur dort oben?« Nan meint den Dachboden.

Mittlerweile hat sie in einer Mischung aus Tasten und Sehen meine blutige Beule am Kopf entdeckt. In Nans Stimme schwingt eine leichte Verärgerung mit.

»Training. Wir trainieren nur ein bisschen«, sage ich unschuldig.

Nan schüttelt den Kopf. »Jungs haben doch wirklich nur drei Gehirnzellen. Maximal vier. Und die macht ihr euch auch noch kaputt gegenseitig.«

Nan tupft mir jetzt mit einem Wattepad und einer Desinfektionslösung am Kopf herum. Die Desinfektion brennt in der Wunde. Ich zucke mit dem Kopf zurück. Nan freut sich. Als Nachschlag gibt es noch einen deftigen Klaps.

»So viele Schläge auf den Kopf, das kann doch nicht gesund sein.«
Sie hat recht. Ich weiß, dass sie recht hat. Aber was soll ich
machen? Ich habe die Wahl zwischen Pest und Cholera. Zwischen den Beulen an meiner Rübe oder meinem vorzeitigen Ab-
gang in einer Plastikdose. Direkt auf den Tolkewitzer Friedhof
in die blumengesäumte Urnenecke. Die blutgierigen Jünger des
Neo-Irgendwas kümmern sich nicht um neurologische Feinheiten. Wenn ich auf sie treffe und nicht bereit bin, dann werden
sie mir das Leben herausprügeln. Und ich muss dann unfreiwillig frühzeitig meinem Vater nachfolgen. Ich bin mittlerweile so
verloren, so allein, so hoffnungslos weit abgetrieben von aller
Normalität, dass ich den Tod kaum noch fürchten kann. Aber ich
hasse den Gedanken an die Verschwendung! Ich habe schließlich einen Sohn, einen Junior. Und wer weiß, ob die Zeit nicht
doch noch die eine oder andere Wunde heilen wird. Ich habe all
diese Bücher gelesen. Sowjetische Fantastik. Sci-Fi. Und deutsche Utopisten. Und Franzosen. Und ich habe noch keine der
beschriebenen Welten sehen dürfen. Bislang habe ich zumindest
das Kollektiv der Verkläger überlebt, diese nimmermüde Bande
von Arschlöchern in meinem Kopf. Und schmerzende Kilometer. Und Tausende Tonnen Gewichte. Und als Krönung meiner
schmerzhaften und gleichsam glanzlosen sportlichen Karriere
war ich Vorletzter beim letzten Finale »Stärkster Lehrling«, einer
Art DDR-Variante von »American Gladiator«, nur ohne Schnickschnack und Glitzer und Effekthascherei. Und irgendwann mag
vielleicht sogar Amor, der kleine fette Liebesbote, noch einen
Pfeil auf mich abschießen, wer weiß das schon. Ich lasse mir
nicht einfach mein Leben stehlen, von niemandem. Und schon
gar nicht von irgendeinem dahergelaufenen Vampir. Zumindest
nicht ohne ein Maximum an Widerstand. Uns wurde immer
beigebracht, dass die Natur jede Art von Verschwendung verabscheut. Aber in diesem zerfallenden Land ist meine Existenz eine
Bilanz unleugbarer Bedeutungslosigkeit. Würde in Kamerun, im
Dorf meines Vaters, ein Sack mit Maniokmehl umfallen, so wür-

den davon mehr Leute Notiz nehmen als von meinem vorzeitigen Ableben. Wenn ich jetzt den Vampiren zum Opfer falle, bin ich der letzten Möglichkeit beraubt, meinem Leben, diesem ziellosen Herumwühlen, doch noch den Stempel »nützlich« aufzudrücken.

»Plötzlich sprachlos? So kenne ich dich gar nicht.« Nans Grinsen leuchtet auf ihrem Gesicht auf wie eine Weihnachtswerbung auf einer Reklametafel.

»Entschuldige. Aber ich habe mich nur gerade gefragt, ob du vielleicht recht hast.«

»Natürlich habe ich recht.«

Nan hört sich noch stundenlang mein wirres Zeug an, dicht über ihre Tasse mit dampfendem Kakao gebeugt. Und in ihren dunklen Augen, hinter der dick verglasten Brille, glaube ich echtes Verstehen zu erkennen. Und das allwissende Orakel.

»Du brauchst einen Job«, stellt sie schließlich fest.

Ja, arbeiten. Nicht an Fee denken müssen. Nicht an den Geruch ihrer Haare. Nicht an die Vertrautheit ihrer Umarmung. Ihr Lächeln. Arbeiten, irgendwas arbeiten und dabei vergessen.

Ich ziehe los. Viel zu holen gibt es dabei nicht. Diese Stadt ist eine Wüste jobtechnisch. Das Klinkenputzen ist scheiße. Und die Gespräche auf dem Amt sind so erfreulich wie eine Darmspülung. Gegen alle Wahrscheinlichkeit ergattere ich doch einen Job in einer Art Anstalt. Einer Art Behindertengefängnis. Mit vergitterten Schleusen und Zellen. Es ist der zur Einrichtung gewordene Widerspruch zum Camphill. Und zu allem, woran die Anthroposophen glauben. Dort die märchenartige Kulisse mit Farmhaus und Tempel inmitten der grünen Hügel. Hier aschgraue, fast fingerdick mit Latexfarbe gestrichene Flure, die scharf nach Industriedesinfektionsmittel stinken. Und Kot. Und Wahnsinn. Nach ein paar Monaten habe ich bereits genug davon. Ich will einfach nur zurück in die Neustadt, zurück in mein Viertel. Ich wollte keine Tür mehr machen, das hatte ich mir fest vorgenommen. Aber mit einem Mal kommt mir dieser Job unbeschreiblich erstrebenswert vor. Die Tür machen in einem solchen Laden in diesen unruhigen Zeiten, das ist eine richtige Meffire-Idee. Es ist eine verdammt dämliche Idee. Die Leute feiern wie zum nahen Ende der Welt. Lange Partys, harte Beats, billiger Fusel. Diese Stadt wird nur noch von Fördergeld zusammengehalten. Und von der Wut auf »die da oben«. Und der Wut aller auf alle und vor allem auf sich selbst. Der einzige Lichtblick ist dieser Eggert. Auch ein Ex-Pastor, so wie Eppelmann oder der Genosse Großinquisitor. Dieser Eggert scheint bemüht. Zumindest hat das Leugnen schon mal aufgehört, ganz anders als unter seinem Vorgänger. Wird das einen Unterschied machen können? Die Formationen des Neo-Irgendwas transformieren sich. Die neue Generation der Vampire ist weniger uniformiert. Und dafür nur umso unberechenbarer. Sie sind die begeisterten Anhänger billiger Chemie. Neue Vampire auf Speed. Vampire auf Ecstasy und Polnisch Kompott. Diese Armee der Hoffnungslosen kennt keinen Schlaf. Keinen Hunger. Und keine Angst. Und sie kennt keinen Schmerz. Und nach wie vor gilt ihr ungeteilter Hass der Neustadt. Ich weiß um all das und will trotzdem zurück. *There's no place like home.* Wenngleich die Alaunstraße sich ohne Fee anders für mich anfühlt, leer, ohne Leben, wie ein Regenbogen, aus dem die Farben gefallen sind.

Im ersten Stock der »Scheune« sitzt Dirk im Gastrobereich auf einem der abgewetzten Hocker über eine Inventarliste gebeugt. Gut, dass zumindest der Direktor von diesem Laden noch derselbe ist. Dirk blickt von seinem Blätterstapel auf. Er wirkt müde und gealtert. Und doch fühle ich mich, als wäre ich erst gestern hier hinausmarschiert. Dirk grinst mir entgegen.

»Der werte Herr beehrt uns mit seiner Anwesenheit.«

Ich mache einen bodentiefen Bückling. »Auf ihren Befehl zur Stelle, Eure Lordschaft.«

Dirk legt nachdenklich seine Stirn in Falten. Er hat mich nicht rufen lassen. Ich habe mich stattdessen selbst eingeladen in der Hoffnung, dass mein alter Boss mich zurücknimmt.

»Wie ist das Befinden der werten Gemahlin?«

Er meint Fee. Beschissen, will ich antworten. Ich hoffe, es geht ihr beschissen. So beschissen, dass sie endlich heimkommt. Denn das ist alles, was ich will. Wie verdammt armselig ich doch bin.

»Verstehe«, sagt Dirk. Er nickt wissend. »Der Herr hat's gegeben, der Herr hat's genommen«, deklamiert der Boss bedeutungsschwanger hinter seinem Schreibtisch. Es ist irgendwas aus der Bibel. Aber von wegen, der »Herr« hat damit nichts zu tun, Fee war's. Sie hat mir meine kleine Herzmaschine herausgebastelt, samt aller Drähte. Ich wäre so gern der geliebte und umsorgte Hund geblieben, der hinter ihr her durch Amerika trottet. Aber das werde ich hier keinem auf die Nase binden.

»Hast du noch einen Platz für mich?«

Dirk verlegt sich aufs Theaterspiel. Er verdreht die Augen und kratzt sich in übertriebener Nachdenklichkeit am Kinn. Der Typ ist einfach nur ein noch größeres Spielkind als ich selbst.

»Ist ja gut«, sagt er schließlich »Du erscheinst wirklich wie bestellt. Kriegst du ein paar Leute zusammen?« Mit *ein paar Leuten* meint er wahrscheinlich Typen wie mich.

»Wir machen ein paar Tests mit richtig großen Bands, die den Laden füllen. Dafür will ich mehr Leute an der Tür.«

Ich ziehe die Augenbrauen hoch. Das sind plötzlich ganz neue Töne. Bislang hieß es immer nur »Weltfrieden«. Und »Keine Gewalt«. Bleichgesichter faseln eben gern vom Pazifismus, doch das ist ein Luxus, den sich unsereins nicht leisten kann. Umso bemerkenswerter ist Dirks neue Einstellung. Es ist eine regelrechte Zeitenwende. Ich würde mir glatt ein Kreuz in den Kalender machen, wenn ich denn einen hätte.

»Es wird gesoffen, als ob das Ende der Welt kommt. Und viele sind auf Krawall aus. Wir müssen einfach vorsichtiger sein. Irgendwas verändert sich gerade.« Er wirkt jetzt sehr ernst.

Ich brauche gute Leute. Und gute Leute sind schwierig zu bekommen. Und selbst wenn, es wird nicht ohne die Herren in Uniform gehen. Und so statte ich zuerst ihnen einen Besuch ab. Das Polizeirevier liegt in Sichtweite der »Scheune« in einem heruntergerockten schmutzgrauen Altbau, von dessen Vorderfront sich blockweise der Putz löst. Das Wachlokal riecht wohlvertraut nach Bohnerwachs und Soldatenstiefeln. Wer von den bedauernswerten Ex-Genossen der Volkspolizei im Dienst bleiben durfte, betreut hier Diebstähle. Kneipenschläger. Sexkram gegen weibliches Partyvolk. Blutige Streitigkeiten zwischen Eheleuten ... Ein abgewetzter Tresen, verschlissene Bänke, graue Gesichter über den Uniformkragen. Das ist hier so ansehnlich wie *Endstation Sehnsucht.*

Meine Bitte um erhöhte Streifentätigkeit wird abgewiesen. Ein paar zusätzliche Runden an den Konzertabenden werden abgewiesen ohne viel Geschenkpapier. Ich flehe. Ich bettle geradezu. Ich appelliere im Namen der Kunst. Vergeblich. Das Revier ist unterbesetzt, erklärt man mir genervt. Der Bereich geht bis hinauf nach Bühlau, oberhalb der Elbhänge. Viel zu wenige Beamte auf zu viel Fläche. Ganz zu schweigen von der Technik. Die Kriminellen fahren inzwischen BMW und Benz, das Revier hingegen hat noch DDR-Vollausstattung bis auf die zwei Passat. Und ohnehin verfügt man über mehr Fahrzeuge als Polizisten. Der Großinquisitor und seine Unterlagenbehörde haben auch hier eine Spur der Zerstörung hinterlassen und sich einmal quer durch den Personalkörper gebrandschatzt. Mein Besuch auf dem Revier endet im Frust. Ich stehe schließlich auf der Straße und verstehe die Welt nicht mehr. Erlaubt sich die neue Obrigkeit einen weiteren Scherz mit dem Pöbel? Die Wächter werden aus den Dienststuben getrieben, während die Stadt im Chaos ersäuft und Leute wie ich sich kaum noch aus dem Haus trauen dürfen. Das kann doch alles nur ein Witz sein.

Ich klappere meine Kontaktliste ab. Drehe Runden, putze Klinken. Die meisten winken ab. Freunde und Familie sind meist gegen diese Art Arbeit. Es ist einfach zu gefährlich. Schließlich vergeht keine Woche, ohne dass diverse Vorfälle die Lokalseiten der *Morgenpost* füllen. Andere Jungs verliere ich an die Bordelle der Stadt. Das Milieu zahlt fraglos besser. Sollte ich mich auch denen anschließen? Und paarungswilligen Stadtbewohnern dabei zusehen, wie sie Haus und Hof in diese Läden tragen, für ein paar Augenblicke geborgte Nähe? Und überteuerten Wein mit Bläschen? Und *ganz ohne* sind die Jobs in den Bordellen auch keineswegs. Manchmal müssen die Jungs dort wohl auch abgängige Frauen einfangen. Ostblock-Frauen. Schwarze Frauen. Menschliche Billigware. Zum Verramschen angeheuert. Zum Verbrauch. Die Bestrafungen fürs »Desertieren« sind mitunter drastisch, sie reichen von Schlägen bis hin zu kleineren Verstümmelungen. Frauen wie Viecher. Grundsätzlich indiskutabel, wenn nur das liebe Geld nicht so hübsch locken würde.

Das erste Konzert mit der neuen Crew läuft wie geplant. Das Haus ist voll. Die Stimmung ist gut. Es gibt nur wenige Exzesse. Und es gibt überhaupt keinen Ärger mit Vampiren, nur den üblichen Mist. Ein blonder, gut gescheitelter Studiosus kommt völlig zugeballert an die Tür. Er trägt die Insignien des Wohlstands. Oberschichthemd, Businessjeans und nagelneue Converse. Ich lasse ihn nicht rein. Wir diskutieren alles sehr hübsch unausgewogen, bis der gute Junge mir knapp vor die Füße kotzt, ein Schwall des Erbrochenen ergießt sich auf den Plattenweg vor der Tür. Und auf meine Stiefel. Ich zucke zurück. Der Jüngling, halb schon im Davonwanken begriffen, dreht noch einmal bei und kotzt den Rest seines Mageninhaltes in den Eingang. Ich bin ganz und gar wach. Der Junge jetzt auch. Er will rein. Er will unbedingt heute noch rein. Ich weise ihn erneut ab, diesmal mit Erwachsenensprache und mehr Dezibel. Der Oberschichtbubi glotzt überrascht. Und grinst dümmlich. Und gibt mir eine Schelle. Das Ding landet, halb trifft es meinen Hals und halb mein Ohr. Ich bin mehr überrascht als ernsthaft verletzt. Als der

Genosse erneut ausholt und zu einem eher zeitlupenhaften Schwinger ansetzt, bin ich schon in ihm drin. Mit geschlossener Mitte, meine Deckung an den Kopf gepresst. Sehr nah. Halb tief. Und von dort ziehe ich meinen Haken in den unteren Bauch hinein. Ohne Bremse. Der Typ fällt in sich zusammen. Fällt um. Ich packe ihn. Ich schleife ihn am Kragen seines erstaunlich stabilen Designerhemds auf das angrenzende Rasenstück. Ich rüttle und schüttle den Kerl. Und schreie außer mir vor Wut. Und am liebsten hätte ich auf ihn draufgepisst. Verdammter Wichser. Innerhalb kürzester Zeit hat sich auf dem Gehweg zum Eingang eine Gruppe Menschen gesammelt. Ich sehe missbilligende Gesichter. Kopfschütteln. Aufgeregtes Geschnatter.

»Das kann man doch anders regeln«, ruft jemand.

Wie denn, du Schwachkopf?, möchte ich rufen. Ich schweige aber.

»Immer nur kloppen können die. Das ist alles, was die können.« Eine Frauenstimme.

Wäre es dir lieber, wenn der besoffene Pavian dir drinnen die Titten begrapscht?« Das möchte ich zu der Gans zischen.

Man muss doch nicht immer so übertreiben. Das sagt irgendein langhaariger Typ, der recht nah an mir dransteht. Übertreiben? Am Disco-Zelt, oben an der Autobahnabfahrt, hätten die Jungs den Kerl in Stücke gehauen. Schlau reden ist immer *cheap*. Frieden ist billig, wenn man sich nicht selber dafür langmachen muss. Ich stapfe wütend an der kleinen Versammlung vorbei. Und sage nichts.

»Lass gut sein«, kommentiert Hannes. Das tue ich dann auch, nach einer Cola mit Eis und zähneknirschend. Ich lasse mir aus der Küche einen Eimer kochendes Wasser geben. Ich werde die Kotze wegspülen, so gut es geht. Das ist der Job. Wälzen und putzen. Und die Schnauze halten.

Den Tag über war das Wetter von frühlingshafter Milde. Leider folgen auf solche Tage oft finstere Nächte. Eine Flut von Besoffenen schiebt sich durch die Neustadtgassen wie eine Armee grölender Untoter. Und später kommt noch ein Chemiker an-gezappelt. Trotz zwickender Nachtkälte im ärmellosen zerlöcher-ten T-Shirt. Die Droge macht, dass sich alles an ihm in unruhiger Bewegung befindet. Augen. Hände. Seine in den Baggypants versteckten Storchenbeine. Die Droge gibt den Takt vor. Und dieser Takt ist immer mörderisch hoch. Dieser Typ stinkt nach Ärger.

»Hey, Meister. Lohnt sich das heute bei euch?«

Das klingt unverfänglich, doch unter der Freundlichkeit lau-ert noch etwas anderes.

»Nee, das lohnt sich kaum«, erwidere ich. »Die Band ist scheiße, und überhaupt ist es zu voll. Wir lassen erst mal nur Leute raus.«

Eine Gruppe Studentenmädchen passiert den Eingang, ich nicke ihnen zu, während mein Blick Taschen und Rucksäcke absucht nach den verräterischen Umrissen von Weinflaschen. Bierflaschen. Und Schnaps. Und was die Leute sonst hier noch so reinschleppen.

»Und was ist mit denen?« Der Chemiker deutet mit seinem knochigen Finger auf die Mädchen, die gerade im Haus ver-schwinden. »Die lässt du doch auch rein.«

Ich zucke mit den Schultern. »Die waren schon mal da.«

»Sag doch, wenn dir meine Fresse nicht passt, du verdammt-tes Brikett.«

Das N-Wort. Das ist verbotene Sprache. Es wird selten be-nutzt. Zumindest trauen sich das die normalen Leute bei mir nicht. »Brikett« ist dagegen altvertraut, bereits aus Schultagen. Es ist die ostdeutsche Version des N-Worts. Der Chemiker spukt aus und wendet sich zum Gehen. Ich atme durch und denke an eine Cola mit Eis. Der Chemiker ist weg, es hätte schlimmer kommen können.

Eine größere Gruppe lärmt den kurzen Weg hinauf und strebt Richtung Eingang. Palästinensertücher. Parkas. Iros. Halb gescho-rene Glatzen. Und eine rosa Bommelmütze. Neustadtvolk eben.

Und siehe da, hinten dran klebt der Chemiker. Er hält den Kopf gesenkt, ist aber in seinem Löchershirt nicht wirklich zu übersehen.

»Du nicht.«

Mein Finger sticht in seine Richtung. Er tut so, als wäre er taub, und ist schon halb durch den Eingang. Was für ein freches Aas. Jähe Wut brandet in mir auf. Ich bekomme den Chemiker am Ellbogen zu fassen. Zerre ihn mit einem Ruck von den Stufen. Der Arm des Typen ist dünn. Er wiegt fast nichts, ist nur Haut und Knochen. Als wäre er aus Strohhalmen gemacht, denke ich. Einer von denen, die aufgehört haben zu essen, weil alles Geld für die kleinen *Einkäufe* draufgeht.

Der Typ wirbelt herum. In seiner Hand blitzt ein etwas. Ich lasse ihn sofort los, als hätte ich auf eine glühende Herdplatte gefasst. Der Typ hat sein Grinsen ausgeschaltet. Ist nur noch dunkle, zapplige Energie. Ein Messer. Ein Messer. Ein Messer. In meinem Kopf zappe ich mich fieberhaft durch unmögliche Lösungswege. Es ist Notfall-Mathematik auf Adrenalin. Und ich bin verdammt schlecht in Mathe. Mein panisches Kopfkino bleibt im Eingang hängen beim Kehrzeug. Wir benutzen das üblicherweise, um den kleinen Plattenweg zu fegen, damit alles recht hübsch ist, bevor die Besucher bei uns einfallen. So will es der Chef. Ich reiße den langen Straßenbesen an mich, halte das Stielende Richtung Chemiker. Die Welt versinkt im Nebel. Geräusche verschwinden hinter einer Wand aus Watte. Ein Messer. Im militärischen Nahkampf haben sie uns immer wieder auf die Puppen gehetzt. Sie haben uns Ewigkeiten mit den Übungsgewehren darauf einstechen lassen. Statt Bajonett hatten die Dinger ein Stück Feder mit Gummimuffe. Klack. Klack. Klack. Jeder Treffer presst die Feder mit metallischem Klicken zusammen. Jeder Treffer ein Stich. Ich habe diese verdammten Puppen gehasst. Jetzt steht da ein Mensch.

»Komm doch! Komm doch«, schreit der Chemiker. »Komm doch.«

Ich nehme all meinen Mut zusammen und springe nach vorn. Das erste Stochern mit dem Besenstiel verfehlt ihn. Er ist schnell wie eine Giftschlange. Aber dann trifft der Besen. Ohne Klack, doch mit Wucht. Der Besen trifft im Bauch. Der Chemiker fällt um. Und noch im Fallen setze ich nach. Diesmal benutze ich die Kehrseite. Das Besending hat fünfzehn Zentimeter lange Borsten aus hartem Plastik. Ich stoße immer wieder auf Brust, Bauch und Kopf. Scheißegal, wohin. Der Chemiker zappelt und rollt. Es nützt ihm wenig. Er ist vom Fall benommen und bewegt sich einfach zu langsam. Am Ende rührt er sich nicht mehr. Er sieht schlimm aus. Zerschrammt und blutend. Scheiße. Wieder gibt es einen Auflauf. Um die Szenerie bildet sich eine besorgte Menge.

»Ihr seid wie Tiere.« »Schämt euch!« »Unnötig, völlig unnötig!«

Hannes ist da und deckt mich. Ich spüre, dass er sauer ist. Ist es wegen der Leute oder wegen mir?

»Zurück!«, brüllt er. »Zurück, habe ich gesagt!«

Viel mehr bekomme ich nicht mit. Nur ferne Lautstärke. Irgendwann dann Sirenen und zuckendes Blaulicht. Schon wieder der Rettungswagen vor der Tür, es nimmt langsam überhand. Und trotzdem. Das hier kann ich, wenn ich muss. Ich kann es so gut, dass mich andere Leute dafür bezahlen. Ein Mann braucht eine Aufgabe. Ein Mann ist nichts weiter als ein Affe. Und ein Affe ohne Revier, das er verteidigen kann, ist eine verkrüppelte Existenz. Gib einem Mann ein Stück Mauer, das er verteidigen darf. Und er wird die beste Variante seiner selbst sein. Oder die schlimmste? Ich war nie einer, der sich als Kind gern geprügelt hat. Kinder schlagen sich selten die Zähne aus. Und fast nie schlagen sie sich auf dem Schulhof tot. Auf dem Schulhof gab es Grenzen. Das hier ist anders. Hier gibt es auf nichts eine Garantie. Hier ist der Abgrund. Hier lauern Verletzung. Verstümmelung. Und Tod. Und hier lauert die Angst. Angst. Angst. Doch ich bin in diesem Abgrund nicht allein. Ich habe hier Hannes. Ich habe hier wieder einen Bruder. So tapfer und aufrecht, wie ich es selbst gern sein würde. Mit ihm auf Wache stehen zu dürfen ist für den verzagten Jungen in mir pures Seelen-Koks. Ich fühle mich neu zusammengesetzt. Und für viel zu kurze Momente fühle ich mich vollständig. Bis auf die Sache mit Fee. Nach der Schicht schreibe ich ihr mit zittrigen Fingern am Küchentisch des Führers:

Uns war eine andere Rolle zugedacht,
verloren gegangenen Puzzlestücken gleich.
Doch wir haben die Regeln gebrochen.
Und leben. Und fühlen. Und sind nicht verloren.

Dieses Wetter macht dem April alle Ehre. Heute ist es irgendetwas zwischen kühl und beschissen. In der »Scheune« findet ein weiteres Konzert statt. Ein großes. Punkrock. An solchen Tagen strömt das Feuerwasser wahrlich kistenweise in bereitwillige Konsumenten. Gelobt sei der Umsatz. Doch mir obliegt die Sicherheit in diesem Zirkus. Die allgemeine *Wetterlage* lässt viele Wünsche offen. Ich habe ein kleines Infonetz. Und meine »Späher« liefern mir dies und das, oftmals sind es Meldungen zwischen Gerücht und Vermutung. Heute jedoch verdichten sich viele Einzelteile zu einer großen dunklen Wolke. Die Vampire kommen. Und das wohl nicht nur für den üblichen Krawall. Ich gehe schleunigst zum Revier hinüber und melde das. Der Beamte am Besuchertresen macht eine Notiz. Fall erledigt. Mehr kann er nicht tun, erklärt er mir.

»Verstehn'se det nich?«

Der berlinernde Dienstgruppenführer deutet um sich. »Wir ham hier keene Leute. Kieken Se ma. Kieken Se!«

In der Tat scheint das Revier menschenleer. Irgendwo, ganz weit hinten, kämpft ein uralter hinkender Wachtmeister mit dem Weg zur Kaffeemaschine. Und danach mit einem Stapel Formularen. Hätte hier die Zombieapokalypse gewütet oder ein Killervirus, dann könnte es kaum schlimmer sein.

»Sie sollen sich ja nicht in Regimentsstärke vor die Tür stellen. Einfach nur mal hin und wieder auftauchen wäre schon großartig.«

Ich versuche es mit Schmeicheln. Und einmal mehr mit Bitten und Betteln. »Sagen Se ma, spreche ich Chinesisch?« Der Dienstgruppenführer zeigt erneut in das leere Revier hinein. Ich falte daraufhin die Hände wie zum Gebet. Und lasse das wirken. Schließlich wird der Mann weich und verspricht mir ein Telefonat. Vielleicht hat die Direktion noch irgendwen, den sie schicken kann. Ein Anruf kann ja nicht schaden, meint der Beamte. Dann wedelt er mich genervt zur Tür hinaus. Ich trotte davon.

Die notdürftig aufgebotene Unterstützung kommt nicht aus der Polizeidirektion oder anderen Teilen der Obrigkeit, sondern aus Radebeul. Zwei gute Jungs und eine wahrhafte Karate-Kampfmaschine von einem Mädchen. Ich habe für Hannes und mich Verstärkung organisiert, aber ich fürchte, dass es dennoch nicht reichen wird, bei Weitem nicht. Letzten Monat sind die Vampire mit über fünfzig Leuten in der Neustadt eingefallen. Sie haben einige Cafés aufgesucht und in Trümmern zurückgelassen. Und wenn sie erneut von ihren durchgedrehten westdeutschen Kumpels Unterstützung haben, stehen wir hier auf verlorenem Posten. Wir können dann nicht einmal uns selber schützen, ganz zu schweigen vom Haus und von den Gästen.

Ich gehe hinüber zum Dachboden, mein muffiges Trainingsparadies liegt nur eine Querstraße weit entfernt. Die anderen sind schon da. Wir verpassen uns gegenseitig Hiebe und Tritte und neue Beulen. Nach dem Training hocken wir erschöpft über unseren Wasserflaschen. Und wir sind uns einig: Wir können das heute nicht machen, die »Scheune« muss geschlossen bleiben. Dirk, der Genosse Direktor, wird im Dreieck springen vor Wut. Knapp dreihundert Leute haben bereits Karten. Dreihundert zahlende Besucher. Dreihundert potenzielle Feuerwasser-

Säufer. Egal. Ich schicke die Mannschaft nach Hause, raffe meine schweißtriefenden Klamotten und das Handtuch zusammen und mache mich auf den Weg zu Dirk.

Auf der Louisenstraße schleiche ich mit gebeugtem Kopf am Schaufenster des Süßwarenladens vorbei. Ich habe solchen Hunger auf Schokowaffeln. Meinen Magen grummelt. Einfach nicht hinsehen. Weitergehen. Hinter mir ruft irgendjemand etwas. Ich drehe mich nicht um und gehe zügig die Straße hinauf. Das Rufen wird zu einem Schreikonzert: »Nigger! Du verdammter Nigger!«

Alle meine Lampen springen auf Rot. Weitergehen, einfach weitergehen. Vielleicht schaffe ich es noch bis nach Hause. Oder ich muss an der Schule über den Zaun springen. Das werden wir jetzt herausfinden. So eine verdammte Scheiße. Woher sind die bloß gekommen? Woher nur? Mit der Straßenbahn? Allein in einen einzigen Wagon passt eine ganze Vampirarmee. All das grüble ich noch für den Bruchteil einer Sekunde, dann hört es auf. Ohnehin nutzlose Gedanken weichen blanker Panik. Es sind fünfzehn, vielleicht zwanzig Mann. In knapp achtzig Metern Abstand, vielleicht auch etwas weniger. Ich wechsle die Straßenseite. Mache auf cool. Doch meine zittrigen Beine scheitern beinahe an der Bordsteinkante. Ich sehe aus dem Augenwinkel Bewegung in der Gruppe. Sie kommen. Sie kommen. Scheiße, sie kommen ...

»Schieß doch!« Und gleich darauf.

»Schieß endlich auf den verdammten Nigger!«

Ich renne. Ich renne, meine Sporttasche mit den Stinkeklamotten idiotischerweise an mich gepresst wie einen Goldschatz. Meine Füße fliegen über die Gehwegplatten. Irgendetwas zischt über meinen Kopf hinweg. Funken sprühend. Eine Signalrakete? ... Was mache ich immer noch mit der doofen Tasche? Mein Ausweis, da ist noch mein Ausweis drin, im Seitenfach ... und irgendwo ist Hundescheiße auf dem Fußweg, weiter vorn ... Seltsam, woran man noch alles denken kann, während man davonrennt. Ein Zeitparadox. Ich bewege mich rasend schnell, während alles um mich herum wie eingefroren erscheint. Man fliegt durch den Zeitlupenbrei. Vorbei an zwei Müllcontainern und dem Hauptstraßenschild und einer halb abgerissenen Werbung für Zahnpasta. Ich stürze in die Alaunstraße ein, zwischen den geparkten Autos hindurch, in meinen Hausflur und die Treppe hinauf. Dort knalle ich die Panzertür des Führers hinter mir zu und lege die schweren Riegel vor. Scheiße. Schon wieder. Geschichte wiederholt sich also doch. Nur dass ich diesmal ganz allein bin.

Die Vampire sind auf wirren Wegen durch die Neustadt gekreist, einige blutige Gesichter, Trümmer und Entsetzen zurücklassend. Und dann sind sie so schnell wieder verschwunden, wie sie aufgetaucht waren. Ich wage mich quer über die Straße zur »Scheune« hinüber. Ich finde Dirk in seinem Büro, wie immer über Akten gebeugt. Er erinnert mich, so wie er da im Schein seiner schiefen Schreibtischlampe sitzt, an meine Mutter in ihrer ewigen Arbeitswut. Na gut, bis auf den bunt beklebten Wasserbecher. Und die aufgerissenen Chipstüten. Und die ganzen zerschrammten Westauto-Replika in Miniaturgröße.

»Grüße. Setz dich.« Er deutet auf einen dürren Holzstuhl.

Und schon sprudelt es aus mir heraus. Ich erzähle ihm von meinem Besuch auf dem Revier und vom Überfall der Vampire.

»Hat sich der Revierleiter bei dir gemeldet?«, frage ich.

Dirk nickt. »Die wollen nicht helfen. Oder können wirklich nicht. Und überhaupt sei für ein Konzert der Veranstalter zuständig.«

»Dann solltet ihr heute zusperren!«

Er wiegt bedenkend den Kopf. Ein klares Jein. Ein Jein? Das kann nur ein verdammter Witz sein.

»Du kannst heute nicht aufmachen! Wir sind bloß fünf Leute!«

Was könnten wir einer drei-, vier-, fünffachen Übermacht entgegenstellen? Und Keulen und Fahrradketten und Messern? Und all dem wütenden Hass?

Dirk wirkt in keiner Weise erfreut. Er starrt aus seinem Bürofenster, die Lippen zu einem schmalen Strich aufeinandergepresst. Im Restlicht seiner Schreibtischlampe wirkt er erschöpft, er hat noch dunklere Augenringe als sonst, und seine Wangen wirken noch mehr eingefallen. Unvermittelt knallt seine Hand auf den Tisch. Der Wasserbecher macht einen Satz in die Luft, und der Ordnerstapel wankt bedrohlich.

»Fuck! Fuck! Fuck!« Ich zucke zusammen. Sein Ausbruch kommt unerwartet, so kenne ich ihn nicht. Aber Tatsachen bleiben Tatsachen. Da kann er so viel schreien und toben, wie er möchte.

»Sagt ihr das Konzert heute ab?«, hake ich nach.

Dirk nickt, ganz so, als hätte ich ihm ein verschimmeltes Stück Brot angeboten. Ich nicke auch. Und verziehe mich. Zurück hinter die Tür des Führers. Dort werde ich den Rest dieses verfluchten Tages hinter mich bringen, mit einem Tee, einer Dose Bohnen und einem Buch.

Es hämmert an der Tür. Ich schrecke aus meinem Strugazki-Abenteuer hoch. Ich liebe die Russen und ihre epischen Weltraummärchen von einer besseren Zukunft. Bumm. Bumm. Bumm. Irgendjemand stört mich beim Kopfkino. Bumm. Bumm. Bumm. Vampire klopfen nicht, und dennoch bin ich beunruhigt.

»Mach auf, ich weiß, dass du da bist!«

Die Stimme klingt vertraut. Hannes? Das ist Hannes. Und mit einem Mal weiß ich auch, welchen Fehler ich gemacht habe. Scheiße. Mein Puls rast, und mir bricht der Schweiß aus. Ich stemme den Querriegel aus seinen Halterungen und reiße die Tür auf.

»Komm rein.«

Hannes schüttelt den Kopf. Er ist bleich vor Wut.

»Wo warst du?« Er zischt die Worte. »Wo bist du verdammt noch mal gewesen?«

Unvermittelt kracht Hannes' Faust in den Türrahmen. Der Staub rieselt als feine Wolke aus den Spalten. Sein Zeigefinger deutet anklagend in meine Richtung, er ringt mit den Worten, dann lässt er die Hand sinken.

»Das war's.«

Der Satz wird leise ausgesprochen, mit grausamer Festigkeit. »Das war's mit uns.«

Hannes starrt noch kurz in meine Richtung, aber eigentlich ist er schon nicht mehr da.

Der Morgen ist grau. Die Straße leer und vermüllt. In der »Scheune« sitzt Dirk an seinem Tisch. Schon wieder. Oder immer noch. In mir schwappt eine bittere Suppe über den Tellerrand.

»Wir wollten erst nicht aufmachen. Aber die Leute sind trotzdem gekommen. Und dann dachte ich mir, dass es besser wäre, sie sind im Haus. Und nicht irgendwo da draußen.«

»Du hast es mir versprochen, du hast es versprochen!« Dirk nickt. Das weiß er selbst. Da ist noch diese eine Sache, die ich wissen muss.

»Was war mit Hannes?«

Dirk duckt sich noch tiefer hinter seinen Papierstapel. »Das ist nicht so gut gelaufen.« Er hält kurz inne und schaut zum Fenster hinaus. »Hannes ist gekommen, und ihr wart nicht da.«

»Weil du gar nicht aufmachen wolltest.« Diesmal bin ich ausnahmsweise einmal nicht der Verrückte. Dirk weiß das. Und ich weiß, dass ich genauso versagt habe wie er. »Die ... sind hier reingestürmt ... die haben sich unten einfach vorbeigedrängt.« Natürlich haben sie das. Was hätten die beiden Bürodamen auch machen sollen? »Und dann sind sie pöbelnd durch das Haus, bis ganz nach oben unters Dach.« Dirk stockt. »Da war dann Hannes, an der zweiten Gastro.«

Verdammte Scheiße. Oben unterm Dach. Es gibt dort nur einen schmalen Gang: nur eine Treppe. Eine Flucht ist unmöglich. Und sich verstecken faktisch auch.

»Er konnte nicht weg. Die Typen hatten ihn.«

»Und dann?«

»Nichts *und dann*. Die haben gepöbelt und sind weg.«

Hannes unterm Dach, festgenagelt von den Vampiren. Ich kann mir diesen Albtraum nur allzu gut vorstellen. Das wird er mir nie verzeihen. Mein bester Freund. Mein Uffz an der Tür. Mein Kamerad auf der Mauer. Ich weiß, was nur kommen wird. Es schnürt mir die Kehle zu. So eine verdammte Scheiße. Fee ist fort. Und Hannes nun auch. Ich bin so wütend auf Dirk. Und noch viel mehr bin ich wütend auf mich selbst. Ich habe in meiner verdammten Angst einen verdammten Fehler gemacht. Ich habe vergessen, Hannes abzusagen. Nur deshalb ist er da hineingeraten. Natürlich lässt sich das Fiasko leicht in Dirk auslagern, doch mit der Wahrheit hat es wenig zu tun. Hannes war meine Verantwortung. Ich bin schuld. Punkt. Diese Erkenntnis trifft mich mit Wucht. Ich stehe auf und schlurfe aus Dirks Büro. Es gibt nichts mehr zu bereden.

Ich lege mich hinter die Panzertür auf die zerfledderte Matratze. Die alten Stahlfedern knarren und quietschen unter meinem Gewicht. Ich döse für einige Minuten weg. Träume wirres Zeug. Stehe auf und gehe pissen. Dann lege ich mich wieder hin. Was auch sonst, jetzt ist doch sowieso alles sinnlos. Später am Tag sickert noch düsterer Tratsch durch die Kanäle. Der Mob, der nächtlich die »Scheune« heimgesucht hat, und Hannes schlugen später in der Nacht noch zwei Studenten halb tot. Wegen langer Haare. »Versager!«, lässt meine Mutter mir über die Verkläger ausrichten. Und der Pöbelei folgt ein stechender Kopfschmerz. So übel, dass die Welt hin und her schwankt wie ein aufgegebenes Boot bei Seegang. Scheiße, verdammte.

»Du hast die Tür nicht richtig zugemacht!«

Nan findet mich am nächsten Morgen auf meiner Matratze, festgenagelt im Selbstmitleid. »Was ist los?«

Ich versuche, sie davonzuscheuchen, doch das funktioniert nicht. Schließlich rappele ich mich auf und mache uns einen Tee. Wir verbringen die Zeit schweigend. Wir starren aus dem Mansardenfenster auf graue zerbröckelte Straßenzüge und ebenso zerschlissene Menschen. Es dämmert früh. Allzu viele Fenster bleiben dunkel. Die Stadt leert sich immer weiter.

»Du brauchst einen richtigen Job«, sagt Nan unvermittelt.

»Was denn für einen? Ich kann doch nichts.«

Nan hat die Augen geschlossen. Kurz scheint es, als wäre sie eingeschlafen. »Geh wieder zur Polizei.« Sie sagt es nicht zu mir. Sie sagt es einfach nur vor sich hin. »Zur Polizei?« Vielleicht ist es als Witz gemeint. Soll das ein Witz sein? Aber Nan lacht nicht. »Zur Polizei?«, wiederhole ich mich. Zu den hilflosen Helfern? Den verbitterten, entwaffneten und unterzähligen Dienern eines Systems, an das hier keiner so recht glauben kann? »Die haben bestimmt auf einen wie mich gewartet.«

Nan nickt. »Ja. Haben sie.« Für einen Augenblick hängt das zwischen uns. Diese Frau und ihre kryptischen Gedankengänge. Sie mag fast blind sein, aber sie sieht in der Welt viel besser als viele andere Leute, mich eingeschlossen.

»Wieso sagst du so was?«

»Du bist doch schon Polizist.«

Ich, Polizist? Ich wollte mal einer werden. Sehr sogar. Doch das war zu einer anderen Zeit. In einer anderen Welt, in einem anderen Universum.

»Ich würde mich deutlich sicherer fühlen mit dir da draußen.«

Nan hat ihre Hand auf meinen Unterarm gelegt. Ihre Berührung ist warm. Und sanft. Da ist kein Befehlston in ihrer Stimme. Und umso mehr Befehl ist es.

»Nan.« ich schüttle mit dem Kopf und starre dabei verlegen aus der Mansarde. »Ich bin kein *white knight*. Wirklich nicht. Ich kenne all den Mist in meinem Kopf.« Ich weiß, welche Monster dort jeden Tag Party machen, das sollte ich Nan sagen, aber ich tue es nicht. Ich habe zu viel Angst, sie an diese wenig schillernde Wahrheit zu verlieren. Üblicherweise bin ich nicht mit Frauen befreundet. Und schon gar nicht mit welchen, die ich anziehend finde. Man kann befreundet sein oder ficken. Beides geht irgendwie nicht, glaube ich. Nan ist die eine Ausnahme. Sie ist wie Buddha, nur viel, viel hübscher.

»Ich höre so viele von uns so unendlich viel meckern. Doch all das Gejammer bringt nichts. Wir müssen für uns selbst Verantwortung übernehmen.«

Nans Griff an meinem Unterarm ist jetzt gar nicht mehr sanft.

»Sie werden uns sonst alle umbringen«, fügt sie sehr leise hinzu. Und ich weiß, dass sie recht hat. Doch was könnten wir bewirken? Ich denke an den Lehrgang bei der Neunten. Ich denke an die verwinkelten Straßenzüge beim Stadtkampftraining. Wir brauchten für hundert Schritte die Straße hinauf einen verdammten halben Tag. Häuserkampf in den Plattenbauschluchten von Prohlis oder Gorbitz? Es ist schlichtweg unmöglich. Und selbst wenn, keine Obrigkeit würde so etwas jemals anordnen. Und es würde uns bestenfalls eine Atempause verschaffen, mehr nicht. Der Hass auf uns würde dadurch nicht verschwinden.

Nan legt einen doppelt gefalteten Zeitungsartikel auf die Fensterbank neben sich. »Für dich«, sagt sie. Ich ziehe das Stück Papier zu mir herüber. Es ist eine Annonce der *Sächsischen Zeitung*: »Bewerber für Kriminalistik-Lehrgang gesucht«, lautet die Überschrift.

»Ich muss jetzt los«, sagt Nan noch, bevor sie lächelnd auf den Flur hinausschwebt.

In dieser Nacht schreibe ich wieder einen Brief an Fee.

Bleib, wo Du bist

kratze ich mit Tinte auf das Papier.

Bleib, wo Du bist.

Wenn Du meinen Rat hören willst: Komm nie mehr zurück.
  Komm nicht heim.

Unser Traum ist tot. Fort. Für immer.

Und wenn man schon um ein goldenes Kalb tanzen muss (und
  wer muss das heutzutage nicht?),

dann doch bitte um das Original.

Komm nicht hierher.

Bleib, wo Du bist, das ist mein Rat an dich, Liebste.

Komm nie mehr zurück.

Ich starre auf das Papier. Irgendetwas fehlt noch. Vielleicht *Und hol mich zu Dir, hol mich endlich nach Hause.* Ja, vielleicht das. Aber das schreibe ich natürlich nicht. Den Rest jedoch lasse ich stehen. Diese Warnung bin ich ihr schuldig.

Das Erwachen kommt nach einer gnädig traumlosen Nacht. Ich setze mich an den Küchentisch, hungrig und nackt, und starre die Wand an. Die Küchenwand, gegenüber dem Herd, ist mit Artikeln tapeziert, mit einer Art seltsamer Collage. Es ist mein hilfloser Versuch, zu verstehen. Mit Zeitungsschnipseln gegen das Chaos. Es gibt keinerlei Meldungen, dass in der Stadt bahnbrechende Erfindungen gemacht worden wären. Oder Entdeckungen. Oder dass sich irgendwelche Leute zu zukunftsfrohen Parteien zusammengeschlossen hätten. Es gibt ausschließlich Meldungen über Verfall und Verbrechen. Diebstähle. Es gibt eine Flut von Diebstählen. Und am Rande der Friedrichstadt, in Mickten und sogar an der Stauffenbergallee, direkt vor den Toren der Bereitschaftspolizei, wuchert der Straßenstrich. Und mit ihm die Probleme. Ein Zuhälter wirft nach einer Razzia mal eben so eine Handgranate in eine Dienststelle. Straßenstrich und Rockerbanden und der Krieg zwischen den Vietnamesen-Gruppen, ein Krieg um illegal herbeigeschaffte Zigaretten und die Verteilung der Gewinne. Es ist eine beispiellos brutale Mordserie, wie sie Sachsen noch nicht gesehen hat. Ein wahres Schlachtfest mit einer Menge abgehackter Köpfe. Jetzt rächen sich viele der vermeidbaren Unterlassungen. Man hat die Vietnamesen als Vertragsarbeiter ins Land geholt. Als unkaputtbare, fleißige, immer lächelnde Billiglöhner. Und doch hat man sie nach dem Mauerfall umgehend mit Deportation bedroht. Und etliche hat man tatsächlich in Sammelflieger geladen Richtung Hanoi. Jetzt hat die Stadt eine zahlenmäßig winzige, aber überaus schlagkräftige vietnamesische Untergrundarmee an der Backe. Sogar die Vampire fürchten sie. Ich starre auf mein »Lagebild« und hänge meinen Gedanken nach, bis mich der Hunger doch noch nach draußen zwingt. Unten im Hausflur liegen mehrere Gestalten herum. Die Eingangstür ist ein uraltes morsches Ding ohne Schloss. Und immer wieder wirft uns der Partypöbel Essensreste in den Hauseingang. Oder benutzt ihn als WC. Heute ist es nur eine Horde Streuner. Sie liegen auf dem nackten Boden, eingehüllt in ihre löchrigen grauschwarzen Kapuzenshirts. Ich sehe von ihren Gesichtern nicht viel mehr als wirre, bunt gefärbte Haarspitzen. Das Jungvolk liegt dicht an dicht und stinkt und schnarcht. Ich stakse durch die Versammlung der Leiber wie ein Storch. Stolpere. Hänge fest. Trete Halt suchend auf ein irgendetwas Menschliches.

»Pass doch auf, du alter Wichser.« Ich ignoriere das und habe die Tür fast erreicht. Dann trifft mich etwas hart im Nacken. Flüssigkeit sickert meinen Rücken hinunter. Ich wende mich um, auf dem Boden vor mir liegt eine zerknautschte Dose Billigbier. Einer der Kapuzentypen lacht krächzend in meine Richtung. In seinem Mund hausen nur noch eine Handvoll Stummelzähne. Es ist ein hässliches Lachen. Dieses verdammte Lachen. Es triggert mich. In meinem Kopf sehe ich noch kurz das Blinken der roten Lampe. Bevor ich es zu Ende denken kann, bin ich mitten im Knäuel. Und dann fliegt der hässliche Kapuzenkopf bereits knallend gegen die Flurwand. Ich zerre an der Jacke, aber der Unterkörper ist irgendwo im Knäuel verheddert, verhakt. Ich zerre und zerre und bekomme ihn dennoch nicht recht zu fassen.

»Du verdammter kleiner Pisser.«

Die Kapuze starrt mich aus glasigen Augen an. Er blutet aus Mund und Nase, und er stinkt wie eine wiederbelebte Leiche. Jetzt blitzt es hinter meiner Stirn. Sterne. Gleißende Sterne wirbeln umher. Es fühlt sich für einen Augenblick so seltsam schwerelos an wie damals, als der Unteroffizier meinen Kopf samt Helm gegen das Fensterbrett des Sparkassenrohbaus geknallt hat beim Stadtkampf. Ich lasse die Kapuze fallen und schütze meinen Kopf mit den Armen. Stolpere. Stürze fast. Muss mich mit den Händen abstützen und meine Deckung aufgeben. Irgendwas trifft mich hart in den Rippen. Der Schmerz schießt stechend Richtung Körpermitte. Ich strample und strample und komme schließlich frei. Halb kniend ziehe ich den Kurzstock aus dem Schulterholster. Ein abgewetztes, schweißfleckiges, unkaputtbares Ding aus Hartholz. Ich schlage und »rapiere« um mich. Irgendwohin.

Im Lauf des Tages besorge ich doch noch Brot. Brot von gestern. Das ganze Land ist von gestern. Stecken geblieben zwischen einer Vergangenheit, die nicht sterben, und einer Zukunft, die nicht kommen will. Vielleicht hat Nan recht. Vielleicht gibt es keine andere Wahl, als mich auf die Mauer zu stellen und meine Wache anzutreten. Und in der Hoffnung zu leben, dass das einen Unterschied machen wird. Ich bin nicht so erwachsen wie Fee. Ich bin nicht so tapfer wie Hannes. Und ich bin nicht so klug wie Nan. Doch ich könnte mein Bestes geben, so mangelhaft mein Bestes auch sein mag. Ein Teil von mir will nicht über Weltrettungsversuche nachdenken. Er will nur sich schleunigst wieder hinter in ein Buch verkriechen. Oder, besser noch, hinter den mächtigen Rücken meines Großvaters. Aber Großvater ist tot. Und mein Bruder ist fort. Und auch Hannes. Ich bin auf mich allein gestellt.

Kapitel 13

»Die Würde des Menschen ist unantastbar.«

Das hat er uns an die Tafel geschrieben. Und dann ist der Genosse Dozent, Mehrfach-Doktor jur., aus der Vorlesung hinausgeschlendert und hat uns mit diesem verdammten Satz zurückgelassen. Und einem Berg Hausaufgaben Hausaufgabenverteilung scheint ohnehin das zentrale Hobby aller Dozenten zu sein. Hausaufgaben. Und bitte reichlich.

Die Würde des Menschen ist unantastbar? Für Polizeianwärter scheint das nicht zu gelten. *домашнее задание,* pflegte unsere Russischlehrerin am Ende der Stunde immer zu sagen. Und immer mit einem vergnügten Grinsen.

Und auch hier sind die Hausaufgaben nur spärlich getarnt als Lernempfehlungen, sie verfolgen uns am Ende jedes quälend langen Lerntages tief bis in die Abendstunden hinein. Man hatte uns vor der Einstellung dieses Turbotempo bereits angedroht, doch die Wirklichkeit übertrifft all meine Befürchtungen. Ich wollte in diesen Kurs. Unbedingt. Und genau genommen dürfte es diesen Kurs nicht geben. Zumindest nicht nach dem Laufbahngesetz. Dieser Kurs ist nichts anderes als ein Frischfleisch-Zaubertrick für die Kripo. Man hat Kindergärtnerinnen, einen Feldjäger, etliche Bürokaufleute, mehrere Ingenieure und mich zusammengewürfelt und transformiert uns im Eiltempo zu Kriminalisten. Man muss mit uns eben jene Lücken stopfen, die der Großinquisitor und seine Leute in die Reihen der sächsischen Polizei gebrannt haben. Dieser Kurs ist ein Unikat. Und dieser Gelehrte der Rechtswissenschaft auch. Sie haben ihn aus der Führungsakademie herangekarrt, und nun soll er uns sein fein gewebtes Demokratieverständnis vermitteln. Dieser Typ ist ein *Masterbrain*, ein Überflieger. Sein Verstand arbeitet nicht wie bei uns anderen, nicht wie bei Normalsterblichen. Und mich wundert, dass nach seinen Kursen noch kein einziger Anwärterkopf explodiert ist. Wir haben also Staats- und Verfassungsrecht. Strafrecht. Strafprozessrecht. Polizeirecht. Kriminaltaktik und Technik. Und eine ehemalige Direktorensekretärin bringt uns das Zehn-Finger-Schreibsystem nahe. Und auch das stellt für mich eine Herausforderung dar. Ich tippe die überwiegende Zeit ungelenk auf den Tasten meiner Schreibmaschine herum. Wahrscheinlich sehe ich dabei aus wie ein betrunkener Clown bei einer Spätvorführung. Ohne den Zehn-Finger-Schein gibt es keinen Abschluss. Also schiebe ich Extradurchläufe nach Dienstschluss. Klack, klack, klack. Dann klemmt wieder mal einer meiner Finger zwischen den Tasten. Weiter. Noch mal neu. Klack, klack, klack.

»*She's homeless, she's homeless*«, wiederholt Crystal Waters immer wieder wie ein Mantra. Durch das alte Kasernengemäuer wummert der Superhit des Vorjahres. »Gypsy Woman«. Ich kann die Beats bis in mein Brustbein spüren, so stark vibriert der Boden. Was zur Hölle treiben die da oben?

»Ich hasse dieses Lied, Mann.« Micha grinst unter der Hantel zu mir herauf.

»Und pass gefälligst auf, du Nasenbär.« Micha droht mir mit dem Finger. »Sonst werde ich noch platt gequetscht von diesem Ding. Also aufpassen!«

Ich zucke mit den Schultern. »Das mache ich doch immer.«

»Von wegen«, protestiert Micha. »Entweder du denkst an

russische Raumschiffe, oder du stellst dir diese Coco vor.« Er zwinkert mir zu. »Wahrscheinlich im Bademantel.«

Ich protestiere. »Verleumdung. Üble Nachrede. Gerücht.« Ich hebe die Hantel aus der Halterung und bewege sie Richtung Micha, damit er zu tun hat. »Zu deiner Bildungslücke: Die Genossin heißt nur im Film Coco, das ist eine Schauspielerin aus Österreich. Son-ja Kirch-ber-ger.«

Micha hat die Hantel aufgenommen und ächzt. Trotzdem kann er sich ein Grinsen nicht verkneifen. »Hast du schon ihr Kennzeichen ermittelt? Du könntest es zur Fahndung ausschreiben lassen.«

»Arschloch.« Ich grinse über so wenig Mitgefühl und überlasse Micha seinem schmerzhaften Kampf mit dem Eisen.

Wir sind nach einem langen Studientag in den Keller gepilgert. Und genau in dieser Kaserne, in genau diesem Keller, nahe dem Heizungsraum, habe ich auch schon bei der Bereitschaftspolizei Gewichte bewegt. Und es sieht hier unten immer noch aus wie in der verdreckten Hobbyecke eines Serienmörders. Mich stört das nicht. Und Micha anscheinend auch nicht. Alles hier ist Marke Eigenbau. Die Bank: ist ein Bretterblock zersägter Palettenteile. Die Hantelstange: ist von Micha. Und die Eisenplatten: haben wir uns aus dem ehemaligen Stabsbereich »geborgt«, wo sie unter einem Berg alter Stühle vor sich hin rosteten. Für diese Metallscheiben, an den beiden Enden unserer Hantelstange, bin ich kein Wesen mit Würde. Genauso wenig wie für den Jura-Spezi und seine verdammten Hausaufgaben. Für die Scheiben bin ich nur ein Widerstand auf Kohlenstoffbasis, den es unter Ausnutzung der Schwerkraft gnadenlos zu quetschen gilt. Die Schwerkraft siegt immer. Das ist so. Es geht also niemals um einen Sieg. Möglich ist nur die Verzögerung einer längst besiegelten Niederlage. Satz um Satz. Wiederholung um Wiederholung. Samuel Beckett, der irische Meisterschreiber, soll einmal gesagt haben: »Wieder scheitern. Nochmals scheitern. Besser scheitern.« Micha und ich sind verrückt danach. Wir weigern uns, dem Endzeitkult der anderen beizutreten, um gegen das Unvermeidliche anzusaufen. Die Abschlussprüfung wird kommen. Und sie wird gnadenlos. Nach den finalen Monaten fiebert der Lehrgang nun seinem Ende entgegen. Ich habe mein Bestes getan, mich zu integrieren. Aber mit meiner Vorliebe für sowjetische Fantastik, Bukowski, Hesse und maximale Körperertüchtigung habe ich es nicht wirklich weit damit gebracht. Man duldet mich freundlich. Verrückte gibt es halt überall. Über uns wummern die Bässe. Wir alle müssen uns eben betäuben, ein jeder auf seine Art. Die einen mit Eisen, so wie Micha und ich. Und die anderen mit Jugendtanzmusik und Feuerwasser. Niemand in diesem Lehrgang hat auf ein sicheres Pferd gesetzt. Es ist völlig ungewiss, wie lange dieser sogenannte »Freistaat« überleben wird. Zumindest außerhalb der Generalstabspläne irgendwelcher Bonner Technokraten. Man druckbetankt uns mit Fachwissen wie französische Mastgänse vor der Schlachtung. Was davon uns draußen in der »Fläche« helfen könnte, weiß niemand wirklich. Da draußen tobt das Chaos. Im *Spiegel* und in der *Süddeutschen* lese ich immer wieder über den »Wilden Osten« und die westdeutsche Sorge, dass das frisch zusammengeflickte Land gleich wieder auseinanderbricht. Vielleicht sind die Gegensätze doch zu groß? Doch für die Kriminellen in der Stadt können sie allerdings nicht groß genug sein, vermute ich. Chaos heißt eben immer auch volle Kassen bei den üblichen Verdächtigen. Bei den Apparatschiks. Und eben auch im Milieu. Nach der Prüfung geht es deshalb für uns Frische direkt an die Front. Noch weiß niemand aus dem Lehrgang, wo er landen wird. Aber dann gibt es definitiv kein Verstecken mehr, hinter Gesetzesbüchern und Schreibmaschinen. Ein Teil von mir wünscht sich, ewig hierbleiben zu können in der leidlich geordneten Welt des Kellers.

Micha stemmt grunzend das Gewicht ein letztes Mal nach oben. Dann ziehe ich die Hantel zu mir. Dabei verpasse ich beinahe das Absetzen in den Ständer. So eine verdammte Scheiße. Ich habe natürlich schon wieder an Fee denken müssen. Ich denke immer nur an sie und manchmal auch an den außerirdisch perfekten Körper der Kirchberger. Fee. Mein sommersprossiger Professor. Mein Pfahl im Fleisch. Ich wuchte mich eilig auf die Bank unter das Eisen. Nicht denken. Nicht grübeln. Nur machen. Den Schmerz machen lassen. Und heilen.

Wochen später. Wir besetzen eine Kriminalstreife. Das ist eine der neuen Strategien des neuen Ministers. Die Bürger sollen die Polizei auf der Straße wissen. Sie sollen Polizei auf der Straße sehen. Und es ist natürlich auch ein Signal an die kriminellen Frevler: »Seht, die Zeit des Chaos ist vorüber. Der Staat ist zurück.« Na ja, zumindest die paar von uns, die nicht gerade mit ihren Schreibmaschinen und ihren Akten beschäftigt sind. Heute, zum Himmelfahrtstag, ist die dünne Personaldecke besonders schmerzlich. Himmelfahrt ist ein weiterer harmloser Feiertag, der von irgendwelchen Verrückten in Geiselhaft genommen worden ist. Es wird gesoffen und geprügelt. Und es sind besonders viele Vampire unterwegs. Bei uns und in den Notaufnahmen sorgt Himmelfahrt für Vollbeschäftigung. Vieles wird heute Nacht eilig sein. Und wir haben nur diese komische Kiste von einem Auto. Unser roter Dienst-Lada wäre früher im Amt eine gehobene Ausstattung gewesen, heute ist er ein Ärgernis. Andere Einheiten fahren bereits bequeme Passat oder Golf, wir hingegen knarzen und schwanken und schaukeln in einem Gefährt herum, das in seiner absurden Robustheit für sibirische Buckelpisten konzipiert worden ist. Egal, Dienst ist Dienst. Und Befehl ist Befehl. Wir schleichen uns auf ganz langsamer Fahrt über das Kopfsteinpflaster und über den Rand der Nordstadt. Bei Schleichfahrt klappert der Lada am wenigsten. Entgegen unseren Hoffnungen hat man uns nicht zur Unterstützung der Stadtmitte eingesetzt. Wir bestreifen stattdessen Nebenstraßen auf der Suche nach potenziellen Einbrechern. Die Nacht ist warm. Und still. Es ist ein angenehmer Kontrast zum Gewühl des Tages. Die Straßen der Stadt sind nicht für den zunehmenden Verkehr ausgelegt. Staus, das ist auch so etwas, woran man sich erst einmal gewöhnen muss. Zu DDR-Zeiten fuhren die meisten Leute mit der Straßenbahn und dem Bus. Jetzt ist es andersherum. Die Brücken sind dabei das schlimmste Nadelöhr, zumindest tagsüber. Selbst mit Blaulicht geht da nichts. Sich einfach mal irgendwo in der Stadt schnell zur Unterstützung einfinden ist schier unmöglich. Außer man besitzt einen fliegenden Teppich.

Micha und ich rollen im Schritttempo Richtung Norden. Links und rechts der Route beäugen uns dunkle Fensterhöhlen, mit zugezogenen Gardinen. Kurz nach 02:00 Uhr. Alles o. b. V. – »ohne besondere Vorkommnisse«. Bis auf das Wetter. Das Wetter beugt sich wieder einmal keinerlei behördlicher Weisung. Ein Gewitter zieht auf. Und bald schon prasselt der Regen mit einem dichten Stakkato auf das Dachmetall.

Von irgendwoher dringt ein Geräusch zu uns herauf, es schneidet respektlos durch die Stille der Nacht. Es klingt nach splitterndem Glas und als ob ein Riese auf ein hausgroßes Stück Hartplastik getreten wäre, das unter seinem Schuh panisch zerknackt. Micha schaltet unser Licht auf »Fahrt«. Wir verdrehen unsere Köpfe in alle Richtungen, aber da ist nichts außer die bunt beschmierte Außenmauer der ehemaligen Bezirksbehörde der Geheimen. Wir holpern die Angelikastraße hinab. In der Nähe des ehemaligen Haupteingangs ist doch etwas. Da scheint eine große schwarze Limousine auf einen Lichtmast gefahren zu sein. Augenscheinlich ungebremst. Stahlbeton gegen 7er-BMW. Der Mast hat gewonnen. Er hat durch den Motorblock bis zur Windschutzscheibe geschnitten. Wir blocken einen Teil der Fahrbahn, damit nicht noch ein anderer nächtlicher Autobeweger in die Unfallstelle hineinrasen kann. Der Anblick des Wracks verursacht mir Übelkeit, bereits bevor ich aus dem Lada geklettert bin. Noch nie habe ich ein derartig zerstörtes Fahrzeug gesehen. Die Schritte zum BMW hinüber sind schwierig, meine Knie zittern. Aber was sein muss, das muss sein. Auf der linken Seite bewegt sich etwas. Der Fahrer scheint am Leben. Sein Airbag wurde ausgelöst und baumelt nun wie ein schlaffer Luftballon am Lenkrad. Daneben sitzt eine Frau. Mittleres Alter. Gepflegtes Aussehen. Auffallend üppige Haare. Ihr Kopf wirkt unnatürlich abgewinkelt und verdreht.

»Scheiße, verdammte! So eine verdammte Scheiße!« Mehr bekomme ich nicht heraus.

»Mach Meldung, die müssen jemanden schicken. Sofort!«

Mein Kopf versteht das, aber meine Beine wollen nicht Meldung machen gehen, ich bin wie eingefroren. Micha rüttelt mich an der Schulter. Und dann hören wir schon das rasch näher kommende Geheul der Sirenen. Irgendjemand anders hat bereits Hilfe gerufen. Blaues Lichterzucken überstrahlt die Laterne. Die Feuerwehrjungs sitzen zackig vom Fahrzeug ab und stürzen sich auf die Arbeit. »Schon irgendwas gemacht?«, ruft der Einsatzleiter herüber. Ich schüttle einfach nur den Kopf.

»Wir haben uns nicht getraut, die zu bewegen.« Anders als ich hat Micha seine Stimme nicht eingebüßt. Der Einsatzleiter winkt ab. »Besser so.« Damit ist er bereits vorbeigestürmt, Richtung BMW. Wenige Augenblicke später haben die Feuerwehrjungs die Frau auf dem Gehweg gelagert. Ich komme mir vor wie ein verdammter Statist.

»Weißt du, wer das ist?« Micha stößt mich an.

»Wer?«

»Die Frau, Mensch!« Micha bestaunt ungläubig meine Ahnungslosigkeit. »Dein Ernst?«

Sollte ich das wissen? »Das ist diese ganz bekannte Fernsehtante.«

Ich schaue zum Gehweg hinüber. Tatsächlich, das ist sie. Panik macht anscheinend nicht nur blöd, sondern auch blind. Irgendetwas scheint jetzt doch nicht gut zu laufen. Sie haben die Bluse von der Frau heruntergeschnitten. Und auch den Rest, bis auf die Haut. Am Brustkorb kleben die Pads mehrerer Elektroden. Die Hektik nimmt zu.

»Adrenalin! Du da, zieh mir das auf!« Ein Feuerwehrgenosse, der bei der Frau kniet, deutet in seinen Ampullenvorrat. »Du da! Schnell!« Er meint mich. So eine Scheiße. »Adrenalin! Schnell doch! Was ist los mit dir?«

In meiner Panik habe ich einen Panikanfall. Geht das? Ich wusste bislang nicht, dass sich absolutes Entsetzen auch noch steigern lässt.

»Ich, ich, ich ... ich kann das nicht. Ich nicht! Das nicht.« Ich spucke mein Stottern Richtung Feuerwehrmann. Wedele chaotisch und abwehrend mit den Händen. Ich kann das nicht!

»Verdammt noch mal, seid ihr zu nichts zu gebrauchen?«

Der Feuerwehr-Genosse ist ziemlich angepisst von meiner Unfähigkeit. Und ich würde mich am liebsten in Luft auflösen. Da liegt eine Frau im Sterben. Und alles, was ich beitragen kann, ist, dumm herumzustehen. Links von mir flammt unvermittelt ein Blitz auf. Erst ducke ich mich instinktiv. Dann wirble ich herum. Ein großer Typ in Lederjacke knipst mit seiner Kamera Bilder von der sterbenden Fernsehfrau. Die Kamera ist ein riesiges Ding mit Objektiv und Blitz, und der Kerl hantiert gelassen damit, als ob er gerade ein paar Hochzeitsfotos machen würde.

»Sie spinnen wohl! Zurück!« Endlich verlässt mich meine Starre. Endlich komme ich in Bewegung. Nur leider mit dem völlig falschen Text. Wo sind nur die verdammten Vokabeln aus dem Polizeigesetz? »Handlungsstörer«. »Platzverweis«. »Androhung unmittelbaren Zwangs«. Alles fortgeschwemmt von Scham und Empörung. »Ich bin Presse! Ich mach hier Fotos!« Der verdammte Presse-Punk reißt sich von mir los. Er ist laut. Ich werde noch lauter. »Hören Sie auf damit! Ich kassiere die scheiß Kamera! Zurück, jetzt!«

Der Typ ist wirklich groß und breit und angepisst. Und er hat einen unverkennbaren bayerischen Akzent. Ein Westler. Das ist ja noch viel schlimmer als ein Preuße.

»Ich bin Presse! Weißt du überhaupt, wer ich bin?«, schreit der Punk. »Ich beschwer mich. Ganz oben!«

Er stürmt los, aber ich springe in seinen Weg. Wir knallen derbe zusammen. *No pasarán*, du Wichser. Am besten gehe ich auf Nummer sicher und lasse ihm die Luft raus, bevor er mir die Zähne ausschlagen kann. Es reicht mir jetzt das verdammte Theater von diesem Leichenschänder. Ich fingere in meinen Taschen nach Handschuhen und Mundschutz. Doch da kommt schon der Feuerwehrhauptmann und fliegt in den Typen rein.

»Sie sehen doch, dass die Frau im Sterben liegt! Was stimmt mit Ihnen nicht?« Die Feuerwehr ist weniger zimperlich als ich. Der Genosse »Presse« trollt sich ein paar Meter zurück. Und startet aus der Entfernung sofort wieder die Kamera. Zisch, macht der Blitz. Zisch. Zisch. Am nächsten Tag erscheinen Fotos vom Unfallort in der Boulevardpresse. Dazu die Bilder der sterbenden Fernsehfrau. Schöne neue Welt.

Wochen später. Ich liege wach, einmal mehr, und wälze mich herum. Geisterstunde. Jetzt wird da draußen kaum noch gefeiert. Wer das Glück hatte, einen Job zu finden, geht früh schlafen. Wer immer noch keinen hat, dem ist nicht nach Feiern zumute. Abgesehen davon, dass dann das Geld für außerhäusiges Saufen fehlt. Die Party ist vorbei. Ich lausche der Stille. Diese Straße da draußen ist der verdammte Mittelpunkt des mir bekannten Universums. Ich habe auf dieser Straße verliebt Händchen gehalten mit Fee. Und hier schlug das Herz der bunten Republik für einige wenige Tage. Und hier ist dieser Traum auch gestorben. Ich bin auf dieser Straße auf der Suche nach Kohlen und etwas Essbarem herumgestreunt. Ich habe auf dieser Straße Arbeit gefunden, in der »Scheune«. Und hier hat mich die IX. vor den Vampiren gerettet. Auf dieser Straße habe ich auch ein weiteres Zusammentreffen mit den Vampiren überlebt. Ein anderer Mann, Jorge Gomondai, hatte allerdings nicht so viel Glück und starb an jenem Tag im April '91. Dreihundert Meter Heimat.

Dreihundert Meter Asphalt und Kopfsteinpflaster. Und graue Hauswände. Und kaputte Dächer. Und kaputte Menschen. Ich habe die Jahreszeiten kommen und gehen sehen. Diese Straße ist grau, doch liebenswert. Diese stets vermüllte zerlöcherte Straße ist eine Miniaturausgabe der Welt. Herrlich und abgefuckt.

Ich habe auf dieser Straße meinen Sohn herumgetragen. Ja, ich habe einen Sohn, nur wenige Kilometer entfernt. Er liegt um diese Zeit gewiss in seinem Bettchen und schlummert friedlich. Und vaterlos. Die Trennung von Silke frisst an mir. Es gab schlussendlich doch kein Märchen mit der Märchenprinzessin. Silke war bereit. Für alles. Für eine Beziehung. Für den Kleinen. Für ein richtiges Leben. So wie das Erwachsene halt machen. Silke war bereit. Ich war es nicht. Auch das habe ich verbockt. Und diese Schuld wiegt schwer. Ich fühle mich mies. Nur ein Narr, ein Trottel, ein beschissenes Schwanzgesicht setzt ein Kind in dieser Stadt aus und lässt es dann in ihr allein. Schuld. Darüber denke ich nach im grauen Haus. In der Mansarde. Hinter der Tür des Führers.

Ich habe getan, was mein kleiner Sohn nicht kann. Ich habe mir eine neue »Familie« gesucht. Diese Polizei ist intern keine Blümchenwiese, aber ein viel besserer Ort als viele andere in dieser Stadt der Zurückgelassenen. Hassgeschichten und Rassismus? Nicht mir gegenüber. Nur einmal pöbelt mich ein Kollege aus einer Chemnitzer Einheit an, im Treppenhaus der Kaserne.

»Ach, dürfen hier jetzt auch Neger mitmachen?« Etwas in der Art. Vier Kollegen mussten den werten Herrn und mich auseinander halten, damit wir uns nicht in Stücke hauen. Allerdings haben die Genossen ihm danach klargemacht, dass er sich sofort verpissen muss, weil sie ihn sonst melden.

Und ja, da war noch diese eine Sache bei einem Einsatz. Ich erinnere mich noch an einen Typen mit kaffeefleckigem Feinrippunterhemd. Worum ging es damals noch gleich? Um einen Raub? Eine sexuelle Nötigung? Wir klingelten an vielen Türen auf der Suche nach Zeugen. Wir klingelten auch an der Tür von diesem Spezialisten. »Was hat der Schwarze bei euch verloren?«, brummt der Typ. Mein anwesender Vorgesetzter faltet den Mann umgehend zusammen. So gründlich, dass dieser sich anschließend bei mir entschuldigt. Mir war die Sache peinlich im guten Sinne. Selten hat sich jemand so für mich eingesetzt. Die sächsische Polizei hat intern einige Probleme, bigotte Hassphilosophie gegen Andersartige gehört nicht dazu. Im Gegenteil, hier ist die Welt noch, wie sie sein sollte. Hier zählt Einsatz noch etwas. Und Kameradschaft. Deshalb habe ich aus tiefster Überzeugung meinen Eid geleistet. Auf das Land. Und auf diesen seltsamen neuen Freistaat. Und vor allem auf das, was dieser neue Ministertyp begonnen hat.

Er war bei der Vereidigung persönlich anwesend. Das bedeutet mir etwas. Auf die restliche Obrigkeit, diese Versammlung von Opportunisten und Problemleugnern, lege ich keinen Wert. Auf den Minister schon. Er ist wie der in die Kybernetik verliebte Ulbricht, nur ohne all die Schubladen im Kopf und ohne die unsäglich unfähige Partei der Berufsrevolutionäre an der Backe. Der Minister will für die neue Polizei, dass die Zukunft mehr ist als ein laues, ungefähres Versprechen, das niemand gedenkt jemals einzulösen. Der Minister plant Tablet-Computer in jedem Fahrzeug statt uralten Erika-Schreibmaschinen an ebenso alten Schreibtischen in baufälligen Dienststellen. Der Minister will die mobile Vorgangsbearbeitung, faktisch ein Büro auf Rädern, das ständig mit dem Dienstnetz verbunden ist. Und der Minister definiert das organisierte Verbrechen als eine Art europaweiten Zivilkrieg, in dem Sachsen nur ein Schauplatz von vielen ist. Menschenhandel. Waffenhandel. Geldwäsche. All das wirft Berge von Gewinnen ab. Und diese schaffen damit der Gegenseite fast unbegrenzte Möglichkeiten. Der Minister will längst überfällige »Waffengleichheit« herstellen. Und er stemmt sich gegen die Vampire. Er hetzt ihnen die besten Ermittler auf den Hals. Und Spezialkräfte. Und vorbei sind die Tage der öffentlichen Verharmlosungen. Dieser Minister hat das Zeug zum »Schlagerstar«. Er werkelt an einer utopischen Welt, die vielleicht nicht wahrhaft gerecht sein kann, aber doch zumindest relativ sicher sein wird. Irgendwann einmal. Ein Mann braucht Idole. Ideale. Er braucht eine Aufgabe. Habe ich die meine gefunden? Ein guter Vater bin ich Samuel junior bislang nicht gewesen. Aber vielleicht kann ich jetzt einen Teil meiner Schuld begleichen. Vielleicht kann ich zumindest dazu beitragen, dass er in dieser Stadt nicht in Angst aufwachsen muss. Deshalb gilt mein Eid auch dem Minister und seiner Offensive. Daran denke ich zur Geisterstunde, daran und an vieles mehr. Ich kann wieder einmal nicht schlafen, wahrscheinlich ist Schlaflosigkeit eine geradezu unvermeidliche Nebenwirkung von jugendlichem Idealismus. Einige Zeit wälze ich mich noch unter der Decke hin und her, dann stehe ich schließlich auf und setze mich mit einem Tee an den Küchentisch. Ich denke an meinen Sohn und kritzle wieder einmal mit Tinte auf Papier:

»*Ich eile, diese Stadt zu retten. Oder eine Handvoll Leute an irgendeiner Straßenecke. Oder zumindest dich. Ein Leben, wenigstens eines. Ich will dich retten, diese Idee ist festgeklebt in meinem Kopf, sie ist wie der Phantomschmerz nach einer Amputation. Ich eile nirgendwohin. Sonne und Regen. Tag und Nacht. Opfer und Verlust. All dies ist bedeutungslos, ohne dich.*«

Mein Sohn ist vier Jahre alt. Mit dem schlechten Gewissen seines Vaters kann er wahrscheinlich weniger anfangen als ich mit einem Spielzeugauto. Und die Märchenprinzessin würde sich bei diesen Zeilen wahrscheinlich vor bitteren Lachkrämpfen schütteln. Sie hat die ganze Arbeit mit unserem Jungen. Und ich schreibe schwülstige Briefgedichte an das Kind. Die Märchenprinzessin lacht zu Recht in meinem Kopf. Und mit ihr lacht das Kollektiv der Verkläger. Ich schicke den Brief niemals ab.

Tage später. Halb fünf am Morgen. Draußen ist es noch dunkel. Ich schleiche mich in die Dienststelle und gehe auf Zehenspitzen am Bereitschaftsraum vorbei in Richtung Büro. Ich presse mir einen dreiminütigen Durchlauf ab. Ich mache Liegestütze auf dem Schreibtisch zwischen den Akten. Drei Minuten sind eine verschissene Ewigkeit. Drei Minuten durchhalten. Wenn meine Kraftkörnchen so lange reichen, steigt die Wahrscheinlichkeit deutlich, dass ich danach noch am Leben bin in einem wirklichen Szenario. Mein Trizeps ist ein Klumpen aus Beton. Die Schultern brennen. Mir ist leicht schwindlig. Und übel. Ja, das ist es. So muss es sein. Mit dieser Dosis fühle ich mich gewappnet für den Tag. Der Schmerz ist meine Konstante, meine Festung. Ich bin sein König. Oder sein Untertan, je nachdem.

Die anderen warten im Bereitschaftsraum. Warten ist das Schlimmste. Es ist dieser verdammte Schwebezustand zwischen Adrenalin und Langeweile.

Ich sitze zwischen meinen schmauchenden und kaffeeschlürfenden Kollegen und wünsche mir aus ganzem Herzen, dieser Räucherhölle zu entkommen. Die Genossen sind gut gelaunt, man schwatzt und scherzt, während der Dezernatsleiter seine Papiere auf dem Tisch verteilt. Ich bin das Küken unter all den Altgedienten, sitze ganz hinten, hinter dem breiten Rücken vom langen Winrich, hoffend, dass niemand auf die Idee kommt, mich irgendetwas zu fragen. Wir sind der Kriminaldauerdienst. Die Feuerwehr. Der Dauerdienst übernimmt, was eben gerade so ansteht. Von größeren Diebstählen über Fälle sexueller Nötigung bis hin zu Raub und Waffen. Wir nehmen es auf und reichen es an den Fachdienst weiter. Und wir suchen nach vermissten Kindern, besichtigen Leichen, helfen bei Festnahmen, Aufklärung und Observation. Wir nehmen, was kommt, wir packen überall an, wir halten zusammen. Anders geht es mit den wenigen Leuten gar nicht, wir sind, was noch übrig ist.

Und wir sind eine bunt zusammengewürfelte Familie. Eine bewaffnete Kommune. Männer und Frauen. Alte und Junge.

Studierte und Hauptschüler. Sportliche und weniger Sportliche. Bücherwürmer und Bildzeitungsleser. Und natürlich auch einige wenige Kameradenschweine und Wichtigtuer. Wo werde ich mich einsortieren? Oder besser gesagt: Wo werden meine Kollegen mich einsortieren? Nach außen macht es keinen großen Unterschied. Für die Kriminellen sind wir alle zuvorderst eins: »Bullen«. Dreck. Weniger wert als das Vieh. So ist die Welt nun einmal aufgeteilt. Es ist das ewige Spiel zwischen denen und uns. Wir haben uns für eine Seite entschieden so wie die auch. Ich habe mich entschieden. Und nun muss ich lernen, damit zu leben. Dies ist für mich eine altbekannte und doch völlig neue Welt. Und deshalb sitze ich bei den Dienstbesprechungen am liebsten weit hinten, damit niemand auf die Idee kommt, mir eine Frage zu stellen. Ich lausche dem Fachchinesisch und nicke schlau vor mich hin und mache mir Notizen in mein Buch. Und innerlich fühlt es sich an, als ob sich ein kleiner Junge bei den Erwachsenen eingeschlichen hat. Der Junge muss oft grinsen.

Das Telefon klingelt. Irgendwer hat irgendwas für den Chef und bringt es über »Draht«. Immer wenn es etwas Wichtiges ist, meidet man den Funk. Den Funk kann da draußen jeder mithören. Der Dezernatsleiter legt das Gespräch auf eine Nebenstelle und stürmt aus dem Raum. Die Belegschaft tuschelt, wir ergehen uns in Mutmaßungen. Nach wenigen Minuten ist der Chef zurück.

»Also Kollegen, wir haben aus dem Fachdienst die Information erhalten, dass der Beschuldigte W. nach einigen Tagen der Abwesenheit wieder in seiner Wohnung aufgetaucht ist.«

Oh nein. Der W., das ist eine unappetitliche Sache. Es geht um Kinder. Wirklich kleine Kinder. Irgendjemand aus dem Milieu hat den W. hingehangen, irgendjemand hat gegen den Mann ausgepackt. Bislang konnte der Fachdienst den Verdacht nicht beweisen, das ist jetzt wohl anders. Lang lebe der Spitzel. »Der liebe Kollege Winrich fährt. Mit Thomas. Und nehmt den Neuen mit.« Der Chef deutet in meine Richtung. »Der W. ist so groß wie ein Gartenzwerg. Und zumindest bislang nicht mit Waffen aufgefallen. Da solltet ihr drei Jungs gut zurechtkommen.«

Der lange Winrich schaut skeptisch zu mir rüber.

»Wir drei? Was ist mit der ZEG?«

Die ZEG, die Zivile Einsatzgruppe. Der Hammer der Kripo, sie ist wie eine Art abgespecktes MEK.

Der Dezernatsleiter winkt ab. »Ist nicht verfügbar. Auf jetzt!«

Genosse Winrich ist nicht überzeugt, gibt aber klein bei. Auf dem Flur hält er Thomas und mich kurz zurück. »Wir nehmen alles mit, was wir haben. Den Hammer. Die Weste. Den Schild. Keine Ahnung, ob der verrückte Fifi sich nicht irgendwas zugelegt hat. Der muss doch damit rechnen, dass er Besuch bekommt.«

Thomas und ich nicken. So viel mitnehmen wie möglich, geht klar. Wir packen alles geschwind in unseren behördlichen Straßenkreuzer, und die Fahrt hinüber in die Neustadt gerät denkbar kurz. Das Haus vom W. ist leicht zu finden. Wir halten eine Querstraße entfernt.

»Also, Genossen, folgender Plan: Ich mache mit dem Hammer die Tür auf. Du!«

Dabei zeigt Winrich auf mich. »Du hast die Weste an und den Schild. Sobald die Tür auf ist, rennst du rein und wirfst dich auf den drauf.« Ich nicke brav und mache auf tapfer. Das Blut schießt schmerzhaft in meine Finger. Sie fangen sofort an zu zittern.

»Und du.« Winrich zeigt auf Thomas. »Du bist von uns der beste Schütze. Du verursachst auf engem Raum den geringsten Schaden. Du musst uns sichern, und falls irgendetwas schiefgeht und der doch mehr bei sich rumliegen hat als das übliche Küchengerät, dann bist du dran.«

Thomas nickt. Mir wird bereits beim Zuhören flau im Magen. Es ist eine gute Sache, was wir tun. Eine eindeutige Sache, so einem das Handwerk zu legen. Obwohl ich über dessen »Handwerk« gar nicht viel nachdenken will. Meine beamtenrechtlich geforderte Neutralität gegenüber dem Beschuldigten ist längst über Bord gegangen. Ich muss mich im Griff haben. Ich darf das nicht vermasseln.

»Ihr kennt das Spiel. Wir warten noch bis 06:00.«

Es ist 05:35 Uhr. Wir könnten schon loslegen. Allerdings wäre dann alles für die Katz. Was immer wir auch in der Wohnung finden würden, egal, ob Bekennerbriefe, blutige Messer oder zerfickte Babys, unterläge dem Beweisverwertungsverbot, da wir es rechtswidrig erlangt hätten. Im Sommer zwischen 21:00 und 04:00 Uhr, im Winter bis 06:00, gilt die sogenannte Nachtzeitschranke der Strafprozessordnung. Das ist eine dieser »Türsicherungen«, damit sich gewisse Nazi-Sauereien niemals wiederholen können. Die Gestapo holte gern mitten in der Nacht die Leute aus den Betten. Die nächtlichen Einfälle in die Arbeiterquartiere waren eine gezielte Variante des staatlich organisierten Terrors. Das darf nie wieder sein. Die Nachtzeitschranke macht Sinn. Und trotzdem ist sie gerade heute verdammt lästig.

Wir warten. Ich habe mir die Sk4-Weste bereits übergestreift. Es ist das monströs klobige, bläulich vernähte Ding, das ich schon in Potsdam herumschleppen musste. Ich schwitze unter zwanzig Kilogramm Keramikplatten. Endlich, fünf vor sechs. Wir überqueren die löchrige Straße und den nicht weniger reparaturbedürftigen Gehweg und drücken uns in den Hauseingang. Es stinkt nach Pisse. Die Wände sind ein ausgeblichenes bröckliges Gelb. W. wohnt in einem dieser halb verfallenen Neustadthäuser, in einem richtigen Drecksloch. In genauso einem lebe ich auch, nur wenige Straßenzüge entfernt. Ich folge Winrich und Thomas in Zeitlupe die Treppe hinauf. Zweite Etage. Wir schleichen. Aber die alte Treppe knirscht und knackt, sie ächzt und grummelt. Kaum vor der Tür angekommen, holt Winrich aus und knallt den riesigen Hammer gegen das Holz. Bämm! Bämm! Bämm! Die Tür bleibt zu. Es wirkt wie ein missglückter Zaubertrick. Der riesige Winrich mit dem riesigen

Hammer gegen diesen altersschwachen Witz von einer Tür. Winrich schaut verdutzt, dann holt er wieder aus. Bämm! Das ganze Haus erzittert. Unvermittelt brüllt Thomas neben mir wie verrückt los: »Polizei!« Er drischt seine Faust gegen das Türbrett. »Aufmachen, Polizei!«

Ich stimme mit ein. Winrich schwingt erneut den Hammer wie ein wütender Schmied. Thomas und ich springen von der Tür weg. Der Hammer trifft. Wieder. Und wieder. Und wieder. Er stanzt tiefe Dellen in die Tür, aber die Tür hält stand. Winrich muss eine Pause machen. Der Hammer ist wirklich riesig und schwer. Mein Vorgesetzter ringt nach Luft. Plötzlich ist da ein Kratzen an der Tür. Ein Scharren von Riegeln. Dann schwingt das demolierte Türbrett auf. Ein Mann in Unterhemd und Schlüpfer steht vor uns. Ich warte auf nichts mehr. Ich springe nach vorn und knalle mit maximaler Kraft gegen den Mann. Der fliegt nach hinten. Und ich auf ihn drauf. Samt Schild und Weste und Rucksack. Und Angst. Ich bin am Boden, unter mir und dem Schild ist nur noch der Typ. Meine Wange brennt. Und die seitliche Stirn. Ich bin mit meinem eigenen Gesicht gegen die Innenseite des Schilds geknallt, die Hälfte von meinem Passbild fühlt sich an wie betäubt. Unter mir rührt sich nichts. Noch nicht? Ich igle mich ein. Ziehe Beine und Arme an, so gut es geht mit all dem Zeug. Ich zapple und strample, und trotzdem dauert es eine gefühlte Ewigkeit, bis ich von dem Kerl runter bin.

»Alles ist gut! Alles gut. Ganz ruhig.«

Winrich zieht mich am Rucksack hoch. Und dann hat Thomas den Typ bereits auf die Seite gedreht und legt ihm Handschellen an. »Wo sind die Bilder? Wo sind die Filme?«

Der Typ glotzt benommen. Er blutet leicht aus Nase und Mund. Ein Teiggesicht. Ein Bankfilialleitergesicht. Jemand, an den man sich auf der Straße kaum noch erinnern kann, wenn er gerade eben vorübergegangen ist.

»Letzte Gelegenheit, guter Mann. Sie können die Bilder und die Filme freiwillig übergeben.« Winrich zerrt die Bettdecke aus dem zerwühlten Nachtlager des Mannes und verhüllt dessen spärlich bedeckte Nacktheit.

»Oder was?«, knurrt der Gefesselte. In seinen Augen blitzt irgendetwas auf. Wut? Belustigung? Großer Manitu, was für Nerven muss man haben für so was unter diesen Umständen? Frisch plattgemacht und die Polizei im Haus. Entweder der Genosse ist unschuldig. Oder ein phänomenaler Schauspieler.

»Gut.« Aus Winrichs Stimme trieft jetzt nur noch dürftig kontrollierte Wut. »Ich eröffne Ihnen hiermit den Beschluss des Amtsgerichts Dresden zur Durchsuchung. Gesucht werden mögliche Beweismittel, die mit dem gegen Sie erhobenen Vorwurf der sexuellen Nötigung an Kindern im besonders schweren Fall gem. § 177 StGB in Verbindung stehen könnten.«

Thomas hat in der Zwischenzeit eine Nachbarin aufgetrieben, die mit Kittelschürze und Bestürzung bekleidet in der demolierten Tür zur Wohnung steht. Stumm. Blass wie ein Geist. Ihr Kittel ist einfarbig grau aus Dederon, der berüchtigten DDR-Kunstfaser. Sie kann noch keine Mitte sechzig sein, aber sie wirkt uralt.

»Ihre Nachbarin Frau W. ist so freundlich und wohnt der Durchsuchung als Zeugin bei.«

Wir wissen ja vom Fachdienst, wo wir suchen müssen. Doch um die Quelle zu schützen, drehen wir ein paar Anstandsrunden durch die winzige Wohnung. Es ist nur ein Raum plus Klo und Küche. Dort steht dicht neben Schränken, Tisch und Herd noch eine Duschkabine. Diese winzige Bude beherbergt ein ganzes verdammtes Leben. Es gruselt mich, wenn ich daran denke, wie der Typ hier kreucht und fleucht. Und was ihm dabei alles für Ideen gekommen sind. Winrich winkt mich heran. Wir ziehen das Bett aus der Wandecke. Darunter sind nur Staubflusen, sonst nichts. Unter Winrichs Gewicht protestiert eines der Dielenbretter. Perfekt. Unser Stichwort.

»Was ist das?«, fragt Winrich streng. Als wäre er noch nie zuvor in seinem Leben auf eine knarrende Diele getreten.

»Was ist was?« Der Typ stellt sich blöd. Er weiß nicht, was wir wissen. Winrich springt leicht auf dem Dielenbrett auf und ab. »Das hier. Und das hier.« Die Nachbardiele knarrt auch.

Ich hole wie verabredet das Stemmeisen aus dem Rucksack. Wo das Brett am lockersten scheint, fange ich an. Knack. Es dauert nicht lange. Im Boden klafft ein rechteckiges Loch. Darin hockt eine zerbeulte, abgeschrammte Munitionskiste mit verblassten kyrillischen Schriftzeichen. Ein rechteckiger Kasten, doppelt so groß wie ein Schuhkarton.

»Was ist das?«, fragt Winrich in einem harten Ton.

Der Typ verrenkt sich theatralisch den Hals, als höre er zum ersten Mal von diesem Loch. Aber in seinen Augen sehe ich etwas vom Geist Gollums, dem gnomartigen Wesen aus Tolkiens Meisterwerk. Gollum und sein Schatz.

»Keine Ahnung! Das ist nicht meins. Ich weiß nicht, was das ist.«

Winrich dreht sich mit kalter Gelassenheit zu mir um.

»Bevor wir das rausholen, machst du Fotos und pinselst das Ding ab. Auf Daktys.« Mir wird unvermittelt warm. Allein mit der Pentagon-Kamera bin ich wahrlich kein Meister. Daktyloskopische, also fingerabdruckbezogene Spuren habe ich erst wenige Male gesichert, faktisch nur während der Ausbildung an einem Versuchsaufbau.

»Jetzt mach nicht so ein Gesicht. Es geht hier nicht um deine Beerdigung.« Genosse Winrich beugt sich nah zu mir heran. »Wir brauchen nur einen einzigen Abdruck, den wir zuordnen können. Das packst du schon.«

Ich nicke, jawohl, Ausführung. Ich mache das. Ich packe das. Keine Ahnung wie, aber ich packe das. Ich eile zurück zum Auto und hole den Koffer mit dem Spurenzeug. Erst knipse ich das verdammte Loch im Boden von allen Seiten. Dann bringe ich auf dem Deckel der Kiste mit dem Pinsel reichlich Rußpulver auf. Thomas packt mich am Arm und zieht mich aus der Wohnung auf den kurzen Flur.

»Genosse Fred, was wird das?« Fred, das ist der interne Ausdruck für idiotische Frischlinge.

»Winrich hat mir gesagt ich soll das machen.«

»Ja, ja, das weiß ich doch.« Thomas winkt ärgerlich ab. »Ich meine, haben sie dir gar nichts beigebracht? Was soll das?« Er zeigt in Richtung Kiste. Ich weiß nicht, was er meint. »Du hast die Kiste einfach mit Ruß zugeschissen. Wie sollen wir denn jetzt auf der dunklen Kiste mit dem dunklen Ruß die Spuren sichtbar machen?«

Fuck. Mir ist nicht mehr warm. Mir ist kalt. »Da muss man doch mal erst das Gehirn einschalten und dann loslegen. Die Daktys sind lebenswichtig, wenn wir den Herrn da aus dem Verkehr ziehen wollen.« Thomas ist unübersehbar angepisst. Er übernimmt. Ich schaue einem richtigen Kripo-Mann bei der Arbeit zu. Innerhalb weniger Minuten hat Thomas ein anderes Zeug auf die Bügelverschlüsse der Kiste gepinselt. Dort zieht er die Abdrücke auf die Folie. Bei Gegenlicht sieht man perfekt erhaltene Fingerabdrücke.

Im Anhörungskeller des Amtsgerichts wartet das Böse auf uns. Dr. Plocher. Ich hatte mich auf die Vorführung beim Haftrichter gefreut. Endlich mal etwas zu Ende bringen. Zumindest bis zu einem Haftbeschluss. Die Freude vergeht mir beim Anblick des Doktors. Das ist kein Mensch, sondern ein Kampfhund mit Jurastudium. Und dafür, dass sein Mandant von uns mit einer Kiste voll erdrückender Beweismittel erwischt worden ist, wirkt er erschreckend zuversichtlich, als er uns grüßt.

»Guten Tag, die Herrschaften.«

Wir brummeln einen Tagesgruß und setzen uns. Dann heißt es mal wieder warten. Eine gefühlte Ewigkeit sitzen wir mit dem verschlagenen Advokaten auf dem Gang herum. Erst zweieinhalb Stunden später ist es so weit, wir erhalten eine Audienz beim Richter. Das große Theater, mit allem Drum und Dran. Der Richter. Seine Assistentin. Der Staatsanwalt. Der Beschuldigtenanwalt. Der Beschuldigte und in diesem Falle dazu noch auch wir. Auf Wunsch des Richters, warum auch immer. Alle sind versammelt. Und erst scheint auch alles gut zu laufen. Jeder kennt seinen Text. Bis der böse Doktor aufsteht.

»Euer Ehren, hiermit beantrage ich, den Antrag der Staatsanwaltschaft auf Erlass der Untersuchungshaft abzulehnen.«

Der Richter schaut gelassen von seinen Akten auf. »Mit welcher Begründung?« Sein Ton klingt sachlich, beinahe schon gelangweilt, ganz so, als hätte er etwas in dieser Art erwartet. »Herr Dr. Plocher, die Beweislage scheint mir in diesem Fall doch geradezu erdrückend, und ich bin ehrlich gesagt überaus geneigt, dem Antrag der Staatsanwaltschaft zu folgen.«

Der Doktor nickt bei jedem Wort des Richters und lächelt.

»Das verstehe ich sehr gut«, sagt er dann fast mitfühlend. »Aber Sie sind leider noch nicht im Besitz aller kernrelevanten Informationen.«

Auf der Stirn des Richters zeigt sich eine vertikale Stirnfalte. Er hatte wohl auch auf einen glatteren Verlauf gesetzt.

»Die Durchsuchung erfolgte rechtswidrig. Alle erlangten Beweismittel unterliegen somit dem Beweisverwertungsverbot.«

Die Stirnfalte des Richters ist jetzt so tief wie der Marianengraben. Und seine Geduld scheint erschöpft. »Bei aller kollegialer Akzeptanz, aber die rechtliche Würdigung in der Sache überlassen Sie doch bitte mir, Herr Dr. Plocher.«

Ich verstehe nur Bahnhof. Was diskutieren die hier? Der Fachdienst hat die Aussage dieses anderen F.fis. Und wir haben eine verdammte Kiste voll mit ekelhaften Bildern, die schwersten Missbrauch dokumentieren. Sogar an einem Säugling. Was braucht der Richter noch? Soll der Typ sich auf den Marktplatz stellen und ein Pappschild hochhalten, wo draufsteht »schuldig«?

Plocher legt los. »Wohnungsinhaber ist nicht der Beschuldigte, sondern eine gewisse Ramona E., sie ist die Lebensgefährtin des Beschuldigten und wohnt eine Etage weiter oben, direkt über der durchsuchten Wohnung.« Der Doktor legt eine effektvolle Pause ein.

»Frau E. hat mich um 05:57 Uhr angerufen, weil sie Lärm und Schreien vor ihrer Zweitwohnung wahrnahm. Ich habe Ihnen das Anrufprotokoll meines Mobiltelefons ausgedruckt.«

Der Doktor wedelt triumphierend mit einigen Blättern in der Luft herum. »05:57 Uhr. Das ist ein Bruch der Nachtzeitschranke. Ohne ersichtliche Gefahr im Verzug.«

Die Miene des Richters ist vereist. »Drei Minuten?«

Plocher winkt ab. »Natürlich, drei Minuten. Eine Kleinigkeit. Jedoch befinden wir uns auf dem Gebiet der ehemaligen DDR, einer unbestreitbaren Diktatur. Hier ist besondere Sensibilität geboten. Uns allen steht das furchtbare Wirken des DDR-Geheimdienstes vor Augen, die Willkür und die Gewalt. Auch in Bezug auf nächtliche Durchsuchungen. Was tolerieren wir nächstes Mal? Zehn Minuten? Eine Stunde?«

Eine halbe Stunde später ist das Theaterstück vorüber. Wir stolpern auf den Flur und müssen uns erst einmal sammeln. Plocher marschiert an uns vorbei. Sein Gesicht ist eine unerträgliche Grimasse der Zufriedenheit. Er hält kurz bei Winrich. Flüstert etwas und geht dann weiter. Thomas und ich wollen wissen, was der Doktor sagte. Winrich schüttelt den Kopf.

»Komm schon, was hat der Kerl dir gesteckt?«

Winrich hält noch kurz durch. Dann erklärt er mit steinerner Miene: »›Ihr hattet schon den Richtigen.‹ Das hat er gesagt.«

Winrich löst sich von uns und geht den Flur des Anhörungskellers entlang Richtung Ausgang. Auf halber Strecke dreht er sich zu uns um. »Manchmal kann ich nicht die Hälfte von dem fressen, was ich kotzen möchte.«

Der Tag fing beschissen an und will einfach nicht besser werden. Wir schaffen es bis zum Parkplatz eines McDonald's. Gegen unseren Frust besorgen wir uns einen Berg wertloser Kalorien. Wir kauen an unseren Burgern herum und reden wenig. In die

Stille hinein plärrt der Funk. Die Stimme der Obrigkeit. Neue Weisungen. Die Reste unserer Mahlzeit wandern aus dem Fenster, und wir rasen an den Südrand oben auf den Höhen. Dort ducken sich ein paar heruntergekommene Altbauten in den Schatten der Betonburgen. Die Vietnamesen betreiben da offenbar ein Zwischenlager für Zigaretten. Deren »Lagermeister« hat die kostbare Ware wohl nicht nur bewacht, sondern sich auch reichlich daran bedient. Und heute bekam er dann Besuch.

Wir rollen mit Schwung und Blaulicht auf den vermüllten Hof. Da steht bereits ein grell blinkender Krankenwagen. Winrich und Thomas springen direkt in die Ambulanz. Ich gehe ins Haus. Die Wohnung liegt im Erdgeschoss. Ich balanciere auf Zehenspitzen, um so wenig wie möglich zu bewegen vor der Spurensicherung. Im Schlafraum des »Lagermeisters« sieht es aus, als hätte man dort ein großes Säugetier geschlachtet. Mit einer Kettensäge. Das Blut ist durch das Kopfkissen und die Matratze gelaufen bis auf den zerfaserten welligen Kunststoffboden unter dem Bett. Und weiter nach vorn bis zum Gang, bis dicht vor meine Füße. Die Gardinenvorhänge waren irgendwann einmal grauweiß. Nun haben sie sich von unten nach oben gierig mit dem Blut vollgesaugt. Gewebestückchen liegen überall herum. Durch die rötlich gefärbte Gardine dringt das Blaulicht herein, in der offenen Ladeluke des Krankenwagens sehe ich die Beine meiner Kollegen. Man hat dem »Lagermeister« hier also wirklich den Kopf aufgehackt in seinem Bett. Was für eine Scheiße. Die Spurensicherung wird toben, aber ich muss mich im Türrahmen festhalten. Meine Beine fühlen sich an wie zwei Lakritzstangen in einem sommerheißen Auto.

Wir können nicht in der Wohnung des »Lagermeisters« bleiben. Erneut plärrt der Funk. Und erneut ist es ernst. Unser Wagen rast mit Blaulicht und Sirene vom Hof, eine Staubwolke hinter sich herziehend. Wir fliegen. Vampire haben auf einem Rastplatz einen Reisebus mit dänischen Pfadfinderkindern angegriffen. Sie sind mit Steinen und Knüppeln auf den Bus losgegangen. Thomas treibt den Passat so schnell voran, dass der Fahrtwind uns das Magnetblau vom Dach reißt. Jede verfügbare Frau und jeder Mann im Dienst sucht sich irgendetwas, das fährt, und eilt herbei. Viele sind wir trotzdem nicht. Aber wir eilen. Das sind doch nur Kinder, verdammt, es sind nur Kinder.

Die Vampire haben sich nach ihrem Überfall in einem ihrer Vereinsheime verschanzt. Und wir sind zu wenige, um sie dort herauszuholen. Zumindest wird das wohl kaum ohne Blutbad über die Bühne gehen. Der Offizier vom Dienst, unten im Lagezentrum, ordnet per Funk an, die Maßnahme abzubrechen. Rückzug. Fuck. Fuck. Clusterfuck. Ich könnte kotzen.

Kapitel 14

»Alter, so geht das nicht weiter!«

Thomas starrt mich sorgenvoll an. Er ist mittlerweile wie ein großer Bruder für mich. Und wie es große Brüder so an sich haben, wissen sie natürlich alles besser als man selbst. »Du musst wieder mal unter Leute! Du drehst sonst noch völlig durch.«

Ich schaue entgeistert. Ich bin mir keiner mentalen Störung bewusst, deren Erwähnung sich lohnen würde.

»Wieso?« Ich tue unschuldig und versuche an Thomas meinen besten Rehaugenblick. Blinker. Blinker. Thomas ist gegen so was anscheinend immun. Oder ich muss das mit meiner Bambi-Imitation einfach noch üben.

»Vergiss es! Du bist zu alt und zu hässlich für diesen Kindergarten-Trick.« Thomas grinst. »Du kommst heute Abend mit zum Doppelkopf.«

»Wie bitte, was?« Was soll das denn sein, um Himmels willen? Doppelkopf? Ich denke mit Grauen an das Kuhgehirn, auf das ich einmal im Kühlschrank eines Klassenkameraden gestoßen bin. Sein Vater war Koch. Meint »Doppelkopf spielen« Gehirne kochen? Paniert? In der Gruppe verspeist? Wahrscheinlich mit Unmengen von Bergarbeiterschnaps ...

»Wo hast du bisher gelebt? Hinter den sieben Bergen?«

Bei meiner Mutter, lautet die richtige Antwort. Ich habe zu lange bei meiner Mutter gewohnt.

»Doppelkopf ist ein Kartenspiel, Genosse Dämlich.« Ein Kartenspiel, ach so. Ich bin erleichtert. Trotzdem habe ich keine Lust. Außerdienstliche Zusammenrottungen von Bleichgesichtern sind mir ein Gräuel. Alle führen Erwachsenengespräche. Niemand darf in der Nase bohren. Und schon gar nicht darf man die mühsam herausgebohrten Popel vor allen Leuten essen. Und es wird geraucht und gesoffen. Langweiliger Mist.

»Ich kann nicht. Wirklich nicht.« Ich versuche es mit einer Ausrede. Ich habe ihn schon x-mal vertröstet, vielleicht klappt es ja noch dieses eine Mal.

»Ist das ein Vorschlag oder eine Weisung?« Kaum habe ich das gesagt, bemerke ich meinen Fehler.

»Weisung.« Thomas grinst mich an. Schachmatt.

Die abendliche Zusammenrottung verläuft genau wie befürchtet. In einer typisch verwinkelten Neustadt-Wohnung haben sich zu viele Leute versammelt. Schmausend. Trinkend. Spielend. Man könnte die neblige Luft mit einer Papierschere in handliche Stücke schneiden und sich in den Mund schieben. Ich versuche mich so unsichtbar zu machen wie nur irgend möglich. Aus meinem »Versteck« heraus, in der hintersten Ecke, nahe beim Bücherschrank, beobachte ich dann die Gruppe am Wohnzimmertisch. Sie legen Karten ab und nehmen Karten auf und werfen sich irgendwelche Wortbrocken zu. Was immer daran Spaß macht, ich verstehe es nicht. Es fixt mich nicht an. Nicht eine winzig kleine Kleinigkeit. Und mitten unter den Spielern hockt eine Mademoiselle. Sie erscheint selbst im Sitzen ungewöhnlich groß. Ihre Schultern, Arme und der Rücken wirken wie das Ergebnis eines anspruchsvollen Trainings. Die Mademoiselle muss eine Menge Eisen bewegt haben. Über ihrem perfekt symmetrischen Gesicht wölbt sich ein kahl geschorener Schädel. Keine Glatze, aber die Haare können nur ein, zwei Millimeter lang sein. In der Hand hält das Fräulein eine dicke qualmende Zigarre. Sie wirkt wie die Krieger-Amazone aus einem Erwachsenen-Comic. Ich bekomme bei ihrem Anblick einen trockenen Mund und muss schlucken. Fuck. Ich war noch nie jemand, der leichtgängig auf irgendein Mädchen zugesprungen ist. Die Angst, mir einen Korb zu holen, war stets viel zu heftig. Und diese Frau sieht sowieso aus, als wäre sie drei Etagen über meiner Liga.

Kein minutenlanges schmachtendes Starren kann unbemerkt bleiben. Die Amazone blickt von ihren Karten auf und schaut durch den Rauch zu mir herüber. Das fährt mir siedend in den Bauch hinein. Ertappt. Die Amazone schaut mich an wie ein großer Fleischfresser, der ein vorüberhetzendes Tier im Wald erblickt und den Aufwand abschätzt, um das Futterbündel zu Tode zu jagen. Nach einer schrecklich langen Sekunde schaut sie wieder in ihr Kartenblatt. Ich schwitze. Diese verdammte Party. Dieser verdammte Thomas. Soweit ich es sehen kann, scherzt der Kerl fröhlich herum und knabbert an Schnittchen und schlürft an Gläsern. Möge der Teufel ihn holen. Ich hocke noch einige Zeit im Schutz des Bücherregals herum. Irgendwann halte ich dann meine Pflichtaufenthaltsdauer für erfüllt. Ich stelle meine leere Teetasse behutsam auf das Fensterbrett und stehe möglichst unauffällig auf. An der Garderobe nehme ich meine Jacke vom Haken und bin schon fast aus der Tür, als mich jemand an der Schulter berührt. Es durchfährt mich, als hätte ich in eine Steckdose gegriffen. Hinter mir steht die Amazone.

»Thomas hat mir gesagt, dass du dich aus dem Staub machst.« Dieser kleine Drecksack, bei so einem Freund braucht man keine Feinde. »Wie darf ich das bitte verstehen?«

Die Amazone ist fast so groß wie ich. Und stehend strahlt sie noch mehr von dieser eisernen Kraft aus als im Sitzen. Ihre Stimme. Fuck, diese Stimme. Tief und voll, wie das Brummen des Bienenstocks im Nachbargarten bei meinen Großeltern.

»Ich bin extra wegen dir gekommen.« Sie lächelt undurchsichtig. »Ich glaube, Thomas will uns verkuppeln.« Clusterfuck. »Äh, äh ... äh.« Das ist selten dämlich, aber mehr bringe ich nicht heraus.

»Wir müssen ja nicht gleich zusammen ins Bett gehen. Oder?«

»Äh, äh ... Natürlich nicht, nein«, antworte ich brav.

»›Nein‹? Wieso ›nein‹? Findest du mich hässlich?«

Im Angesicht meines blöden Gesichts beginnt sie prustend zu lachen. Warum bin ich Polizist geworden und kein verdammter Zauberer? Dann hätte ich mich jetzt wenigstens in Luft auflösen können. Sie gibt mir ihre Nummer. Und entlässt mich gnädig.

Ich gehe nach Hause und schlafe allein. Auch wenn die Fee-Verliebtheit langsam vernarbt ist, fühle ich mich roboterhaft und einsam. Mein Kopf ist voll mit Aktenscheiß. Mit düsteren Gesichtern. Bitteren, zersprengten Existenzen. Der nächste Morgen fühlt sich an, als wäre er viel zu früh über die Nacht hergefallen. Ich schlurfe zombiehaft ins Büro. Schaffe es bis zur Mittagspause und rette mich dann in eine nahe gelegene Telefonzelle. Mit einem satten Klacken fällt die Münze in den Schacht. Ich wähle die Nummer. Es tutet zweimal, dreimal.

»Ja?« Eine dunkle Stimme. Ist sie das? Oder hat ihr verdammter Lover den Telefonhörer ergriffen?

»Hier ist Sam. Erinnerst du dich? Doppelkopfrunde.« So weit, so dämlich.

»Klar erinnere ich mich. Du bist gestern vor mir weggerannt.« Die Amazone lacht.

»Ich bin nicht weggerannt. Ich bin ... Okay, ja, ich bin weggerannt.« Das läuft ja großartig. »Kartenspielen ist nicht so meins.«

»Bin ich denn irgendwie deins?« Während ich krampfhaft nach einer Erwiderung suche, lacht sie wieder ihr tiefes Lachen. »Ich würde jetzt so gern dein Gesicht sehen.« Nur zu, das lohnt sich. Ich sehe gewiss aus wie der von Thomas so gern zitierte »Blödmann«.

»Komm, lass uns treffen«, sagt sie unvermittelt.

»Wann?«

»Jetzt. An den Elbwiesen, am Rosengarten. Kannst du?«

»Äh, klar. Kein Problem.« Klick. Sie hat aufgelegt. *Bullshit*. Kein Problem? Es ist ein Problem. Ich habe den Schreibtisch voller Akten und noch lange keinen Feierabend. Egal. Ich täusche beim Dezernatsleiter einen unaufschiebbaren Arztbesuch vor und renne los. Es ist ein ziemlich Stück Weg, und als ich schwer atmend ankomme, ist von der Amazone weit und breit nichts zu sehen. Hat sie mich zum Narren gehalten? Ich stütze mich keuchend auf meinen Knien ab. Mein Herzschlag überdröhnt das Vogelgezwitscher. Dann ist da plötzlich eine Hand auf meinem Rücken. Ich fahre herum.

»Du hast es ja richtig eilig gehabt. Du warst ja sogar noch schneller als ich mit dem Rad.«

Diese Frau hat sich tatsächlich auf den Weg gemacht, ich kann mein Glück gar nicht fassen. Sie trägt eine weiße weite Latzhose aus einem leinenartigen Stoff. Und ein ärmelloses weißes Hemd. Noch ehe ich erneut irgendetwas Schwachsinniges von mir geben kann, streckt sie ihre Hand aus, packt mich an diesem verschwitzten Lappen von einem Hemd und zieht mich zu sich heran. Ihr Kuss ist überraschend. Und wundervoll. Ein Kuss. Einfach so. Ohne Eile. Sanft. Wahrscheinlich könnte sie mich ohne Kraftanstrengung unter ihren Arm klemmen und mit sich nach Hause tragen. Sie trägt mich nicht. Und es braucht auch keine Gewaltanwendung.

Die Amazone lebt in einer kleinen Wohnung, in einem dieser Neustadthäuser, die sich noch nicht entschieden haben, ob sie weiterleben wollen oder sich vielleicht doch noch schnell in Trümmer und Schutt auflösen. Als wir beieinanderliegen, danach, ist aus verworrener Sympathie bereits etwas anderes geworden. Es ist eine unerklärlich heftige Verbundenheit. Wie kann das sein? Aber es fühlt sich an, als ob diese Frau ein wichtiges fehlendes Puzzlestück wäre, das endlich an seinen Platz gerutscht ist. Das Licht der Nachmittagssonne bricht sich in den staubigen Fenstergläsern des Schlafzimmers. Es lässt die Stoppeln auf dem Kopf der Amazone schimmern wie goldenen Flaum. Diese Frau mit ihrer Fastglatze und all den Muskeln und all den Narben sieht aus wie jemand aus einer mittelalterlichen Lanzenträgergruppe. Aber sie redet mit Begeisterung von ihrem Buch mit Gedichten von Gertrude Stein. Und sie duftet nach Sommer und Himmelsblau. Und an ihrer Brust liegend sehne ich mich unvermittelt nach gar nichts mehr.

»Was sind das für Narben?«

Sie zögert. »Ich war auf der Sportschule. Ich hab Judo gemacht«, sagt sie dann. Aha, Judo, die trainieren auch viel Athletik. Daher die Muskeln. Aber die Narben? »Habt ihr dort auf Rasierklingen trainiert? Oder auf Nagelbrettern?« Das sollte eigentlich ein Witz sein, aber unvermittelt ist da etwas in ihrem Gesicht. Und der Ermittler in mir spürt sofort, dass er ins Schwarze getroffen hat.

»Wie kommst du darauf?«, fragt sie mit angespanntem Unterton. Ihr Körper hat sich an meiner Seite versteift. Weggewischt ist alle postkoitale Leichtigkeit.

»Spurenlage«, sage ich so knapp und neutral wie möglich. Ich darf jetzt keinen Fehler machen. Bitte, Sam, bitte, vermassel es nicht. Nicht auch das noch.

»Spurenlage?« Sie dreht sich aus meiner Umarmung heraus und geht auf Distanz, lehnt sich mit dem Rücken gegen die Zimmerwand.

»Sei bitte nicht sauer. Ich habe es nicht böse gemeint. Es geht mich auch nichts an. Das ist einfach nur eine Berufskrankheit bei mir. Man wird schnell komisch am Kopf. Es ist immer diese Brille des Verdachts.« Und nach kurzer Pause füge ich hinzu. »Manche würden es auch Paranoia nennen.«

Ihr Blick ist unerforschlich. Mein neunmalkluges Gerede hat

die Atmosphäre zwischen uns verändert. Eine giftige Wolke hängt im Raum. Es riecht nach der wohlvertrauten Angst. Und nach Verzweiflung. Es ist der Geruch meiner Kindheit. Die Dämonen erheben sich aus der Zwischenwelt. Die Amazone sagt nichts. Und ihr Schweigen ist ein gewichtiges Indiz. Ich bin, ungeplant und ungewollt, auf etwas gestoßen. Noch weiß ich nicht genau, was, aber es hat mit dem Abgrund zu tun, da bin ich mir sicher. *Clusterfuck.*

»Du musst nicht darüber reden.«

Sie winkt ab. Sie weiß, dass ich es weiß. »Ich war schon im Kindergarten eine Raufbiene«, beginnt sie. »Meine Eltern haben mich in ihrer Ratlosigkeit zum Judo gebracht, damit die meine Energie in halbwegs geordnete Bahnen lenken.« Sie schnauft einmal tief durch. Ihr Blick geht irgendwohin in die Ferne zum Fenster hinaus. »Ich war mehr wie ein Junge. Ich habe in meiner Altersklasse alle plattgemacht. Und bald darauf Kinder zwei Klassen über mir. Da kamen natürlich irgendwann dann die von der Sportschule. Ich sollte gefördert werden, sollte unbedingt ihr Judo-Wunderkind sein, aber das war für meine Altersklasse eigentlich noch gar nicht vorgesehen. Also haben sie mich zu den Turnern gesteckt. Pro forma.«

Ich habe mein Gesicht nicht ganz unter Kontrolle. »Was grinst du so blöd?«, fragt sie und kneift mich dabei kräftig ins Bein. Das gibt einen blauen Flecken. Oder einen schwarzen. Sie hat einfach so viel Kraft in ihren Händen. Ich kann mir einen Spruch trotzdem nicht verkneifen.

»Für die rhythmische Sportgymnastik bist du ungewöhnlich groß.«

»Fang du nicht auch noch an. Die haben mich immer nur Giräffchen genannt.«

Giräffchen. Ich muss lachen. Sie tritt nach mir. »Lach nicht.« Sie deutet mit dem Finger auf mich. »›Blödmann‹ ist auch nicht viel besser.« Dass das mein Spitzname ist, muss ihr Thomas verraten haben.

»Ich war sogar mit den Turnerinnen bei Wettkämpfen.«

»Echt, du hast bei Wettkämpfen geturnt?«

»Nein, Blödmann, ich nicht. Ich war nur die Assistenz vom Coach. Ich hab mich um die Bandagen gekümmert. Die Frisuren. Die Taschen. Um Tee und Pausenbrote.«

»Turner-unterstützungs-Giräffchen, na so was.« Ich lache. Und sie tritt mich erneut.

»Ja, ich war die Assistentin der Trainer«, sagt sie noch. Dann schweigt sie zum Fenster hinaus. Das ergibt irgendwie alles noch keinen Sinn. Wo sind die verdammten Dämonen in der Geschichte?

»Ich habe alles versucht. Ich habe meinen Eltern vor den Auswärts-Wettkämpfen gesagt, dass ich da nicht mitwill, weil mir im Bus immer schlecht wird. Aber meine Mutter dachte, ich will mich nur drücken. Und als ich ihr dann doch alles gesagt habe, da hat sie mir nicht geglaubt.« Sie schluckt. »Und mir wurde strengstens verboten, mit irgendjemandem darüber zu sprechen. Meine Eltern hatten wohl Angst, dass ich von der Sportschule fliege und sie mich wieder ganz allein an der Backe haben.«

Sie atmet schwer. Und eine Träne rollt ihre Wange hinab. Hektisch schraube ich im Kopf die Einzelteile zusammen. Meine Amazone hat Narben. Diese Narben sind nicht von einem Unfall. Also müssen sie von Verletzungen sein. Und die Verletzungen haben augenscheinlich mit den Wettkämpfen an den Wochenenden zu tun. Die Turnermädchen? Nein, die hatten sicherlich eine irre Angst vor ihr. Was habe ich übersehen? Kurz grüble ich, dann ist es mit einem Mal ganz leicht. »Der Trainer«, sage ich leise. Und suche dabei ihre Hand. »Es war der Trainer, richtig?«

Ihr Blick wird von Tränen geflutet. Und ihre Erzählung lässt mich fassungslos zurück. Ich habe schon heftigen Scheiß gehört, aber das hier sprengt jede Skala von Horror. Am Ende fällt mein Kommentar denkbar kurz aus. »Ich werde ihn einfach verschwinden lassen.« Ich meine es so, wie ich es gesagt habe. Und draußen lungert ein geradezu lächerlich schöner Tag vor dem Fenster. Was für eine irre Welt.

»Er kommt einfach irgendwann nicht mehr zu Hause an, ganz ohne Lärm und Theater«, sage ich. »Und als Letztes bekommt er noch eine Kostprobe von dem da.« Ich deute auf die Galerie der Narben. »Du musst gar nichts tun. Du musst bloß nicken. Und schon ist es passiert.«

Sie schüttelt den Kopf. Sie will das nicht. Sie weint. Heftig. Haltlos. *Nein.* Wieso »Nein«? Es wäre überhaupt kein Problem, den Drecksack zu finden. Der Typ steht in der Öffentlichkeit, so einer kann sich nicht unsichtbar machen. Den finde ich. Es ist mir scheißegal, dass er aus kleinen Menschen Salto schlagende Weltmeister oder Olympiasieger züchtet. Er und sein kranker Assistenztrainer haben ein neunjähriges Mädchen manipuliert. Sie haben es halb in den Wahnsinn getrieben und gedemütigt. Und schließlich haben sie es mit absurder Intensität gefoltert und gefickt. Über Jahre hinweg. Aus Spaß an der Freude. Machtbesoffen. Soziopathisch. Die haben erst damit aufgehört, als die Amazone so groß und so hart geworden war, dass sie fürchten mussten, dass ihnen eine ihrer Fick-Folter-Sitzungen aus dem Ruder läuft. Sie schoben das Mädchen unter einem Vorwand in die Klasse der Eisschnellläufer ab und erhielten bald neue Jobs in anderen Ecken der Republik. Zurück blieb ein verstümmeltes Kind, an Leib und Seele zerstört. »Selbst schuld. Du bist doch selbst schuld!«, zischen die Dämonen ihr zu. »Du hast doch ganz freiwillig im Trainerzimmer geschlafen, weil du Angst im Dunkeln hattest. Du hast die beiden doch angehimmelt. Warum bist du nicht zur Polizei gegangen, wenn es dir nicht gefallen hat?«

Diese Stimmen sind ihre Verkläger. Sie ist um die halbe Welt geflüchtet. Sie hat fast jeden Alkohol und jede Droge geschluckt. Sie ist zugedröhnt durch die Neustadt getorkelt. Sie hat in Hauseingängen geschlafen und in ihrer eigenen Kotze. Sie hat Prügeleien angefangen. Sie hat einige Leute böse plattgemacht. Und sie hat sich tagelang in ihrer Wohnung eingeschlossen, unfähig, auch nur bis zum Bäcker an der Ecke zu gehen. Die Stimmen im Kopf sind geblieben. Sie sind wie eine unberechenbare Besatzungsmacht, wüten und heulen: »Flittchen«. »Versagerin« und »Selbst schuld, verdammte Schlampe«.

Die Amazone und ich sind wie zwei lang getrennte, zueinander gehörige Quantenteilchen einer Seele. Und wir sind nicht mehr länger in unseren Kinderkörpern gefangen. Wir sind zu wehrhaften Freaks herangewachsen.

Ich recherchiere trotz ihres Nein. Der Assistenztrainer ist bei einem Motorradunfall bereits gestorben. Aber den anderen gibt es noch. Die Amazone will keine Rache, sie will nur Ruhe im Kopf. Sie ist wie ich. Und ganz und gar doch nicht, Gott sei es gedankt. Sie will Heilung, aber nicht um jeden Preis. Sie ist auf ihre Art hell und gerecht, trotz allem. Und tatsächlich, einige Jahre darauf wird das Monstrum ganz ohne mein Zutun öffentlich enttarnt. Sein Tod folgt nur wenige Monate später. Man findet den Beschuldigten erhängt in seiner Zelle. Mein Karma wird nicht weiter befleckt. Ich entgehe knapp einer großen Schuld.

Die Amazone hat sich mir offenbart. Ich vergelte es ihr mit gleicher Offenheit. Ich erzähle ihr alles. Selbst das mit der Therapie. Ich habe eine Therapie angefangen und abgebrochen. Dabei war die Therapeuten-Madame ein liebenswerter Psycho-Hartkeks. Und vielleicht wäre ich mit ihrer Unterstützung bis in meine tiefsten Tiefen vorgedrungen und hätte dort womöglich einige Leichen bergen können. Vielleicht wäre es einen Versuch wert gewesen. Oder gar diesen Jungen, den meine Mutter damals aus dem Haus meiner Großeltern gezerrt hat. Hätte, hätte, Fahrradkette. Auf dem Tisch im Therapieraum stand ein beigefarbenes altes Telefon. Dasselbe DDR-Modell wie bei der Sprachtherapeutin aus meinen Kindheitstagen. Ich musste ständig auf dieses Plastikding starren. Und erzähle dabei, dass ich beinahe täglich durch meine Träume gehetzt werde. Dass ich zehn, fünfzehn Mal in einer Nacht aufwache. Dass offene Fenster und hohe Höhen mir verheißungsvoll zuflüstern. Und dass mir viele Dinge nicht mehr aus dem Kopf gehen. Dass all das Blut und das Gemetzel zu Endlosschleifen geworden sind. Ich habe Störungen des Kurzzeitgedächtnisses. Ich habe Störungen des Langzeitgedächtnisses. Ich habe kurzzeitige Ausfälle der Feinmotorik. Beim Joggen, beim Essen und auch beim Waffentraining. Wäre ich als ein fabrikneuer VW Golf in einem derartig desolaten Zustand über die Straßen gerollt, hätte man mich längst ins Werk zurückgerufen, als Garantiefall verbucht und verschrottet. Doch kaputte Menschen unterliegen glücklicherweise noch nicht der effizienten Logik des Kapitalismus. Zumindest noch nicht vollständig. Die Krankenkasse bezahlt für meine Reparatur. Und Frau Dr. Dr. Freud bohrt mir immer tiefer in den Kopf hinein. Ich leugne. Ich heule. Ich schweige. Und schließlich renne ich davon. Es ist eine hastige Entscheidung. Eine feige. Eine bleigewichtig falsche Entscheidung, so viel ist mir bewusst, noch bevor ich ganz zu ihrer Türe hinaus bin.

»Und darum schreibst du?«

Habe ich ihr erzählt, dass ich schreibe? Verdammt, ich habe keine Ahnung, was genau alles aus meinem Mund gekommen ist.

»Ich schreibe, weil es rausmuss. Irgendwohin.« Und weil der liebe Gott aus mir eben keinen Kosmonauten gemacht hat. Und auch keinen Kernphysiker. Das hätte ich noch hinzufügen sollen. Das Schreiben ist mein Sprechen, das bin einfach ich. Wie der Schreiner Teil des Tisches ist. Und der Metzger Teil vom Schnitzel. Wir sind, was wir tun. Wir tun, was wir gut können. Meine Mutter und meine Deutschlehrerin haben vehement darauf bestanden, dass der Sozialismus keine weiteren Schriftsteller braucht, sondern Ingenieure, Maurer und Soldaten. Mit ein wenig Ermutigung hätte ich vielleicht einen Berg an Papier vollgekritzelt. Aber diese Ermutigung kam nie.

»Liest du mir mal was vor?« Ich brumme irgendwas. Nicke ein halbes Nicken. Es könnte auch ein Kopfschütteln sein.

»Versprochen?« Die Amazone hat meine Bewegung ganz richtig interpretiert. »Versprich's mir.«

Wie könnte ich dieser Frau etwas verweigern? »Versprochen«, sage ich. Und lüge, denn ich habe keinerlei Absicht, meinen Worten irgendwelche Taten folgen zu lassen.

Die Amazone und ich empfinden unseren unbekleideten Anblick auch in den kommenden Wochen akzeptabel. Von dieser Toleranz machen wir häufig Gebrauch. Nachts. In der Mittagspause. Irgendwo. Überall. Und postkoital haben wir bereits eingespielte Routinen. Die Amazone liest ein Buch und raucht dabei. Und ich lese kein Buch, und ich schlafe eingerollt auf ihrem Arm. Heute jedoch schlafe ich nicht, sondern hänge meinen Gedanken nach.

»Liebster, was ist?«, fragt sie, von ihrem Buch aufblickend.

»Es läuft nicht«, knurre ich.

»Was läuft nicht?«

»Auf Arbeit. Es läuft einfach nicht, es ist sinnlos«, würge ich heraus.

»Was heißt das?« Ich zucke mit den Schultern. Ich fühle mich müde. Behörde ist anstrengend. Nichts funktioniert im Dschungel der Bürokratie ohne Widerstand. Sie wollen, dass ich boxe, aber ihre Regeln wollen auch, dass ich es mit auf dem Rücken zusammengebundenen Händen bewerkstelligen muss. Und auf einem Bein hüpfend. Was soll das? Die Regeln sind wichtig. Sonst würde ja jeder machen, was er will. Aber müssen wir die Regeln nicht immer auch ein wenig beugen? Unseren Schlachten anpassen? Unserem Feind? Das ist die menschliche Natur. Formfehler. Formverstöße. Regelbruch. Die Grenzen sind oft ohnehin fließend. Ja, wir sind bei Festnahmen hart zur Sache gegangen. Für feinfühlige Überzeugungsarbeit fehlt uns oft das passende Gegenüber. Nie kann man sich sicher sein, ob einer nicht ein potenziell verheerendes Gerät eingesteckt hat und ob er es nicht auch benutzen will. Und übles Zeug gibt es gerade heute zuhauf. Was die bettelarmen Russen vor ihrem Abzug noch zu Geld gemacht haben, zirkuliert jetzt auf den dunklen Märkten für Meuchelmacher & Co.

Ich versuche, das alles zu erklären. Aber ausgesprochen hört es sich irgendwie schräg an. Verworren. An einigen Stellen kleinlich.

»Was willst du?«, fragt sie mich ohne viel Geschenkpapier, sie kommt direkt auf den Punkt. »Was willst du wirklich?«

Was will ich? Wenn ich das nur wüsste. »Gerechtigkeit«, sage ich irgendwann nach einer langen Pause. »Ich will Gerechtigkeit.«

Die Amazone legt ihre Stirn in Falten. »Für wen?«

»Für alles. Für alle.«

Die Falten auf ihrer Stirn werden zu kleinen Gräben. »Ein Leben ohne Sicherheit ist wertlos«, versuche ich mich zu erklären. »Am liebsten würde ich an jede Straßenecke einen Schutzmann stellen. Er müsste freundlich lächeln und winken. Und er hätte ein großes Gewehr dabei.«

»An jede Ecke? Ein Leben ohne Sicherheit mag wertlos sein. Ein Leben ohne Freiheit aber auch.«

Ich weiß das. Sie hat recht. Ich rede Blödsinn und weiß es. Es hört sich nach ziemlicher Nazischeiße an. Nach George Orwell. »Die Bosse in der Behörde haben längst aufgegeben. Oder es ist ihnen schlichtweg egal. Ich weiß es nicht.«

»Und Eggert?«

Ja, da ist ja noch der Minister. Doch inzwischen habe ich erhebliche Zweifel, was ein einzelner Mann gegen die unsterbliche, allmächtige Bürokratie bewirken kann. Der Minister ist auf seine Art für mich ein Messias. Und ein Messias kann gegen Vampire in die Schlacht ziehen und gegen ihre gefährlichen Helfershelfer. Aber gegen die Bürokratie? Diesen Krieg vermag niemand zu gewinnen, befürchte ich. Ich hieve mich aus dem Bett und schlurfe ins Bad. Ich muss pissen. Im Spiegel sehe ich keinen Polizisten. Ich sehe einen Clown. Einen Hamster im Rädchen. Irgendeine Art von besessener Lebensform. Die nichts bewirkt. Und niemanden rettet. Ich starre mich minutenlang an. Dann tappen hinter mir nackte Fußsohlen auf den Dielen.

»Was ist denn mit dieser Werbekampagne?«, fragt die Amazone. Ihre Hand liegt angenehm kühl auf meinem Rücken. Die Werbekampagne. Ja, da war noch was. »Weiß ich nicht«, sage ich. Diese verdammte Werbung. Noch so eine Entscheidung, die ich treffen muss und bereits tagelang vor mir herschiebe.

»Geh doch mal hin. Schau dir das an. Was hast du dabei zu verlieren?« Sie hat leicht reden, dieses furchtlose Weibsbild. »Ruf die zumindest mal an.«

Sie drängt mich. Sie hält mir die zerknitterte Visitenkarte hin, die ich schon seit Tagen in meiner Hosentasche herumtrage. Und dort vergessen möchte. Doch ich habe das Ding von Simone. Und Simone ist ein altgedienter Freigeist, eine regelrechte Neustadt-Instanz. Eine uralte Freundin nach meinen Maßstäben. Und dieser Freundin schulde ich was.

»Wozu soll ich dahingehen? Ich mach keine Werbung. Werbung ist Scheiße.«

Werbung, der Liebling aller Kapitalisten. Der Masterplan gegen den Pöbel. Erst wird ein Verlangen nach Dingen geweckt, die man gar nicht braucht. Und dann muss man ganz viel rackern, um sich das unnütze Zeug auch leisten zu können. Man verschnauft kaum. Man schläft wenig. Man lebt für die Maschinen. Und an Rebellion, gegen diesen Stumpfsinn, ist irgendwann dann gar nicht mehr zu denken.

»Ich dachte, es ist für eine gute Sache?« Jaja, die gute Sache. Sie hat natürlich recht. Ich will das aber trotzdem nicht. »Das ist doch wichtig«, sagt die Amazone. Und mit ihrer Hand auf meinem Rücken macht das ganze Gezicke irgendwie keinen Sinn mehr. Diese Hand auf meinem Rücken, das ist unfair.

»Ich hab einfach keinen Bock.« Ein letzter Abwehrkampf. Ein letzter Versuch.

»Du tust so, als ginge es um einen globalen Pharmakonzern!«

Ja, schon klar. Es ist die *Sächsische Zeitung*. Und sie machen etwas gegen die Hassphilosophen. Aber vielleicht macht mir ja einfach das Neinsagen zu viel Spaß. Und vielleicht hoffe ich auch, dass mich die Hand der Amazone noch ein wenig mehr überzeugen kann.

»Mach das, du Feigling.« Sie grinst. Und ihre Hand geht dabei auf Reisen. Das ist so übel, so hinterhältig, so gemein. Am nächsten Tag rufe ich an.

Kapitel 15

»Das alles ist in Sachsen erfunden worden«, erklärt mir der Fotograf. Sein Atelier ist eine winzige Kammer. Erdgeschoss. Einraumwohnung. Enger Flur. An den Wänden ist die Farbe dünn verstrichen. Es sieht aus wie in einer richtigen Neustadt-Butze. Das beruhigt mich irgendwie.

Vor mir liegt der Rest der Kampagne. Porzellan ist ein Sachse. Okay. Das weiß jedes Kind. Aber der Kaffeefilter? Das war mir unbekannt. Die Filterzigarette auch. Und die Zahnpastatube. Die Kampagne appelliert an das Selbstbewusstsein der Leute, das gefällt mir. Endlich mal kein Gepöbel von oben herunter. Das ist ein cleverer Ansatz, mit all diesem Zeug aus Sachsen. Und jetzt also mein Gesicht. Ich, ein Sachse? Hängen bleiben wird das auf jeden Fall. Wenn die Leute das sehen, kommt es erst mal zum Störfall. Kopftechnisch. Der sächsische Wald-, Wiesen- und Stadtbewohner muss sich von dieser Kampagne vorgeführt fühlen. Der Marktwert der Leute hier ist mittlerweile ins Bodenlose gefallen. So viele stehen nach dem Zusammenbruch der Mauer vor dem trostlosen Nichts. Und jetzt will man auch noch einen wie mich als pueblos indígenas deklarieren. Ich, ein Sachse? Die von der Zeitung müssen verdammt mutig sein. Oder sehr verzweifelt in ihrem Kampf um Aufmerksamkeit und Auflage.

»Sei ganz entspannt«, meint der Fotografentyp. »Es tut nicht weh.« Er bugsiert mich mit sanftem Druck in Richtung Hintergrund. »Was machst du beruflich?«

»Polizist«, brumme ich.

»Vielleicht kannst du ja ein bisschen freundlicher schauen? Nicht ganz so ernst.«

Ich versuche ein Lächeln. Es gelingt mir nicht. Jetzt muss schon Werbung dafür gemacht werden, dass man Leute wie mich nicht totschlagen soll.

»Nur etwas freundlicher?«, fleht der Fotograf mit einem leichten Anflug von Verzweiflung. Die PR-Genossen hinter der Kampagne müssen recht weltfremde Idioten sein. Was hoffen sie, auf diesem Wege zu bewirken? Nach vierzig Jahren Sozialismus-Versuch steht jeder Aspekt ostdeutscher Wirklichkeit unter dem Verdacht des Fehlverhaltens. Alle mühsam erkämpften Biografien sind über Nacht wertlos. Alle im Osten sind nun Deppen. Arbeitsscheue. Oder »rote Schweine«. Die Sachsen, mit ihrer Geschichte, ihrer früheren Größe und ihrem Dialekt, trifft die Häme besonders oft und besonders hart. Hat keiner der neuen Bonzen darüber nachgedacht, was all das mit den Menschen hier machen würde? Oder sind sie einfach zu sehr mit Raffen beschäftigt, in diesem herrlichen neuen Selbstbedienungsladen? Und so passieren dann Sachen wie Rostock. Hoyerswerda. Thiendorf. Hass-Olympiaden, ja. Und doch kann ich den Frust dahinter verstehen. Es sind meine Leute, trotz allem. Entwürdigt. Zertreten. Wütend.

»Vielleicht einmal lächeln?«

Der Fotograf kapituliert schließlich und knipst seine Bilder ohne ein Lächeln und ohne erkennbar viel Hoffnung auf ein brauchbares Ergebnis.

Manchmal kommt ein winziger Kiesel auf dem Berghang ins Rollen und löst eine Lawine aus. Der Fotograf hat seine Fotos eingereicht. Und die Agentur hat mich für gut befunden, warum auch immer. Und die Irren von der Zeitung haben den Mist auch noch gedruckt. Herr im Himmel! Mein Betongesicht über dem schwarzen Rollkragenrand prangt an unzähligen Werbetafeln in der Stadt. Kurz darauf bringen *Spiegel* und *Stern* doppelseitige Anzeigen mit demselben Motiv. Es ist bizarr. Jetzt weiß jeder, dass ich Polizist bin. Und jetzt kennt jeder in der Republik mein verdammtes Gesicht. Ich habe das nicht zu Ende gedacht. Die federführende Agentur der Kampagne lädt mich umgehend zum Gespräch. Scholz & Friends. Das klingt amerikanisch. Und passt irgendwie zu Werbefuzzis.

»Grüß dich! Schön, dass du da bist!« In der Tür empfängt mich Sebastian Turner, der Boss selbst. Ein angenehmer Typ. Das ist schon mal schlecht. Das passt nicht so recht zu meinen Vorurteilen. Ich dachte, ich gehe auf Hausbesuch beim Klassenfeind. Stattdessen empfängt mich ein Mensch. Es gibt Tee und Kekse für mich. Dieser Bärenfalle, gefüllt mit Leckerlis, verfalle ich wehrlos. Ich komme nicht umhin, den Laden zu mögen.

»Wieso habt ihr mich ausgewählt?«, frage ich.

»Das haben wir gar nicht.« Ich bin irritiert. Turner lächelt über meinen verwirrten Gesichtsausdruck. »Also, nicht direkt. Bei der ersten Sichtungsrunde bist du sofort rausgeflogen.«

Ich ahne, warum. Das war auch mein Plan. Rausfliegen, das wollte ich. »Du warst uns einfach zu krass. Dieser Gesichtsausdruck. Die Glatze. Wir wollten einen Sympathieträger. Und dein Gesicht war wie eine Kampfansage.«

»Und dann habt ihr eure Meinung geändert?«

Turner nickt. »Wir sind alle Bilder noch mal durchgegangen. Wir haben gesiebt. Und hin und her geschoben. Am Ende war alles zu seicht. Zu brav. Es ist eine extreme Zeit. Vielleicht braucht es in dieser Zeit eine extreme Ansage. Verstehst du, wie das gemeint ist?«

Mir gefällt der Typ immer mehr. Ich hatte einen weltfremden, überbezahlten Besserwisser erwartet. Und eine Menge Herablassung. Doch dieser Mann hat sich augenscheinlich Gedanken über die realen Zustände gemacht. Ich greife ermutigt in die Dose mit Keksen. Vielleicht ist das gar kein Kampf, den ich allein führen muss? Vielleicht sind da noch andere? Der Typ da arbeitet für eine Agentur mit weiteren Niederlassungen in New York und Mailand. Aber er hat sich Zeit für mich genommen, für einen kleinen Spinner aus der Provinz. Für einen Randgruppen-Freak. Vielleicht wird hier doch noch mehr ventiliert als warme Luft. Und vielleicht wird so doch noch irgendjemand die verdammte Welt retten.

»Grüß Gott, der Herr Meffire.«

Seitlich zur Kfz-Schleuse und unserem Personaleingang steht eine auffällige Mercedes-Limousine, Baureihe 126. Dieses Auto ist von geradezu unsterblicher Schönheit. Und leider ist diese Automobil gewordene Hochkunst auch bei den einschlägigen Milieugrößen sehr beliebt. Die sind neben einigen wenigen neureichen Geschäftsleuten die Einzigen, die mit diesen Benz-Kisten in der Stadt herumrollen. Zu diesem Milieu-Mobil gehört natürlich auch ein Milieu-Gesicht. Aus der hinteren Fensterhöhle grinst mir der bayerische Fürst des Dresdner Rotlichts entgegen. Sein Markenzeichen: der unübersehbare Franz-Ferdinand-Schnurrbart. Bislang bin ich dem Mann nie persönlich begegnet, ich kenne ihn nur aus den Erzählungen von Thomas und Winrich. Der Typ hat eher die Ausstrahlung eines schelmischen Winkeladvokaten als die eines Berufsverbrechers. Und leider ist sein bajuwarisches Grinsen wie eine geistige Infektion, der man sich nur schwer entziehen kann.

»Guten Tag, der Herr.« Kurze Antworten. Sachebene. Rollendistanz. So steht es im Lehrbuch. Und doch verziehe ich meine Mundwinkel in den Plus-Plus-Bereich. Verdammt noch mal, wenn das jemand sieht.

»Ja mei, wie schaut's aus?« Ich reagiere nicht und wende mich stattdessen in Richtung Personaleingang, bevor das Grinsen den Rest meiner Objektivität völlig ad absurdum führt.

»Hey!«, ruft er mir nach. »Wenns de mol net mehr mogst und die Schnauzn voll hast von der Schmier, kannst de bei mir nei-schaue.«

Ich bleibe stehen. Mein Gehirn versucht sich fieberhaft an einer Übersetzung. Hat der Genosse mir gerade einen Job an-geboten? Das ist so dreist, dass es schon wieder gut ist. Ich wende und gehe zum kackbraunen Benz zurück.

»Grüß Gott! Und natürlich Danke für das Angebot.« Ich setze ein übertrieben bedauerndes Gesicht auf. »Aber leider zuerst einmal etwas anderes: Sie stehen hier nämlich entgegen der StVO im absoluten Halteverbot. Daran müssen wir jetzt beide gemeinsam arbeiten.«

Das Grinsen von Franz Ferdinand wird noch breiter. »Ja, frei-lich. Oierdings muss i jo do sei.« Er macht ein harmloses Schul-jungengesicht und reicht mir eine Broschur aus dem Fenster. Das Ding ist so groß wie ein »Muttiheft«, wie dieses kleine Buch aus der Grundschule. Auf den vorgedruckten Seiten findet sich je eine Spalte mit dem Eintrag von Ort, Dienststelle, Datum, Uhr-zeit und Unterschrift. Franz Ferdinand hat augenscheinlich eine gerichtlich angeordnete Meldeauflage. Witzig, das ist ein »Ich-bin-noch-nicht-abgehauen«-Heft für Verbrecher. Ich reiche Franz Ferdinand die Broschur zurück. »Aber parken können Sie hier trotzdem nicht. Da drüben«, ich zeige über die Straße, »haben wir einen Parkplatz für Besucher und ausgesuchte nette Gäste.« Das Böse grinst, und ich grinse jetzt auch. Verstehen ohne Ein-verständnis. So steht es im Lehrbuch. Bitte schön. Ich trete ab.

Eine Kuriosität kommt selten allein. Ich habe es mir im Büro gerade hinter meinem Berg Papier gemütlich gemacht, da klin-gelt das Telefon. Das verdammte Ding klingelt immer nur wegen der Arbeit. Ich hasse es. Nie ruft mal irgendjemand an wegen einer vorgezogenen Mittagspause. Oder einem Betriebs-ausflug ins Schwimmbad. Oder so.

»Ja, Meffire?«

»Sächsisches Staatsministerium des Inneren. Büro des Ministers.« Liebe Genossen, der April ist zwar schon vorbei, aber für einen Witz ist es scheinbar nie zu spät.

»Teilnehmer, sind Sie noch da?« Das ist eine Frau. Definitiv eine Frau. Wir haben keine Frau im Dezernat doch wer ist es dann? Und wer hat sie angestiftet? Winrich? Thomas? Micha? Diese elenden Kasper.

»Ja, klar. Ich bin hier.« Eigentlich will ich noch irgendetwas Witziges sagen, aber im Angesicht meines übervollen Schreibtischs bin ich leicht gestresst, und so wird daraus nichts.

»Mein Name ist Krämer, Vorzimmer des Ministers. Der Herr Minister möchte Sie gern sehen. Können Sie 15:30 Uhr einrichten?«

Nee, eigentlich nicht. Ich hab ja den Schreibtisch voll, möchte ich antworten, verkneife mir das aber in letzter Sekunde. Ich spiele mit. »Ja, klar«, höre ich mich sagen. Ich bin einfach zu müde für irgendwelchen Schnickschnack. Blödmänner.

»Wunderbar, Herr Meffire! Dann bis gleich.«

Peng. Aufgelegt. Ich starre verwundert auf den Hörer in meiner Hand. Wer macht sich so viel Mühe, mich zu verarschen? Die Liste der möglichen Verdächtigen ist kurz. Am liebsten würde ich gleich den Flur hinunterlaufen und einige Bürotüren aufreißen. Aber stattdessen fliegt meine eigene Tür auf.

»Meffire!« Der Dezernatsleiter stürmt herein. Ohne zu klopfen. Natürlich ohne. Gott sei Dank sitze ich hinter meinen Akten und bin nicht gerade auf dem Schreibtisch mit Liegestützen zugange. Oder mit meinem Expander.

»Meffire! Haben Sie einen Anzug hier?«

»Nein!«, antworte ich wahrheitsgemäß. Ich habe nur einen einzigen Anzug. Und darin sehe ich aus wie ein Clown.

»Haben Sie einen zu Hause?«

»Nein. Also, ich meine, ja. Aber ...« Anzug ist kaum das richtige Wort dafür. Ich habe mir mal etwas für eine Beerdigung gekauft. Es war billig. Und das sieht man auch.

»Sie fahren jetzt umgehend nach Hause und ziehen sich um. Und melden sich 15:30 im Ministerium. Im Anzug. Sie sind freigestellt.«

Peng. Der Dezernatsleiter dreht sich um und knallt die Tür wieder zu. Ich bin allein und durchsuche panisch alle meine Verfehlungen. Was habe ich dermaßen vermasselt, dass sie mich im Büro des Ministers antreten lassen? Ich komme auf nichts. Wirklich nicht. Da sind vielleicht einige Kleinigkeiten, aber um so etwas kümmert sich doch kein Minister. Oder doch?

Ich eile nach Hause und verkleide mich wie befohlen. Ich habe zwar den Anzug, aber kein Hemd dazu. Auf der Beerdigung trug ich damals unter dem Jackett einen schwarzen Rollkragenpullover. Mein einziger. Der von der Werbekampagne. Der muss jetzt auch für den Minister herhalten. Innerhalb von Minuten klebt das Teil an mir. Ich schwitze wie in einer Sauna, während ich die Treppen des Ministeriums hinaufeile. Drinnen quietscht das ehrwürdige Parkett bei jedem meiner Schritte, als würde es mich gackernd auslachen. Ich mache hier Lärm für eine ganze Reinigungskolonne, so ein verdammter Mist. Und wer hat sich bitte schön diese kilometerlangen Flure einfallen lassen? Am Vorzimmer wacht eine ältere freundliche Dame.

»Der Minister ist gleich so weit, Herr Meffire. Nehmen Sie Platz.« Ich stehe lieber. Stehen ist besser als Sitzen und Infarkt. Stehen ist auch besser für den Fall, dass ich mich doch noch entschließe davonzurennen. Nach Sibirien oder so. Die Zeiger der Wanduhr bewegen sich im Sekundentakt zuckend voran. Knick, knack. Das Vorzimmer ist so groß wie eine Hubschrauber-Landeplatte, es hat eine stuckverzierte Decke und gewaltige Fenster. Ich stehe herum wie ein Kind, das seinen Eltern verloren gegangen ist. »Der kleine Sam möchte jetzt aus der Spielzeugabteilung abgeholt werden.« Die Vorzimmerdame schaut auf und lächelt mitfühlend. *Nein, danke, ich möchte wirklich nicht sitzen.* Ich warte lieber im Stehen und schwitze. Und schwitze.

Und dann werde ich plötzlich durch eine Tür geschoben. Das

Ministerrefugium ist mehr ein Audienzsaal als ein Büro. Man könnte in diesem Raum mit zwei Jugendmannschaften Fußball spielen, so groß ist das Ding. Ganz links in der Ecke, nah am Fenster, steht ein absurd großer Schreibtisch. Dahinter hockt ein glatzköpfiger Mann. So eine verdammte Scheiße. Das hier wird ernst. Der Typ könnte unverkleidet in jedem Historienfilm mitspielen, als Feldmarschall. Oder Cäsar. Ich bin vermutlich total am Arsch.

Der Feldmarschall erhebt sich. Er schlendert quer über das Fußballfeld heran. Ich will reflexartig die Hacken zusammenknallen, um Meldung zu machen:

»Genosse Minister, Kriminalmeister z. A. Meffire auf Ihren Befehl zur Stelle!« So plärrt meine Kopfstimme.

Bevor ich jedoch meine Hände an die Hosennaht nehmen und loslegen kann, hält der Minister mir seine Hand entgegen: »Guten Tag, Herr Meffire. Schön, dass Sie es einrichten konnten.«

Er weist auf einen Stuhl. So beginnt es also. Das ist also die Ouvertüre zum Ende meiner überaus kurzen Polizeikarriere.

»Eigentlich wollte ich mich nur erkundigen, wie es bei Ihnen so läuft.«

Wie bitte? Der Feldmarschall beliebt zu scherzen. Ich wische mir hastig den Schweiß von der Stirn.

»Aber es scheint, als ob Ihnen das hier ziemlichen Stress verursacht.«

Was kann ich dazu sagen, was nicht völlig verblödet klingt? Leugnen ist zwecklos.

»Was halten Sie von folgender Idee? Ich mache hier noch einige dringliche Sachen fertig, dann treffen wir uns in der Neustadt. 20:00 Uhr, das Restaurant heißt »Raskolnikoff«. Passt das für Sie?«

Ich nicke, zumindest das klappt halbwegs. Ich habe zwar noch nicht verstanden, was gerade passiert, aber anscheinend geht es hier gar nicht um meine Entlassung. Noch nicht. Ich nicke und grinse dümmlich.

Der Minister zeigt auf meinen Anzug. »Das da brauchen Sie nicht. Wir fahren ja nicht zur Wahl des Bundespräsidenten.«

Damit bin ich entlassen. Ich schlurfe wie ein Zombie den Weg zurück. Vorbei an der Vorzimmerdame. Über die endlosen Gänge und das quietschende Parkett. Mir ist immer noch völlig schleierhaft, was hier gerade passiert, aber scheinbar habe ich zumindest noch einen Job.

Ich setze mich an die Elbwiesen und schaue auf das bräunlich grüne Wasser hinaus. Ich habe gerade die bleichgesichtige Variante von Mandela getroffen. Oder eher Gandhi? Für mich ist der Mann auf jeden Fall ein Rockstar. Und das in einer Zeit, da all die anderen politischen Bosse in der Republik vor allem mit ihrer wohlbeleibten Selbstgefälligkeit glänzen. Eggert ist anders. Er scheint schnell im Kopf und getrieben. Und er kampiert mit anderen Ministern in einer Wohngemeinschaft. Einer Wohngemeinschaft? Gott im Himmel, wie cool ist das denn? Für mich ist der Mann vor allem ein Messias, für mich ist er Hoffnung in einer Frontstadt. Und nicht umsonst hat man ihn als Staatsgast nach Israel eingeladen. Ihn, den *kleinen* Minister aus der ostdeutschen Provinz. Die Nachfahren der jüdischen Überlebenden wissen instinktiv, worum es hier geht. Das hier ist das deutsche Endspiel. Vielleicht ist der Ministertyp, auch jenseits meiner naiven Begeisterung, keiner dieser Luftventilatoren im Maßanzug. Vielleicht ist er der erhoffte Retter? Und wenn nicht? Wenn er einfach nur geschickter präsentieren und lügen und aufsprechen kann, geschickter als all die anderen Schranzen? Schließlich ist der Mann ein Pastor und arbeitet als Politiker. Wir werden es sehr bald wissen. Niemand kann ohne Hoffnung leben, das wäre ein unerträglicher Zustand. Und so bleibt mir nichts anderes, als Hoffnung zu wagen. Und zu warten.

Ich treffe den Messias im Raskolnikoff. Das Innenleben des Cafés besteht aus Möbeln vom Sperrmüll. Und auf dem Boden wurde Sand verstreut, und jeder Schritt fühlt sich an wie der

Besuch in einer Kiesgrube. Üblicherweise ist der Raum brechend voll mit Partygängern, Touristen und Neustadtpunks. Aber heute weist er einen verdächtig hohen Prozentsatz von dunkel beanzugten Männern auf, Männern mittleren Alters, die auffällig unauffällig um den Messias herum postiert sitzen und sich an ihre Kaffeetassen klammern. Genauso gut könnten sie sich bunte Zettel auf ihre Stirn kleben mit der Aufschrift »Prätorianer«. Für diese Männer muss das Chaoten-Café ein lebendig gewordener Albtraum sein. Ich quetsche mich vom Eingang mit knirschenden Schritten zum Tisch des Messias hinüber. Der bestellt gerade. »Für Sie auch einen Kaffee?«

»Nein, danke, Herr Minister. Kamillentee wäre schön.«

Die kaum volljährige Bedienung reagiert auf meine Bestellung, als hätte ich sie gebeten, mir Kokain auf einem Silbertablett zu bringen. Sie kritzelt umständlich irgendetwas auf ihren Block und trabt wortlos ab.

»Herr Meffire. Wir stellen mal eine Formalie an den Anfang: Wäre es für Sie in Ordnung, wenn wir uns duzen?« Er deutet mit einer raumgreifenden Bewegung um uns herum. Ich verstehe, was er meint. In dieser Bruchbude wirkt ein *Sie* so angebracht, als würden sich die Obdachlosen vor dem Aldi in der dritten Person ansprechen.

Der Messias streckt die Hand aus.

»Ich bin der Heinz.«

Mein Pfötchen ist peinlich verschwitzt. »Sam. Ich bin Sam.«

Der Messias quetscht meine Finger in seiner Pranke.

»So, Sam. Jetzt will ich gerne wissen, wieso du bei der Polizei gelandet bist.«

Der Schweiß läuft mir den Nacken hinab. Das mag auch daran liegen, dass ich unter dem Rollkragenpullover meine Schutzweste trage. Schließlich treffe ich mich mit einem Mann, der vielen Leuten ein Dorn im Fleisch ist. Der Messias ist den Anarchisten, Trotzkisten, Maoisten und anderen Fragmenten am linken Rand genauso verhasst wie den Vampiren und ihren

Anleitern. Dazu kommen ehemalige Funktionsträger des nicht mehr ganz so geheimen »geheimen Ministeriums«, gegenüber denen er wenig Nachsicht gezeigt hat. Für meinen Besuch im Szenecafé bin ich deshalb ausgerüstet wie eine Ein-Mann-Armee. Was wäre das für eine unerträgliche Scheiße, wenn der Messias vor meiner Nase verhackstückt wird? Nichts gegen seine Prätorianer, sie scheinen überaus tüchtig, doch ich kenne die nicht und vertraue ohnehin niemandem außer vielleicht einigen *Dorfbewohnern* meines Alltags. Der Messias selbst scheint frei von jeglicher Sorge um seine Sicherheit zu sein. Inmitten des Gewusels wirkt er gelassen, angesichts all der chaotischen Neustadt-Lebendigkeit um uns herum fast schon vergnügt. Entweder er ist unwissend. Oder er hat deutlich mehr Todesverachtung als ich selbst.

»Erzähl mal. Was treibt dich um, dass du diesen Job gewählt hast? Und wie geht's dir damit?«

Diese einfachen Fragen machen mich sprachlos. Noch nie hat sich ernsthaft jemand dafür interessiert. Die meisten sehen im Schutzmann nur den Büttel. Im besten Fall ein notwendiges Übel. Und für viele stehen wir nur knapp über dem Hund, der auf den Hof achten soll und den man sonst nach Belieben herumscheuchen und treten darf. Und der des Nachts, wenn die Dämonen wandeln, Wache schieben muss. Niemand fragt sonst, wie es einem Büttel geht. Mit zerdrückten Opfern, schmerzgepeinigten Angehörigen und sonderbar vergesslichen Zeugen. Und natürlich den überzeugten Dauerdelinquenten am sozialen Rand, ausgehärtet zu kriminellem Stahlbeton. Und neben diesen darf sich der Büttel noch tagtäglich mit von Dünkel benebelten Staatsanwälten herumschlagen. Und unkündbaren und damit allen irdischen Dingen enthobenen Richtern. Und jetzt fragt mich der Messias, wie es mir damit geht. So etwas hatte ich nicht erwartet. Ein Damm bricht, und endlos viele Worte quellen aus mir heraus. Es wird ein langer Bericht.

Der Messias nimmt mich mit zu diversen Veranstaltungen. Parteigeschichten irgendwo im Land. Es sind in der Regel endlose Diskussionen um die endlosen Probleme in der Fläche, zu denen ich überhaupt nichts beizutragen habe. Und wir werden gemeinsam zu Talkrunden geladen. Und zu anderen Interview-Gelegenheiten. Es ist eine Safari durch die Zeitungsspalten und TV-Shows, durch eine Öffentlichkeit, die mit den wilden ostdeutschen Wellenbewegungen nur wenig anzufangen weiß und die auf die blutig unappetitlichen Ereignisse und den ostdeutschen Frust maximal irritiert reagiert. Es ist eine Showlawine. Und sie rollt. Die Landstriche rauschen wie eine optionale Realität an unserem Konvoi vorbei. Hinter den zehn Zentimeter dicken, grünlich schimmernden Panzerglasscheiben erscheint die *Draußen-Welt* wie ein anderes Universum. Wie eine theoretische Möglichkeit, mehr nicht. Hätte ich die Wahl, dann würde ich mich mit einem Berg Schokokeksen in einer dieser rollenden Festungen verschanzen, für immer. Hinter den grünstichigen Scheiben ist die Welt keine Drohung mehr. Keine Zumutung erreicht mich hier. An das bequeme Leder eines Audi V8 gelehnt, lässt sich die Welt ertragen. Leider fährt das gepanzerte Monstrum nie einfach so in der Gegend herum. Am Ende kommt immer ein Termin. Natürlich geht es immer um Termine. Der Messias ist eine Rampensau. Er hat Visionen. Und diese Visionen kann er auch an seine Zuhörerschaft verkaufen. Er ist ein Pokal-Final-Redner. Einer, der wachrütteln kann. Einer, dem man folgt. Für mich ist es maximal schmeichelhaft, als Sidekick unter den Scheinwerfersonnen zu sitzen. Meine substanziellen Beiträge fallen dabei denkbar gering aus. Häufig wird mir mein stummes Hocken und verlegenes Grinsen als Bescheidenheit ausgelegt. Und das ist ein recht gnädiges, vorteilhaftes Urteil angesichts meiner Überforderung. Die Genossen aus der Presse machen aus mir eine bunt bedruckte Tapete dessen, was sie gerade brauchen in ihren Erzählungen. Ich bin ein willkommenes Feigenblatt in einer Zeit, in der die kanadische Botschaft ihre farbigen Staatsbürger davor warnt, nach Sachsen zu reisen. Sachsen steigt im Reich des Ahorns zum touristischen Sperrgebiet auf.

Ein Privatsender fragt an, die wollen eine Reportage über mich drehen. Mein Akku ist vom Dauerstress leer gesaugt, ich habe keinen Bock auf noch mehr Affentheater. Und den Privaten misstraue ich ohnehin. Ich erzähle Winrich und Thomas von der Anfrage. Die beiden sind sich sofort einig.

»Klar machst du das, Fräulein!«

»Und sag denen bei der Gelegenheit, wie überirdisch fotogen auch deine Kollegen sind.« Thomas hüpft auf einem Bein im Büro herum und dreht sich dabei um sich selbst. Es sieht ungemein unrhythmisch aus. Dabei gackert er wie ein Huhn. »Ja, guck mal, so tanzen Filmstars.«

Die beiden klatschten sich ab. Haha, sehr witzig, liebe Genossen. Ich zeige ihnen erst einen Mittelfinger. Und dann auch noch den zweiten. Gott sei Dank können wir drei noch miteinander lachen. Nicht alle in der Direktion finden meine unverdiente Bekanntheit angemessen. Es gibt Getuschel. Es gibt hässliches Gerede. Und leider hat der ganze Presserummel um meine Person tatsächlich bizarre Züge angenommen. Seit sich die missmutigen Seitenblicke in der Kantine mehren, verzichte ich auf die Zentralverpflegung. Ich esse Müsli und Suppe aus meinen Tupperdosen direkt am Platz bei mir im Büro.

»Du machst das schon.« Auf einmal wirkt Winrich recht ernst. »Dir hören sie wenigstens zu. Erzähl ihnen, was hier los ist.« Er macht eine raumgreifende Bewegung, und ich weiß genau, was er meint. Dresden. Sachsen. Alles. Und damit ist die kurze Erörterung auch entschieden.

Drei Tage lang folgt mir ein Kamerateam und filmt mich. Zu Hause. Über Bücher gebeugt. Beim Schießtraining. Ja, selbst beim Einkauf. Ich rede dabei, so viel ich nur kann. Ich rede über das Chaos in der Stadt. Und dass die Leute wissen sollten, was hinter ihrer Pappwand scheinbarer Normalität so alles passiert.

Und vor allem, warum. Ich schwadroniere davon, wie bedroht der kleine, sorgsam behütete Bürgerfrieden ist. Und das Team filmt mich in verödeten Straßenzügen und vor leer stehenden Fabrikhallen mit vernagelten Fenstern. Ich rede darüber, dass so viele Leute, die ich kenne, arbeitslos sind trotz Ausbildung und Studium und Berufserfahrung. Leute, die ihre Balkonpflanzen pflegen und sich mit Unmengen Dosenbier über die Abende retten. Ich rede davon, dass es ohne diesen Stumpfsinn keine Vampire gäbe. Oder doch zumindest nicht so viele. Und nicht derartig entschlossen. Ich rede davon, dass sich niemand die Mühe macht, all die Einzelteile miteinander zu verknüpfen. Außer dem Messias, vielleicht. Und der ist eine maximal bedrohte Kreatur. Ich rechne faktisch jeden Tag damit, dass er, irgendwo in Stücke gesprengt, Borsellino und Falcone nachfolgt. Er hat sich einfach zu viele Feinde gemacht. Und einige davon sind überaus mächtig und »systemrelevant«. Und ich erzähle der Kamera auch von meinem verloren gegangenen Traum. Dass Fee und ich mit vielen, vielen anderen von einem gerechteren Sozialismus träumten. Und dass wir stattdessen das kunterbunte Konsumparadies bekommen haben, in dem sich die Verlierer in »blühenden Landschaften« ihre Nasen an den Schaufensterscheiben der Geschäfte platt drücken. Die Wut transformiert sich in Schlitzen und Schlachten. Die Habenichtse führen gegeneinander Krieg. Und gegen diese Art Aufruhr ist einfach jede Polizei der Welt machtlos.

Ich rede drei Tage in die Kamera, als ginge es um Leben und Tod. Bei der Ausstrahlung bin ich starr vor Entsetzen. Von dem, was ich erzählt habe, ist nichts übrig geblieben. Sie zeigen mich als einen bewaffneten Clown. Ich habe das süße, exotische Reh gespielt, direkt vor den Flinten der Unterhaltungsjäger. Und natürlich haben sie abgedrückt. Das ist ihr Job. Mein Job ist die kritische Beobachtung. Und darin habe ich auf ganzer Linie versagt. Ich bin verachtenswert gutgläubig. Und eitel.

Nach dem Dreh und der Ausstrahlung brauche ich einige Tage, um mich zu sammeln. Ich rette mich auf die alten Baustellen, in die alten Muster. Bei Licht betrachtet bin ich längst ein Schmerz-junkie. Ich schinde mich täglich, ganz so, als würde mir der Minister-Messias umgehend den Befehl zum Endkampf erteilen. Aber es gibt keinen Endkampf. Es gibt immer nur einen neuen Tag mit immer neuer Scheiße. So ist der Job. Bis zu jenem Tag, da ich auf meiner Bettkante sitze und weiß, dass ich das so nicht länger kann. Nicht länger will. Das Vorzeige-Pony ist müde.

Es ist irgendein verwinkelter Flur in E1, der Stabsabteilung. Ich gehe um eine weitere Ecke. Um noch eine Ecke. Ich bleibe noch einmal kurz stehen, in Sichtweite des Büros, in das ich gleich gehen muss. Wie bin ich auf diesen Flur gelangt? Wie konnte es nur so weit kommen? Warum will ich ums Verrecken nur noch raus hier, weg? Ist es nur kleinliche Wut? Oder der längst über-fällige Hechtsprung in die Freiheit? Winrich ist weg. Winrich wurde aus dem Dienst entfernt. Die haben ihn kaltgestellt. Wahr-scheinlich hat Winrich es übertrieben mit seinen »Inoffiziellen«. Er hat sich mit vielen Leuten im Milieu getroffen, und dabei hat er möglicherweise zu viele Puzzlestücke zu Gesicht bekommen. Zu viele glaubhafte Gerüchte. Zu viel Ertrag von dem, was den wohlgeformten Dienstleisterinnen in diversen Designerbetten zu Ohren kommt. Puzzlestücke mit Bezug zur Obrigkeit. Puzzle-stücke, die zeigen, welche Hoheiten mit welchen Direktoren rot beleuchteter Etablissements verkehren. Oder in deren Premium-Etablissements selbst, getarnt als Eigentumswohnungen. Also wer sich wo mit wem unter die Decken legt. Und koksen geht. Wer an welcher Stelle wofür die Hand aufhält. Wer und wo und mit wem säuft. Mir gegenüber hat Winrich das immer nur an-gedeutet. Gott sei Dank. Ich will den ganzen Rotz gar nicht wis-sen. Mein Glauben in das neue System ist sowieso gegen null tendierend. Winrich hat Grenzen überschritten. Moralische? Sehr wahrscheinlich. Beamtenrechtliche? Ganz sicher. Und strafrechtliche? Ich weiß es nicht. Doch die aufgeschreckte Obrigkeit macht sich keinerlei Mühe mit irgendwelchen Feinheiten. Winrich muss weg. Dafür graben sie irgendwelchen Dreck aus. Und natürlich hat der Mann auch eine dunkle Seite. Wir alle haben sie. Niemand macht diesen Job ohne eine hübsch persönliche Beziehung mit dem Abgrund. Dies betrifft nicht nur Winrich allein. Wir alle bräuchten regelmäßig einen Exorzisten, einen Spezialisten für Kopfkino und Dämonen. Aber die ach so »Gerechten« in der Behörde leugnen diese Tatsachen natürlich. Sie zeigen lieber entrüstet auf Winrich und wehklagen und schreien. Darin sind sie groß. Sie suchen den Splitter im Auge des anderen, ihr Balken im Kopf stört sie nicht. Dabei sind sie es, die ihren Eid und ihre Aufgabe, diese Stadt und ihre Menschen längst verraten haben. Und verkauft. An ihre Gleichgültigkeit, ihren Opportunismus und ihre Angst. Die »Gerechten« haben längst Deals gemacht. Sie haben prächtige Amtsbezeichnungen an ihren Bürotüren. Und sie klettern die Besoldungsstufen hinauf, während der Streifendienst und das Kripo-Fußvolk sich den Arsch wund reiben auf der Straße. Winrich ist kaltgestellt. Sein Ermittlungserfolg und seine Hybris haben ihn zu Fall gebracht. Ich hatte es länger schon befürchtet, und doch kam die Vollstreckung jetzt überraschend schnell. Wie könnte ich ohne Winrich weiter gegen die ideenfressenden, uralten Mauern der unsterblichen Bürokratie ankämpfen? Sie verschlucken alles, was man in sie hineinträgt. Meinen Idealismus, meinen Tatendrang und auch mein neues Arbeitsgruppenkonzept. Alles endet im Nirwana der internen Verdauungsorgane.

Ich liebte die Vorstellung, dass meine Arbeit einen Unterschied macht. Dass ich helfen kann. Aber es ist wie ein Windmühlenkampf, den keiner heil übersteht. Selbst der unverbesserlich optimistische Thomas resigniert zusehends. Und Micha hat innerlich längst gekündigt und schafft es nur mit Feuerwasser über die Tage. Und Winrich ist ganz weg. Was soll das hier noch?

Vor mir liegt die Raucherecke des Flurs. Zwei abgewetzte

Stühle haben eine halb tote Zimmerpflanze und einen Stand-aschenbecher eingekreist. Ich setze mich dorthin, lege den Kopf in den Nacken, starre auf die zerlöcherte Deckenverkleidung und hoffe auf eine Eingebung. Ich sitze und warte. Das mit den Eingebungen wird nichts. Sie steigen nur aus den Untiefen her-auf, wenn sie es wollen. Ganz anders als einige andere Dinge in meinem Kopf. Ich erinnere mich, unvermittelt und unbestellt, wie die Obrigkeit im Präsidium mich zum Gespräch befohlen hat. An meinem allerersten Tag, noch bevor ich mich irgendwie dämlich anstellen und irgendwelchen Schaden verursachen konnte. Dennoch schrie und tobte irgendein Direktor, während zwei seiner hochrangigen Untergebenen meiner sinnlosen De-mütigung beiwohnen mussten.

»Meffire, Sie sind jetzt in meiner Zuständigkeit!« Sein Spei-chel fliegt quer über den riesigen Echtholzschreibtisch.

»Hier sind Sie ein Niemand! Und Sie machen hier genau, was ich Ihnen sage, haben Sie das kapiert?«

Ich höre den Mann, doch kann ich die Bedeutung seiner Worte nur schwer mit mir in Verbindung bringen. Was will er von mir?

»Hören Sie mir überhaupt zu?«, schreit es aus der Uniform heraus. Ich hasse es, angeschrien zu werden. Es erinnert mich schmerzlich an die Willkürherrschaft meiner Mutter. Schreiende Menschen versetzen mich in den Basiszustand. Dort, wo nur das Überleben zählt und nichts anderes. Wer zögert, wird verletzt. Wer zögert, wird verstümmelt. Oder umgebracht. »Warte nicht! Zögere nicht!« In diesem Punkt ist sich das Verkläger-Kollektiv in meinem Kopf ausnahmsweise einmal einig. Ich mache mich bereit, um den verdammten prahlerischen Schreibtisch herum-zulaufen und dem Vorgesetzten eine Backpfeife zu geben. Ihm so lange Backpfeifen zu geben, bis er verstummt und seine Dämonen zurückweichen. Nicht warten. Nicht zögern. »Ich bin weder Ihr verdammter Nigger, noch Ihr Sklave, noch Ihr Hund ...« Das sollte mein Kommentar dazu sein.

Der Kompaniechef in Potsdam war ein kleiner unscheinbarer Mann in seinen Fünfzigern. Und ich habe ihn niemals schreiend erlebt. Kein einziges Mal. Er brauchte nicht zu schreien, er führte durch sein Vorbild. Was er von uns verlangte, verlangte er von sich selbst. Er schwitzte. Er schrammte sich die Knochen kaputt beim Robben, Springen und Marschieren. Und das mit über fünfzig. Führen durch Vorbild. Jeder von uns hätte sich für den »Alten« kaputt machen lassen. Er war ein gerechter König. Er war unser aller Vater. Und wir wären ihm bis in die Hölle gefolgt. Dieser schreiende und verklemmte Halswirbel der Bürokratie hingegen, auf der anderen Seite des Schreibtischs, hatte nur einen Titel. Sonst nichts. Er war nur ein Soziopath mit Dienstrang. Ich habe hier den Geist von Potsdam gesucht und bin stattdessen an einem Schreibtisch zu mir gekommen, an dem ein Charakterzwerg mich ungebremst und ungestraft mit seinem Speichel duschen darf. *Zögere nicht,* rufen mir die Verkläger zu. Doch ich bleibe auf meinem Stuhl hocken und bin wie festgewurzelt. Am Ende bin ich eben doch nur ein als Erwachsener verkleideter Schuljunge, dem man androht, dass er nicht mehr mitspielen darf. Nur ein verzagter Junge. Der schreiende Direktor. Das war mein allererster Tag. Werfe ich deshalb jetzt das Handtuch? Ich stemme mich aus dem Stuhl hoch und gehe aus der Raucherecke ins Personalbüro hinüber.

»Guten Tag, ich soll mich bei Ihnen melden.« Die Frau hinter dem Schreibtisch schaut auf.

»Ach ja. Sie wollen uns verlassen.«

Ein freundliches Gesicht. Ein Lächeln. In ihrer Stimme hockt ein Mensch. Ich hatte geglaubt, ein letztes Mal in den Nahkampf gehen zu müssen mit irgendeinem Bürokraten-Wiesel. Und wieder einmal werde ich überrascht. Dieser Laden ist voller Menschen. Und die meisten von ihnen rackern sich ab, Tag für Tag, damit diese Stadt nicht gänzlich vor die Hunde geht. Leute wie Winrich. Oder Thomas. Oder diese Frau hier. Warum noch mal gehe ich dann fort?

»Ich bringe meine restlichen Papiere.«

Die Dame nimmt meinen Krempel und breitet alles auf ihrem Schreibtisch aus. Sie betrachtet jeden Punkt auf meinem Laufzettel eingehend, öffnet einige Ordner. Vergleicht. Streicht ab. Ich warte, schaue ihr zu. Vom Schreibtisch wandert mein Blick hinüber zur obligatorischen Büro-Pinnwand. Postkarten von fernen Urlaubsstränden. Familienbilder. Familie. Warum verlasse ich die meine? Was habe ich denn erwartet? Eine Behörde ist eine Behörde und kein Abenteuerspielplatz für bockige Kinder. Behörde heißt, dass vieles elend langsam geht. Es ist ein Leben im Kriechgang. Zigfach abgesichert. Und abgesegnet. Für die hochmobile, hervorragend spezialisierte Gegenseite sind wir immer viel zu langsam. Das muss man wegatmen können. Das ist einfach so. Und ein Erwachsener, an meiner Stelle, könnte das auch.

»Herr Meffire?«

Die nette Bürodame holt mich zurück ins Jetzt. »Sie müssten hier noch unterschreiben.« Natürlich. Ich mache das. Und dann reden wir noch ein paar freundliche Sätze über den heißen, trockenen Sommer. Sollte ich ihr vielleicht all meinen Kram aus den Händen reißen und wieder an meinen Schreibtisch eilen? Dafür ist es viel zu spät. Der Bürokraten-Obrist würde sich wahrscheinlich lieber eine Darmspülung verpassen lassen, mit Schwefelsäure, mitten auf seinem Schreibtisch, als mich zurückzunehmen. Zum Einknicken ist es viel zu spät. Die nette Frau macht noch ein paar Notizen, dann ist es vorbei. Ich habe mich aus meiner Familie herausamputiert. Ich rede mir ein, dass ich jetzt frei bin. Aber es fühlt sich einfach nur beschissen an.

Auf dem Parkplatz sitze ich noch einige Minuten im Auto. Mir dämmert, dass meine hastige Kündigung auch den Messias ziemlich abfucken wird. Ich habe nicht nur einen Polizisten beerdigt, sondern auch sein kleines »Werbe-Pony« umgebracht. Und das ist, in diesen unruhigen, hässlichen Zeiten, ein verdammter Mist. Ein werbetechnischer Super-GAU für den Messias. Vielleicht hätte ich den ganzen öffentlichen Zirkus ohnehin meiden sollen. Meiden müssen. All das Getue. Das Bussi hier und Bussi da. Natürlich ist das nett. Sehr nett sogar. Sehr schmeichelhaft. Aber es frisst auch unaufhaltsam alle Kraftkörner aus der Seele. Während ich in Kameras gegrinst und Buchstaben zu Schachtelsätzen verdreht habe, blieb so viel liegen, das hätte getan werden müssen. Etwas verändern? Einen Unterschied machen? Die ganze Bekanntheitsnummer hat mir vor allem Gerede eingebracht. Und jede Menge Neid. Oder bin ich einfach nur zu blöd und ungeschickt gewesen, um mein öffentliches Ich für etwas Sinnvolles einzusetzen?

Was ich in meiner Blechkiste grübelnd nicht ahnen kann: Der Messias wird meinen Ausstieg nicht lange überleben. Er hat es gewagt, den Erfinder der blühenden Landschaften zu kritisieren. Er hat es gewagt, den heiligen, unfehlbaren Kanzler der Einheit infrage zu stellen. Welch Hybris.

Irgendjemand setzt sich umgehend mit geballter Hinterzimmermacht auf den Provinzminister. Zerquetscht ihn zu einem ostdeutschen Klumpen Sülze. Es ist wie aus einem verdammten Playbook für Geheimdienste, eines über Desinformation. Man gräbt schmuddeliges Zeug gegen den Messias aus. Der Messias muss zurücktreten. Und mit ihm sterben all seine Ideen. So bequem kann es sein. Und so dreckig. Aber von all dem ahne ich noch nichts. Ich sitze in dieser stickigen Karre auf dem Besucherparkplatz der Dienststelle und denke an meine Mutter. Sie wird maßlos enttäuscht sein. Ihr hat der ganze Rummel um mich wirklich etwas bedeutet. Endlich schien aus ihrem nutzlosen Nachgeborenen etwas Vorzeigbares zu werden. Nach den vergeudeten Jahren im Leistungssport. Nach der leidlichen Maurerlehre. Nach Pflegedienst und chaotischer Neustadt-Existenz hatte sich der nichtswürdige Versager von einem Sohn endlich einmal zu etwas aufraffen können.

Am Tag nachdem mich Eggert das erste Mal ins Ministerium befohlen hatte, fuhr ich raus in den Plattenbau. Mir war flau im

Magen. Vor lauter Übelkeit musste ich mich vor der Haustür fast übergeben. Ich war zu lange nicht mehr da. Ich war nicht lange genug nicht mehr dort. Es ist immer noch der alte eiserne Griff der Angst. Und sie war es auch, die mich heimwärts zu meiner Mutter schleichen ließ. Ich wollte meiner dunklen Königin diesen Erfolgsmoment zur Segnung vorlegen. Meine Mutter schien versöhnt. Ihr Sohn, ein Held. Es war ganz so, als würde ich überhaupt das erste Mal in ihrem Leben vorkommen, ohne mit Nichtswürdigkeit zu glänzen. Meine Mutter schleppte mich zu Ehren meines kurzlebigen Aufstiegs zum Italiener. Sie war bereits leicht angetrunken. Ich ging trotzdem mit. Ein solcher Ausflug war das, was in der Welt meiner Mutter einer liebevollen Umarmung noch am nächsten kam. Und ich sehnte mich doch so unaussprechlich nach einem scheißkleinen bisschen Zuwendung von ihr. Im Restaurant bestellte sie sich Salat, Nudelauflauf und eine Schokoladentarte. Und eine Flasche Wein. Das war das Übliche. Und es war schlecht für ihren Zustand. Ich hasse es, sie betrunken zu sehen. Alles erinnert mich dann an ihre üblen Ausbrüche und dieses verfluchte Zeitalter der Angst. Anständig betrunken ist allerdings auch der einzige Aggregatzustand, in dem meine Mutter mir von meinem Vater erzählt, dann bekommt ihre Mauer Risse. Sie spricht, zwischen Nudelauflauf und Nachtisch, über die »verbotenen« Themen. Über Großvater. Über Vater. Über Kamerun. Und sogar über Moïse. Sie schaut auf ihre Hände, die auf der Tischdecke liegen, als gehörten sie nicht zu ihr. Noch immer kann sie seinen Namen nicht aussprechen. Sie sagt »dein Bruder«. So lange ist er schon weg. Längst habe ich intern abgefragt, ob er vielleicht irgendwo zur Fahndung ausgeschrieben ist. Ist er aber nicht. Und auch der Suchdienst des Roten Kreuzes kann ihn nicht auftreiben. Die finden fünfundvierzig Jahre nach dem Krieg immer noch verschollene Soldaten auf den Schlachtfeldern, aber meinen Bruder finden sie nicht. Es ist unerklärlich, es ist wie ein dunkler Zaubertrick, Moïse bleibt verschwunden.

Ich packe die unschöne Gelegenheit beim Schopfe und schmeichle und locke so viel aus meiner Mutter heraus, wie ich nur kann. Dieses Treffen beim Italiener ist das, was einer weiteren Versöhnung zwischen uns am nächsten kommt. Eine Aussprache gibt es nie. Die Zeit heilt nicht alle Wunden. Manche Dinge, einmal geschehen, bleiben unaussprechlich. Doch diesmal will ich mehr. Ich habe ein Recht darauf. Ich frage und bohre immer weiter.

»Mach keinen Ärger.« Mutter nippt an ihrem Wein. Schaut ins Irgendwo-Nirgendwo. Nippt noch mal. »Mach keinen Ärger. Hörst du? Das ist unangebracht.« Selbst im besoffenen Zustand, halb ansprechbar, halb lallend, strotzt sie vor Überlegenheit. Diese Art zu reden sticht unvermittelt durch alle Schichten meiner Duldsamkeit. Ich habe es nicht länger unter Kontrolle. Meine Faust trifft so hart auf den Tisch, dass die Gläser hüpfen und klirren. Mutter zuckt zusammen.

»So eine verdammte gequirlte Scheiße!« Ich bin außer mir vor Wut.

»Setz dich wieder hin. Das ist peinlich, wie du dich benimmst.« Mutter zischt den Satz ganz leise, aber ihre darin liegende Wut füllt den ganzen Raum. Erst jetzt merke ich, dass ich aufgesprungen bin.

»So möchte ich nicht mit dir sprechen. So nicht.« Ach was? Echt jetzt? Ich will das schon lange nicht mehr, du alte Hexe. Ich will nicht mehr gehorchen. Ich will nicht mehr folgsam sein.

»Du setzt dich bitte sofort wieder hin!« Ich setze mich nicht. »Sofort!« Sie zischt es wutentbrannt. Ich gehe.

Das war vor vielen Monaten, das letzte Treffen. Jetzt sitze ich hier, am Lenkrad festgetackert, und starre diesen Parkplatz an, dieses Stück behördlichen Asphalt, auf dem mein Wagen nichts mehr zu suchen hat. Da bin ich also einmal mehr all ihren Erwartungen gerecht geworden. Habe versagt, versagt auf ganzer Linie. Ich lasse den Motor an. Versagt? Das werden wir noch sehen, denke ich. Dann rolle ich los.

Kapitel 16

»Wir brauchen einen Namen.«

Robby hat recht. Wie nennen wir unsere Unternehmung? Es soll eine Weltrettungsmaschine sein, zumindest eine Stadtrettungsmaschine. Aber wenn es um Marketing geht, sind wir allesamt ziemliche Nieten.

Immerhin haben wir ein Büro. Den Raum dominiert ein Siebzigerjahre-Schreibtisch. Ein großer geschmackloser Unfall aus Pressholz und einem unsäglich hässlichen Furnier. Wahrscheinlich hat der Vormieter dieser Containeranlage das Ding direkt aus einer ehemaligen DDR-Behörde extrahiert zum Nulltarif. Oder es kommt aus einem der vielen volkseigenen Betriebe, die von der Treuhand zu Tode gerettet worden sind. Der Container ist *made in DDR*. Und der Tisch. Und die Stühle. Und der graue zerlöcherte Kunststoffbelag auf dem Boden. In allen Dingen hier steckt noch das unverdaute Gestern, in allen Dingen steckt die Vergangenheit. Sie liegt wie eine dicke Staubschicht über allem. Wir alle sind noch jung, doch wir kommen bereits aus einer untergegangenen Welt.

»Irgendwas mit ›Sicherheit‹, sagt Robby. »Das müssen wir sofort im Namen zeigen, dass diese Firma für Sicherheit steht.«

»Lahm!«, »Blöd!«, »Langweilig!«, kommt unser Echo. Robby wirft den Textmarker frustriert auf den Tisch. Er tut mir leid, es ist unsere Schuld. Wir haben keine Ahnung, ob wir überhaupt mehr sind als eine zufällig zueinander geratene Truppe? Und der arme Robby muss es ausbaden. Was verbindet uns eigentlich? Mehrere von uns haben ein Einsatztraining absolviert oder waren im Bestand von Spezialkräften der DDR. Mehrere von uns waren auf der Sportschule. Mehrere haben studiert. Wir sind Russlanddeutsche. Und Ostdeutsche. Und ich? Ich bin irgendetwas zwischen den Welten. Alte Bekannte sind auch dabei: Udo ist da, der Gjogsul-Künstler vom Kasernenhof der Bereitschaftspolizei. Frank Luger, der Hüne mit dem Pistolennamen. Wie magisches Treibholz hat uns die Strömung der Zeit wieder hier angespült, alle zusammen, in diesem ollen Büro. Was wollen wir? Irgendetwas besser machen. Das Gegenteil davon lässt sich tagtäglich in dieser verrückten Stadt bewundern. Was können wir? Ausführen. Aushalten. Standhalten. Dort, wo andere aufgeben und weglaufen. Und wir wollen und müssen damit Geld verdienen. Die Stadt ist voll mit Traumatisierten. Mit Wütenden. Mit Perspektivlosen. Beherrscht von Opportunisten und Heuschrecken. Den einheimischen. Und jenen westdeutscher Provenienz. Und dann sind da noch Vampire und Orks. Und verschlagene Zauberer. Probleme gibt es also genug, doch es gibt kaum gut gehende Geschäfte, es fehlt dafür schlichtweg der Wohlstand unter den Leuten. Wer kann es sich dann leisten, uns einzukaufen? Wer wird uns dafür bezahlen können, dass wir Hirnschmalz einbringen, täglich unsere Eisen bewegen und uns auf die Köpfe hauen? Wer wird uns dafür bezahlen können, dass wir unsere Haut zu Markte tragen?

»Alpha!«, ruft irgendjemand in das allgemeine Durcheinander hinein. »Wir könnten uns ›Alpha‹ nennen.« Mir persönlich klingt das zu sehr nach dieser KGB-Einsatzgruppe A. Bei denen steht das A für »ALFA«. Bei denen finden die Dinge in einem ganz anderen Universum statt. Jede Namensähnlichkeit zu ihnen hat den Geschmack von Größenwahn.

»Omega«, retourniere ich deshalb reflexartig. Alle Köpfe

rucken in meine Richtung, dem folgt dann Stille. Und der Stille folgt zustimmendes Brummen. »Omega.« Der letzte Buchstabe des griechischen Alphabets. Das letzte Mittel. Die letzte dünne Linie. Wir bleiben, wo andere zurückweichen. Wir tun, was die Obrigkeit ihre Beamten nicht machen lassen darf. Oder will. Und wir tun in der Fläche das, was für die großen westdeutschen Sicherheitskraken in der Stadt viel zu kleinteilig ist. Oder zu hart. Omega. Das ist pathetisch, aber immerhin ein Name. Unser Geschäftsmodell ist so simpel wie nachvollziehbar, finden wir. Wir akquirieren Stadtteil um Stadtteil, Block um Block. Ziehen von einem Clubbesitzer zum nächsten. Wir putzen bei Laden- und Hausbesitzern die Klinke. Unser Pilotprojekt wird die Neustadt. Es gibt zahllose Cafés, Clubs und Läden. Das heißt: zahllose Diebstähle und Sachbeschädigungen, Gezerre und Prügeleien. Frisch renovierte Häuser werden beschmiert. Partygänger und Touristen werden beklaut. Und beraubt. Und immer wieder zetteln besoffene Wichtigtuer oder Berufschaoten Schlägereien an. Das stört den Umsatz und schadet dem Marktwert des Standorts. Bis die personell ausgebluteten Schutzmänner anrücken, vergeht viel zu viel Zeit. Wir kennen das Viertel. Wir kennen das Gegenüber. Und unsere Vögelchen hocken überall und füttern uns mit Informationen. Wir initiieren faktisch das Konzept der Citystreife, lange bevor man es an anderen Orten der Republik so nennt. Mit dieser Idee machen wir uns nicht nur Freunde. Es ist eine inoffizielle Infragestellung der überforderten Zentralmacht. Aber davon ahnen wir noch nichts. Wir sind sicher, dass es gut ist. Und dass es klappt.

Ich hole also Tag für Tag mein Cordjackett aus dem Schrank und bügle meine Jeans und putze meine Schuhe. Und versuche, ungläubige und immer wieder auch genervte Gewerbetreibende von meinem Weltrettungsplan zu überzeugen. Mit sehr, sehr mäßigem Erfolg. Die Idee wird für gut befunden und extrem nützlich, dafür zahlen wollen die wenigsten. In der Nacht stehe ich an den Türen diverser Läden. Ich kann von Glück sagen, bei den zahlreichen Auseinandersetzungen nicht von einem von ihnen erschlagen oder erstochen zu werden.

Heute ist Montag. Viele Läden haben geschlossen. Auch die Clubs. Das Wochenende war hart. Es gab mehrere überaus heftige Zusammenstöße. Wir brauchten wiederholt einen Krankenwagen vor Ort. Jetzt gönne ich mir den Luxus und verschlafe hinter der »Führer«-Tür den halben Vormittag. Die Amazone musste für irgendeinen Beraterjob nach Hongkong und hat mich für einige Monate allein gelassen. Als ich vom Lied der Vögel geweckt werde, deren tatendurstige Heerscharen die Regenrinnen der Alaunstraße bevölkern, scheint für einen Moment alles gut zu sein. Und all der Mist ganz weit weg. Ich drehe mir den kleinen Sessel Richtung Himmel und lege die Füße auf das Fensterbrett. Unten auf der Straße rollt mit leisem Brummen der Verkehr. Hin und wieder weht es Gesprächsfetzen herauf.

Die Montage sind seltsame Unterbrechungen der sonstigen Hektik. Montage sind in meinem Job Sonntage. Niemand will dann etwas von mir. Meist gehe ich joggen. Dem folgen zehn, zwölf überlange Durchläufe mit der Curlstange. Mit wenig Gewicht und extrem vielen Wiederholungen. Und Liegestützkombinationen und Expander. Sobald Körper und Geist mit ausreichend Widerstand und Schmerz gequält sind und beruhigt, lege ich mich mit einem Teller voll irgendwas zurück ins Bett und gönne mir ein Buch. Ich liebe die Montage.

Es ist ein wundervoll milder Abend mit klarem Himmel. Ich laufe auf die andere Elbseite hinüber. Und das Laufen fühlt sich wie immer richtig an. Ich träume davon, wie es wäre, immer weiter der Bewegung meiner Füße zu folgen. Aus der Stadt hinaus. Vorbei an herbstlichen Feldern. Immer weiter und weiter, die alte Handelsstraße entlang bis nach Nürnberg. Und weiter. Und irgendwann wäre diese Stadt für mich nur noch eine blasse Erinnerung, weit entfernt.

»Na, wia gäd's? Desmoi war i friaha do ois du.«

289

Franz Ferdinand lacht dröhnend. Seine Eminenz beliebt zu scherzen. Als wir uns zuletzt im Omega-Bürocontainer verabredet haben, hat er mich lange warten lassen, bis seine kackbraune Motorkutsche endlich angeschaukelt kam. Sicherlich war auch die Verspätung genau kalkuliert. Der schlaue Genosse tut nie etwas ohne einen Grund. Für heute hat er mich in diese Premium-Kneipe bestellt. Auch das ist eine Botschaft. »Man kann nicht nicht kommunizieren«, soll Watzlawick gesagt haben. Zumindest haben sie uns das in der Ausbildung so beigebracht.

»Ich bin zu Fuß, du wirst kutschiert, das ist doch kein fairer Wettkampf.«

Franz Ferdinand winkt ab und gibt dem Kellner ein Zeichen. »Mogst du wos dringa?« Ich nicke und hocke mich hin. Der Genosse scheint heute gut aufgelegt, vielleicht wird es alles gar nicht so haarig wie befürchtet.

»Essn mia heid Fleisch oda Fleisch?« Franz Ferdinand grinst. Ich grinse schleunigst auch.

»Ist der Papst katholisch?« Ich versuche die lockere Stimmung in Bewegung zu halten. Vielleicht hat er sich ja vom letzten Treffen beruhigt, und wir gehen zur Tagesordnung über. Leider hält sich meine Hoffnung nicht allzu lange. Unvermittelt legt er los. Seine Stimme ist leise, aber sein Blick ist hart.

»I hob dia in den vagangene Wochn vui gholfa.« Also hat er immer noch sein Anliegen. Und ich bin immer noch am Zug, ich muss liefern. Und ich verstehe immer noch nicht, wie das passieren konnte. Wie um Himmels willen konnte ich mich darauf einlassen? Dem schelmischen Nicht-Anwalt Franz Ferdinand etwas schuldig zu sein? Aber er fordert zu Recht. Und ich weiß das auch. Und er weiß, dass ich das weiß.

»I hob di zua wichtign Treffa mitgnomma. Du hosd jedn Kontakt in da Stadt üba mi.«

Ich nicke, was sonst. Er hat recht, genauso ist es. Wir haben das gar nicht bemerkt, aber so hat es sich in den letzten Wochen entwickelt. Franz Ferdinand ist so was wie ein Mentor geworden. Ein Business-Coach. Beinahe eine Art väterlicher Ratgeber. Und da so langsam klar wird, dass eine Reihe von Dingen mit »OMEGA« nicht funktioniert wie geplant, zumindest auf keinen Fall so schnell wie geplant, habe ich seine Hilfe schließlich angenommen.

»I hob di mid Gejd unterstützt!« Jetzt schlägt er zu jedem seiner Worte mit der flachen Hand auf den Tisch. Er ist sichtlich angepisst über mein Schweigen. Ja, er hat recht. Und doch wieder nicht. Ich versuche einen leisen Widerspruch.

»Ja. Aber dafür bist du doch stiller Teilhaber in der Firma, so haben wir es besprochen. Du wolltest dir was Sauberes aufbauen, hast du gesagt.«

Er wedelt meinen Einwand verärgert mit seiner Hand davon, als müsste er eine Fliege verscheuchen. Franz Ferdinand ist auf einmal gar nicht mehr der hilfsbereite Onkel aus dem Westen.

»Des is zua wenig! Vui zua wenig, bei oim, was i fia di geton hob. Und no doa soi. Denk aloa an des Gwerbeamt und den Woffenschein fia de Firma.«

Fuck. Fuck. Fuck. Was kann ich erwidern? Er hat ja recht. Mein Konzept mit der Citystreife klemmt immer noch zwischen Idee und Umsetzung. Und Begleitschutzaufträge und Firmenermittlungen kommen viel zu spärlich herein. An die geplante Aufstockung mit neuem Funk, Westen und Fahrzeugen ist gar nicht zu denken. Und die verdammte Förderbank stellt sich quer. Franz Ferdinand war von Anfang an der Einzige, der verlässlich zu seinen Zusagen stand. Und ich habe ihn meinerseits nur hingehalten. Zumindest, was dieses spezielle Anliegen betraf.

»Wos kimmd vo dia? Oiwei grod Ausredn. Denkst du, i bin bläd? Du ealedigst des etz fia mi oda i bin ausse, hosd mi?«

Jaja, ich verstehe schon. Also, so ungefähr jedenfalls.

»Du wuist mi mid Sicherheit ned väärgan.«

Genau das wollte ich immer vermeiden. Franz Ferdinand verärgern. Genau das hätte nicht passieren sollen. Aber dieser Fall ist natürlich längst eingetreten. Verdammte Scheiße. Scheiße. Scheiße im Quadrat.

»Ich mach es,« höre ich mich sagen. »Ich rede mit den anderen. Die Sache wird erledigt.«

Er starrt mich noch kurz über den Tisch hinweg an. Dann setzt er auf einmal wieder sein altbekanntes Grinsen auf und wendet sich händereibend den dampfenden Tellern zu, die gerade auf dem Arm der jungen Bedienung heranschweben. Meine Zähne beißen in das sündhaft teure Steak, und währenddessen rattert es in meinem Kopf. Was hätte ich tun können? Ich musste eine Abwägung treffen. OMEGA läuft nicht gut. Bullshit, eigentlich läuft OMEGA überhaupt nicht. Faktisch lebe ich von den Einnahmen der Türsteherjobs, alles andere wird von der Firma gefressen. Zur Behörde kann ich nicht zurück. Nicht, solange dieser spezielle Zirkusdirektor dort das Sagen hat. Und ein anderes Bundesland darf mich fünf Jahre lang nicht einstellen, so wollen die einzelnen Länder die Abwerbung ihrer Azubis verhindern. Und vielleicht wird es ja auch alles halb so schlimm. Vielleicht muss ich nur diesen einen Auftrag für ihn erledigen. Vielleicht ist dann sein »Unterstützungsbedarf« gestillt, und er lässt mich dann meinen eigentlichen Job machen. Franz Ferdinand ist schließlich der Herrscher über ein Milieu-Imperium, das die sehnsuchtsvollen, leicht feuchten Träume der Einsamen bedient. Und wir sollen für ihn ja auch nicht rauben oder morden. Wir werden bloß eine seiner Glitzerhöhlen zurückerobern, um die ihn sein Ex-Partner betrogen hat. Der Laden gehört rechtmäßig Franz Ferdinand, mit allem Schnipp und Schnapp. So sieht es zumindest Franz Ferdinand. Ich werde also keinen Kokstransport sichern oder entflohene Prostituierte jagen. Das würde ich ganz bestimmt nicht machen, erkläre ich dem Kollektiv der Verkläger. Oder ist das nur eine eilig zusammengestrickte Lüge?

Tatsächlich ist Franz Ferdinand nicht das Erzböse, für das meine alten Bosse ihn uns verkauft haben. Er ist eher ein belesener Feinschmecker, stets zugewandt den Frauen, die für ihn arbeiten. Ich könnte schwören, dass da eine echte, verquere Zuneigung ist. Und vielleicht geht das ja auch zusammen, ausbeuten und mögen. Ich weiß, dass er mal mit einer Schrotflinte in einer Kneipe geschossen hat, besoffen und aufgebracht durch einen Streit. Im Regelbetrieb macht er auf mich nicht den Eindruck eines gewalttätigen Soziopathen. Gewalt scheint für ihn eher ein notwendiges Übel. Ein hin und wieder geeignetes Werkzeug in einem Arbeitsumfeld mit widrigen Bedingungen. In manchen Gesprächen habe ich den Eindruck, dass ich mit einem Diplom-Soziologen zusammensitze und nicht mit einem gefürchteten Unterweltboss. Franz Ferdinand wirft Köder aus und angelt sich Menschen. Frauen. Buchhalter. Oder Leute wie mich. Er hat sich für eine Seite entschieden, und er ist erfolgreich in dem, was er macht. Ich dagegen? Ich dachte, ich wüsste mittlerweile, wer ich bin. Doch wer bin ich? Ich führe ein Doppelleben. Ein Dreifachleben. Ich lebe einen Mehrfachschwindel. Tagsüber jage ich meiner Weltrettungsidee nach, trage Business-Outfits und zivile Gesichter. Am frühen Abend klettere ich auf den alten Dachboden und trainiere Wing Tsun, meine neue Kampfsportreligion. Mein Ausbilder prügelt mir die Seele aus dem Leib. So lernt es sich am besten. Mit Fehlern und Schmerz. Und wenn es dunkel wird, stehe ich auf der Mauer. Das geht dann bis in den Morgen hinein. Dieses Turboleben ist meine legale, aber nicht minder toxische Droge, aus der ich kaum noch in normale Bewusstseinszustände zurückfinde. Reflektieren? Wozu reflektieren? Es ist alles sowieso schon kompliziert genug. Alle scheinen sich gegen meinen Weltrettungsplan verschworen zu haben.

»Es gibt kein Schicksal, welches nicht durch Verachtung überwunden werden kann.« Dieses Zitat von Camus hatte Fee an ihrem Spiegel kleben über dem Waschbecken. Bei mir wird daraus die vollständige Verachtung der Realität.

»Wir haben das unter Kontrolle«, sage ich zum Messias. Der

Genosse Minister und ich haben uns noch einmal in einem Neustadt-Café verabredet. Er kann mich jetzt nicht mehr gut zum Kaffeetrinken in die Ortsverbände der Partei mitnehmen. Ich bin jetzt ein Polizei-Abbrecher. Ich bin jetzt ein undurchsichtiger Sicherheits-Irgendwas, da muss der Messias eine gewisse Distanz wahren.

»Was hast du unter Kontrolle?«, fragt er mich bohrend.

Verdammt. Ich hatte auf irgendeine Art von Rat gehofft, väterlicher Weitsicht. Stattdessen bekomme ich Vorwürfe serviert. Warum muss immer alles so schwierig sein?

»Wir sind auf dem richtigen Weg«, versuche ich zu beschwichtigen.

Er lässt nicht locker. »Dann bleib das auch. Und halte dich von gewissen Leuten fern!«

Eigentlich sollte das hier ein kurzes freundschaftliches Kaffeetrinken werden. Teetrinken, in meinem Fall. Aber der Messias scheint aufrichtig besorgt. Mein Kontakt zum Rotlichtfürst ist für gut informierte Kreise in der Stadt ein offenes Geheimnis. Das zu leugnen ist dämlich.

»Er ist nicht das Böse, als das sie ihn darstellen.« Auf jeden Fall ist sein Auftreten deutlich angenehmer als das von manch einer Obrigkeit in der Behörde. Das ist ein Fakt. Und das sollte ich dem Messias eigentlich sagen, aber ich bekomme es nicht über die Lippen.

Der Messias schüttelt fast unmerklich den Kopf, sagt aber nichts. Dieser Kaloriengipfel ist ein schlecht getarnter Abschied. Eine weitere Welt schließt vor mir ihre Türen. Es wird das letzte Mal sein, dass der Messias und ich uns treffen. Der Messias erhebt sich von seinem Hocker. Hinter ihm die Prätorianer.

»Pass auf dich auf, ja?«, sagt er noch und geht davon.

Ich sitze noch lange vor meiner leeren Tasse. Als ich wieder die Straße betrete, dämmert es bereits. Das ist das Signal für den baldigen Schichtbeginn. Ich eile an die Tür zurück. Dort weiß ich zumindest halbwegs, was zu tun ist. Ich bin Diplomat, Nachrichtendienstler, ersatzpolizeiliche Schutzmacht und Vollstrecker in einem. Die hoheitlich Befugten glänzen in der Regel mit Abwesenheit. Sie führen ihren ganz eigenen Kampf, einen gegen Windmühlen aus Papier und Paragraphen. Und gegen unfähige Bonzen und deren gefährliche Unterlassungen. Falls sie sich überhaupt einmal bei uns blicken lassen, dann nur mit erheblicher Verspätung. Und sie sind recht glücklich über den Umstand, dass wir uns mit den Verrückten herumwälzen. Gäbe es uns nicht, würden sie in die erste Reihe aufrücken und müssten für die öffentliche Ordnung ihr eigenes Fell zu Markte tragen und ihre eigenen Köpfe mit blutigen Beulen verzieren lassen, so wie wir auch.

Es ist eine vergleichsweise ruhige Nacht. Zur Mitte der Schicht hin erscheint Franz Ferdinand. Schon der zweite hoheitliche Besuch an diesem Tag. Erst ein Minister. Dann ein König. Franz Ferdinand kommt über die Straße zu mir herüber. Bloß nicht! Bordellfürst und Ex-Vorzeige-Polizist ins Gespräch vertieft, das gäbe ein nettes Bild für die Presse.

Ich überlasse die Tür einem der Jungs und eile Franz Ferdinand entgegen. Wir setzen uns in seinen Benz und rollen einmal um das Viertel herum. Der Wagen hat abgedunkelte Scheiben, dahinter sind unsere Gesichter völlig unsichtbar.

»Es bleibt dabei. Wir legen heute Nacht los. Ich rufe dich vorher an. Lass es zweimal klingeln und drück mich weg. Nimm bitte nicht ab, wir wissen nicht, wer alles auf deiner Leitung sitzt und mithört.« Franz Ferdinand nickt, so weit, so klar. »Sobald das Objekt gesichert ist, komme ich direkt zu dir gefahren in die Seitenstraße und gebe dir mündlich eine Freimeldung.« Auch dazu bekomme ich ein Nicken.

»Pass auf dich auf«, sagt er noch. Verwundert bemerke ich sein Hochdeutsch. Ich wusste gar nicht, dass er das kann. Franz Ferdinand sagt es ganz leise. Es ist keine Weisung, nur eine Geste. Wahrscheinlich sieht der Genosse Unterweltboss viel klarer als ich selbst, in welcher Lage ich mich befinde. Franz Ferdinand hat erheblich mehr Erfahrung mit der dunklen Seite als ich.

In den Morgenstunden gebe ich den Befehl zur Ausführung. Es ist allein meine Verantwortung. Ich allein trage die Schuld daran, dass wir nun in brüderlicher Umarmung, Schulter an Schulter, die Klippe hinabstürzen. Vielleicht sind wir einfach auch nur in der Mitte des Labyrinths angekommen. Und dort gähnt ein Abgrund, der unserer Aufmerksamkeit entgangen zu sein scheint. Der Aufschlag erfolgt umgehend.

Auf mein Kommando hin starten wir zur ersten Runde unserer Gewaltolympiade. Die vorangegangene Beobachtung des Clubs war ausreichend genau. Das taktische Eindringen läuft reibungslos. Wir nutzen das Element der Überraschung. Und wir nutzen das natürliche Entsetzen. Alles dauert nur wenige Minuten. Dann ist der Club leer. Alle Frauen haben das Gebäude verlassen. Und alle ihre Freier. So weit, so gut. Draußen, auf der nachtdunklen Straße, ziehe ich mir die Sturmhaube vom Gesicht. Einen Moment zu früh, wie sich noch zeigen wird.

Drei Tage später treffe ich Franz Ferdinand vor den Toren der Stadt. Die haben dort einen fußballplatzgroßen Hightech-Disco-Tempel gebaut. Und einen riesigen Pool mit Schiebedach. Franz Ferdinand hat vor Ort einige Leute versammelt, es sind ausschließlich seine ausführenden Organe. Manche davon haben großräumige Bizepse, andere haben andere ins Auge fallende Attribute. Dazu kommen, als Externe, die Jungs und ich. Die Stimmung im Raum scheint gelöst, alle bewegen sich im Feierabendmodus. Franz Ferdinand zahlt die Getränke. Die meisten nehmen Feuerwasser, ich halte mich an die einzige Teesorte im Haus: Minze. Die Musik dröhnt. Körper bewegen sich. Es sind vertraute Bilder.

»Hey, du.«

Ich schrecke zurück. Neben mir steht Fee. Sie sieht verändert aus. Sie hat reichlich Lipgloss aufgetragen, und ihre Wimpern sind auf Länge getuscht. Sie lächelt, tritt langsam heran und lehnt sich mit ihrem Arm für eine Sekunde an mich. Ich kann ihre Wärme spüren. Und rieche dieses Parfüm. Es riecht nach Flieder und Winterkälte. Den Bruchteil einer Sekunde lang ist das Trugbild perfekt. Dann habe ich mich gesammelt. Das da ist nicht Fee. Das da kann nicht Fee sein. Ja, die Frau ist ihr zwillingsgleich, wie aus dem Gesicht geschnitten. Aber Fee ist sie deshalb noch lange nicht. Ist das alles ein Zufall? Ich drehe mich um und schaue über die Tische hinweg zu Franz Ferdinand hinüber. Der schaut auch und grinst. Er hat einmal mehr seine Hausaufgaben gemacht. Die falsche Fee und ich reden nicht viel mehr als eine Handvoll Worte miteinander. Wir fragen uns nichts. Es ist so, wie es ist. Es ist okay.

Der Laden leert sich gegen Morgen. Ich bin froh, der vollgerauchten Jugendtanzhölle zu entkommen. Und der Doppelgänger-Fee. Ich steige in mein Auto und fahre über den riesigen, gespenstisch leeren Parkplatz zur Auffahrt Richtung Stadt. Weiter vorn blinkt etwas in der Dämmerung. Keine dreihundert, maximal vierhundert Meter entfernt steht ein Auto, mitten auf der Landstraße. Die Warnlichter leuchten hellorange im Halbdunkel. Über die Fahrbahn, auf dem Mittelstreifen, schleppt sich mir eine Gestalt entgegen. Es ist einer der Jungs. Er ist angeschossen. Die Wunde blutet stark. Wie sich später herausstellen wird, hat uns mein Fehler, da draußen vor dem geräumten Club, bereits eingeholt. Genau genommen hat uns der Abgrund eingeholt. Er wird uns verschlucken. Verschlingen. Und wenn ein Damm erst einmal gebrochen ist, strömen die Wassermassen mit ungeheurer Kraft durch die Lücke. Und diese wird breiter und breiter. Aus Eitelkeit und Stolz und aus dem Unvermögen, eine halbwegs erwachsene vernünftige Wahl zu treffen, habe ich mich für die dunkle Seite der Macht entschieden. Fünfeinhalb Wochen rutschte ich mit zunehmender Geschwindigkeit die schiefe Ebene meiner Lügen hinab. Fünfeinhalb Wochen genügen, um meine bürgerliche Existenz zu vernichten. Oder den davon noch existierenden Anschein. Ich führe die Jungs in die tiefste Dunkelheit hinein. Ich vernichte nicht nur ein Leben, sondern viele. Ich begehe als Inkasso getarnte Erpressungen und mehrere Überfälle. Meine Taten verstümmeln die Psyche von Dutzenden. Darunter befinden sich ein Rentnerehepaar und die Kassiererin einer Postbank. Ich suche im Hausflur einer Stadtvilla die Frau eines korrupten Baulöwen heim und ängstige dabei ihr Kind halb zu Tode, das wir bei der Vorfeldaufklärung übersehen hatten. Wir hatten gleichfalls übersehen, dass ihr Mann um diese Zeit gar nicht mehr zu Hause ist. Verdammte Scheiße.

Wir stürmen das Hinterzimmer einer Diskothek und hinterlassen eine blutige Schneise der Verwüstung. Unser Tipp, dass wir im Tresor der Diskothek Hunderttausende D-Mark an Schwarzgeld finden würden, mit denen wir die Firma sanieren wollten, erweist sich als unzutreffend. Unsere Gewaltsafari mündet in ein absurd sinnloses Scheitern. Aber alles Rationale in mir ist längst einer völlig irrationalen Wut gewichen als Grundlage einer ebenso irrationalen Rechtfertigung für meinen Amoklauf. Da ist so viel Wut auf mich selbst und auf mein beständiges Scheitern. Wut auf meine Mutter, von der ich mich verraten fühle. Wut auf meinen Bruder, der mich mit ihr allein gelassen hat. Ja, sogar Wut auf meinen Vater, der sich »einfach so« hat umbringen lassen, statt mich auf seinen Knien zu schaukeln. Statt zu leben. Und mich zu lieben.

»Es gibt kein Schicksal, welches nicht durch Verachtung überwunden werden kann.« Camus hatte recht. Das rede ich mir zumindest ein. Ich bringe Leid in unzählige Leben. Alles mit der Entschuldigung, dass der Zweck die Mittel heiligt. Die Stadt muss schließlich gerettet werden. Natürlich durch OMEGA. Und darum muss ich erpressen und rauben. Und im Kern dieses Schwachsinns geht es natürlich um die Lüge meiner eigenen Unersetzbarkeit. Und es geht um die irrige Annahme, dass ich irgendetwas bewirken könnte. Das Herz rast durch die Augenblicke. Es schlägt so schmerzhaft schnell, dass es wie ein einziges stechendes Glühen ist, mitten in der Brust. Überall ist mein Schweiß, klebrig und sauer. Und ein Gefühl von Übelkeit und Balanceverlust, bis die ganze Welt sich wild und unkontrolliert zu drehen scheint. Sie wird zu einer Kaskade von Punkten und Strichen und Bläschen vor den Augen. Und dann Schwärze. Und dann der Aufschlag. Irgendwo. Irgendwohin, Richtung Boden. Wer das jemals gefühlt hat, hat sich über die Klippe gestürzt. Oder ist in die Fänge eines Dämons geraten. Dieses Gefühl teilen all meine Opfer mit mir. Nur dass ich in diesem Fall der Dämon bin. Ich hatte eine Wahl. Sie nicht.

Auf einer nächtlichen Landstraße erreicht mich ein Anruf auf dem Autotelefon. Es ist keine Nummer, die ich kennen sollte. »Du bist erkannt worden. Auf dem Fußweg vor dem Club. Du musst weg!«

Das fühlt sich nicht echt an.

»Sie wollen dich morgen früh holen kommen. Die haben einen Haftbefehl!«

Die Stimme spricht Hochdeutsch. Es ist Franz Ferdinand. Mehr sagt er nicht. Fuck.

Kapitel 17

Auf der Flucht neigt die Zeit zu willkürlichen Sprüngen. Es sind kryptische Bewegungen von Augenblick zu Augenblick, von Block zu Block. Manchmal vergehen die Sekunden quälend langsam. Und manchmal rasen die Stunden durch Tage und Wochen, ohne dass man sagen könnte, was genau passiert ist. Man spürt alles. Man spürt nichts. Die Paranoia durchdringt Knochen und Fleisch. Sie ist wie zu viel Sonne in einem Strandurlaub, sie hinterlässt ein beständiges wattiges Gefühl der Auflösung. Der Feind ist nirgendwo. Und er ist überall. Quälendes Warten. Nagende Ungeduld. Gähnende Langeweile. Gedankenstrudel und Leere. Ohnmachtsähnlicher Schlaf. Flucht wird aus Angst geboren. Die Dämonen sind die Reiseführer. Flucht ist ein Höllentrip.

Ich bin über die Mauer im Hinterhof geklettert und zu meiner Wohnung hinaufgeschlichen. Ich schalte kein Licht an, taste mich voran. Stopfe hektisch Kleidungsstücke in einen Seesack. Was ist mit den Waffen? Sie liegen gut versteckt im Depot. Aber wer weiß, wer das alles kennt. Ich will kein Risiko eingehen. Wozu? In Filmen macht man das, da besorgt man sich diverse Meuchelmacher aus olivgrünen Kisten, glänzend vor Waffenöl. Das hier ist aber kein Film, das hier ist echt. Und kein Mensch mit drei Groschen Verstand im Kopf würde mitten in der Stadt, im Angesicht seiner Verfolger, eine Waffe ziehen. Genauso gut könnte man sich selbst erschießen. Oder soll ich etwa in den Wald? In einem Unterstand leben, irgendwo im Harz, an der ehemaligen Grenze? Wildschweine jagen? Felle gerben, für eine warme Winterjacke ... Und gekackt wird in ein kleines Loch hinter der behelfsmäßigen Hütte. Ausgeschlossen. Ich bin kein Naturmensch. Ich bin eine überzüchtete Stadtkampf-Schranze auf der Flucht. Deshalb keine Waffen und kein Aufsehen. Keine Waffen. Der Rest ist schnell zusammengerafft.

Erst auf der Autobahn wird mir klar, dass irgendwo hinter der Führer-Tür mein Reisepass liegen geblieben sein muss. Ein Flüchtigkeitsfehler, der verdammten Panik sei Dank. Ich rolle durch die Nacht und fluche vor mich hin. Wie soll ich bitte schön flüchten ohne den Pass? Ich fluche und tobe und kann dabei schwerlich einen Unfall verursachen. Um diese Zeit bewegt sich nur spärlicher Verkehr Richtung Norden, Gott sei es gedankt. Ich rolle und fluche. Und halte mich vorbildlich an jedes Tempolimit. Und jeden üblichen Abstand. Ich blinke. Und schwimme mit. Nur nicht auffallen. Im Radio läuft schon wieder dieses verfluchte Lied »She's homeless, she's homeless«. Schon wieder Crystal Waters. Danach bringen sie die Nachrichten. Irgendwo ist ein Flugzeug abgestürzt. Irgendwo gab es ein Attentat. Und im Kongo wankt das Mobutu-Regime, ein Bürgerkrieg scheint unausweichlich. Der übliche Wahnsinn. Und nichts über mich. Beruhigt schalte ich das Radio aus. Ich überhole einen schneckenhaft langsamen Mittelklassewagen. Der Vater sitzt am Steuer, daneben die Mutter, hinten zwei Kinder, schlafend. Eine Familie. Normalität, zwei Meter neben mir. Und doch unendlich weit entfernt.

Irgendwo in Brandenburg treffe ich auf das Ende eines Staus. Die Fahrbahn wird von einem Polizeiwagen blockiert. Ich rolle aus. Meine Flucht endet also hier. Ein seltsames Gefühl der

Ruhe umfängt mich. Ich werde nicht riskieren, erschossen zu werden. Ich werde nicht herumhüpfen wie eine armselige Kopie von Bruce Lee, um mich dann mit den Ex-Kollegen herumzuwälzen. Ich steige langsam aus dem Wagen. Die Arme halte ich seitlich vom Körper weg, mit den Handflächen nach vorn. Hoffentlich hilft das. Hoffentlich sind es keine schießwütigen Cowboys. Ich laufe zum Streifenwagen hinüber. Der Fahrer hat das Fenster heruntergelassen.

»Guten Abend, Herr Hauptwachtmeister.« Der Genosse hat zwei grüne Sternchen auf der Schulter. Und vielleicht mindert meine korrekte Anrede seinen Wunsch, von der Dienstwaffe Gebrauch zu machen. Wer weiß schon, was mein Heimatland in die Fahndungsmeldung hineingeschrieben hat. »Wildes Tier auf der Flucht! Bewaffnet und gefährlich! Rette sich, wer kann!« Etwa so? Falls das so ist, werde ich gleich eine ziemlich zerlöcherte Jacke tragen. Mir zittern die Knie.

»Schwertransport. Ist stecken geblieben. Kann dauern.« Der Beamte schaut mich bei seiner Aufzählung kaum an. Er wirkt übernächtigt und urlaubsreif. Ich starre verdattert in Fahrtrichtung. Dann wieder auf den Beamten. Ich kann mein Glück kaum fassen. Dann murmele ich irgendetwas, drehe mich um und schlurfe auf meinen Puddingbeinen zum Wagen zurück. Mein Herz schlägt schneller, als eine Nähmaschine rattern kann. Ich schlage die Autotür zu und halte mich am Lenkrad fest. Ich könnte heulen vor Erleichterung.

Ich kenne jemanden, der jemanden kennt. Eine sanftmütige Person, die selbst mit einem wie mir Mitgefühl hat. Ich darf mich auf eine Couch legen, verborgen in den Eingeweiden dieser riesigen Stadt.

Ich schlafe wenig. Früh am Morgen will ich zum nahe gelegenen Bahnhof und mich nach Zugverbindungen erkundigen. Mein Plan steht fest. Ich werde mich so weit wie möglich vom Ort meiner Niederlage entfernen, vom Ort meines Schwachsinns und meiner Schande. Das Kartenhaus ist zerstört. Jetzt muss ich mich um meine Freiheit kümmern, für meine bürgerliche Fassade kommt jeder Rettungsversuch zu spät. Berlin am frühen Morgen. Grau ist die Farbe der Wahl. Graue Bürgersteige. Graue Mietskasernen. Die grauen Gesichter all jener, die um diese frühe Stunde an die Fließbänder hetzen und auf die Baustellen. Ich will nur noch kurz zum Wagen meinen Seesack holen. Der Wagen steht weit die Straße hinauf. Ich habe die entlegenste Parklücke gewählt, die sich finden ließ. Stoßstange und Kennzeichen sind vorn schwarzbraun und unleserlich verschmiert. Für die Suche nach einer Dublette, nach einem Doppelgängerkennzeichen, war keine Zeit, also habe ich mir mit der Schlammbrühe aus einer Pfütze behelfen müssen. Vielleicht verschafft mir das etwas Luft, ich wollte es zumindest nicht unversucht lassen.

Der Wagen steht noch da, wo ich ihn abgestellt habe. Aus der Entfernung scheint alles in Ordnung. Doch der angenehme Anschein beruht oft ausschließlich auf Wunschdenken. Ich umgehe die Straßenkreuzung, nehme den Versorgungsdurchgang zwischen zwei Häuserblöcken und ziehe immer kleinere Kreise um den Wagen. Ich setze die Kapuze auf. Das Taschentuch halte ich pseudoschniefend vor mein Gesicht gepresst. Ich komme mir trotzdem nackt vor. Vor einem Jahr noch klebte mein Rollkragen überlebensgroß an Litfaßsäulen und auf Plakatwänden. Scheiße, verdammte. Ich husche einmal komplett am Fahrzeug vorbei. Fünfzehn oder zwanzig Schritte weiter bleibe ich hängen, blicktechnisch. Da steht auf der gegenüberliegenden Straßenseite ein VW Passat. Die zwei männlichen Insassen hocken beschäftigungslos auf den vorderen Plätzen. Anzugsordnung: Buchprüfer. Die beiden starren auffällig unauffällig zu meinem Wagen hinüber und kauen dabei an irgendwelchen Stullen. Oder starren sie auf die Baustelle dahinter? Schließlich haben sie zwei quietschgelbe Schutzhelme auf der Hutablage liegen. Und die für Bauzeichnungen typischen Papierrollen. So würde ich es auch machen. Mit einer glaubhaften Legende, einer Geschichte, die zu meinem Aufenthalt passt. Verdammte Scheiße. Weitergehen. Nicht umdrehen. Einfach weitergehen. Die Paranoia hat mich bereits fest im Griff. Ich eile zum Bahnhof. In der Schlange am Schalter fummele ich an den Geldscheinen in meiner Hosentasche herum. Ich fische einen zerknitterten Fünfziger heraus, suche im Kopf panisch nach einem Reiseziel. Die Warteschlange rückt im Zeitlupentempo nach vorn. Die mechanischen Ziffern der Anzeigetafel über mir kippen von Zeit zu Zeit klackernd nach unten, bilden neue Muster, neue Orte, neue Destinationen. Niemand scheint es eilig zu haben außer mir. Wie lange dauert das hier? Und vor allem, wohin kann ich jetzt noch? Die Republik erscheint auf einmal lächerlich klein. Die Buchstaben klackern. Stuttgart, in fünf Minuten. Den schaffe ich nicht mehr, dafür ist die Schlange vor mir viel zu lang. München: neun Minuten. Der ist auch weg. Köln, in fünfzehn Minuten. Köln? Ich nehme, was ich kriegen kann. Köln, die andere Ecke des Landes. Der wilde Westen. Köln, diesen Zug bekomme ich. Als wir uns ächzend und schwankend aus dem Bahnhof in Bewegung setzen, atme ich freier. Ich bin knapp entkommen. Entkommen? Zwei Bautypen mit Schinken-Käse-Broten?

Ich treibe an einem dünnen Faden durch die Schwärze des Alls. Der Weltraum ist kalt und leer. Mein Schreien bleibt ohne Ton. Dieser verdammte Traum. Er frisst sich durch meine Nächte, wieder und wieder. Das ist Kausalität. Ich habe mich in den Abgrund gestürzt. Und nun bin ich Fischfutter im Tümpel der Dämonen. So was kommt von so was. Mein Weltraum ist die Fremde. Fern der Heimat bin ich umzingelt von fremdartigen Gesichtern und einer ebenso fremdartigen Sprache. Das erschwert mein Ankommen, kopftechnisch betrachtet. Aber es erleichtert auch meine Tarnung. Hier in Paris sind fremde Gesichter ein üblicher Teil des Straßenbilds, des Alltags. Das ist nützlich, so wie Paris nützlich ist. Meine eigene Überhebung hat mich daheim entwurzelt. Und nun muss ich hier sein, doch anders als für Abertausende Wahlpariser und Millionen von Touristen ist die Stadt für mich kein Sehnsuchtsort, sondern Exil. Und sie ist allemal besser als der Aufenthalt in einem sächsischen Hafthaus. Der Bahnhof ist voll mit den schwer bewaffneten Streifen des Militärs und der Bahnsicherheit. Und ziviler und uniformierter Polizei. Rasch gehe ich dort weg. Paris ist so paranoid wie ich, und das zu Recht. Es hat Bombenanschläge gegeben. Und neuer Terror wird stündlich erwartet. Dies ist die Stadt der Liebe. Die Stadt der Lichter. Die gallische Spinne. Paris. Die Stadt, durch die mein Vater gekommen ist auf der Suche nach einer besseren Zukunft. Vielleicht ist er an denselben schicken Schaufenstern entlanggegangen auf dem Boulevard Haussmann. Vielleicht hat er auch die Métro genommen, die alte Linie 1, hinaus zum Château de Vincennes. Oder unter demselben Baum gesessen, im Jardin des Tuileries. Paris kann atemberaubend schön sein, falls man nicht gerade ein Illegaler ist.

Mein Vater wollte unbedingt gen Osten, ich will unbedingt in die andere Richtung. Dies ist eine auffällige Überschneidung, doch viel Gelegenheit für Nostalgie gibt es für mich nicht. Nach den Plattenbauten meiner Kindheit hause ich erneut in einem Betonklotz. Mit meinem wenigen Geld konnte ich nichts anderes organisieren als dieses Loch von einem Zimmer im Pariser Norden. Es ist eine der übelsten Gegenden. Die Anlage mochte einmal in den frühen Siebzigern modern gewesen sein. Und sozialer Fortschritt. Jetzt stinkt es im Flur nach Müll, Exkrementen und Armut. Ich starte von hier aus meinen täglichen Kampf um ein paar France. Paris ist unfassbar teuer, ich weiß nicht, wie normale Leute hier überleben können. Polizistinnen. Taxifahrer. Krankenschwestern. Ich brauche dringend Geld für das Nötigste. Für die Miete und etwas Essen, aus dem *Supermarché*. Als Illegaler wird die Jobsuche zu einem Zauberkunststück. Ich nehme, was ich kriegen kann. Ich arbeite als Möbelpacker. Als Coach für gelangweilte Oberschicht-Kundinnen in einem Studio. Und wieder an der Tür. Im Grunde ist es eine weitere Kreisbewegung. Ich mache, was ich immer mache. Und schon immer gemacht habe. Nur trage ich jetzt einen anderen Namen, eine Baseballkappe und einen Bart. Und eine dicke Hornbrille mit Fensterglas, für zehn France aus der Ramschecke der Drogerie. Ich sollte eigentlich gar nicht rausgehen. Jeder Weg birgt die Gefahr einer Kontrolle und der Enttarnung. Und an der Tür eines Clubs zu arbeiten ist der reine Wahnsinn. Aber ich muss ja irgendwie Geld verdienen, sonst könnte ich mir nicht einmal das Rattenloch in der Nordstadt leisten. Die Stadt der Liebe? Es ist die Stadt des Geldes. Kein Ort für Habenichtse wie mich. Das wird nicht ewig gut gehen. Ich fahre kurz entschlossen einige Haltestellen mit der Métro. Dort suche ich mir eine verdreckte *Cabine téléphonique* und wähle die Nummer der Staatsanwaltschaft. Ich behaupte im Brustton der Überzeugung meine Unschuld, nicht ahnend, dass mein notdürftig zusammengezimmerter Plan längst obsolet ist. Die Zeit der Lügen ist abgelaufen. In der Heimat ist Schreckliches passiert, ausnahmsweise einmal ganz ohne mein Zutun. Ein Auftragsmord. Er erhebt seine blutige Fratze aus den Trümmern von OMEGA. Ich habe das nicht organisiert, und ich hatte davon keinerlei Kenntnis. Und doch erfassen mich die Ausläufer der Mordermittlungen. Ein Herausreden meiner eigenen Taten ist mittlerweile unmöglich, die Mordermittler werden von festgenommenen Jungs mit Infos dazu überschwemmt. Wahrscheinlich werden sie auf diesem Wege auch mein Pariser Domizil ausfindig machen. Ich packe dort eiligst meinen Krempel und flüchte in ein anderes Rattenloch, noch abgewrackter und noch weiter draußen.

Durch meine Flucht aus Dresden bin ich im doppelten Sinne knapp entkommen. Einerseits meiner Verhaftung. Andererseits der Beteiligung an etwas Unaussprechlichem. In meinem Zustand maximaler Hybris hätte ich mich mit hoher Wahrscheinlichkeit an einer extralegalen Meuchelung auch noch beteiligt.

Selbstgerechter Auftragshenker, vollgepumpt mit dem Halluzinogen des vermeintlichen »Widerständlers für die gute Sache«.
Ein Mann, ein Vater, ein Sohn, ein Bruder und Freund, einfach
ausgelöscht. Ich bin nicht daran beteiligt. Diese Schuld geht an
mir vorüber. Und statt zu morden, komme ich selbst nur knapp
mit dem Leben davon. Vermeintliche Freunde versuchen mich
nach Deutschland zu locken. Sie versprechen mir einen sicheren
Unterschlupf und damit alles, wonach ich mich in der Fremde
so flehentlich sehne. Ich soll mich mit ihnen in Straßburg treffen, doch ich bekomme in letzter Sekunde einen Magen-Darm-
Infekt und kann nicht in den Zug steigen. Der Durchfall rettet
mir das Leben. Als ich wieder gesund bin, sind meine vermeintlichen »Helfer« schon wegen einer anderen Sache verhaftet. So
entgehe ich knapp meiner vorgezogenen Auslöschung. Spätere
Ermittlungen ergeben, dass meine angeblichen »Flucht-Com-
padres« sogar das Waldstück im Elsass bereits ausgesucht hatten, in dem sie meine Leiche verscharren wollten.

Aus gut unterrichteten Quellen daheim weiß ich, dass mittlerweile eine monströs aufwendige Fahndung nach mir ange-
laufen ist. Meine Mutter wird überwacht. Freunde und Bekannte
werden ausgespäht. Der sächsische Freistaat ist angepisst, er
fühlt sich vorgeführt, und so etwas bleibt nicht folgenlos. Man
lässt es sich nicht nehmen, in Paris tagelang Telefonzellen zu
observieren, von denen ich irgendwann einmal angerufen habe.
Mich unter elf Millionen Menschen in den verschlungenen,
uralten Quartieren der Stadt zu finden wird sich äußerst schwierig gestalten. Aber die Schlinge zieht sich zu. Zumindest bekomme ich das vom Verkläger-Kollektiv suggeriert. Ist die Gefahr real, oder sind es ausschließlich die hetzenden Genossen
in meinem Kopf? Es ist Sommer. Und mit Wärme, Blütenpracht
und maximalem Grün lassen algerischstämmige Terroraktivis-
ten in der Stadt nun ihren Drohungen Taten folgen. Und mit
dem Terror kommt eine Flut aufgerüsteter Armee- und Polizei-

einheiten. Und deren Paranoia ist mindestens so groß wie meine eigene. Die Paranoia verleiht den Jägern Flügel. In meiner Vorstellungskraft ist das so. Und wie einige Monate zuvor in Berlin fühlt sich nun Paris, die Elfmillionenmetropole, gar nicht mehr so unendlich groß an. Ich muss weg. Ich muss noch weiter weg. Jetzt.

Swenu Alongi Boboto. Das ist inzwischen mein Name. Ich habe meine Geburtsurkunde, all meine Zeugnisse und meinen Wehrdienstausweis in eine Vorstadt-Mülltonne geworfen. Alles, was meine wahre Identität hätte verraten können. Mein altes Ich. Warum habe ich das Zeug überhaupt mitgeschleppt? Vielleicht wollte ich mich nicht ganz und gar auflösen, vielleicht war es aus diesem Grund. Doch jetzt musste all der Krempel weg, ich hätte es damit niemals durch die strengen Kontrollen auf dem Flughafen geschafft. Meine Vergangenheit passt in eine mittelgroße Plastiktüte vom Supermarkt. Sie wird darin Futter für die Öfen einer Müllverbrennungsanlage.

Ich sitze im Flugzeug Richtung Zaire. Ich schleppe einen falschen Namen in einem falschen Pass mit mir herum. Und die falsche, völlig unrealistische Hoffnung darauf, dass ich die Amazone in Namibia tatsächlich finden werde. Die Amazone hat in Namibia einen ihrer Jobs, und wer weiß, was sein wird, sollte ich es bis dorthin schaffen. Diese Frau ist im Feuer geschmiedet worden. Der Begriff »Kapitulation« findet sich nicht in ihrem Wörterbuch. Und vielleicht wird sie sich weigern, mich aufzugeben. Vielleicht habe ich dieses Stück meines Lebens doch noch nicht ganz verloren. Mit dieser vagen Hoffnung fliehe ich. Diese Schimäre ist alles, was mir noch bleibt. Ich schwebe in einer fliegenden Blechbüchse über Wasser, Wolken und Land in das Herz des Kontinents hinein, nach Kinshasa, an die Ufer des mächtigen Kongo-Flusses. Weit genug von Kamerun, dem Land meines Vaters, entfernt, wo mich die Häscher des Freistaats irgendwann einmal suchen werden, wenn ich nirgendwo sonst ausfindig zu machen bin. Ich wähle also Kinshasa statt Kamerun für meinen Transit.

Bereits auf der Gangway schlägt mir die Glutofenhitze ins Gesicht wie eine gut gezielte Ohrfeige. Schwankend und halb betäubt schaffe ich es bis zum Flughafenausgang, strande in einem chaotischen Gewühl aus Menschen, Karren und Pkw. Es ist ein unbeschreibliches Gewimmel und Geschiebe.

»*Monsieur, taxi au centre-ville?*«

Jemand zupft an meinem aufgeweichten Hemd. Ich ignoriere das und schiebe mich weiter voran. Die Stimme eilt mir nach: »*Monsieur. Monsieur!*«

Ich bleibe nun doch stehen. In die Stadt muss ich sowieso. Ich muss hier weg, Gott im Himmel. Irgendwohin, bloß weg. »*Oui, centre-ville. Combien?*«

Der mutmaßliche Taxiinhaber ist ein erschreckend abgemagerter Mann. Er sagt irgendetwas. Ich gebe ihn fünf von meinen eingetauschten Dollars. Er starrt auf den Schein, nimmt dann kommentarlos meine Tasche und fährt mich in irgendein Hotel. Mehr eine Baracke, mit deutlich sichtbaren Flicken auf dem Wellblechdach. Das Zimmer ist halb so groß wie meine Stube in Potsdam und doppelt so heruntergekommen. Egal, diese Preisklasse kann ich mir leisten, zumindest einige Tage. Ich liege auf einem muffig riechenden Bett. Über mir dreht sich ein Ventilator, der schon die Zeiten der belgischen Besatzung miterlebt haben muss. Draußen dröhnt die Stadt. Afrika. Das fühlt sich in keiner Weise an wie Heimat. Oder wie Heimkehr. Ich bin ein Kind des Ostens. Ein Ostbrötchen. Ein deutsches Brötchen. Ich mag es durchreguliert, ich mag es geordnet und berechenbar. Das hier ist das Gegenteil davon.

Mein Weiterflug geht in einer Woche. Nicht viel Zeit. Ich muss mich sputen, meinen Krempel zu regeln. Mein gefälschter Pass ist gut und doch eben nur eine Fälschung. Auch deshalb bin ich hier. Ich konnte mir nur einen Zaire-Pass leisten. Und dessen internationaler Wert geht gegen null. Der Zairer namens Swenu Alongi Boboto braucht faktisch für jedes andere Land in der Welt ein Visum. Und das Visum für meine Weiterreise gibt es eben nur hier, in Kinshasa, der Hauptstadt. Ich brauche ein Visum für Namibia. Und ich brauche es sofort. Also gehe ich los und irre schwitzend umher, bis ich mich, mit Händen und Füßen gestikulierend, zum Botschaftsviertel durchgefragt habe. Nach einem endlosen Fußmarsch, vorbei an einem Ozean aus Hütten und wenigen Häusern, gelange ich auf einer von Müllbergen gerahmten Straße zur Botschaft. Dort wartet bereits eine Menschenmenge. Es sind überwiegend Frauen, kugelrunde Mamas in bunt bedruckten Wickelröcken. Ich stelle mich schwitzend in die ungeordnete Schlange hinter sie. Mein Puls fliegt. Ich habe keinerlei Wasser mitgenommen. Und die Menschenschlange schiebt sich in der unerträglichen Hitze nur zentimeterweise voran. Am frühen Nachmittag erreiche ich, wider meiner eigenen Erwartung, den Schalterraum der Botschaft. Ich soll einer kräftigen Bürodame eine Gebühr zahlen. Ich suche die Geldscheine heraus, während die Dame kritisch blickend in meinem Pass blättert. Ich lege deshalb mit zittrigen Fingern noch ein Dankeschön an sie zurecht und schiebe beide Dollar-Häufchen über den Tisch. Und versuche dabei zu lächeln. Wahrscheinlich werden sie mich jetzt aus der Botschaft werfen. Die Dame blickt jedoch nur kurz auf, verzieht dann aber keine weitere Miene und stempelt meinen seltsam jungfräulichen Zaire-Pass mit einem Business-Visum.

Ich habe einen Pass. Ich habe ein Visum. Ich bin viel weiter gekommen als gedacht. Alles scheint möglich. Ich kaufe mir ein Wasser und trinke die kleine Flasche sofort aus. Dann schleppe ich mich beschwingt dieselbe Strecke durch Hütten, Häuser und Müllberge retour. Unweit des Botschaftsviertel bleibt mein Schuh an irgendetwas hängen, und ich stürze zu Boden. Das ist ärgerlich. Blöd. Aber auch kein Wunder, bei dieser verdammten

Hitze und den kilometerlangen Wegen. Ich rappele mich auf und komme beinahe auf die Knie. Unvermittelt ist da ein zuckendes Stechen am Hinterkopf. Es explodiert in ein flackerndes Rot und eine jähe Welle von Schmerz und Panik. Dann sehe ich aus dem Augenwinkel ein Bein heranfliegen und einen Schuh, der krachend in meinen Rippen landet. Der folgende Schmerz ist noch heftiger als der am Kopf. Ich schnappe nach Luft. Umklammere mit beiden Händen meinen brennenden Bauch und die Rippen. Wälze und krümme mich, falle kurz aus der Welt. Als ich wieder bei mir bin, ist alles bereits vorbei. Ich taste an mir herum. Meine Umhängetasche ist fort. Man hat mich ausgeraubt. Pass weg. Geld weg. Selbst meine Stiefel sind geklaut. Und natürlich mein Stolz. Welch makabre Wendung! Der verprügelte Gewalttäter. Der betrogene Betrüger. Im Dreck auf der namenlosen, vermüllten Karikatur von einer Straße, am anderen Ende der Welt. Ich lache. Es ist nicht viel mehr als ein Krächzen, aber es muss heraus. Ich lache. Und aus dem Lachen wird ein Krampf. Und danach weine ich. Leute laufen vorüber. Sie drehen sich nicht nach mir um. Mein Zustand scheint hier keine Attraktion zu sein. Ich hocke am Straßenrand, mit den Armen halte ich meine Knie umschlungen. Ich bin jahrelang in den menschlichen Niederungen herumgestiefelt, doch das habe ich nicht kommen sehen. Ich gehöre nicht hierhin. Das hier ist nicht meine Liga von Chaos. Es hat keine fünf Stunden gedauert, bis mir die Einheimischen zeigen, wie der Hase läuft. Daheim mag ich ein Fleischfresser gewesen sein, ein Raubtier, hier bin ich nur ein jämmerliches Opfer.

Ich schaffe es barfuß und zerschrammt zur Hotelbaracke zurück. Die Frau am Empfang starrt mich an. Ich bin hier kein willkommener Gast mehr.

Nach dem Hotel beziehe ich ein Gästezimmer bei einer Kirche. Eigentlich kein Gästezimmer, sondern ein Lagerraum voller Sperrmüll. Ich habe in meiner Verzweiflung an das Portal der

Kirche geklopft, und man hat mich hereingebeten. Die Kirche wird von einem kleinen, rundgesichtigen Pastor geleitet. Ohne dessen Mildtätigkeit würde ich jetzt das Heer der Obdachlosen komplettieren. Oder Schlimmeres. Aber stattdessen bin ich hier. Ich habe einige zerfledderte Pappkartons zusammengesucht für die Nacht. Mein Schlaflager wird rasch von Mäusen und Ratten umkreist. Sie hoffen wohl auf etwas Essbares, vergeblich, so wie ich auch. Am nächsten Morgen habe ich mehr Glück. Der Pastor fragt mich nur wenig. Und aus dem Kirchenfundus bekomme ich uralte, leicht zerfledderte Schuhe. Und arbeite per sofort als Hilfskraft. Ich schleppe Reissäcke in das Gemeindehaus. Ich fege das Kirchenschiff und den kleinen buckligen Vorplatz aus gestampftem Lehm. Ich kalke die Klogrube, damit der Geruch nicht unerträglich in den stundenlangen Gottesdienst hineinwehen kann. Und ich mache auch sonst alles, was mir der Pastor aufträgt. Ich maule nicht. Ich bin dankbar. Denn der Pastor stellt keine Fragen, und die Straße bleibt mir erspart. Das Leben kann so einfach sein. Tage gehen ins Land. Wochen. Ich arbeite und esse und schlafe. Und bin wahrscheinlich durch den Umstand gerettet, dass ich in der Kongo-Region als Bleichgesicht gelte. *Le Blanc.* Der Weiße. Zumindest ein offensichtlicher Abkömmling einer weißen Hälfte. So etwas gilt in Zaire als Statussymbol. Es ist wie eine Art sozialer Adelsstand, dieses Ding mit der Hautfarbe. Dabei sind es die Gene meiner Mutter. Doch so jemanden lässt man nicht einfach auf der Straße sterben.

Mein »Glückszustand« dauert nicht allzu lang. Ich bekomme starkes Fieber. Ich bin von einer Stunde auf die andere so schwach, dass ich es kaum noch bis zum Toilettenloch schaffe. Fieber und Schüttelfrost wechseln einander freundschaftlich ab. Mal friere ich auf meinen Pappkartons unter einer verschlissenen Rot-Kreuz-Decke, mal schwitze ich wie in einer Sauna. Das geht tagelang so. Es ist Malaria, erklärt mir der Pastor. Seine Sorge wird mühsam von einem Lächeln bedeckt. Ich habe

Malaria und kein Geld für Medikamente. Doch der Pastor mag seine europäische Kuriosität nicht einfach im Lagerraum verrecken sehen. Er streift sich eine Jacke über und läuft durch die halbe Stadt zu irgendwelchen Nonnen. Die Nonnen überlassen ihm einige Tabletten. Mit diesen kehrt der Pastor nach Stunden zurück. Er rüttelt mich wach. Ich spüle die gewaltigen Pillen mühsam herunter. Dann schlafe ich erneut.

Stunden später. Oder sind es eher Tage? Ich drehe mich auf den Rücken. Einige der Mäuse laufen ohne Eile davon, vielleicht sind es aber auch andere, größere Nager. Ich starre die rissige Decke an. Blätternde Farbe. Bröckelnder Putz. Es ist wie eine Speisekarte meines eigenen Verfalls. Sterben ist vielleicht ganz einfach, denke ich. Es ist fast wie normales Einschlafen. Immer schwächer werden und irgendwann weg sein. Ausgelöscht. Wenn nur das Kollektiv der Verkläger endlich einmal Ruhe geben könnte. »Was wird aus deiner Mutter?« »Deine arme Mutter.« »Das hat sie nicht verdient.« Ich denke an meine Mutter. Ich sollte an die Amazone denken. Ich sollte mich für meine Liebste grämen. Auch sie wird nicht wissen, wo ich gestorben bin. Stattdessen aber denke ich an meine Mutter, den Erzfeind. Den ewig mit mir unzufriedenen Quälgeist. Nicht einmal in Ruhe sterben lässt sie mich, diese Hexe. Irgendwie hat sie es geschafft, dass ich sie in diesen letzten Augenblicken furchtbar vermisse. Die Nager sinnen aus den Ecken des Raumes heraus gemeinsam mit mir über diesen Gedanken nach, es ist wie eine artvermischte Vollversammlung. Mich stört es nicht mehr. Draußen weint ein Kind. Es schreit und weint bitterlich. Dann hört das Weinen auf. Wahrscheinlich hat die Mutter das Kind tröstend auf den Arm genommen. Eine gute Mutter, anders als meine. Trinken. Ich muss etwas trinken, denke ich noch. Dann dämmere ich schon wieder weg.

Der Pastor kommt. Er gibt mir aus einer knittrigen Plastikflasche Wasser. Und noch mehr Tabletten. Die Tabletten wirken. Das

Fieber sinkt. Aber mein Fleisch fühlt sich fremd an und hat die Farbe von vergammeltem Pudding. All die Schinderei im Training, über all die Jahre, hat mich nicht annähernd auf das hier vorbereiten können. Die Tabletten wirken. Der Fiebernebel weicht langsam zurück. Ich trinke Wasser aus der Knitterflasche und esse kleine Klümpchen Maniokbrei. Allzu viel vertrage ich von beidem nicht. Fast stündlich rolle ich mich vom Pappkarton, und am Toilettenloch bricht eine wasserartige, fast klare Flüssigkeit aus mir heraus. Der darauf angesprochene Pastor ist not amused. Eilig streift er sich erneut die Jacke über und eilt mit Sorgenfalten in die Stadt hinaus zu den Nonnen. Aber vorher gibt er mir noch ein stark zerlesenes, fleckiges Päckchen Papier. Kirchenbücher-Papier, das durch die Bindung nur noch an einer einzigen Stelle zusammengehalten wird. Diese Blättersammlung von einem Buch macht auf mich einen furchtbar elenden Eindruck. Ich schlage die ersten Seiten auf. Es ist eine Lutherbibel. Auf Deutsch. Ich kann das fleckige kleine Ding kaum halten, meine Finger zittern. Eigentlich müsste ich schon wieder zum Toilettenloch, aber mir fehlt die Kraft. »Read. Pray«, sagt der Pastor zu mir. »You might go to your father. Soon.« Mit diesen Worten verlässt er den Abstellraum.

Mein Englisch ist bruchstückhaft, und mein Gehirn fühlt sich an wie zu oft geschüttelt, aber so sehr kann ich den Mann nicht missverstanden haben. »Herr, lehre mich doch, dass es ein Ende mit mir haben muss und mein Leben ein Ziel hat und ich davon muss.« Psalm 39. An dieser Stelle klemmt ein Stück Pappe in der verdammten Bibel. Ich lasse das Buch neben meine Pappen auf den Boden fallen und drehe mich auf die Seite. Irgendwann kommt der Pastor zurück und stopft mir neue Pillen in den Mund. Dann schlafe ich. Ich bin so müde. Sterben ist irgendwie doch ganz einfach.

Draußen ist ein Geräusch. Und das Geräusch erklärt mir, dass ich noch nicht im Jenseits angekommen sein kann. Es ist das unverkennbare, hässlich metallische Klacken eines Kalaschnikow-Maschinengewehrs. Ein Schuss löst sich, dann treibt der Gasdruck den Verschluss mit einem gewaltigen Ruck nach hinten, sodass die leere Hülse ausgeworfen und die neue Patrone aus dem Magazin gepresst wird. Klack. Klack. Klack. Nichts klingt wie eine Kalaschnikow. Und dazwischen immer wieder das Schreien. Das verzweifelte Schreien hinter der Mauer. Ich rolle mich vor Furcht zusammen. Klack. Klack. Klack. Wo bleibt der Pastor?

Wie viel Zeit ist vergangen? Ich muss weggedämmert sein. Ich fühle mich durstig, doch die Knitterflasche ist leer. Der Pastor ist weg. Als ich an der Hintertür der Haupthütte klopfe, öffnet niemand. Ich wanke am Toilettenloch vorbei zur Außenmauer, darin klafft ein riesiges zerbröckeltes Nichts. Hinter der Mauer liegt ein festgebackener Müllwall, hüfthoch. Ich übersteige den Wall. Mehrfach knicken mir die Beine weg. Ich bin schwach, doch ich schaffe es hinter den Wall. Dort liegt die Straße. Dort liegt das Viertel. Dort liegt ein Schlachtfeld. Bereits auf der anderen Straßenseite ragt aus der Reihe noch intakter Hütten eine Ruine. Das rußige Schwarz qualmt noch. Und nicht weit davon steht das ausgebrannte Skelett eines Wagens. Und dazwischen liegen Körper. Manches am Stück. Anderes sehr kleinteilig. Das tote Fleisch gehört wahrscheinlich zu fünf Menschen. Vielleicht sind es sechs oder sieben. Die Leiche, die mir am nächsten ist, liegt in bizarrer Verdrehung. Arme und Beine weisen riesige klaffende Wunden auf, die von einer Wolke von Fliegen umschwärmt werden. Das Ding dahinter ist lediglich ein Torso. Gliedmaßen und Kopf sind fort. Nur fransige Reststellen zeigen noch, dass da mal etwas war. Der Torso ist klein. Zu klein für einen Erwachsenen. Ich sehe einiges und verstehe davon erst einmal recht wenig, in meinem dehydrierten Zustand braucht das Gehirn gnädigerweise für alles sehr lang. Aber nicht lang genug. Ganz gewiss ist das hier ein Horrorfilm. Und ich möchte garantiert an dessen Dreharbeiten nicht teilnehmen. Ich laufe die Straße links hinunter, vorbei an den Ruinen weiterer Hütten. Ich laufe nicht weit. Mein Kopf will, aber meine Beine können nicht. Irgendwann hocke ich mich an den Straßenrand. Wohin soll ich auch? Ich hocke da und warte auf nichts.

»Come!« Es ist der Pastor. Er sammelt sein verlorenes Schäfchen ein. Der Pastor ist nicht tot. »Come with me!«

Ich schlurfe mit ihm zurück zur Hütte.

»Sit down.« Er drückt mich sanft auf die Pappkartons, und ich lehne mich mit dem Rücken an die recht kühle Wand der Abstellkammer. Er sieht mich ernst an. »You have to go to your embassy. This is going to be worse, believe me.« In dem rundlichen Gesicht des Mannes ist keinerlei Freude mehr. »Much, much worse.«

Nach der Szene auf der Straße ahne ich, was er meint. »I have to go to Namibia. I must try!«

Der Pastor reißt entsetzt die Augen auf und schüttelt den Kopf. »You can not. You will never pass the check in on the airport. Not like this. And you know that.«

»Still I must.«

Er schüttelt wieder den Kopf. »You can only take the ship. But ships only go out from Matadi. And the route is full of checkpoints.« Er überlegt kurz.

»You could also try the river and then the land, but that's thirteen hundred kilometers. Maybe fifteen hundred. You would have to go to Lubumbashi. There is no motorable road there, even with a good 4x4 it would be difficult to get there. And from there you would have to continue via Zambia.«

Er schüttelt wieder den Kopf. »It is impossible, simply impossible. You will die trying. Do you understand?«

Ich heule. Einfach so. Ich kann nicht anders. Der Pastor wartet geduldig, bis mein kleiner Anfall von Selbstmitleid vorüber ist.

»I'll give you a hundred and fifty dollars«, sagt er dann. Er sagt es ganz leise. Mein Kopf ruckt nach oben. Hundertfünfzig Dollar. Das ist hier ein Vermögen. Und eine neue Schuld. So viel Geld von einem Menschen in solchen Verhältnissen zu nehmen ist faktisch ein weiteres Verbrechen. Dieses Geld bedeutet für den Pastor und seine Familie Arztbesuche. Und Essen. Und Bestechungen. Man kann dieses Geld umrechnen in Menschenleben. Wenn ich es nehme, kann ich sie genauso gut umbringen. »I'm going on a missionary tour next week. My family accompanies me.«

Er will hier weggehen. »Why?« Wieso? Ich muss ihn das fragen. Und gleichsam ist es eine dumme Sache. Ich kenne die Antwort. Ich habe die Antwort gesehen draußen auf der Straße.

»Because this is the end. It's the end.«

Der Pastor geht. Er geht weg und kommt nicht mehr zurück. Was soll dann aus mir werden?

»Can I join?« Ich bin selbst überrascht über meine Frage. Aber wie soll ich das hier überleben ohne ihn?

»No. We have to go to Ghana. And you can never do it without a proper passport. It would be very, very dangerous for all of us.«

Er blickt auf mich herunter. Er wirkt müde, er wirkt bis über alle Grenze hinaus erschöpft. »Go to your embassy! Go home!« Ich schüttle den Kopf, ich kann nicht. Der Pastor wendet sich zum Gehen. Nach einer kurzen Pause sagt er noch leicht genervt: »You will die here, do you understand?«

Ich habe nicht auf den Pastor gehört. Und bin auf einem Schleppkahn gelandet. Das Ding ist mit menschlicher Fracht völlig überstapelt, aber es ist besser als nichts. Von Kinshasa aus geht es über einen Nebenarm des Kongo in den Dschungel. Drei Tage auf dem Fluss, danach bin ich schon wieder krank. Darmverschluss. Ich liege damit auf einem verdammten Kongo-Boot. Um mich herum der postkartenschöne Urwald. Unter mir rauscht beruhigend das Wasser. Und mein Körperfettanteil sinkt ins Bodenlose, mein Fleisch frisst sich sozusagen selbst. Ich sehe aus wie ein großes, mit Kirchenspenden behangenes Gerippe. Und dann strandet das verdammte Boot auch noch auf einer Sandbank. Und ich muss meine irrwitzige Tour zu Fuß fortsetzen. Der Tross der Passagiere wankt und kriecht sechzig Kilometer durch den Dschungel, bis er die Bahnstrecke der ehemalig belgischen Minengesellschaft erreicht. Die Nacht verbringe ich in einer kongolesischen Militärbasis, ich zahle für ein Bett. Das Bett steht im Sterbezimmer des Lazaretts. Wie passend. Ich protestiere nicht. Draußen wird gekämpft, ich höre Gewehrfeuer in der Ferne. Da liege ich doch lieber trocken und sicher bei den Sterbenden. *Monster! Monster!*, ruft der Chor der Verkläger, doch ich höre ihn nur noch ganz schwach hinten im Kopf, denn ich bin selbst ein unsäglich ausgelaugter, müder Todeskandidat.

Am nächsten Morgen geht es weiter. Und immer weiter. Und irgendwie überstehe ich den verrückten Trip. Ich schaffe es von Kinshasa bis hinauf in den letzten Zipfel von Zaire, nach Lubumbashi, nahe der Grenze. Über Land. Deus vult? An Tagen mit klarem Himmel sehe ich in der Ferne die Berge in Sambia. Die Freiheit scheint so nah. Und irgendwie doch nicht. Ich bekomme wieder diese Darmsache, mit tagelangem Durchfall aus wässrig klarer Flüssigkeit. Und die Stadt ist voll von halb Verhungerten, Verrückten und Verstümmelten. Ich irre umher und schlafe schließlich sehr weit draußen, am Rand, in den Ruinen eines Fußballstadions. Endstation. Ich starre auf die unkrautüberwucherten Tribünen um mich herum. Dann in den Himmel. Deus vult? Die Abenddämmerung bricht hier herein wie im Zeitraffer. Und mein Magen krampft sich zusammen, wie immer um diese Zeit. Und das Leben schleicht aus mir heraus.

»Geh zu deiner Botschaft«, hat der Pastor gesagt. »Geh heim.« Am Himmel hängt nur noch ein fahler Schimmer von Helligkeit, Zeit für eine finale Bilanz: Ich schaffe es ohne Bestechungsgeld niemals über die Grenze nach Sambia. Und ich kann die Amazone nicht anrufen. Ich habe keine Nummer und auch kein Geld mehr. In dieser Hölle von einem Land gibt es für mich nichts mehr zu holen. Alles, was hier günstig zu haben ist, ist der Tod. So sitze ich in einem Stadion ohne Fußballer, in einem Leben ohne Hoffnung.

Ich stelle mich der deutschen Konsulin. Genau genommen ist es der belgische Ehemann. Die Konsulin ist durch unerwünschte Kritik beim amtierenden Diktator in Ungnade gefallen und musste sich nach Johannesburg flüchten. Aber der Genosse Belgier tut alles für die ihm anvertrauten deutschen Schäflein. Der Mann bucht für den Preis eines Mittelklassewagens zwei Sitze in einer der wenigen Maschinen Richtung Hauptstadt. Der deutsche Vizebotschafter holt mich dort ab. Nach einer kurzen Fahrt werde ich von ihm beim Inlandsgeheimdienst abgesetzt. Das muss er tun, weil die Botschaft mich nicht in Haft nehmen darf, so will es die Bürokratie. Der Inlandsgeheimdienst ist in diesem Land nun einmal für die Auslieferungen verantwortlich, also fährt der Botschaftsgenosse mich dorthin. Der zuständige Geheimdienstler ist eine groß gewachsene Erscheinung in einem seidig glänzenden Maßanzug.

»Je récupère ce monsieur sain et sauf«, wendet sich der Vizebotschafter an den Geheimdienstler. Er spricht langsam und eher leise, doch in seinem Ton liegt eine augenfällige Härte. »Si vous ne le faites pas, le ministre de l'Intérieur m'a assuré que vous auriez de très, très gros ennuis.« Mein Französisch ist trotz der Monate in Paris absurd schlecht. Der Vizebotschafter entnimmt dies wohl meinem ratlosen Gesichtsausdruck. »Ich habe dem Herrn gesagt, dass er große Probleme bekommen wird, falls ich Sie nicht unversehrt von ihm zurückbekomme.« Der Botschaftsmann geht ohne ein weiteres Wort davon.

Der Geheimdiensttyp blickt überrascht, dann nickt er. Was es mit diesem Vorspiel auf sich hat, erfahre ich umgehend. Im Hinterhof der Geheimdienstbehörde liegt eine unscheinbare Baracke. Dorthin führt man mich. Doch wie es unscheinbare

Dinge oft an sich haben, täuscht die äußere Harmlosigkeit. In dieser Baracke klafft ein Riss bis ganz hinunter in die Hölle.

Ich komme zu mir. Es ist ein abrupter Wechsel vom Schlaf ins Jetzt. Ein kurzes, heftiges Hochfahren. Habe ich das Schreien geträumt? Habe ich selbst geschrien und bin davon aufgewacht? Das klang so unwirklich leidend. So flehentlich. Wie müsste man eine menschliche Kreatur quälen, dass sie solche Laute von sich gibt? Klatsch. Klatsch. Klatsch. Das Geräusch hallt über den Gang des Zellentrakts. Es klingt, als ob ein Metzger mit einem Brettstück Schnitzelfleisch bearbeitet. Klatsch. Klatsch. Klatsch. Und wieder das Schreien. Klatschen und Schreie folgen einander in einem raschen Wechsel. Ich halte mir die Ohren zu, aber das hilft nicht viel. Wäre ich nur ein edler Ritter auf einem hübschen weißen Gaul. Könnte ich doch bloß ein Held sein. Ich würde mich gegen die Zellentür werfen und protestieren. Aber ich bin nicht so. Meine einzige Sorge gilt mir selbst. Werden sie etwa auch zu mir kommen und den Horror aus der Nachbarzelle an mir wiederholen? Nachdem ich mich in die hinterste Ecke der Zelle gekauert habe, pisse ich mich dort ein. Und als das Schreien schon lange aufgehört hat und die Folterknechte lachend in den Feierabend gegangen sind, zittere ich immer noch. Hier arbeiten Männer im Business-Outfit, mit Anzugshosen und hübsch gestreiften, leicht fliederfarbenen Hemden und silber schimmernden Krawatten. Man könnte sie für Anwälte halten, doch leider ist ihre Beratung von ganz anderer Natur. Und die eindringliche Warnung des Vizebotschafters ist alles, was zwischen mir und diesen Männern steht. Nicht, dass sie aus mir irgendwelche nützlichen Informationen herauspressen könnten. Ich weiß nichts. Aber darum geht es auch gar nicht. Gefoltert wird hier, damit das Opfer leidet. Sein Schmerz manifestiert die Dringlichkeit der Sache bei den Angehörigen. Der Inlandsgeheimdienst betreibt hier faktisch eine Entführungs- und Erpresserabteilung. Der Kleidung der Angestellten nach zu urteilen wohl auch mit einigem kommerziellem Erfolg. Ich hocke in meiner Zelle und bete. Ich bete so oft Psalm 39, dass ich den Eindruck habe, darüber verrückt zu werden. Ich bete und wimmere. Und hocke zumeist auf dem Betonboden in der hintersten Zellenecke und wiege mich dort wippend vor und zurück, umschlungen von meinen eigenen Armen und permanenter Panik.

Wieder einmal werde ich mit Geschrei geweckt. Diesmal untermalt mit Gewehrfeuer. Ich bleibe auf der braunfleckigen Matratze liegen und schwitze Angst. Doch niemand kommt in die Baracke, niemand kommt zu mir, meine Zellentür bleibt verschlossen. Erst viel später am Tag werden alle Gefangenen auf den Hof getrieben. Wir müssen uns in einer langen Reihe aufstellen. Statt der üblichen zivil gekleideten Geheimdienstmitarbeiter sind überall Männer in Uniformen. Große Männer mit harten Gesichtern. Und MP5-Maschinenpistolen. Die gesamte Szenerie hat die klassische Anmutung eines Erschießungskommandos in einem Kriegsfilm. Dann kommt noch ein fetter Riese dazu, gleichfalls uniformiert. Er ist noch größer als die anderen, und er hat den Befehl über alles. Der Riese schreitet die Reihe der Gefangenen ab, als sei er in seiner Mittagspause auf den Sklavenmarkt gekommen, um ein Schnäppchen zu machen. Im Hintergrund lädt ein Büttel sein Gewehr durch. Meine Mithäftlinge starren auf den Boden. Ich starre auf den Boden. Vielleicht werde ich ja als besonders exotisches Haustier ausgewählt und nicht mit den anderen exekutiert? Es gibt immer noch eine letzte Chance. Eine letzte Hoffnung, bevor es dann keine mehr gibt und vorbei ist. Ich erinnere mich auf einmal an einen Fetzen Gebetslatein, den mich mein Maurerbrigade-Kamerad gelehrt hat, der Ex-Priesterschüler: »*Proficiscere, anima christiana, de hoc mundo, in nomine Dei.*«

»Brich auf, christliche Seele, im Namen Gottes.« Ich murmele den Zauberspruch vor mich, der eigentlich das Seelentaxi zu den Sterbenden rufen soll. Nächste Haltestelle: Paradies. Aber kommt das Taxi auch dann, wenn man eigentlich an nichts mehr glaubt und auf nichts mehr vertrauen kann? Kommt das Taxi auch zu einem Räuber? Einem Gestrauchelten? Einem wie mir?

Proficiscere, anima christiana, de hoc mundo. Gleich werde ich bei meinem Vater sein. Und meinem Großvater. Bestimmt sitzen die beiden bereits lachend und schmausend und Pfeife rauchend auf einer Wolke und vertragen sich. Gleich werde ich bei meinem Vater sein. Eine einzige Träne rollt mir das Kinn herab und fällt in den Dreck zwischen meinen Füßen.

IV.
Der lange Weg
in die Freiheit

Bonn, Mitte Juli 2021

Jetzt herrscht hier Stille, während draußen dieser apokalyptische Regen auf die Stadt herunterfällt. Die Mädchen sind bei ihren Spielkameradinnen. Niemand ruft mich dazu an. Niemand schickt eine Nachricht. Das ist ein gutes Zeichen. Und selbst wenn es etwas zu berichten gäbe, würde ich als Letzter davon erfahren. Väter sind wie entbehrliche, überflüssige Wurmfortsätze in einer perfekt organisierten Welt der Mütter. Ich habe mich mittlerweile in die Tatsache gefügt, dass meine Frau hier auf Erden allmächtig und allwissend ist. Aber jetzt steht unter meinen WhatsApp-Nachrichten an sie nur ein einsames graues Häkchen, mehr nicht. Die Nachricht ist versendet, aber noch nicht beim Adressaten ausgeliefert. Ich starre aus dem Fenster in den Regen, und obwohl es mitten am Nachmittag ist, hat sich der Himmel dunkel gefärbt, als begänne schon die Abenddämmerung. Eine wahrhafte Endzeitkulisse. Die Mädchen sind immer noch auswärts. Meine Frau scheint »verschollen«. Und Jérôme geht nicht an sein Telefon. Und ich kann nur hier sitzen und warten. Und mich mit Matcha-Tee und selbst gefertigten Butterkeksen beschäftigt halten. Während das Gebäck in meinem Mund in seine buttrigen, zuckrigen und zimtigen Anteile zerfließt, gehe ich im Kopf auf Reisen. Hinter den Regen und durch die Jahre hindurch und über den Abgrund der Zeit.

Kapitel 18

Ich kauere tief unter der Erde in einem fensterlosen, weiß gekachelten Raum. Ich bin barfuß. Und dies ist kein experimentelles 3D-Kino. Es ist keine Szene in der verborgenen Höhle von Batman. Ich kauere in einer unterirdischen Zelle, welche irgendwo tief unter einer Behördenburg verbaut wurde. Ich hocke in der Ecke, den Rücken an die Kachelwand gelehnt. Der Raum ist vollkommen leer. Und irritierend warm, beinahe wie die Imitation des heißesten nur vorstellbaren Hochsommertages. Die Luft vibriert vor Hitze, obwohl ich nirgends einen Heizkörper erkennen kann. Und in die Ecke des Raums hat man ein Abflussloch eingelassen für die Notdurft.

Vier mal vier große Schritte im Quadrat. Das ist meine Zelle, mein Bunker. Meine Festung. Bestrahlt wird die gesamte Szenerie von einem Leuchtfeld hinter Panzerplastik, das man eben und glatt in die Wand hinein verbaut hat. Das Feld verströmt ein surreales Dämmerlicht, so als säße ich inmitten einer abgefahrenen Kunstinstallation. Man hat mich in diese Zelle gesteckt, weil es der sicherste Ort war, den man in der gebotenen Eile auftreiben konnte. Man weiß von der Telefonüberwachung, dass Franz Ferdinand einen ehemaligen russischen Speznaz auf mich angesetzt hat. Die Speznaz-Genossen sind so etwas wie eine außer Kontrolle geratene Mischung aus Fallschirmjäger und staatlich geprüftem Meuchelmörder. Es sind menschliche Maschinen, die nichts anderes als Tod und Zerstörung produzieren. Es liegt durchaus im Bereich des Möglichen, dass ich den Wahnsinn in Afrika nur überlebt habe, um hier, in der Heimat, erschossen oder in Stücke gesprengt zu werden. Oder was auch immer sich der Supersoldat einfallen lässt in seiner destruktiven Kreativität.

Ich trage keine Uhr, aber ich kann unmöglich länger als eine Stunde hier sein. Nach der Rechenmethode des oberfränkischen Mathematikgenies Adam Riese blieben mir also noch neunundzwanzig Stunden, dann würden sie mich holen kommen. Dann käme die Sache zu einem Ende, auf die eine oder andere Art und Weise. Die Vorstellung, solange noch unter der Erde sein zu müssen, lässt in mir gallige Übelkeit aufsteigen. Ich schnaufe immer heftiger, es wird ein panischer Anfall von Lufthunger, viele Augenblicke bleiben mir nicht mehr. Ich renne los. Ich skippe auf der Stelle. Lasse die Beine wirbeln, schneller und schneller. Ringe würgend um den nächsten Atemzug. Beine hoch. Vorwärts. Die Fußballen tappen in fliegender Folge auf den Boden. Weiter. Weiter. Ich laufe dem Schock davon. Und der möglichen Ohnmacht. Der Erstickung. Verrücktes Wirbeln am Ort, Wirbeln mit Armen und Beinen, Rennen ohne Fortbewegung. Ein Sinnbild für mein Leben. Schweiß rinnt mir über Kopf und Nacken, aber der unkontrollierte Lufthunger vergeht in einen gnädigen rettenden Schmerz, welcher die Panik aus den Zellen spült. Er löscht den Himmel aus, irgendwo weit über mir. Er löscht meine Furcht aus. Er löscht alles aus.

Kinshasa. Zwei Jahre und sechs Monate zuvor. Die Turbinen heulen auf, das Flugzeug rollt rumpelnd über die Startbahn. Schneller, immer schneller, bis es sich schließlich mit einem Hüpfer vom Boden löst. Ich kann es noch kaum fassen. In wenigen Augenblicken sind wir fort. Und wenn uns nicht noch eine marodierende Luftabwehr-Batterie auf den Boden zurückholt, bin ich diesem Horrorfilm von einem Land endlich entkommen.

Zuletzt war es noch einmal sehr knapp geworden. Meine Rückholung stand auf Messers Schneide. Die Garde Civile, faktisch die Militärpolizei, hatte gegen den Inlandsgeheimdienst geputscht. Im Stadtzentrum gab es Unruhen. Was in einem Hollywood-Film ein hübscher Twist gewesen wäre, geht in Wirklichkeit mit jeder Menge Gemetzel einher. Die sächsische Obrigkeit hat keine Mühen gescheut. Der zu meiner »Ergreifung« extra eingeflogene Zielfahnder und die beiden ihm assistierenden Jungs des Spezialeinsatzkommandos sollen meine Rückkehr ins Königreich sicherstellen. Durch den Putsch hocken sie jedoch selbst hilflos in ihrem Hotel und stecken dort ebenso fest wie ihr kostbares, schmutzig bärtiges Zielobjekt in der Folter-Baracke.

»Samuel Meffire?«

Kaum zu erkennen unter meinem Bart und dem ganzen monatelangen Dreck, aber ich war es. Und gewiss war ein Krimineller auf der Flucht selten so froh, auf seine Verfolger zu treffen.

»Du machst doch keinen Ärger, Großer?«, fragt mich der Kommandoführer.

Wir sind in Tegel eingeschwebt. Wir stehen nach der Landung im Hauptgang der Boeing einer genervten Stewardess im Weg, die ihre gefesselte Fracht schleunigst aus der Maschine haben will. Ich schüttle den Kopf. Und wage ein Lächeln. Eigentlich möchte ich grinsen wie ein Honigkuchenpferd über die schlichte Unwahrscheinlichkeit, am Leben zu sein. Ich schüttle heftig den Kopf. Nein, ich mache keinen Ärger. Ich bin brav wie ein Lamm.

Die Fahrt nach Dresden verbringe ich damit, den Inhalt zweier Verpflegungsbeutel in mich hineinzustopfen. Der Zaire-Hunger-Wahn sitzt tief. Die SEK-Jungs betrachten mich durch die Trennscheibe im Auto halb verwundert, halb mitfühlend. Sie haben sich augenscheinlich einen verrückten Wilden zugeladen. Zu den donnernden Klängen von Rammstein rasen wir über die Autobahn Richtung Freistaat. Ich hocke in einer improvisierten

Isolationskabine, beinahe luftdicht verpackt. Schließlich war ich schwer krank und bin es unter meinen neuen, behördlich gestellten Klamotten vielleicht immer noch. Meine Flucht führte durch genau jenes Gebiet, in dem erstmals auf der Welt 1976 ein Ebola-Ausbruch festgestellt worden ist. Die sächsischen Ministerialbürokraten, die meine Heimholung organisiert haben, befürchten nun wohl, dass ich ihnen die Apokalypse einschleppe. Deshalb wurde hastig ein Justiztransporter mit Plastikplane und einer Menge Klebeband zu einer rollenden Isolationsstation aufgerüstet.

Wir rasen nach Dresden. Der zuständige Haftrichter empfängt uns mit einem müden Gesicht. Der Untersuchungshaftbeschluss ergeht im Eiltempo. Und noch ehe die Unterschrift auf dem Papier ganz getrocknet sein kann, flutet ein Konvoi von gepanzerten BMW-Limousinen in die Nacht hinaus. Ich werde hastig irgendwo hingefahren. Und dort an irgendwen übergeben. Werde gefesselt und dreifach verschnürt von einem Auto ins andere geladen. Ich sehe und höre alles und verstehe nichts. Warum dieser Aufwand, was geschieht hier?

Der Mann zeigt in Richtung Wagen. Wir sind irgendwo tief im Westen, nahe der französischen Grenze. Es sind da noch zwei Jahre und drei Monate bis zur Zelle im Kachelkeller. Ich zögere.

»Ich schieße dir in den Rücken, wenn du wegläufst.« Die Verachtung für mich trieft dem Mann aus Gesicht und Haltung. Lange Wochen der Untersuchungshaft liegen hinter mir. Ich habe sie in einem Hochsicherheitstrakt zugebracht. Versteckt und in totaler Isolation. Das frisst sich durch die Substanz. Die ersten Worte des Mannes am Auto könnten klarer nicht sein, nicht deutlicher. Kein Tagesgruß, kein Small Talk, nur das. Seine Begleiterin und Vorgesetzte ist eine ansonsten hyperkorrekte Beamtin mit Doktortitel, aber das hindert sie nicht daran, ihm diese Drohung durchgehen zu lassen.

»Hast du das verstanden?«

Von einem Mann bedroht zu werden, der eigentlich Leben retten und beschützen soll, das entbehrt nicht einer makabren Ironie. Ich bekomme meine eigene Medizin zu schmecken. So ist das halt im Leben. *What goes around comes around.* Ja, gewiss, der Hund, an seiner Kette, hat verstanden. Der missratene Helfer hat nicht für einen Augenblick in Erwägung gezogen, dass ich trotz der Handfessel vor dem Bauch bei Weitem nicht frei von Ideen bin. Meine »Spatenhand« könnte auf die Reise gehen, lange bevor der verbeamtete Wohlstandsspeck sein Holster und die darin befindliche Waffe auch nur berührt hat. Es ist einfache Mathematik. Schließlich muss der Typ in seiner Großhirnrinde erst verarbeiten, was er sieht, über das Rückenmark die notwendigen Informationen in die Extremitäten weiterleiten und dann noch unter Adrenalineinschuss die feinmotorische Reaktion auslösen. Nach meiner Erfahrung wird das auf diesem Stressniveau kein Spaziergang. Die Spatenhand-Bewegung, aus der Mitte heraus auf der Körperzentrallinie ist bei mir tausendfach eingeschliffen. Auf dem Trainingsdachboden in der Neustadt. Am Rahmen meiner Küchentür, hoch über der Alaunstraße. Gegen die paranoide Einbildung eines Feindes im schuhkartongroßen Flur meiner Betonbox, vor den Toren von Paris. Die Spatenhand ist das letzte Mittel im Nahkampf, ein Mittel im Angesicht drohender Vernichtung. Sie zuckt schlangengleich aus der Körperzentrallinie herauf und drückt den Kehlkopf ein. Es braucht dafür nicht viel Kraft. Fünfzehn Kilopond vielleicht, kaum mehr, das habe ich einmal in einem Buch über Kampfkunst-Physiologie gelesen. Ein Freak hat mir auf einem Lehrgang auf diese Art vor einigen Jahren den Kehlkopf aus der Lagerung gedrückt, nur ganz leicht. Ich hatte dennoch eine Woche lang einen fast schwarzen Bluterguss am Hals. Und konnte kaum etwas essen. Zwo-Eintausend. Drei-Eintausend. Vier-Eintausend. Ich atme meinen Ärger über den entfesselten Beamten ins Nirwana. Ich sage nichts und steige in das bereitstehende Fahrzeug.

»Wir werden dich nach Waldheim bringen«, erklärt mir die Frau Doktor ohne erkennbare Emotion. Sie blättert ruhig in dem dicken, rot eingeschlagenen Aktenpapier vor ihr auf dem Schreibtisch, ganz so, als hätte sie nicht gerade eine verheerende, potenziell tödliche Drohung in den Raum gestellt. Der Revolverheld sitzt seitlich hinter ihr und grinst zufrieden. Meine Untersuchungs- und Strafhaft ist nach dem Gesetz am sogenannten »Gericht des ersten Rechtszuges« zu vollstrecken. Die Richter werden in Dresden für ein Urteil über mich zusammenkommen. Die von der sächsischen Hauptstadt aus nächstgelegenen Anstalten sind in Waldheim und Bautzen. Und das sind beides Einrichtungen von ausgesprochen zweifelhaftem Ruf. In Waldheim wird dieser Ruf seit fast drei Jahrhunderten gepflegt. Waldheim ist das älteste Gefängnisloch in Deutschland. Und eines der schlimmsten.

»Dir bleibt nur das volle Geständnis.«

Dieser Satz irritiert mich. »Ich bin geständig. Ich habe beim Ermittlungsrichter alles eingeräumt. Einfach alles!«

Die Frau Doktor ist nicht zufrieden. Sie schüttelt den Kopf.

»Das meine ich nicht. Du sollst nicht zu deinen Straftaten aussagen, sondern zu den Waffen und dem Überfall auf den Club. Und zu allem anderen.«

Im Bruchteil einer Sekunde bin ich innerlich festgefroren. Wie blöd kann man denn sein? Wie naiv? Ich habe die ganze Zeit gerätselt, warum ich noch nicht in einem der heimischen Hafthäuser verschwunden bin. Und warum sie mich in dieser Hochsicherheitsabteilung halten, in völliger Isolation, so weit von Dresden entfernt, dass es auch am anderen Ende der Welt sein könnte.

»Die anderen haben längst ausgesagt«, versuche ich auszuweichen. »Es liegt doch alles auf dem Tisch. Wozu braucht ihr mich?«

Die Frau Doktor schließt den Aktendeckel mit Schwung. Das soll wohl dynamisch aussehen, wirkt aber unfreiwillig komisch. Dennoch ist mir nicht nach Lachen zumute.

»Zerbrich dir darüber mal nicht den Kopf.«

Sie zeigt mit einem spitzen Finger auf die geschlossene Akte vor sich. »Hier sind alle deine Papiere drin. Und wenn du nicht aussagen möchtest, dann gehst du eben direkt auf den Transport.«

Meine Zunge klebt im Mund fest. Waldheim, das geht nicht. Das wäre mein sicheres Ende. Und ein schmerzvolles noch dazu. Ich möchte etwas zu meiner Verteidigung vorbringen, vermag aber nicht, es herauszuwürgen.

»Und da ist noch etwas, über das du nachdenken solltest«, sagt die Genossin, sich von ihrem Stuhl erhebend. »Er ... will dich tot sehen.«

Ihr Ton lässt wenig Zweifel daran, wer gemeint sein könnte. Die Worte hallen nach, als hätte jemand einen cleveren Soundeffekt über die Wirklichkeit gelegt, während die liebe Frau Doktor und ihr schießwütiger Gehilfe schon längst aus dem Raum gegangen sind. Mich lassen sie schmoren. Ich sitze an das Heizungsrohr gekettet, nahe am Fenster, und habe ausreichend Zeit, die hässlichen Neuigkeiten auf ihrem Weg durch meine Gehirnwindungen zu beobachten.

Er will mich tot sehen. Ich schaue zum Fenster hinaus und versuche abzuschätzen, wie aussichtslos meine Lage ist. Ein wenig aussichtslos? Ziemlich aussichtslos? Oder absolut und komplett aussichtslos? Ist es jetzt Zeit für eine Verzweiflungstat? Jenseits des Fensters liegt ein Park. Beigegraue Kieswege schlängeln sich zwischen winterkahlen Bäumen. All meine Karten sind gespielt, alle Truppen sind längst an die Front geworfen. In dieser Schlacht hilft weder Durchhalten noch Wegrennen. Sage ich gegen Franz Ferdinand aus, dann bin ich so gut wie hinüber. Der Mann hat ein legendäres Gedächtnis, er vergisst nichts, und er vergibt nie. Sage ich aber nicht aus, werde ich in eines der heimischen Hafthäuser gesperrt zu meinen »Ex-Patienten«. Ich starre so angestrengt aus dem Fenster, als hielte sich irgendwo im Park, zwischen den kahlen Sträuchern, eine gut getarnte Lösung verborgen. Die Wege schlängeln sich durch die winterliche Ödnis. Sie führen nirgendwohin. Und so steht es auch um meine Zukunft. Mein Magen hat sich zu einer Betonkugel zusammengeballt. Stechender Schmerz mäandert langsam und sehr gründlich durch die Gedärme. Ich drücke mir die gefesselten Hände auf den Bauch, versuche, das Stechen zu lindern, aber das ist, als versuchte man mit Omas Teppichklopfer einen brennenden Wald zu löschen.

Der folgende Tag. Eine neue Vernehmung. Ein anderes Team. Ein anderer Ansatz. Es sind freundliche, bekannte Gesichter. Ein wohlvertrauter Zungenschlag, ein Schimmer von Heimat. Zum Einstieg gibt es zwei Cheeseburger für mich. Und eine kleine Cola. Das ungewohnt leckere Essen führt zu einem Anfall von Euphorie. Acht Wochen Anstaltskost. Acht Wochen Speiseunfall aus den zerbeulten Warmhaltekübeln der Zentralküche. Da erscheint mir das Burger-Päckchen wie Manna in der Wüste. Ich kaue selig auf Brötchen, Käse und Fleisch.

»Hör mal. Wir wissen alles«, definiert einer der Genossen in mein Schmatzen hinein. »Es waren die Vernehmungen zum Auftragsmord. Da gab es so viel Beifang, das hat auch unsere Fälle gelöst.«

Ich zucke mit den Schultern, ich habe alle Hände voll. Und mit dem Auftragsmord eben nichts zu tun. Gott sei es gedankt.

»Der Mord war nicht mein Auftrag. Nicht meine Entscheidung. Ich war in Paris auf Tauchstation. Ich wusste von nichts.«

Mein Gegenüber winkt fröhlich ab. »Wissen wir, wissen wir doch alles.« Was jetzt kommt, muss des Pudels Kern sein. »Nach dem Mord waren Hintermänner und Schützen schnell ermittelt. Und die meisten Beteiligten haben versucht, dem ziemlich unvermeidlichen *Lebenslänglich* zu entgehen. Dafür haben sie ausgepackt.«

»Bitte schön. Und wofür braucht ihr dann mich?«, frage ich, immer noch kauend und schmatzend.

»Nachdem etwas Zeit ins Land gegangen war, hat man deinen ehemaligen Mitstreitern klar signalisiert, dass sie an ihre Zukunft denken müssen.«

Das klingt für mich naheliegend. Ja, der Arm von Franz Ferdinand reicht weit, auch bis in die sächsischen Hafthäuser.

»Es soll irgendwann einen Prozess geben.«

Jetzt kommt es. »Wir haben zwar Geständnisse, aber niemand will diese vor Gericht wiederholen.« Der Mann zeigt auf mich, um jeden Irrtum auszuschließen. »Und da kommst du ins Spiel.« Mir bleibt der Burger-Bissen im Hals stecken. Ich schlucke verzweifelt. »Ich?«

»Ja, genau du«, sagt er. »Zumal du sowieso zusehen musst, dass du aus der Schusslinie kommst.«

Sein Kollege ergänzt das so freundlich, als ob er mir einen hilfreichen Hinweis gibt auf der Suche nach dem Pariser Nordbahnhof. Seine nachfolgenden Erklärungen komplettieren das Lagebild in meinem Kopf: Franz Ferdinand kann unter keinen Umständen eine Aussage durch mich riskieren. Deshalb betreibt er meine vorbeugende Entsorgung. Er war auch in den Plan involviert, mich in einem Waldstück bei Straßburg verschwinden zu lassen. Der Plan ist gescheitert. Jetzt also der zweite Anlauf mit diesem angemieteten russischen Supersoldaten.

»Und dafür betreibt er diesen Aufwand?«

Der Amtmann nickt ernst. »Das muss er, zumindest in seiner Logik. Er hat einen bösartigen Krebs, weit fortgeschritten.«

Mit einem Mal sehe ich einen stark vergrößerten Ausschnitt des gesamten Bildes. Die Obrigkeit wird alles gegen Franz Ferdinand zusammenkratzen. Sie wollen eine Gesamtstrafe bilden, um ihn so lange wegsperren zu können, bis er verrottet ist. Dann wird sein Imperium ein Fall für die Hyänen, und er wird zu schwach sein, um darum zu kämpfen. Für ihn läuft die Zeit ab. Es ist sein Endkampf.

»Wenn du meinen Rat hören magst, dann mach deine Aussage. Die Waffentasche mit all dem Krempel war schließlich nicht von euch. Und der Club war nicht deine Idee. Das ist erst einmal alles, was sie wollen.«

Was für eine Wahl bleibt mir? Ich habe in fast allen Haftanstalten im Freistaat an Einlieferungen mitgewirkt. Ergo sitzt ein Teil meiner Ex-Patienten noch dort ein. Und als ehemaliger Polizist stehe ich ohnehin auf der untersten Stufe jeder Hafthierarchie, in jeder Anstalt bin ich faktisch Freiwild. Und zu allem Überfluss habe ich noch das Problem mit Franz Ferdinand, der gerade mit der Zeit ringt, dem unerbittlichsten und einzig allmächtigen aller Feinde. Franz Ferdinand, der bald vor seinem Schöpfer stehen wird. Der nichts zu verlieren hat. In dieser Kombination meiner Baustellen bin ich so gut wie tot. In jeder sächsischen Anstalt. Diese Gewissheit lässt mich zittern, in meiner Hand noch der halb gegessene Burger. Er ist kalt geworden.

Als ich mich entscheide, geht alles sehr schnell. Der Deal steht. Aussage gegen Schutz. Als die Nacht hereinbricht, kommen andere Männer, lösen mich von der Heizung und packen mich in ein weiteres gepanzertes Auto. Darin geht es Richtung Norden, diesmal ohne die Fanfaren von Rammstein.

Kapitel 19

Großmutter weckt mich. Ihre Frisur ist mit Tonnen von Haarspray zu einer blauen Kugel aufgeleimt. Sie nimmt die Kugelkonstruktion von ihrem Kopf und stellt sie umgedreht auf mein kleines Nachttisch-Schränklein. Es ist eine haarige Schüssel, bis zum Rand mit Pflaumenmus gefüllt. Warm und lecker.

»Greif zu«, sagt der Wolf. »Du musst doch groß und stark werden. Komm, lass uns essen.«

Ich deute auf Großmutters schwarz angelaufene Zehen. »Darfst du so was überhaupt essen?« Großmutter hat die Zuckerkrankheit.

»Ach was.« Sie nimmt eine Schere und schneidet die großen schwarzen Zehen ab. »Jetzt geht es wieder!« Großmutter deutet auf die Schüssel: »Nimm reichlich Bratensoße dazu. Dann rutscht es besser.«

In der haarigen Schüssel ist eine Blutsuppe. Ich löffle Blut in meine hohle Hand. Was danebengeht, leckt der gierige Wolf vom Boden auf. Der Teppich verfärbt sich zu milchigem Eis. Am Rand der Eisfläche ist der Bootssteg. Dort hackt mein Trainer wütend auf das gefrorene Wasser ein. Weiter draußen auf dem Fluss treiben wohnzimmertischgroße Eisschollen, und auf jeder einzelnen davon steht Franz Ferdinand. Er trägt einen glänzend schwarzen Frack mit einer roten Fliege. Und Badeschlappen.

Und all diese zahllosen Kopien des Mannes treiben die Elbe hinab. Und dabei wiegen sie sich lachend von einem Bein auf das andere. Irgendjemand spielt wunderschön die Melodie der DDR-Hymne auf einer Triola. Laut singend treibt tausendmal Franz Ferdinand an mir vorbei und saust gleich unter der Brücke einen riesigen Wasserfall hinab. Ich raffe mich auf und helfe meinem Trainer beim Hacken. Wir wollen ja heute noch raus aufs Wasser.

Ich singe aus vollem Hals: »Eine Bootsfahrt, die ist lustig, eine Bootsfahrt, die ist schön!«

Das Eis ist eine Wohnungstür in der Neustadt. Ich singe jetzt ein anderes Lied: »Sam Meffire, Sam Meffire, stärker als die Dschungeltiere, unser Sachsen-Polizist, wenn das mal nicht der Hammer ist.«

»Scheint der Mond schon?«, wendet sich Thomas an Winrich, während ich hacke. »Wir müssen warten, bis der Mond scheint, dann schlafen die Vampire richtig fest.«

Im Treppenhaus riecht es nach Babykotze. Babykacke. Und Alk. Hinter der Tür liegt ein rosafarben gestrichenes Kinderzimmer. Auf dem Boden sitzt Silke, sie schaukelt sanft unseren schlafenden Sohn auf dem Arm. Silke wedelt mit der Hand, ich soll verschwinden. Sie wirkt ziemlich verärgert.

»Das ist die falsche Tür«, sage ich zu Thomas.

Der zuckt mit den Schultern. »Was wir hier machen, ist sowieso bedeutungslos«, sagt er resigniert.

»Wieso?«, wundere ich mich. »Wir gehen zur richtigen Tür und verhaften den Kerl. Wir retten die Kinder.«

In dem Moment geht ein schmieriger kleiner Mann an uns vorbei die Treppe hinab, als hätte er für seinen Auftritt auf das Stichwort gewartet. Auf sein gelbfleckig verfärbtes Unterhemd hat jemand mit Filzstift geschrieben: »Kinderschänder«.

Thomas wendet sich an den Schmierigen. »Wissen Sie vielleicht, ob der Mond schon aufgegangen ist?«

»Da kann ich Ihnen nicht weiterhelfen«, sagt der Schmierige

lächelnd. »Ich habe es leider eilig. Ich muss in den Keller, da habe ich meinen kleinen Neffen an die Heizung gekettet.«

»Ach so, dann will ich Sie nicht weiter aufhalten. Einen schönen Tag noch«, sagt Thomas.

»Wollen wir den nicht verfolgen?« frage ich irritiert.

»Ach, Kleiner!« Thomas winkt ab. Er tritt ganz dicht an mich heran und flüstert: »Das ist immer dieselbe Geschichte. Wir fangen sie ein, und der Weihnachtsmann lässt sie laufen, das besoffene Schwein.«

Wir gehen durch die Tür in mein Kinderzimmer. Mutter sitzt auf dem Bett. Sie tippt mit dem Zeigefinger anklagend auf den noch frisch nassen Pipifleck in der Matratzenmitte.

»Du bist doch jetzt im Kindergarten.« Mit einem Satz springt sie auf und kommt näher. Ich versuche, meine Waffe zu ziehen, irgendetwas klemmt. Meine Mutter tritt grinsend an mich heran. Aus dem Augenwinkel sehe ich, wie Thomas von meinem Pipifleck mit der Tatortkamera von allen Seiten Fotos macht.

Zisch, macht der Blitz.

Zisch. Zisch. Zisch.

Mutter ist von Kopf bis Fuß tätowiert und riecht streng nach Schäferhund. Ich habe mich vertan. Es ist mein Richter. Er kichert. »Ich habe das Westgeld einfach im Schlüpfer versteckt. Nimm schon!«

Der Richter hält mir ein gewaltiges Paket aus Geldbündeln hin. Ich hebe abwehrend die Hände. Ich will das verdammte Geld nicht.

»Nimm es ruhig und kauf etwas Sinnvolles für die Firma, mein Junge«, sagt der Richter. Es ist meine Uroma. »Willst du gar nicht wissen, woher ich das Geld habe?«

Wumm!

Der Geldblock saust herab auf mich. »Ich habe eine Postbank überfallen!«, schreit sie.

Wumm! Ich versuche, auf allen vieren davonzukriechen. Durch die zerhackte Tür davon. »Ich habe alte Leute überfallen!«, kreischt die Uroma-Stimme hinter mir. Ich schaffe es bis in den Flur, ich schaffe es bis zur Treppe.

»Ich habe irgendwelche Nutten überfallen!«, kreischt die Stimme jetzt ganz nah. In einer letzten panischen Kraftanstrengung werfe ich mich die Treppe hinab.

Wo bin ich? In der Kachelzelle. Fuck. Verdammte Träume. Das Licht ist aus. Nur ein winziges Notschild über der Tür ist beleuchtet und erhellt die weißen Kacheln an der Wand. Mein Herz hämmert rasend in die Dunkelheit hinaus. Diese verfluchten Träume. Ich wische mir klebrigen Schweiß von Armen und Kopf, gegen den Schweiß am Rücken kann ich nichts unternehmen. Ich wälze mich auf die Seite, setze mich schwerfällig auf und schnaufe im Dunkeln, bis meine Panik vergeht.

Es ist erstaunlich, wie rasch das Fehlen von Tageslicht jedes Zeitgefühl tötet. Wie viel Zeit bleibt mir noch? Ich schätze, sechs Stunden. Es könnten auch zwanzig sein. Ich bin herumgelaufen, von einer Wand zur anderen. Dann im Kreis. Ich habe unzählige Liegestütze gemacht, Arme, Schultern und Brust sind fast vollständig im Schmerz aufgelöst. Und dennoch ist da dieses dumpfe Gefühl, lebendig begraben zu sein.

»Binde deine Aufmerksamkeit im Jetzt«, so habe ich es bei Dale Carnegie gelesen, meinem Küchentisch-Philosophie-Psycho-Guru. Dadurch soll es angeblich gelingen, das Gestern auszusperren. Und das Morgen. Und die Angst. Und den Tod. Carnegie hat leicht reden. Wie soll das funktionieren hier unten? Ich versuche es trotzdem.

»Zähle die Dinge auf, für die du dankbar sein kannst«, ist ein anderer Rat von Carnegie. Und so versuche ich, beide Methoden zu einem wirkmächtigen Zauber zusammenzuleimen. Wofür kann ich dankbar sein, hier und jetzt? Wahrscheinlich dafür, dass ich noch am Leben bin. Das ist immerhin etwas. Doch genau genommen ist das gar nicht mein alleiniges Zauberkunststück, ich hatte dabei einige Unterstützung. So viel Ungewöhnliches musste zusammenkommen, um mich am Leben zu halten, dass ich dabei kaum noch an Zufall denken kann. Je länger ich auf der Welt bin, desto klarer wird mir, wie wenig ich weiß. Wie wenig ich gesehen habe! Und noch weniger davon verstanden. Mein Vater hat in Kamerun die blutigen Kämpfe zur Unabhängigkeit miterlebt. Er hat deutlich mehr an Horror verdauen müssen als ich. Und war doch ein gläubiger Mann. Wahrscheinlich wäre er in meiner Situation längst auf seinen Knien herumgerutscht und hätte sich dem sanften Gott seiner zahnlosen Großmutter anbefohlen. Und je länger ich über meinen Vater nachdenke, desto zweckloser scheint es mir, die Existenz einer Macht hinter der Pappwand zu leugnen. Da ist noch etwas. Da muss noch etwas sein, jenseits des Alltäglichen. Oder gerade im Alltäglichen? Ich kann nicht an einen kleinlichen Gott glauben, nicht an einen Kinderbuch-Rauschebart und nicht an einen Kerl, der in den Schlafzimmern und Kochtöpfen der Leute herumspioniert. Was auch immer hinter der Pappwand sein mag, ich sehe mich nicht länger getrennt davon, so viel hat mich mein kleiner Amoklauf gegen die Welt gelehrt. Und gegen die Vernunft. Und gegen mich selbst gelehrt. Wer oder was auch immer hinter der Pappwand wohnt, ich habe da gewiss kein Guthaben. Dort ist mir niemand einen Gefallen schuldig. Umso kurioser ist die Tatsache meines Überlebens. Der Einzige, den ich kenne, der beim Schöpferboss ein paar Wünsche für mich frei haben könnte, ist mein Vater. Vielleicht hat er seinen Kreditrahmen an mich vererbt? Er selbst konnte ihn kaum aufgebraucht haben. Und wenn dem so sein sollte? Wie viel kann von dieser Gutschrift noch übrig sein? Ich bin in die tiefsten Tiefen gefallen, in einen geradezu bodenlosen Abgrund. Und nun lebe ich wie ein Zoo-Insasse, eingefangen und sattgefüttert. Und ich treibe Tag für Tag in einer toxischen Gedankensuppe herum ins Nirgendwo. Franz Ferdinand und sein Speznaz-Vollstrecker sind da draußen. Die beiden und einige ehemalige Freunde und eine namenlose Zahl meiner »Ex-Patienten« möchten meinen Pelz brennen sehen. Und doch hat Gott, das Universelle, oder was immer hinter der Pappwand auch sein mag, beschlossen, dass ich leben soll. Er hat eine ganze Armee von Schutzengeln aufgeboten.

So viele Gesichter. So viel Mut. So viel unverdientes Mitgefühl.

In der Rückschau scheint es, als hätte der von mir argwöhnisch beäugte und bezweifelte Rauschebartgott seine fröhlich unerschrockenen Agenten überall. Mit einem Mal fühlt sich die Zelle unter der Erde nicht mehr an wie ein Sarg. Ich bin nicht mehr allein. Ich bin nicht von allen verlassen. Sosehr ich die kommenden Stunden fürchte, sosehr ich die Zukunft fürchte, scheint doch irgendjemand oder irgendetwas noch nicht vollständig fertig mit mir zu sein. Ich bette meinen Kopf auf die handwarmen Kacheln des Bodens und dämmere erneut in einen unruhigen Halbschlaf voll halb verdauter Erinnerungen.

Dresden. Der Prozess. Das große Tribunal. Zwei Jahre vor der Kachelzelle. Die Reise aus dem Norden ist mal wieder eine Nachtfahrt. Es geht in die Nähe der neuen Bundeshauptstadt. In der Ferne glitzern vereinzelt Lichter in den Außenbezirken. Menschliches Leben. Unerreichbar weit entfernt. Ich lande in einer uralten modrigen Gefängnisburg. Die Fenster sind nur schreibblockgroße Löcher in gewaltigen Mauern. Zu voller Größe aufgerichtet, berühre ich mit dem Kopf die Decke. Neben dem Gitterbett ist kaum genug Platz, um zu stehen. Mehrere Tage lang randaliert in der Nachbarzelle ein blutjunger Vampir mit Lagerkoller. Die Haftburg hat in ihm die letzten Bremsen aufgelöst. Er kreischt und schreit und greift jeden an, der versucht, seine Zelle zu betreten, nachdem er sie unter Wasser gesetzt hat. Schließlich wird der Junge von einem Kommando Ex-Kollegen rumpelnd über den Flur davongeschleift.

Dann kommt mein Ausflug. Vermummte Riesen bringen mich aus der Zelle in die Fahrzeugschleuse, und dort werde ich eilig in eine SK4-Weste gesteckt. Das Gewicht der Panzerplatten fühlt sich vertraut an. Alle Amtsmänner sind mit der stummeligen MPK bewaffnet, der Mikrovariante der üblichen Maschinenpistolen. Auffällig sind die zweiteiligen Magazinklammern an den Waffen. Und in jede ihrer Westen sind noch mehrere Dreißigermagazine in den Fronttaschen festgeklemmt. Es ist viel Feuerkraft für einen kleinen »Betriebsausflug«. Alle sind merklich angespannt und nervös. Und niemand erklärt mir irgendetwas. Ich presse meine Verpflegungstüte an mich wie einen Goldschatz und krieche in die Türöffnung des BMW hinein. Die Schleuse öffnet sich, und die Kolonne rast mit mir über die Autobahn davon Richtung Gerichtstermin. Baumbestandene Böschungen fliegen vorüber. Und glückliche Familien in kleinen Blechkisten. Und schneckenhaft langsame Lkw-Transporter, deren Planen bunt bedruckt in der Sonne glänzen, vollgemüllt mit Werbung.

Der Konvoi bewegt sich in Schlangenlinien durch den ahnungslosen Zivilverkehr hindurch, es ist eine rasend schnelle Bewegung an der Grenze dessen, was ein um mehrere Tonnen aufgepanzertes Fahrzeug zu leisten imstande ist. Fahren die immer so? Oder gibt es eine gesetzlich vorgeschriebene Meffire-Transportgeschwindigkeit? Ich komme mir vor wie in einem außer Kontrolle geratenen Physikexperiment. Bald schon schwappt mir die Übelkeit sauer aus dem Magen herauf, und ich mag nicht mehr auf die Böschungen schauen, nicht auf die Bäume und auch nicht auf die glücklichen Familien. Und mir ist völlig egal, wohin die Lkw schleichen. Ich halte den Kopf nach unten gesenkt und schnaufe ein. Zwo-Eintausend. Drei-Eintausend. Vier-Eintausend. Ein. Und langsam wieder aus. Viel hilft es nicht, aber immerhin kotze ich den Jungs nicht in ihren hübschen Panzer hinein. An Carnegie denken. Das Jetzt. Kein Morgen. Kein Nachher. Kein Ziel und kein Prozess. Kein Kläger. Kein Richter. Kein Urteil. Keine Verdammnis. Hier sein. Und nirgendwo sonst. Die Autobahn ist mein Fegefeuer. Die Panzerplatten auf dem Oberkörper. Unter dem Hintern das Leder der luxuriösen Polsterung. Die Füße auf dem vibrierenden Bodenblech. Mein Hier. Mein Jetzt. Ich bin. Dann gibt es einen dumpfen Knall.

Die rechte Seite des Fahrzeugs sackt ab. Wir bewegen uns mit geschätzten hundertachtzig Sachen. Vier Tonnen Gesamtgewicht. Panzerstahl. Panzerglas. Gefühlt noch mal dasselbe an Muskelmasse. Darüber hinaus mehrere Hundert Kilo Ausrüstung und Waffen und Munition. All das schießt jetzt schlingernd über die Autobahn, während der Junge auf dem Fahrersitz mit unglaublich schnellen Lenkradbewegungen gegenzusteuern versucht. Hektisch beginne ich zu beten.

»Brich auf, christliche Seele ...« So weit komme ich, dann rumpelt der angeschossene BMW bereits über den Seitenstreifen und kommt auf einem nahe gelegenen Rastplatz zum Halt. »Denken Sie an die Dinge im Hier und Jetzt. Und sperren Sie so alles andere aus.« Ich halte meinen Verpflegungsbeutel umklammert. Ich mustere das Hier. Und auch das Jetzt: ein hart gekochtes Ei. Ein Doppelbrot mit einem grünlich grauen Wurstbelag. Ein schrumpeliger Apfel. Was ist sonst noch in dem verdammten Beutel? Habe ich etwas übersehen?

Draußen huschen die anderen Fahrzeuge des Konvois heran auf den Rastplatz. Sie wirken wie ein Schwarm schwarz glänzender Heuschrecken. Das Kommando sitzt ab und bezieht Sicherungspositionen. Köpfe drehen sich nervös hin und her. Verdammte Scheiße, was war das?

»Bist du in Ordnung?«, fragt mich der Kommandoführer.

Ich nicke stumm.

»Wir müssen das Fahrzeug wechseln! Schaffst du das?«

Der besorgte Blick des Mannes zuckt zu meinen Händen, die sich um den Beutel krallen. Ich nicke erneut, ich schaffe das. Jemand zerrt mich aus dem Auto. Keinen Steinwurf von mir entfernt steht ein Reisebus, aus dem eine kleine Rentnerarmee quillt. Viele weißhaarige Köpfe drehen sich in unsere Richtung. Es gibt ungläubige Blicke aus großen Augen, im Angesicht der

Parade schwer bewaffneter Männer in Zivil. Ich nutze diese Gelegenheit und hüpfe unbeobachtet von den Rentnern zu der geöffneten Wagentür hinüber, so zügig es eben geht mit einer sehr kurzen Fußfessel. Ich bin hier die begehrteste Zielscheibe, und natürlich habe ich es eilig. Kaum dass ich angeschnallt bin, springen alle in die verbliebenen Fahrzeuge, und der Konvoi schießt auf die Autobahn hinaus.

»So eine Scheiße!«, schreit der Kommandoführer auf dem Beifahrersitz und schlägt mehrfach mit der flachen Hand auf das Armaturenbrett ein. »So eine verdammte Scheiße, ich könnte kotzen!« Ich wage einen Einwurf, etwas, das in meinem Kopf keinen Sinn ergeben will.

»Wie konnten die uns überhaupt treffen bei dieser Geschwindigkeit?«, frage ich in die Richtung des wütenden Mannes. Der dreht sich zu mir herum, immer noch rot im Gesicht.

»Treffen?« Er schüttelt den Kopf. »Diese Pisser. Diese verdammten Pisser.« Er atmet tief durch. Dabei vollführt seine Hand eine kreisende Bewegung im Fahrzeug.

»Dieses Ding hier braucht spezielle Reifen. Der Reifeneinkauf wird in der Verwaltung geregelt. Und damit die dort mit Kosteneinsparungen glänzen können, nimmt man das günstigste Angebot. Es sind ja schließlich Steuergelder.«

Ich ahne, was kommt.

»Aber die günstigen Reifen kann man eben nur bis hundertdreißig fahren und nur für wenige Minuten darüber hinaus in einem Notfall.«

Der Mann holt Luft.

»In der Praxis hat sich das als eine beschissene Idee erwiesen. Dann haben sie die günstigen Reifen aus dem Bestand genommen. Angeblich.« Er reibt sich mit den Händen wild im Gesicht herum und ringt um Fassung. »Dass hier noch welche drauf sind, wussten wir nicht.«

Ich stelle mir vor, wie sich der BMW mehrfach überschlägt und alle im Fahrzeug unter Tonnen Spezialstahl zu blutigen

Klumpen zerquetscht werden, weil der Freistaat, dem ich mich ergeben habe, sparen will. Es ist absurd. Was der unsichtbare russische Killer bislang nicht zustande gebracht hat, hätte beinahe ein anonymer Schreibtischtäter in irgendeinem Beschaffungsamt mit seinem Taschenrechner vollbracht. Fuck. Fuck. Fuck.

Unsere Fahrt endet schließlich an dem riesigen Tor am Landgericht. Es gibt nur diese eine Schleuse für Fahrzeuge. Und die Verhandlung ist öffentlich bekannt, und jeder weiß, dass ich hergebracht werden muss, von wo auch immer. Auch Franz Ferdinand weiß das. Und natürlich der von ihm engagierte Gewaltsachverständige. Die Anspannung meiner Begleiter ist mit Händen zu greifen. Doch das Tor bleibt zu. Der BMW steht quer auf der Fahrbahn. Es fehlt nur noch eine aufgemalte Zielscheibe. Mir ist mit einem Mal sehr, sehr warm. Nein, nicht warm. Ich koche in meiner Weste und in diesem verdammten Auto, in dem zu viele Leute hocken und hastig atmen. Warum geht das verdammte Tor nicht auf?

»Schließen Sie die Tür zum belasteten Gestern«, rät Carnegie. Ich möchte gern die beschissene Tür zum belasteten Heute schließen, ich möchte einfach nur bewusstlos sein, bis alles vorbei ist und ich in irgendeiner Zelle vor mich hin rotten darf. Der Kommandoführer springt aus dem Fahrzeug und drischt mit der Faust auf einen der hölzernen Torflügel ein. Und er schreit dabei in gerechter Wut. Schließlich muss er hier das verdammte Himmelfahrtskommando anführen.

»Aufmachen! Aufmachen, verdammt!«

Erst passiert nichts. Zwei oder drei endlose Sekunden vergehen. Dann schwingt der Flügel knarrend auf, und es erscheint das irritierte Gesicht eines betagten Justizwachtmeisters.

»Mach das verdammte Tor auf!«, schreit der Kommandoführer den überforderten Mann an.

»Das Tor! Jetzt!«

Eifrig zerrt der Justizgenosse an dem zweiten Flügel, während der Kommandoführer dem Fahrer signalisiert loszufahren. Der BMW macht einen Satz von der Straße durch das sich öffnende Tor. Die Schleuse ist dunkel und die Fahrrinne schmal, aber es passt.

Mich erwartet keine Überraschung: Der Saal ist voll besetzt. Das Publikum besteht aus braven und weniger braven Bürgern, die sich alle miteinander ein spannendes Spektakel erhoffen. Da sind Hausfrauen. Gelangweilte Pensionäre. Eine feixende Abordnung der Vampire, in Kompaniestärke natürlich und in der ihnen eigenen Uniformierung aus grünen Fliegerjacken und kahl rasierten Köpfen. Und dann sind da noch unzählige Journalisten. Und lediglich zwei Armlängen von mir entfernt sitzen meine vormaligen Kameraden, die Crew. Technisch gesprochen sind es Ex-Kollegen, in Wahrheit sind sie jedoch weit mehr als das. Ich habe sie als Vorbilder verehrt. Und als ältere Geschwister geliebt. OMEGA, das war auch ein Familienversuch. Etwas, das ich kaputt gemacht habe, das kaputtgegangen ist und mich ausgespuckt hat so wie alle anderen Familien zuvor auch. Im Saal ist natürlich auch der Richter. Mehrere Richter. Und der hagere Staatsanwalt. Der Rest geht in rotem Stressrauschen unter, das insbesondere die Auftritte meiner gepeinigten Opfer überlagert, welche gleichfalls für ihre Aussagen vor Gericht erscheinen müssen.

Meine Erinnerungen an diesen Prozess sind verschwommen, farblos wie eine jahrelang getragene und oft gewaschene Jeans. Die Urteilsverkündung ist beinahe komplett verschwunden, verdrängt. Ich weiß zumindest noch, dass ich hinterher schockgefrostet in einem Büro sitze, irgendwo im Gericht. Neun Jahre und neun Monate. Genauso gut hätten sie auch neunundneunzig sagen können. Ich bin sechsundzwanzig Jahre alt und für mich ist es wie ein Todesurteil. Neun Jahre und neun Monate ist nichts, was sich mein Säugetiergehirn auch nur ansatzweise vorstellen kann. Und genau genommen brauche ich jetzt auch keinen Schutz mehr vor den Plänen von Franz Ferdinand, denn ich bin ohnehin vernichtet. Umfassend und vollständig.

Dennoch versucht man das, was noch von mir übrig ist, irgendwo sicher unterzubringen. »Schutz« ist immer nur relativ. Und man muss selbst an vielen kleinen Puzzlestücken mitwirken, damit es funktioniert. Allerdings kann ich für diese Mitwirkung kaum noch die Kraft aufbringen. Sie haben für mich einen neuen Haftbefehl mit meinem erfundenen Zaire-Namen, den nur sehr wenige kennen. Und es gibt einen sorgsam zusammengestellten Fake-Lebenslauf, den ich auswendig lernen muss wie den Text für ein Theaterstück in der Schulaufführung. Man fährt mich zu einem Fußballclub, in dem ich nie gespielt habe. Ich gehe durch eine Straße, in der ich nie gelebt habe. Man zeigt mir eine Schule, in der ich nie gewesen bin. Dann fährt man mich in den tiefsten Südwesten der Republik. Und dort, in einer kleinen Anstalt in der Nähe der Mosel, fliegt meine neue Tarnung innerhalb kürzester Zeit auf.

Mitten im Schachspiel mit einem freundlich eloquenten Waffenhändler, im Freizeitraum der Station, läuft ein Beitrag über mich im Gemeinschaftsfernseher hoch oben über unseren Köpfen. Der Waffenhändler kneift seine Augen zusammen und starrt mich an. Er sagt nichts, aber die Sache ist gelaufen.

Eilig werde ich wieder in den Norden zurückverlegt. Und wieder heißt es: Hochsicherheitsstation. Dieser Knastbereich ist eigentlich für ehemalige RAF-Mitglieder konzipiert, aber da die poststudentische Terrortruppe nur noch ein Schattendasein führt, füllt man die Zellen mit Leuten wie mir auf. Meine Zelle verfügt lediglich über ein winziges, dreifach vergittertes Oberlicht mit einer milchigen Blende aus Panzerplastik. Und die Beamten tragen allesamt Alias-Tarnnamen. Und an ihren Privatfahrzeugen kleben Tarnkennzeichen. Diese Station ist derartig sicher, dass man mich auch hätte in einer Bordküche verstecken können auf einem Atom-U-Boot in den tiefsten Tiefen des Meeres. Oder auf einer Raumstation. Mein Leben wird fortan von einem kryptischen Algorithmus bestimmt. Ich bin in Haus X inhaftiert. Station S. Vierundzwanzig Stunden am Tag vollständige Isolation. Sieben Tage die Woche. Ich laufe allein im Hof meine Runden. Fünfundsechzig Schritte im Kreis. Eine Stunde täglich. Den Rest des Tages bin ich in meiner Zelle eingeschlossen. Die nahe Mauer ist sechs Meter hoch, um jemanden im Hof ins Visier zu nehmen, bräuchte man draußen ein Steilfeuergeschütz. Ich begegne niemals und unter keinen Umständen anderen Gefangene. Und die eingesetzten Beamten reden selten mehr als drei Sätze mit mir bei der Übergabe der Mahlzeiten. Ich bin allein. Die Stille der Tage wird nur von den stündlichen »Lebendkontrollen« unterbrochen. Hier gibt es kein Wegrennen mehr. All das liegt hinter mir. Jetzt sind diese Wände mein Zuhause. Wände, verschmiert mit längst eingetrockneten Essensresten und braun schlierigen Spuren von Kot.

Mein größter Feind hier ist die Zeit. Und ihre offensichtliche Gefährlichkeit besteht in ihrer schieren Menge, einer endlosen Leere, die mit nichts zu füllen ist. Carnegie zu praktizieren hilft. Lesen hilft. Und das Schreiben auch. Das Faustfechten hilft. Und das Auf-der-Stelle-Wirbeln, das Sprinten ins Nirgendwo, auf dreißig mal dreißig Zentimetern. Und über die Wochen und Monate helfen selbstverständlich auch die vielen Tausenden Liegestütze und die im Fünfundsechzig-Schritt-Kreis gelaufenen Kilometer. Und wenn all diese Dinge getan sind, bleibt Tag für Tag stets noch ein üppiger Rest. Ein gähnendes Loch aus gefangener Zeit. Ich sitze auf dem Stuhl und schaue zum Fenster hinauf, weit über mir. Hinter der milchig trüben Panzerglasscheibe glaube ich schemenhaft Wolkenfetzen erkennen zu können. Und sind diese kleinen kreisenden Punkte da Vögel?

Ich sitze auf diesem Stuhl und blicke auf die helle Fläche, die doch wohl der Himmel sein muss. Auf der Station regt sich nichts. Hinter den sprechschutzgedämmten Türen der Zellen herrscht die Stille mit eiserner Faust. Nur hin und wieder wird die amtlich verordnete Geräuschlosigkeit durch ein Kreischen gestört. Ein wirres, wild verzweifeltes Schreien aus einer der Nachbarzellen. Manchmal wird aus dem Schreien ein Wimmern. Oder ein Flehen. Nein, dies hier ist nicht Zaire. Die Zellen sind frei von Nagetieren. Es gibt Tag für Tag genug Essen. Und es herrscht stets norddeutscher Anstand, nicht ein einziger Beamter würde sich zu kongolesischen Grausamkeiten hinreißen lassen, mehr noch, so etwas wäre schlichtweg undenkbar. Der Feind sind an diesem Ort keine Folterknechte. Der Feind ist nicht der Hunger. Der Feind sitzt im eigenen Fleisch. Und der Krieg tobt dort jeden Tag neu mit gnadenloser Unerbittlichkeit. Und faktisch hat jeder hier Wundbrand auf der Kopfbaustelle. »Wir werden an den Stränden kämpfen ... wir werden in den Hügeln kämpfen und auf den Straßen ... Denn ohne Sieg gibt es kein Überleben.« Jedes Kind kennt aus dem Geschichtsunterricht dieses Zitat, es ist ein Ausspruch Churchills, 1940, in Erwartung einer Nazi-Invasion auf den britischen Inseln. Ohne Sieg gibt es kein Überleben. Nur dass die Nazis bereits gelandet sind an meinem Kopfkino-Strand und dort ihr Lager aufgeschlagen haben. »Warum aufstehen?«, ätzt das Kollektiv der Verkläger. Und lacht hämisch. »Du bist nutzlos!«, zischen die Genossen in meinem Kopf. »Bleib liegen. Warum essen?« Ich weiß es nicht. »Wozu noch trainieren?« Ja, genau, wozu eigentlich? Nach der Haft werde ich sowieso ein alter Mann sein. Und noch wahrscheinlicher ist, dass ich hier drinnen sterben werde. Die Aussicht darauf überflutet mich regelmäßig mit Panik. Ich will davonrennen, jeder noch vorhandene Instinkt in mir schreit: »Renn, renn um dein Leben.« Ich möchte wie verrückt an die Tür trommeln und schreien und kreischen so wie die anderen hier. Doch dann werden sie mich holen kommen und auf »Beton« spritzen, auf Zombie, mit irgendwelchem Zeug aus der Notfallpsychiatrie. Und sie werden mich außerhalb der schützenden Isolation unterbringen. Und so darf ich wählen zwischen Wahnsinn und Sicherheit.

Meine zittrigen Finger umklammern das Bettgestell. *We shall fight on the beaches.* Die Verkläger lachen. Sie haben sich einen Verbündeten mitgebracht. Es mein Gefährte aus Kindertagen. Der alte unbesiegbare Freund-Feind in meinem Kopf.

»Du bist ein armer Irrer. Du denkst immer noch, dass du hier am Leben bleiben kannst. Du musst das alles hinter dir lassen«, raunt die vertraute Stimme. »Leg dich hin und schlaf. Du hast es dir verdient«, schmeichelt sie.

Ich möchte schlafen. Im Schlaf der Zeit entgehen. Doch nachts ist das Kollektiv der Verkläger gern wach. Und nun flüstert mir auch noch die Stimme aus der Matratze. Natürlich sind es die wundervollen alten Versprechungen. Die alten Lügen: »Ich bin für dich da. Ich bin immer für dich da.« Doch ich bin nicht mehr neun Jahre alt. Dies ist kein Hochhaus. Und es gibt hier auch keine Straßenbahnen, vor die ich mich werfen könnte. »Lass los, du musst einfach nur loslassen. Es muss nicht so schwer sein.«

Diese Stimme im Kopf ist schlimmer als der Kot an der Zellenwand. Sie ist schlimmer als Panik und Angst und Abgrund. Und manchmal denke ich, dass dieser Dämon die Stimme der Zeit selbst ist. Endlose Tage sind hier zusammengeklebt mit endlosen Nächten. Zu Wochen. Und Monaten. Zu einer furchtbar langen vorweihnachtlichen Stille.

»Liebster!«

Der Winter ist vergangen. Die Sonne steigt jeden Mittag etwas höher hinauf. Der Schatten der Mauer im Hof wird kürzer. Heute laufe ich leichten Herzens meine Runden. Fünfundsechzig Schritte der Freude. Ich könnte hüpfen wie ein Känguru, besoffen vor Freude, lasse es aber, im Angesicht meiner Bewacher. Ich laufe meine Runden, denn die Routine muss sein. Die Routine ist hier alles. Doch gleich hiernach werde ich meine Post lesen. Um Himmels willen, ich habe endlich diesen einen Brief bekommen.

Nach meinem Hofgang setze ich mich an den Tisch. Dort liegt immer noch der Brief mit diesem einen Wort. Dieses Wort ist ein Statement. Eine Deklaration. Doch was ist es noch? Die Amazone hätte auch völlig zutreffend »Dummkopf« schreiben können. Oder: »Du verdammter Pisser, du hast unser Leben gestohlen.« Auch das wäre eine durchaus zutreffende Feststellung gewesen. Aber da steht: »Liebster! Ich hatte keine Hoffnung mehr, dich jemals wiederzusehen. Halte durch, ich komme!«

Es ist ein Brief aus Namibia. Er ist uralt. Fast vier Wochen hat er gebraucht, um von Windhoek nach Dresden zu gelangen. Und noch einmal drei Wochen brauchte er von Dresden bis zu mir. Erst lag der Brief in Berlin. Das dient als falsche Fährte für etwaige Verfolger. Jene von Franz Ferdinand beauftragten. Und auch wegen der Maulwürfe im Amt. Von Berlin geht die geheime Post mit einem Kurier in den Norden. Und das dauert eben so lange, wie es dauert. Und nun liegt der Brief vor mir auf der abgestoßenen Fläche des Tischs, dort, wo sonst immer nur meine Stahlblechschale steht zu den drei Zeiten der allgemeinen Fütterung. Dieser Brief ist gleichfalls Nahrung mit lebenswichtigen Kalorien für meine Seele. Er ist ein mir unerklärliches Manifest der Zuneigung. »Halte durch, ich komme.«

Kapitel 20

Durchhalten, das ist leichter gesagt als getan. Denn die Amazone kommt nicht. Und auch kein weiterer Brief von ihr. Es vergehen die Tage, es vergehen die Wochen. Nach meinem Höhenflug kommt der Absturz. Und ein hässlicher Aufschlag. Vielleicht war es ihre Art, mir den zugefügten Schmerz zurückzuschleudern. Oder es war schlichtweg ein grausamer Scherz. *Get over it*. Oder besser noch, stirb! Wenn die Nacht hereinbricht, verliere ich den Rest meiner Kontrolle. Ich hocke auf dem Boden der Zelle, in der Dunkelheit. Und fluche wirres, bitteres Zeug. Verfluche sie. Und verfluche mich. Und heule leise in ein zusammengeknülltes Handtuch. Es dauert einen ganzen Monat, bis ich mich halbwegs wieder gefangen habe. »Liebster«. Diese eine eitrig wunde Stelle bleibt. *What goes around comes around*. Wer Schmerz sät, wird Hölle ernten.

Die Schlüssel scharren im Schloss. Die Riegel kratzen durch ihre Halterungen. Meine Zellentür schwingt auf.

»Fertig machen. Sie müssen los«, sagt der Beamte.

»Zum Arzt?« Wahrscheinlich wieder eine dieser Pflichtuntersuchungen. Ob ich noch tragbar bin oder schon zu verrückt, um hier noch bleiben zu dürfen.

Der Beamte zuckt mit den Schultern. »Sie werden abgeholt.«

Verdammt, es ist immer derselbe Mist. Ich muss nach draußen und rieche bestimmt wie zwei Ochsen auf der Flucht. Das wöchentliche Duschen ist erst morgen. »Wohin?«, frage ich.

»Woher soll ich das wissen? Mir sagt sowieso keiner was.«

Ist ja schon gut, weiß ich doch. Niemand sagt hier irgendjemandem irgendetwas. Jeder weiß nur das, was er unbedingt wissen muss. Interne Fragmentierung. Diese Geheimhaltung soll Leben retten. Und das tut sie bislang auch. Draußen treffe ich auf die freundlichen Männer vom »Fahrdienst«. Unter übergroßen Jacken verborgen tragen sie wie immer SK4-Westen und ihre Maschinenpistolen. Ich bin also auf keinen Fall Teil einer Volkstanzgruppe. Oder einer Versammlung von Hobbyarchäologen auf einem Ausflug, das hier ist etwas anderes. Ich klettere auf die Rücksitzbank des Benz, die Scheiben funkeln heute so fröhlich in Fichtennadelgrün. Für jeden Eingeweihten sind diese Scheiben ein unmissverständliches Signal: *Achtung, maximale Panzerung! Hier wird etwas Leckeres herumgefahren. Oder vielleicht auch ein schmutziges Staatsgeheimnis. Ein Angriff lohnt sich auf jeden Fall.* Egal. Ich füge mich. Besser mit diesem Panzer als ohne. Die Fahrt geht aus der Stadt heraus und über das flache Land, durch friedliche Backsteindörfer hindurch mit akkurat gepflegten Vorgärten und rot bedachten Scheunen. Irgendwo im Nirgendwo steht ein Behördenklotz, und der Benz rollt mit dumpfem Brummen in eine Tiefgarage. Vom Untergeschoss geht es hinauf in einen fensterlosen Flur mit ebenso fensterlosen Zellen.

Eine der Zellen ist ausgestattet wie ein Büro, wahrscheinlich wird sie für Vernehmungen genutzt. Dort setzen sie mich hinein. Ich sitze und warte. Ich warte und stehe. Die Zeit fühlt sich schal an wie ein überlang benutzter Kaugummi. Ich ziehe mir einen Schreibblock heran und beginne, ein Pferd zu zeichnen.

Im Kindergarten, in der Zeit bei meinem Großvater, habe ich mir, damals fünfjährig, als begnadeter Zeichner von Pferden und Regenbögen einen Namen gemacht. Allerdings hat sich meine Fähigkeit seitdem nicht nennenswert weiterentwickelt. Und so zeichne ich ein ziemlich unförmiges Pferd. Mit Geweih. Warum? Weil ich es kann. Es ist ein Hirsch-Pferd. Ein Pferde-Hirsch? Bevor ich meine Schöpfung abschließend kategorisieren kann, öffnet sich knarrend die Zellentür.

»Ich habe doch gesagt, dass ich komme.«

Die Amazone grinst. Ich bin sprachlos. Sie macht einen Schritt in den Raum hinein. Ich schaffe es nicht von meinem Stuhl zu ihr hin. Meine Beine verweigern ihren Dienst. Mist, so hatte ich mir das nicht vorgestellt. Ich lasse den Kopf hängen, auf einmal mutlos. Meine blöden Beine sind wie festgewachsen. Die Amazone tritt heran. Sie hockt sich vor mich hin, nimmt meinen Kopf zwischen ihre Hände. Das ist nicht gut. Diese Berührung führt dazu, dass meine Tränen in einem unaufhörlichen Strom über Wangen und Kinn laufen. Und von dort auf den behördlichen Fußboden tropfen. Ich male nicht nur wie ein Kindergartenkind. Ich habe auch Kindergartenkind-Emotionen. So ist das alles doch ganz falsch. So habe ich mir das nicht geplant.

»Ich habe das nicht erwartet«, presse ich mühsam heraus.

»Was hast du nicht erwartet?«

»Dich ... dich ...« Es ist kommt nur noch Gestammel aus meinem Mund. Und Heulen. »... noch einmal ... wiedersehen!« Wahrscheinlich denkt sich die Amazone jetzt ihren Teil. Ein inhaftierter und jetzt auch noch geistig aufgelöster Lover, das war ja wirklich wie ein Hauptgewinn im Lotto.

»Du spinnst wohl«, stellt die Amazone trocken fest. »Und wenn sie dich auf dem Mond verstecken würden, ich würde dich finden, Freundchen.«

Sie dreht meinen Kopf nach oben. Unsere Blicke treffen sich. »Du hast mich nie im Stich gelassen.« Ich versuche, ihr mein Kinn zu entwinden. Der Versuch scheitert.

»Schau mich an!« Ihr Griff ist eisern. »Du hast mich nie im Stich gelassen. Und das werde ich genauso wenig tun.«

Oh Gott, das ist alles so peinlich. Ich bin so peinlich. Ich weh-klage und heule. Und diese Frau hat mehr Eier in der Hose als ich selbst. Sie ist für einen Loser wie mich um die halbe Welt geflogen. Entweder sie ist verrückt, schwachsinnig. Oder sie ist eine Heilige.

Ich bin gerettet. Der Besuch der Amazone hallt nach. Ich hüpfe durch die Tage. Der Dämon lässt sich nicht blicken. Das Kollektiv der Verkläger hält endlich einmal die Schnauze. Ich fühle mich schwerelos. Leicht. Beinahe frei. Tage reihen sich. Viele, viele Tage reihen sich zu einem neuen Berg von Zeit. Und irgendwann liegt alle Euphorie jenseits dieses Berges. Irgendwann einmal sind dann alle Glückshormone wegverdaut. Und der Dämon ist zurück. Er schlägt unerwartet zu. Und härter als jemals zuvor:

»Geh zum Waschbecken. Und hacke deine Zähne aus.«

Diesmal benutzt der Dämon keine Stimme, er tarnt sich schlicht und überaus effektiv als ein Gedanke. Ein Drang. Als ein bizarres, unwiderstehliches Verlangen. So eine Scheiße. So eine schräge Scheiße. Und wieso jetzt? Endlich habe ich den ultimativen Grund zu leben. Durchzuhalten. In den Monaten zuvor war ich bereits ausgezehrt. Und abgemagert bis auf die Knochen, innerlich. Doch jetzt ist alles anders. Bislang musste ich mich zu jedem Löffel lauwarmen Kartoffelbrei überreden. Zu jedem Stück Möchtegern-Fleisch. Und zum grau zerkochten Gemüse. Aber jetzt sauge ich jeden Dreck von meinem Teller, jedes Krümelchen Panade. Und jedes letzte Tröpfchen Fett. Denn das bedeutet zu überleben. Jeder Teller Essen. Jede gelaufene Runde und jeder Liegestütz. Jede gelesene Seite. Und jede geschriebene. Warum also jetzt? Vielleicht funktioniert der Dämon wie Malaria, er kann sich lange verstecken und ruhen. Und wie Malaria ist der Dämon ein Parasit. Er heftet sich unauflösbar an das Seelenfleisch. Und wartet auf seine Gelegenheit. Auf den Augenblick, wenn das ahnungslose Opfer am wenigsten damit rechnet. Der Dämon hat sich monströs weiterentwickelt. Die Stimme ist fort, aber der Drang, der Gedanke, ist eine noch viel schlimmere

Heimsuchung. Ich wage auf dem nächtlichen Weg zum Klo nicht einmal mehr in Richtung des Waschbeckens zu blicken, das im spärlichen Licht der Hofbeleuchtung verheißungsvoll schimmert. Ich starre stur geradeaus und ziele halb blind Richtung Toilettenloch. Wann ist das Limit erreicht? Wann habe ich es nicht mehr unter Kontrolle? Wann schreite ich zur Tat? Wenn ich in den Spiegel schaue, zeigt mir der Dämon mein fremdes Gesicht. Es blickt mich an. Der Mund ist eine blutige zahnlose Höhle.

»Ich habe mich gewundert, wieso Sie nicht schon lange zu mir gekommen sind.«

Dem Bereichsleiter scheint mein Zustand eine vertraute Sache zu sein. Als ob er wüsste, dass ich heute früh am Waschbecken gestanden habe, die Hände fest um den Rand geklammert, meinen Kopf in einer weiten Ausholbewegung bereits in den Nacken gelegt. Ich habe dann noch eine Stunde lang im schmalen Spalt zwischen Kloschüssel und Waschbecken gehockt, habe geheult und gewimmert. Der Bereichsleiter schickt mir eine Ärztin. Sie findet mich im Hof, im Kreis laufend und dabei vor mich hinmurmelnd und kichernd und weinend über irgendetwas. Der Film in meinem Kopfkino ist endgültig gerissen, hat sich verdreht und verknotet. Er projiziert jetzt nur noch wirre Bilder. Irre Gedanken. Die herbeigeeilte Genossin arbeitet in der forensischen Psychiatrie. Sie braucht keine zehn Minuten für ihre Anamnese und verschreibt mir eine taktische Atomwaffe aus dem Arsenal der Psychopillen. Ich schlafe achtzehn Stunden am Stück. Vom Chemiekoma betäubt, merke ich nicht, dass ich aufs Klo muss, und pisse in mein Bett. Auch der Dämon ist immer noch da, aber uns trennt eine riesige gummiartige Masse. Er kann so wenig an mich heran wie ich in die Realität, in das Jetzt. Die Pillen sind für Leute mit Psychosen gemacht, mit Zwangsstörungen. Leute, die sich Finger abschneiden und Augen ausstechen, weil es die Stimmen in ihrem Kopf befehlen.

Die Pillen der Ärztin helfen, aber diese Erlösung hat ihren Preis. Innerhalb weniger Wochen wird das Gehirn davon abhängig, und bald gibt es erste tote Abschnitte. Es wie eine Brandrodung. Ganze Areale brennen nieder, ein Flurstück nach dem anderen verwandelt sich in einen Synapsen-Friedhof. Gestik und Mimik verlangsamen sich. Und bald werde ich ein Zombie sein. Es ist die Wahl zwischen Pest und Cholera. Ich kann mich am Waschbecken verstümmeln oder scheibchenweise in einen Untoten verwandeln. Ich werfe keine Münze. Und nehme die Pillen.

Gegenwart. Der Kachelkeller.

Noch eine Stunde, bis sie mich holen kommen. Oder sind es noch zwei? Ich laufe auf und ab. Die Kacheln sind warm. Jeder Meter voran wird begleitet von einem leisen Schmatzen, wenn sich die verschwitzte Fußsohle vom Boden löst. Bei jedem zweiten oder dritten Schritt schließe ich die Augen und lasse mich von der Bewegung tragen. Das kurze blinde Schweben fühlt sich beunruhigend leicht an, schwerelos. Die Aufregung kitzelt mich im Bauch wie ein Lachen. Ein Stromstoß. Ich versuche mir einen Wald vorzustellen. Ich wandere unter schattigen Baumkronen über sattgrünes saftiges Moos. Das klappt nicht.

Die Tür öffnet sich. Jene, die mich in dieses Zwischenlager gebracht haben und jetzt zur Weiterreise abholen, sind erfahrene Genossen. Wenn sie sagen »Geh«, dann gehe ich. Und wenn sie wollen, dass ich stehen bleibe, dann tue ich auch das. Weshalb liegt heute so viel Sorge auf diesen Gesichtern? Sonst fliegt bereits nach wenigen Augenblicken derb-freundlicher, inhaltsloser Small Talk zwischen uns hin und her, jetzt ist da nur das Schweigen.

Ich sitze im Auto neben dem Junior. Während der Panzer aus der Tiefgarage rollt und alle anderen im Fahrzeug mit ihrem Krempel beschäftigt sind, nutze ich die Gelegenheit.

»Was ist los?«, frage ich flüsternd. Dem Chef, vorn auf dem Sozius, entgeht das nicht. Er lässt es einen Augenblick in der Luft hängen, dann nickt er dem Junior im Rückspiegel zu, knapp und eindeutig.

»Die in Dresden haben von einem Informanten was gesteckt bekommen.« Na ja, das ist nichts Neues. Das ist Teil vom Geschäft. Oft ist es nur Rotz, aber eben nicht immer.

Ich zucke mit den Schultern. »Und?«

Der Junior sieht nicht gerade glücklich aus. »Angeblich reichen die Verbindungen deines ganz besonderen Freundes weiter als gedacht.« Diese Ansage gibt nicht viel her, aber das ernste Gesicht des Juniors liefert den notwendigen Subtext. Mir wird sehr schnell sehr bedenklich warm unter der Panzerweste.

»Wie weit denn?«, frage ich vorsichtig, obwohl ich die Antwort eigentlich nicht wissen will. Der Junior schnauft, während er den Blick zum Fenster hinaus gerichtet hält. »Angeblich geht das bis in die Einheit, die dich heute übernimmt und dort für dich zuständig ist.«

Wie bitte? Ich habe mich wohl verhört. Doch ehe ich etwas erwidern kann, biegt der Wagen scharf in einen kurzen Tunnel und rollt hinaus in eine leere Arena. Vorbei an den Tribünen und der Wurfanlage. Auf dem Rasen, am Elfmeter-Punkt, erwartet uns bereits eine Bo 105. Die Messerschmidt ist ein Hubschrauber mittlerer Größe mit diesem typisch runden Hummelbauch. Es gibt keine längere Begrüßung, die Maschine löst sich sofort vom Boden, und der infernalische Lärm der Motoren verhindert weitere Nachfragen. Doch die Worte des Juniors hallen in mir nach, während wir steigen und steigen, bis das Stadion unter uns wirkt wie eine liebevoll geschraubte Puppenstube. Die kleine Bo pflügt sich voran, sie hüpft im böigen Nordwind, der uns vor sich hertreibt. Gott sei Dank habe ich heute noch nichts gegessen. Die Felder sind postkartengrün. Die Traktoren auf den Feldern wirken wie Spielzeuge. Und über Feldern und Wäldern und Land liegt der stahlblaue Himmel. Dieser Flug könnte so schön sein, wenn der Junior, links von mir sitzend, nur nicht so verdammt ernst wäre. Und angespannt. »Bleiben Sie im Jetzt«, rät Carnegie. Und so versuche ich, das Schweben trotz allem zu genießen. Nach knapp zwei Stunden Flug bringt der Pilot die Maschine dann nach unten. Ich erkenne die Hügelkette am Rand der Stadt. Ich erkenne die wohlvertrauten Hänge oberhalb der Elbe. Wir folgen im tiefen Flug der gewundenen Linie des Flusses.

»Noch zwei Minuten.«

Die Stimme des Piloten knistert im Funk wie der Ton aus einem alten Radio. Der Junior erwacht sofort zu eifriger Geschäftigkeit. Aus dem hinter dem Pilotensitz eingehängten Rucksack nimmt er ein mattschwarz glänzendes Gerät. Es ist eine MPK mit Klappschaft. Der Junior setzt ein Magazin in die Maschinenpistole und unterlädt sie. Auch er benutzt eine Doppelklammer. Dann klemmt er sich noch weitere Magazine unter die Jacke. Was soll das hier werden, eine verdammte Neuauflage der Völkerschlacht?

Juniors Hand packt mich an der Schulter. »Hör zu. Wenn was passiert, dann jetzt.«

Ich starre ihn entgeistert an. »Und was soll ich bitte machen?« Meine Hände sind gefesselt und mit einem Schraubkarabiner an der sperrigen Weste festgepinnt. Und dann ist da noch die Fußfessel. Das ist Vorschrift. Mit der sperrigen schweren Weste und der Fesselung bin ich so wendig wie ein übergewichtiges Nilpferd.

»Du machst dich hinter der Pilotenbank klein, verstehst du?«

Ich nicke, weil ich den Befehl verstanden habe. Nur bringen wird das nicht viel. Der Pilot schaltet sich zu. Er ist unserem Gespräch über den Bordfunk gefolgt und wendet jetzt den Kopf halb zurück: »Ich halte die Maschine auf Last Zur Not machen wir von der Landeplatte aus einen Hüpfer über die Bäume an der Straße. Aber ihr müsst euch gut festhalten. Die Türen kriegen wir bei einem Notstart natürlich nicht mehr geschlossen.«

Dann drückt er die Maschine noch weiter nach unten. Ich

erkenne die Gegend. Es ist das riesige Areal meines alten Fußballvereins nahe dem Schlachthof. Fünf oder sechs zusammenhängende Trainingsplätze und ein kleines Stadion. Die rissige kleine Landeplatte am Rand stammt noch aus DDR-Zeiten. Dort wartet bereits ein Konvoi aus dunklen Limousinen. Der Pilot zieht so flach über die Kolonne, dass die an den Fahrzeugen stehenden Männer die Köpfe einziehen. Dann wendet der Hubschrauber in einer scharfen Bewegung um hundertachtzig Grad und setzt auf. Oder auch nicht. Er berührt den Boden fast, aber eigentlich schweben wir immer noch. Die Motoren dröhnen unter Volllast.

Der Junior reißt die seitliche Tür auf und springt hinaus. Er hält dabei die MPK verborgen, die Waffe ist so winzig, sie verschwindet beinahe vollständig hinter seinem Bein. Er ruft den Männern, die drüben neben den Fahrzeugen stehen, irgendetwas zu. Seine Worte werden vom Rotorenlärm fortgerissen. Zwei-Eintausend. Drei-Eintausend. Es vergehen quälend lange Sekunden. Ich kann die Schutzengel-Handwerker des Rauschebartgottes mit ihren Werkzeugen eifrig klappern hören bei der Arbeit.

Schließlich klettert der Junior wieder in die Maschine zurück. Er sichert die MPK und verstaut sie. Dann schnallt er mich los.

»Herzlichen Glückwunsch«, sagt er erleichtert grinsend, und ich weiß, was er damit meint. »Wir holen dich danach wieder ab.« Dann schiebt er mich nach draußen, wo bereits das Empfangskomitee wartet.

Vom Eise befreit sind Strom und Bäche
Durch des Frühlings holden, belebenden Blick,
Im Tale grünet Hoffnungsglück;
Der alte Winter, in seiner Schwäche,
Zog sich in rauhe Berge zurück.

Goethes *Faust*. Wie habe ich das Ding während der Schulzeit gehasst! In einem der schlimmsten Haftlöcher habe ich es dann freiwillig gelesen. Die alberne Kerkerszene enthält auf einmal eine Andeutung von Trost. Und eine Prophezeiung von Erlösung. Sie ist gerettet, heißt es bei Goethe. Werde ich auch gerettet?

Ich stehe in einem Andachtsraum. Der Raum liegt am Ende eines langen kahlen Flures. Und der Flur liegt hinter einer Tür. Und die Tür liegt hinter der Pforte eines Klosters. Mitten in Dresden, verborgen in einer Seitenstraße.

»Wirst du jetzt Nonne?« Ich grinse zur Amazone hinüber.

»Wenn du dann Mönch wirst, vielleicht«, grinst sie zurück. Sie sieht wunderschön aus. Ihr stoppeliges Haar ist um einige Millimeter gewachsen und wirkt voller als sonst.

»Ja, wie wär's mit einer beruflichen Neuorientierung?« Ich muss sie zanken, es macht einfach zu viel Spaß. Die Amazone wedelt mit der Hand in meine Richtung, so als müsste sie eine Fliege verscheuchen. Die lästige Fliege, das bin ich.

»Sei vorsichtig mit deinen Vorschlägen. Sonst nehme ich mir einfach einen von denen statt dich.«

Sie zeigt auf die Reihe schwer bewaffneter Jungs, die den Andachtsraum einrahmen wie ein stummer Knabenchor, der auf den Einsatz wartet. Die wirken zu diesem Anlass so passend wie ein Elefant beim Hochsprung.

»Hm, du hast gewonnen. Ich schweige.« Das habe ich nicht wirklich vor, aber die hintere Tür zum Raum öffnet sich. Eine kleine runzlige Frau erscheint. »Einen wunderschönen guten Tag, wünsche ich. Wenn mein Vorschlag allgemeine Zustimmung findet, würde ich dann auch gleich beginnen.« Die Frau ordnet Papiere auf dem Tisch vor sich. »Was sagt denn das Brautpaar dazu?«

Kurz habe ich das Bedürfnis, mich umzudrehen und zu prüfen, ob jemand anderes gemeint sein könnte. Aber da ist niemand, und somit besteht auch keinerlei Zweifel: das Brautpaar, das sind wir.

Kapitel 21

»Sie müssen packen! Jetzt!«

Der Wachtmeister kommt mit dem Streifen Papier in der Hand die Treppe hinaufgestürmt.

Ich blicke überrascht von meinem Buch auf.

»Wieso denn?«

Und vor allem wofür? Plötzliche Verlegungen bedeuten Ärger. Der Beamte hält mir das Papier unter die Nase, es ist ein Fax. Ist das nicht seltsam? Wer hineinmuss, darf nicht wieder gehen. Aber wer nicht mehr drin sein soll, wird schleunigst auf die Straße gesetzt, als wäre er hier eingebrochen. So will es das Gesetz. Mich hier länger festzuhalten wäre unzulässig. Und was eben noch gerechte Strafe war, im Namen des Volkes, ist jetzt auf einmal eine amtlich vollzogene Freiheitsberaubung. Da verstehen die Gerichte keinen Spaß. Und weil ein Vertreter der freistaatlichen Justiz meine Haft für beendet erklärt hat, werde ich jetzt auf die Straße gesetzt. Kaum zehn Minuten später stehe ich, hastig durch diverse Verfahren geschleust, mit einem Rucksack über der Schulter auf dem Besucherparkplatz vor der Anstalt. Der Parkplatz ist leer. Der Wind schaukelt eine hellbraune McDonald's-Papiertüte auf der Stelle sanft hin und her. Am Himmel krächzt ein schwarzer Schatten. Wohin jetzt?

Meine Odyssee hat mich durch zwölf Anstalten geführt. Es war so ziemlich alles dabei, von Höllenloch bis Neubau. Isolation im Norden. Bibellesegruppe in Waldheim. Ich wandere in amtlicher Begleitung über irgendeinen Gang zu irgendeiner Untersuchung und treffe auf jene Ex-Milieu-Größe, deren Nachtclub ich im Auftrag von Franz Ferdinand überfallen habe. Ich wandere begleitet über einen anderen Gang in einem anderen Knastbau. Und treffe dort auf jenen Vampir, der mit seinen Genossen auf mich geschossen hat. Und wenig später an der Gomondai-Ermordung beteiligt war. Ich stolpere von einem Desaster in das andere und sorge bei einer ganzen Armee von Schutzengeln für Vollbeschäftigung.

Zweimal soll ich entlassen werden, zweimal geht die Staatsanwaltschaft dagegen vor. Man braucht mich als abschreckendes Beispiel, für wen auch immer. Oder wird man in Zukunft Grundschülern meine Geschichte erzählen, die Geschichte vom Mann von der Plakatwand als warnendes Exempel? Ich bin das ehemalige Vorzeige-Findelkind des Messias. Und durch die Haft in das Einzugsgebiet eines seiner Erzfeinde geraten. Der Typ tobt sich kraft seines hohen Amtes an mir aus. Von ganz oben herab fällt es ihm leicht, einige Stellschrauben in meiner Sache bewegen zu lassen. Ich bin eine Schachfigur auf einem Brett, dessen Größe ich kaum überblicken kann. Die Verlegung der vermeintlich rachsüchtigen Milieugröße in meine sowieso schon von Gewaltexzessen geplagte Unterbringung ist weder mit Unvermögen noch mit Unkenntnis zu erklären. Gleiches gilt für den Vampir. Irgendjemand weit oben hofft, dass wir uns, der Pöbel, gegenseitig massakrieren. Entweder bin ich nach einem Angriff verletzt, verkrüppelt oder tot. Oder ich wehre mich erfolgreich. Und dann sind andere Leute verletzt, verkrüppelt oder tot. Und es gibt einen saftigen »Nachschlag« für mich. Und im besten Falle sterbe ich doch noch in der Haft. Aber irgendjemand, ganz weit oben in der Bürokratie, hat seine Rechnung ohne die Mächte über ihm gemacht, ohne den allerobersten Boss der Bosse. Gott lässt seine Abschnittsbevollmächtigten rastlos ihr Werk tun, warum auch immer. Die rachsüchtige Milieugröße bekehrt sich unverhofft zum Bürgerleben. Und vor dem Vampir rettet mich ein Behördenmann, ein ehemaliger DDR-Spezialsoldat. Was mich jedoch vor dem Dämon gerettet hat, vermag ich nach all den Jahren nicht mehr zu sagen. Es waren schwerlich mein fehlendes Urteilsvermögen noch die Umstände. Trotz meiner Zweifel an ihm scheint der Rauschebartgott noch nicht fertig mit mir zu sein.

Ich stehe auf dem Parkplatz herum wie bestellt und nicht abgeholt. Oder genauer gesagt: wie überhaupt nicht bestellt. Die unverhoffte Freiheit fühlt sich groß an. Und leer. Und fremd. Ich denke an die zurückliegenden Monate. An den Freigang in Dresden. Der Abgrund namens Waldheim lag endlich hinter mir. In Dresden bekomme ich einen nigelnagelneuen blauen Arbeitseinteiler und verdinge mich im anstaltseigenen Garten- und Landschaftsbau. Ich werde Tag für Tag in einen Transporter geladen und irgendwohin gefahren. Und dort jäte, hacke und grabe ich. Ich fege auch vor dem Haupteingang meiner ehemaligen Dienststelle den Gehweg. Und ich klaube mit einer Metallzange am Ende eines Steckens den Müll auf, den der Südwind über den Behördenparkplatz wirbelt. Ich spiele mit dem Gedanken, mir zur Tarnung eine Papiertüte über den Kopf zu ziehen. Aber als anstaltseigene Hilfskraft ist mir Schamgefühl nicht gestattet, und so ertrage ich die verwunderten Gesichter mancher Ex-Kollegen mit gesenktem Blick und Zähneknirschen. Kurz darauf bricht die Flut über die Stadt herein, und ich werde nicht mehr zum Gehwegkehren abkommandiert. Alle Mann an Deck! Jeder hilft jetzt gegen das Jahrhunderthochwasser. Auch ich. Mein Frontabschnitt liegt am Innenministerium. Hinter dessen altehrwürdigen Mauern arbeitet meine Mutter in irgendeiner lichtdurchfluteten Bürobox. Dort Säcke zu stapeln ist der absolute Höhepunkt meiner Erniedrigung, mehr geht nicht. Aber es ist ein geringer Preis für den Freigang, und ich zahle ihn deshalb gern. Immerhin bin nach all dem Irrsinn noch am Leben und kann überhaupt noch irgendetwas stapeln. Und da ich mich jetzt nicht länger mit den praktischen Auswirkungen der Hassfantasien meiner Mitgefangenen beschäftigen muss, bleibt an den Abenden, nach der Arbeit, viel Zeit zum Nachdenken. Der Zug meiner Schuld fährt gemächlich in den Bahnhof ein.

Oft denke ich jetzt an das alte Ehepaar. Der Mann erschien vor Gericht. Und entsetzlicherweise sah er aus wie der Zwillingsbruder meines Großvaters. Erst da begriff ich wirklich, was ich getan hatte. Erst da ergab sich die eigentliche Dimension des von mir verursachten Schadens. Des Leids. Und der unvermeidlichen nächtlichen Horrorgestalten, die dieses Leid hervorbringt. Als die Vampire den Pfadfinderbus mit den Kindern angriffen, war ich bodenlos empört. Und nicht allzu lange danach wurde ich selbst zum Monster und fiel in meinem Größenwahn über zwei alte Leute her. Immer wenn ich an den Großvater-Zwilling denke, flutet siedend heiß die Scham mein kleines, mickriges Universum. Bei solchen Gelegenheiten nehme ich mir vor, nie zu vergessen, dass ich das gute Ende der Wurst abgebissen habe. Solange ich in der Hafthölle mit meinem Überleben beschäftigt war, in Vollzeit und mit beständigem Herzstechen und Panik, gab es für solche Überlegungen wenig Raum. Erst jetzt kann der Schuldzug einfahren. Erst jetzt gibt es Bewegung im Kopf. Das Verstehen kommt jämmerlich langsam, aber es kommt. Auch deshalb schlucke ich, der Ex-Polizist, frischgebackener Gärtner, Straßenfeger und Sandsackträger, meine Erniedrigungen wortlos hinunter. Ich tue, was mir aufgetragen wird. Und bringe meine Schuldscheine zur Karma-Bank.

Die Flut wird für Dresden zum Erweckungsevent. Die Hälfte der Stadt stapelt Sandsäcke, selbst die Nächte hindurch, bis zur völligen Erschöpfung. Die andere Hälfte schmiert für die Frontarbeiter Stullen und kocht Tee.

So habe ich Dresden noch nie erlebt. So lebendig. So geeint. So farbenblind. Leider dauert eine Flut nicht ewig. Nach dem Ausnahmezustand fallen die meisten in ihr angestammtes Trauma zurück. Niemand hat jemals ernsthaft den Versuch unternommen, die Risse ihrer Innenwelt in Augenschein zu nehmen. Nie hat jemand eine echte Hand der Versöhnung ausgestreckt. Es gab immer nur Versprechungen. Und die meisten davon entpuppten sich schnell als seelenlose Phrasen oder zerstörerische Lügen. Die Flut gibt uns allen für wenige Tage die Chance, die beste Variante unseres Selbst zu leben. Dann fällt das Gebäude unserer Solidarität auseinander, so wie das utopische Paradies der »Bunten Republik Neustadt« damals auseinandergefallen ist.

Und jetzt haben sie mich vor das Tor geschoben. Wofür eigentlich? Beinahe vermisse ich meine Frondienerschaft. Meinen geregelten Tagesablauf. Mein streng vorgegebenes Woher und Wohin. Mit meiner Mutter bin ich schon lange zerstritten. Eigentlich war es so wie immer schon, nur unterbrochen von kleinen Feuerpausen. Einem gemeinsamen Mittagessen in Mutters Lieblingsrestaurant. Oder ihren verweinten Besuchen in der Anstalt. Und irgendwann ist sie einfach gestorben. Es fühlt sich seltsam an. Der Erzfeind hat sich einfach aus dem Staub gemacht. Ohne Endschlacht. Ohne letzte Erklärungen. Bei Licht betrachtet, hat sich meine Mutter aus Traurigkeit zu Tode gesoffen. Von unseren wenigen Gesprächen weiß ich, dass sie die Liebe zu meinem Vater niemals losgelassen hat. So wie es eben oftmals ist, wenn etwas nicht bis zur Neige gelebt werden darf. Es wird zu einem Dickicht von Konjunktiven und Idealisierungen. Es wuchert in überirdische Höhen, unerreichbar, mit der Realität kaum noch verbunden. Meiner Mutter wurde, siebenundzwanzigjährig, die Liebe ihres Lebens weggeschnitten. Sinnlos und unerfüllt. Der Feuerwasser-Teufel hilft gegen den Kummer, doch dieser Trost ist kurzfristig und teuer erkauft. Mit Freude. Hoffnung. Und einem großen Stück Lebensfaden. Meine Mutter ist tot. Der Erzfeind hat sich davongemacht. Und Moïse, mein schmerzlich vermisster Bruder, ebenfalls. Er ist wenige Monate nach meiner Mutter gestorben, in einem kleinen Ort im Schwarzwald. Die Todesnachricht ist das Erste, was ich von ihm höre, seit er vor über fünfundzwanzig Jahren verschwunden ist. Es scheint, als hätten er und Mutter sich zum Sterben verabredet. Als hätten sie ihren jahrelangen Streit im Tod friedlich beigelegt. Die Mitglieder meiner Familie sind wieder vereint, in meiner Vorstellung sind sie das. Nur mich haben sie hier irgendwie vergessen, auf diesem Parkplatz, wofür auch immer.

Auch die Amazone ist fort. Jahrelang habe ich, hinter den Mauern, nur für diese eine Idee gelebt. Für diesen einen Augenblick. Für diese eine Vorstellung: aus dem großen Tor zu kommen und in ihre Arme zu fallen. Wir dachten, dass es reichen würde. Wir dachten, dass das heilige Versprechen stärker wäre als alle Hindernisse. Und feindliche Mächte. Und Müdigkeit. Die Amazone ist wahrhaftig die tapferste aller tapferen Frauen in meinem Leben. Doch die Drohung einer zehnjährigen Trennung hat ihre Wirkung nicht verfehlt. Zehn Jahre, gerechnet von der Folterbaracke in Zaire bis zu einem allerletzten Hafttag, damals noch irgendwann in einer unendlich fernen Zukunft, in einem anderen Jahrtausend. Zehn Jahre. Diese Drohung handelt von einem Berg von Zeit, von einem wirklich wahrhaftigen, verdammten Mount Everest. Siebeneinhalb Jahre davon waren es noch nach unserer Hochzeit. Sieben Sommersonnen. Und ebenso viele und lange Winter. Eine düstere Armee endlos vieler Tage. Die Amazone ist aus Stahl gemacht. Oder etwas Härterem. Nach fünf Jahren wanderten wir noch immer in der Wüste umher. Irgendwann sind die letzten Reserven verbraucht. Irgendwann ist das letzte Gefecht gekämpft. Und der letzte Verlust erlitten. Und dann muss man sich die Aussichtslosigkeit eines Unterfangens eingestehen. Wer an diesem Punkt nicht loslassen kann, der stürzt in den Abgrund und bewirkt nichts. Die Amazone hatte eine Wahl zu treffen. Eigentlich war es keine Wahl, sondern nur noch die Vollstreckung einer längst getroffenen Entscheidung. Und als sie eines Tages von einem Job heimgeflogen kam, fand sie ihre Wohnungstür offen und angelehnt. Und die Schubladen der Schränke durchwühlt. Es fehlte nichts. Der wertvolle Schmuck der Großmutter und das Geld waren ihrem Versteck entnommen und demonstrativ auf dem Küchentisch aufgereiht. Selbst nach diesem Horror war sie erst nicht bereit, mich aufzugeben. Und doch muss es wie eine Erlösung gewesen sein, als ihr Chef ihr kurz darauf eine Projektleitung in New York anbot. Zwei Jahre Big Apple. So schrieb sie mir. Es war eine Chance. Ein neuer Anfang. Und das Ende für uns.

Ich heulte über dem verdammten Brief. Ich knirschte mit den Zähnen und schrieb ihr wütende, dämliche Antworten. Und nach einer Ewigkeit fügte ich mich. Selbst wenn ich die noch verbleibende Haft überstand, war das das Ende. New York war für mich unerreichbar. Nicht wegen des Ozeans oder dem Geld für ein Ticket, sondern wegen meiner Vita. Als jemand mit »criminal record« sind die USA für mich für immer tabu. Die Amazone verschwand also hinter dem Ozean und hinter der Mauer des Immigration Office. Dieser Brief war ein Abschied für immer.

Ich stehe auf dem leeren Parkplatz der Anstalt. Es ist Sommer. Der Wind streicht durch die sattgrünen, vollblättrigen Baumkronen jenseits der Allee. Ich gehe mit meinem Rucksack einfach irgendwohin, frei von jeder Eile. Ich kreuze eine alte, mittlerweile stillgelegte Zufahrtsstraße, dort halte ich inne und schaue das löchrige Asphaltband hinunter. Es führt zwischen der Anstalt und einer langen, halb eingefallenen Backsteinmauer entlang. Diese Mauerruine gehört zur ehemaligen sowjetischen Garnison. Und deren Vorderseite grenzt wiederum an das alte Gelände der Bereitschaftspolizei. Dort habe ich vor dreizehn Jahren meine ersten Schritte getan, gemeinsam mit Hemmerle. Ich war ein neunzehnjähriges auftrainiertes Kind. Angefüllt mit Wissenslücken und mit einem noch viel fadenscheinigeren Idealismus. Man hat das Mannkind in eine Uniform gesteckt. Das Land brauchte Wächter, und ich brauchte ein Land. Eine Heimat. Und dann verschlingt sich mein Leben zu einem Knäuel, das ich bis heute nicht gänzlich entwirren kann. Ich stehe auf der zerlöcherten Lieferstraße, die ehemalige Kaserne ist nur einen Steinwurf entfernt und jetzt doch ein anderes Universum. Ich wende mich wieder stadteinwärts. Und gehe immer die Mauer entlang. Weg von der Kaserne. Weg von der Anstalt. Es gibt hier für mich nichts mehr zu tun.

»Auf, auf, sprach der Fuchs zum Hasen, hörst du nicht die Jäger blasen?«, rufe ich durch die geschlossene Badtür.

Dahinter ist es verdächtig still. Kein Poltern. Kein Lachen. Keine Geräusche von einem schwesterlichen Ringkampf.

Ich klopfe nun doch vorsichtshalber an die Tür, diese Ruhe beunruhigt mich. Alles deutet auf eine Zwergenverschwörung hin. Und obwohl ich das Ohr an die Tür presse, höre ich nur das Rauschen in meinem Kopf. Mist. Soll ich einfach hineingehen? Oder muss ich sie herauslocken? Was ist an dieser Stelle pädagogisch wertvoll? Plötzlich schwingt die Tür auf. Feli steckt ihren Kopf heraus.

»Wir putschen doch noch ...«

Sie fängt mit einer blitzschnellen Bewegung die aus ihrem Mund schwappende Zahnpasta mit der Hand auf.

»... Tschähne.«

Sie schüttelt missbilligend mit dem Kopf, ungehalten über meine Störversuche.

»Lasch unsch mal in Ruhe.«

Ich zeige protestierend auf das Ziffernblatt meiner Uhr.

»Das wolltet ihr schon lange erledigt haben. Dreizehn Minuten, dreiundzwanzig Sekunden. Wie lange braucht man, um drei Milchzähne zu bürsten?«

Feli macht ein empörtes Gesicht. Das sieht mit all dem Schaum am Mund recht komisch aus. Und irgendwie knuffig. »Stoppscht du etwas die Tscheit?«

Sie spuckt ins Becken. »Das ist doch bestimmt gegen die Kinderrechtskonvention.«

Mist, ich hätte ihr nicht davon erzählen sollen. Mittlerweile agieren meine Kinder in unseren Diskussionen wie kleine Rechtsanwälte. Egal, ich muss die Beherrschung der Gesamtlage vortäuschen.

»Jetzt mal keine Volksreden halten. Es ist Zubettgehzeit.« Eigentlich möchte ich vor allem Schichtschluss haben. Ich bin nervös wegen ihrer Mutter, meiner Frau. Darum sollen die zwei Hasen ins Bett.

»Ich habe Pipi in die Hose gemacht. Aus Versehen.«

Una verkündet die Nachricht ruhig und gefasst wie eine Sprecherin für Börsennachrichten.

»Süße, du stehst doch direkt neben dem Töpfchen.«

»Trotzdem. Weil es halt so war.«

Für die Kleine ist dieser erschöpfenden Erklärung nichts hinzufügen. Die Pipihose ist sowieso längst von den Beinen gestrampelt. Untenrum ist Freiluftsaison. Ich suche nach der Hose, kann sie aber nicht finden. Großartig. Irgendwann taucht alles wieder auf. Magie des Kinderhaushalts. Verknotet und verschimmelt werden wir das Teil aus irgendeiner Ecke ziehen in hundert Jahren. Ich frage trotzdem, pro forma:

»Wo hast du denn die Hose ausgezogen, Süße?«

»Weiß ich nicht mehr.«

Unvermittelt fängt sie an zu weinen. Verdammt, ich hätte nicht fragen sollen.

»Alles ist gut, Una! Wir finden die blöde Hose morgen.«

Sie ist nicht wirklich zufrieden, die Pipihose war natürlich die Lieblingshose. Herr im Himmel, erbarme dich meiner Nerven.

Doch bin ich heilfroh, dass zumindest unsere Mädchen wohlbehalten wieder zu Hause sind. Draußen ist mittlerweile nur noch schwarzgrauer Himmel, aus dem das Wasser stürzt. Auf meinem Telefon poppen immer mehr Warnmeldungen auf. Selbst winzige Ableitungen verwandeln sich in Sturzbäche, die alles mit sich reißen. Und immer noch keine Meldung meiner Frau. Immer noch liefert das überlastete Netz meine Nachrichten nicht aus.

»Papa? Du wolltest doch die Geschichte vorlesen.«

Der einheimischen Jugend ist die Sintflut da draußen völlig egal. Sie hat sich endlich vollzählig im Familienbett eingefunden und fordert nun lautstark den Beginn des Unterhaltungsprogramms.

»Welche Geschichte?«, frage ich scheinheilig. »Ihr seid doch schon bestimmt viel zu müde für eine Geschichte.« »Nein!« dröhnt es im Chor. Also gut. Ich lese mit ihnen noch in den *Känguru-Chroniken*, die Kinder lieben die Stelle, wo der Therapeut auf der Couch herumspringt und Vogelgeräusche macht. Und ich liebe das kommunistische Känguru.

»Wann kommt eigentlich Mama? Eigentlich sollte Mama uns vorlesen.« Ihre Mutter kann den Therapeuten noch besser nachsprechen als ich.

»Bald, ihr Süßen.«

»Aber wann?«

»Bald.«

»Und wann genau?«

»In einundzwanzig Minuten und dreizehn Sekunden.«

»Echt?« Una schaut argwöhnisch herüber. Sie zeigt mit dem Finger auf mich. »Du lachst doch. Ich hab's genau gesehen.«

Ich schlage schnell das Buch wieder auf und halte es vor mein Grinsen.

Bald schlafen die Mädchen. Ich lausche auf ihr gleichmäßiges Atmen in der Dunkelheit. Feli liegt an der Wand bei ihren Kuscheltieren. Una hat sich in ihre Decken verknotet. Ein Arm liegt auf meinem Kopf. Sicher ist sicher. Nicht, dass der elterliche Bedienstete sich aus dem Staub macht. Ich winde mich sachte aus dem Knäuel. Der schemenhafte Anblick der schlafenden Mädchen wirkt wie immer beruhigend. Doch das große »Mädchen« der Familie fehlt.

Kapitel 22

»Habe ich irgendetwas falsch gemacht?«

Die Geschäftsleitung schaut mich an. Will ich das jetzt wirklich diskutieren? Das sagt dieser Blick. Nein, ich weiß ja, dass ich nichts falsch gemacht habe. Ausnahmsweise einmal nicht. Ich gebe im Studio eines Dresdner Viersternehotels Kurse in Körperertüchtigung. Wenn ich etwas gut kann, dann ist es das.

»Herr Meffire. Bitte nehmen Sie das nicht persönlich. Ihre Arbeit ist nicht zu beanstanden.«

Aha.

»Aber Sie verstehen doch sicher, dass bei aller sozialen Verantwortung Ihre Vorgeschichte nicht die Referenz des ganzen Hauses beschädigen darf.«

Jemand war über meine bloße Anwesenheit entsetzt. Ein geschätzter Gast des Hauses. Und der Kunde ist immer König. Der höflichen Geschäftsleitung bleibt keine Wahl. Sie komplementiert den Ex-Häftling aus ihrer Luxusherberge.

Das sind jetzt die neuen Geschichten meines Alltags. Allemal besser als die Isolationshaft, so viel steht fest und bleibt unumstößlich. Aber das »Freisein« ist eben auch dieses »Gesehenwerden«. Die Schubladenexistenz. Und die Unbestimmtheit. Und diese verwirrend widersprüchlichen Regeln, nach denen alles funktioniert. »Freisein« bedeutet, alles tun zu können.

Aber irgendwie doch nicht. Es bedeutet, überall hinzudürfen, aber nur an den wenigsten Orten wirklich willkommen zu sein. An meinem ersten Tag nach der Entlassung kreuze ich nach einer ziellosen Wanderung durch die halbe Stadt bei einem überraschten Bekannten auf und borge mir sein Auto für eine Fahrt, von der ich selbst nicht weiß, wohin sie führen soll. Beim Rechtsabbiegen übersehe ich einen Radfahrer. Die Stoßstange streift das hintere Schutzblech. Der Radler mault und fährt weiter. Meine panisch gemurmelte Entschuldigung und mein totenbleiches Gesicht scheinen ihm Strafe genug. Fuck.

Bald darauf beginne ich als Fitnesstrainer zu jobben. Ich kann es, also mache ich es. In den Kursen bekehre ich schreibtischfaule Stadtmenschen zu einem Mindestmaß an Bewegung. Aber die großen Fitness-Ketten sind wie Drückerkolonnen, keine Kaderschmieden für »Diplomaten im Trainingsanzug«. Die Fortschritte ihrer Kunden gehen den Firmen am Arsch vorbei. Der beste Kunde ist einer, der den teuersten Vertrag abschließt und dann nach der ersten Euphorie kaum noch aufkreuzt. Oder bestenfalls gar nicht mehr. Es zählen ausschließlich abgeschlossene Verträge. Und gehaltene Verträge. Und die Mitarbeiter im Sales-Bereich werden bei Kennzahl-Übererfüllung gefeiert, ganz so, als hätten sie ein Mittel gegen Krebs erfunden. Als Trainer bin ich in so einem Laden eher notwendiges Übel, ich bin ein störender Kostenfaktor und notwendige Studio-Folklore, mehr nicht. Das Luxushotel ist in puncto Gesundheitsfürsorge deutlich engagierter, erträgt meine Anwesenheit jedoch nicht allzu lange.

Ein Schritt vor, zwei Schritte zurück, das ist die Freiheit. Ich eile von Studio zu Studio und gebe dazu noch Einzelstunden. Ich renne und renne. Doch bald holen mich meine Schulden ein. Da ist der von mir nicht gezahlte Unterhalt. Und da sind Abertausende Euro Gerichtskosten und Schadensersatz. Und selbst der Kredit für mein altes Auto ist noch nicht ganz abgezahlt, obwohl es das Auto schon lange nicht mehr gibt. Die Kontopfändung trifft mich wie ein Schlag mit einer Keule. Von hinten. Das

Honorar eines ganzen Monats löst sich in Luft auf. Knapp einhundert schweißtreibende Trainerstunden. Mein Konto wird gesperrt. Das Geld für Essen und Miete ist fort. Wovon ich lebe, scheint keinen zu interessieren. Ich bettle bei Bekannten um Unterstützung. Löse alte Schulden mit neuen Schulden ab. Freiheit? Niemand hat mich darauf vorbereitet, dass mir alles, was ich mir erarbeite, wieder genommen werden kann. Freiheit? Was für eine Freiheit? Ich habe vor Jahren Übles ausgesät, meine heutige Ernte fällt entsprechend karg aus. Und voller Unkraut. *What goes around comes around.*

»Hör mal, Sam.« Es ist Simone, meine älteste Wurzel in der Neustadt, noch aus vorrevolutionären Tagen. »Suchst du noch einen Job?«

»Ist der Papst katholisch?«, frage ich zurück.

Sie lacht. »Da braucht jemand einen Trainer, hab ich gehört. Willst du dich da mal melden?«

Natürlich will ich das. Irgendwie scheint sich mein Leben immer neu in ähnlichen Kreisen zu drehen. Ich schaue aus dem Fenster meiner Wohnung. 7. Stock im Turm. Eine Einraumbox der Wohnungsbaugesellschaft. Kleiner und günstiger geht nicht. Aber ich habe an den Abenden einen unglaublichen Blick über die Lichter der Stadt. Tief unter mir gähnt der Große Garten wie ein verwunschener Ort inmitten der Stadt. Da bin ich. In der Platte groß geworden. Und jetzt wieder dort gelandet. Einmal Platte, immer Platte?

»Bist du noch da, Sam?«

»Klaro.« Ich kann mir nicht leisten, Nein zu sagen. »Wo soll ich hin?«

Die ganze Angelegenheit stellt sich als eine recht spezielle Baustelle heraus. Simones Ankündigung war in der Sache korrekt. Es ist ein Trainerjob. Allerdings einer in der Jugendhilfe. Ich darf jetzt stundenweise bei schwer auffälligen Kids vorturnen. Die offizielle Bezeichnung lautet »Erlebnispädagogische

Sportintensiv-Maßnahmen«. Dieser Job kommt allerdings mit einer unverhandelbaren Arbeitsplatzbeschreibung: *Aushalten. Dableiben. Nicht weglaufen.* Und das gestaltet sich nicht an allen Tagen immer einfach. Für die Kids bin ich einer wie sie. Ich bin einer aus einem emotionalen Gulag. Das schafft Augenhöhe und baut erste Brücken, auch bei denen, die sonst auf keinerlei Brückenbau und keinerlei Bespaßung ansprechen. Job folgt auf Job. Jugendhilfe auf Jugendhilfe. Und immer mehr Jugendhilfe. Teenager, die manchmal noch wie Kinder wirken. Kinder, die wie Erwachsene wirken. Und die man gründlich an Fleisch und Seele verstümmelt hat. Kleine Wölfe. Oder auch größere. Und immer wieder auch wirklich hungrige, wirklich bösartige Wölfe. Ich halte sie in Bewegung. Ich bleibe in Bewegung. Ich höre zu. Faktisch betreue ich die Hoffnungslosen. Oft Fälle für die Psychiatrie. Oft auch beinahe garantierte Fälle für den Friedhof. Irgendwann lande ich in sogenannten EPMs, sogenannte *Einzelpädagogische Maßnahmen.* Faktisch sind das richterlich angeordnete Freiheitsentziehungen. Ich bringe, hole und begleite alles, was gefährlich ist. Ich werde mit Fäkalien, Küchengeschirr, mit Besteck und mit Möbelstücken angegriffen. Mit einigen wenigen Prellungen und Beulen komme ich dabei noch glimpflich davon. Ein Messerstich trifft eine Kollegin zwischen Brustkorb und Schulter. In einem anderen Fall wird einem Kollegen der Brustmuskel abgerissen. Eine neue Welle billiger Chemie schwappt erst über den Osten, dann bald über alle. In der Regel ist es Crystal. Es ist ein »Phänomen«, über dessen Existenz im fernen Kanzleramt, im Hauptstadt-Berlin, niemand sprechen will. Und noch weniger über dessen Wurzel. Crystal, dieser genial effiziente Dreck, sorgt für eine Menge Gewalt. Eine absurde Menge extremer Gewalt. Der Hochgeschwindigkeitskapitalismus bringt immer mehr Existenzen hervor, die keine Gewinner sind. Die, die nichts mehr haben als ihr eigenes Fleisch, das sie feilbieten können: zum Schlagen, zum Ficken, zum Foltern. Junges Fleisch für Geld. Geld für Crystal. Crystal schlägt eine verheerende

Schneise durch alle Schichten. Ein Abgeordneter lässt sich damit auf einer Bundestagstoilette erwischen. Darauf folgt eine kurzzeitige öffentliche Empörung. Von all den todmüden, heimlich schniefenden Ärzten will niemand etwas wissen. Und nichts von den Anwälten. Und Krankenschwestern. Und Polizisten. Crystal, das ist die ehemalige »Panzerschokolade«, mit der der gottverlassene Schnauzbart seine Soldaten im Endkampf an die Waffen trieb. In die Gräben, drüben in Russland. Und in den Tod. Crystal, das wiederauferstandene Pervitin im demokratisch wiederbelebten Deutschland. Darüber lacht der verdammte Führer sicherlich in der Hölle.

Dies sind verzweifelte Zeiten. Und Verzweiflung bringt immer auch eine irrationale Sehnsucht nach einfachen Antworten und schneller Heilung. Die minderjährigen, psychotisch gewalttätigen Überbleibsel dieses Irrtums landen bei mir. Mit Sozialarbeit gegen Systemmangel? Diese Frage zu stellen ist ein Tabu. Und deshalb kann ich mir diese Frage nicht leisten.

Irgendwann werde ich ein Abfallprodukt des »Fachkräftegebots«. Die Seiteneinsteiger werden dringend in der Jugendhilfe gebraucht, dürfen aber nicht mehr in den Maßnahmen arbeiten. So hat es das Kartell der großen Träger entschieden. Warum nicht Kompetenzprüfung statt »Schein«? Das bleibt wohl für immer ein Geheimnis der alten Männer, geboren und entschieden hinter verschlossenen Türen. Natürlich gibt es halb legale Lücken, durch die sich die Einrichtungen Leute wie mich ansaugen. Aber das Risiko, erwischt zu werden, ist real und lohnt sich schließlich nicht mehr. Und wieder einmal stehe ich vor dem Nichts. Ich brauche einen neuen Job, irgendetwas, das genügend einbringt für Miete und Essen. Ich arbeite als Einräumer in einem Bioladen. Und als Möbelpacker für eine Spedition, zumindest so lange, bis ich vor lauter Wasser in meinen Knien nicht mehr die Treppen hinaufkomme. Ich arbeite als Stahleinkäufer für eine ukrainische Handelsfirma. Ich arbeite als Job-coach. Ich arbeite als Assistent und schlecht bezahlter Praktikant. Und irgendwie kommt es, wie es anscheinend kommen muss. Man kann den Wächter von der Mauer nehmen, aber nicht die Mauer aus dem Wächter. Zumindest nicht die Sehnsucht nach ihr. Ich lande wieder an der Tür. Tagsüber tingle ich mit einem eigenen Jugendhilfekonzept von Träger zu Träger. Und von Arbeitsgruppe zu Arbeitsgruppe. Ich bekomme für meine Idee viel Zuspruch und wenig Geld. Die Träger sind groß und langsam. Die für sie zuständigen Behörden noch größer und noch langsamer. Also verdiene ich meine Miete wieder in der Nacht. Ich bewache eine Fetischparty. Ich bewache Baustellen. Ich helfe beim Begleitschutz auf der pompösen Hochzeit der Schlagerkönigin. Ich halte in einer warmen Sommernacht Wache am kniehohen Zaun, direkt vor dem Schlafzimmerfenster der Diva. Ich arbeite über die Jahre in diversen Studentenclubs und alternativen Läden. Und mehrere Hunderte Male wälze ich mich mit irgendwelchen Genossen herum. Hässlich und heftig. Mit Soziopathen und Berufsschlägern. Mit chemisch erweckten Superhelden. Und vielleicht hat der Rauschebartgott doch ausnahmsweise einen klitzekleinen Fehler gemacht. Zumindest den Zusammenbau des männlichen Gehirns betreffend. Denn nichts fühlt sich so echt an wie die Zeit auf der Mauer. Die Gemeinschaft der Brüder. Und der Kampf. Nichts weckt eine solch intensive Lebendigkeit im Jetzt. Schützen, kämpfen, leiden. Vielleicht bin ich, ganz ohne Chemie, ein Junkie geworden und für ein normales Leben verdorben. Oder wie erklärt es sich sonst, dass ich mich nach der Ermordung von Alberto Adriano einigen Jungs anschließe und mit ihnen auf Tour bin, als Schutzkomponente für afrodeutsche Top-Acts? Genossen, die man üblicherweise auf Viva und MTV bestaunen kann, unternehmen eine Aufklärungs- und Konzertreise in die dunkelsten, gefährlichsten Ecken des ostdeutschen Waldes.

Der hasserfüllte Vampir-Mob erwartet unseren Tourbus an jedem Ort wie eine Herde treuer Hardcorefans. Niemand mit meiner Vergangenheit und drei Groschen Verstand im Kopf würde sich auf so etwas einlassen. Ich tue es trotzdem. Dienen und schützen. Die Mauer macht süchtig. Dass wir das Abschlusskonzert auf dem Alexanderplatz in Berlin überhaupt erreichen, lebendig und körperlich unverletzt, ist ein ganz eigenes Mysterium.

Jahre später. Ich bin von meinem Idealismus immer noch nicht geheilt. Und ein Genosse aus dem Dreiländereck möchte Kanzler werden. Ich assistiere jemandem, der den Personenschützern des BKA assistiert. Wieder stehe ich hinter einem Messias. Oder in diesem Falle einem, der es gern geworden wäre, vom Format des sächsischen Originals ist er jedoch Lichtjahre entfernt. Doch ungeachtet dessen bin ich wieder bereit, meine Körperhülle in die Waagschale zu werfen für diesen hochbegabten Produzenten von Sprechblasen und vergeblichen Hoffnungen. Obwohl ich diesem Genossen so gar nichts schuldig bin. Man kann den Mann von der Mauer nehmen.

Wie schnell es mit der Körperhülle vorbei sein kann, bekomme ich im Februar 2018 aufgezeigt. Bei meinem Versuch der gewaltlosen Zivilcourage in einer Straßenbahn stolpere ich mit meiner naiven Helferillusion über einen randalierenden Jungen auf Chemie. Und bezahle meine Selbsttäuschung um ein Haar mit dem Leben. Mein oberer Kiefer wird von einem Multitool durchstochen. Der Angriff verfehlt lebenswichtige Nerven und Innereien nur um Haaresbreite.

Und dann stehe ich eines Tages in meiner winzigen Wohnung, heimgekehrt von irgendwoher. Ich starre über die Allee auf den Park hinab. Hinter mir brummt mein Kühlschrank laut und unzufrieden. Er ist auf seine alten Tage nicht gerne derartig leer und damit allem Zweck enthoben. Und unten, vor dem Haus, sitzt ein Obdachloser bei den Mülltonnen. Er sitzt schon wieder dort. Auch sein Leben bewegt sich anscheinend in Kreisen. Den zahnlosen alten Mann dort zu sehen, wieder und wieder, bohrt sich durch all meine Krusten. Ich habe mich treiben lassen. Doch die immer selben Dinge führen zu immer ähnlichen Ergebnissen. Ich muss aufbrechen. Loslegen. Ich muss meine Baustellen ordnen und meinen verdammten Kopf aufräumen. Ich muss die Puzzlestücke zusammensetzen. Und endlich einmal etwas anfangen und zu Ende bringen. Vielleicht sollte ich hier weggehen. Irgendwohin, wo ich keinen Namen besitze und keine Geschichte. Irgendwohin, wo nur das zählt, was ich abliefern kann. Und sonst nichts. Wie heißt es im Märchen von den Stadtmusikanten? *Etwas Besseres als den Tod finde ich allemal.*

Kapitel 23

Bahnhöfe sind wie menschliche Bienenstöcke. Mit vielen Waben durchzogen. Und ruhelos geschäftig. Ich mag keine Bahnhöfe. Und ich mag keine Bahnhöfe im Berufsverkehr. An Wochenenden. Oder an Abenden. Oder an Feiertagen. Und da ich sehr viel an Bahnhöfen unterwegs sein muss, von irgendwoher nach irgendwohin, stellt dies eine Herausforderung dar. Heute wähle ich die Methode der spiralförmigen Annäherung. Ich bin über die Domplatte herangekommen. Ich habe meinen über alles geliebten Rucksack geschultert. Er ist wundervoll unauffällig, ich könnte mit ihm und meinem Businesshemd bei vielen Leuten als ein Sparkassenangestellter durchgehen. Oder als ein Sachbearbeiter der Stadtverwaltung. Und ich könnte damit vierundzwanzig Stunden ununterbrochen auf den Beinen sein, ohne dass mir etwas fehlt: Ich habe in Konzentrate gepresste Kalorien. Wasser. Ein Medipack. Notkommunikation. Mehrere Akkublöcke. Kälteschutz. Nässeschutz. Ein Multitool. Wechselkleidung. Und alles hübsch ordentlich und rüttelfest in Fächern verstaut. Alles, was mir noch fehlt, ist ein zusammenfaltbares Tiny House. Oder eine Weltraumrakete zum Aufblasen wie in *Adolars phantastische Abenteuer*, dieser verstörend witzigen Zeichentrickserie aus Ungarn. Dieser Rucksack ist mein zweites Zuhause. Er versorgt mich einfach mit allem, bis auf das Tiny House. Und die

Rakete. Dieser Rucksack ist meine Lebensversicherung. Und heute brauche ich sie vielleicht dringender als jemals zuvor.

Ich schleiche auf einer Schleife über die Domplatte. Und dann einmal um und einmal durch den Bahnhof. Dann beziehe ich Stellung, unweit von Gleis 9. Ich habe eine große Wand im Rücken. Und eine gute Sicht in alle anderen Richtungen. Nichts wird mich heute überraschen. Was immer diesen Bahnsteig herunterkommt, ich bin bereit. Das Schlimmste bei diesen Dingen ist jedoch das Warten. Und das nervöse Flimmern im Bauch. Und das verdammte Adrenalin, das nirgendwohin kann. Ich stehe auf meiner Position unterhalb von Gleis 9. Die Leute hasten von den Bahnsteigen herunter und an mir vorbei. Und in die andere Richtung hasten sie auf die Bahnsteige hinauf. Eine gewaltig beleibte Frau, mit blauschwarzer Haut und zwei supersüß bezopften quirligen Zwillingen, müht sich mit einem randvoll beladenen Kinderwagen ab. Dieser Aggregatzustand ist wohl allgemeines Elternschicksal. Man verwandelt sich in einen Packesel. Und eine Doppelschicht-Arbeitsdrohne. Kurz kämpfe ich mit mir, dann siegt mein schlechtes Gewissen. Ich verlasse meinen Standort und steuere auf die Frau zu, die mit verzweifeltem Blick den Bahnsteig hinaufstarrt und dabei versucht, die Zwillinge zu bändigen.

»Entschuldigen Sie?«

Ich spreche die Frau aus gebührendem Abstand und mit lauter Stimme an, im Versuch, den infernalischen Pendlerlärm und die scheppernde Lautsprecheransage zu übertönen. Die Frau wendet sich verwundert um. Ihr Blick ist leicht genervt.

»Darf ich Ihnen helfen?«

Dabei zeige ich wie ein Pantomime zum Kinderwagen und dann die Treppe hinauf. Das Gesicht der Frau erhellt sich zu einem Lachen.

»Das müssen Sie nicht. Es ist schwer.« Sie winkt ab. »Zu schwer.«

»Ich helfe gern.« Das ist gelogen. Und ich habe keine Zeit.

Also schnappe ich mir kurzerhand den Kinderwagen und wuchte ihn über die Hüfte. Was zur Hölle hat die Frau in diesen Wagen geladen? Das Ding wiegt mindestens vierzig Kilo. Und durch die verdammte Sperrigkeit fühlt es sich doppelt so schwer an. Nach einem Dutzend Stufen schlägt mir das Herz bereits bis zum Hals, nach einem weiteren Dutzend nähere ich mich dem Infarkt. Merde, verdammte. Warum bin ich nicht gemütlich auf meinem Posten geblieben und habe der Frau bei diesem Wahnsinn nur zugesehen? Wirklich und wahrhaftig, keine gute Tat bleibt ungesühnt.

Ich halte kurz inne, nehme den Kopf auf die Brust herunter, ringe nach Luft und versuche meine Finger zu ignorieren, die sich brennend an das Kinderwagengestell klammern. Aus dem Wagen lächeln mindestens drei Sack Kartoffeln zu mir herauf. Und Rote Beete. Und saure Gurken im Glas. Und Schweinegeschnetzeltes, tiefgefroren. Und noch fünftausend andere Sachen. Um Himmels willen, das ist ein Monatseinkauf. Ich bin verloren. Genau wie das geschnetzelte Schwein in der dicken Plastiktüte.

Ich schaffe es schließlich bis kurz vor die Plattform des Bahnsteigs. Direkt hinter mir schnauft die Mutter mit den Zwillingen an der Hand die Treppe hinauf. Ich fixiere die letzten Stufen. Die Hände brennen. Der Rücken brennt. Merde, verdammte. Aber egal: Auf, Eorlingas! Ich straffe mich, dann setze ich den linken Fuß auf die nächste Stufe. Der tonnenschwere Kinderwagen schwingt auf meiner Hüfte, ich greife nach und grunze vor Anstrengung. Und da passiert es. Sie passiert mir. Sie kommt die Treppe hinab, mir entgegen. Sie, die ich in jeder noch so großen Menge wiedererkennen würde. Zuerst sehe ich die Terrex-Halbstiefel die Stufen herabkommen. Dann die typischen Jeans und den Parka. Sie hätte in diesem Outfit alles Mögliche sein können. Für alles Mögliche unterwegs. Für eine Weltreise. Straßenmusik. Oder als Doktorandin. Ich muss sofort an unser erstes Treffen denken. Wie sie Zigarre rauchend mit ihren Karten am Tisch saß. Und ihr Blick mich getroffen hat.

Erst ist da ein ungläubiger Ausdruck in ihrem Gesicht. Sie sieht mich. Mit einem randvoll beladenen Kinderwagen. Und der wohlbeleibten Mutter. Und den Zwillingen. Doch ihr Erstaunen dauert nur kurz, dann wird es zu einem Grinsen.

»Na, du hättest mir doch sagen können, dass du heute nicht kannst, weil du einen Ausflug mit der Familie machst.«

Ich versuche schnell etwas halbwegs Geistreiches zu stammeln, aber es gelingt mir nicht. Ich schnappe verzweifelt nach Luft.

»Jetzt bekomm mir nicht noch einen Herzinfarkt. Ich gehe einfach wieder zurück und warte oben auf dich«, teilt sie mir grinsend mit.

»Vielen, vielen Dank.« Die Mutter mit den Zwillingen ist sichtlich erleichtert.

»Gern geschehen.« Vielleicht nicht gerade heute, aber doch. Die Zwillinge grinsen mich wild an, zeigen mit ihren kleinen Fingern in meine Richtung und brabbeln etwas Unverständliches. Nach wenigen Schritten an der Hand ihrer Mutter verlieren sie das Interesse an mir, und die kleinen, süß bezopften Köpfe verschwinden im Gewühl. Die Amazone tritt seitlich an mich heran. Sie lacht. Dann zieht sie mich zu sich.

»Na, musst du immer noch die Welt retten?«

»Ach, wenn ich das nur könnte.« Und dann ergänze ich: »Mein letzter Versuch war ja nicht so erfolgreich.«

Die Amazone winkt ab. »Krise als Chance.«

Sie schaut mich an, für einen Augenblick ernst. »Du bist in einen übel großen Scheißetopf gefallen. So was passiert.«

Sie küsst mich. Ganz kurz und selbstverständlich, irgendwie so, als wäre keine Zeit vergangen. Als hätten wir uns erst heute Morgen in der Wohnungstür voneinander verabschiedet. Ihr Kuss schmeckt nach dem Zitronen-Ingwer-Bonbon in ihrem Mund. Und nach ihr.

»Komm, lass uns gehen. Ich dachte, du lädst mich zum Essen ein?« Sie grinst schon wieder. »Oder war das nur ein Vorwand?«

Sie stößt mir ihre Finger in die Rippen. Es tut ziemlich weh.

Es tut so gut. Wir hocken uns in einen winzigen japanischen Suppenladen, nicht so weit entfernt vom Bahnhof. Das Interieur stammt aus dem vorletzten Jahrtausend, die Wände sind gelb von Zigarettenrauch. Dennoch drängen sich die Gäste dicht an dicht, denn hier gibt es originale Suppen jenseits der üblichen Nachahmungen und gefälliger Kompromisse. Hier schöpfen verschwitzte Köche hinter einer beschlagenen Glasscheibe das Original in die Schüsseln. Ich liebe diesen Laden.

»Soso, du wohnst also in Köln.«

Ich zucke die Schultern und sage nichts dazu. Ich werde ihr noch früh genug auf die Nase binden müssen, dass ich immer noch Türen bewache und Leute, weil das Geld aus der Jugendhilfe nicht reicht, auch im Westen nicht. Ich werde ihr sagen müssen, dass ich im Lagerraum hinter einem alten Tonstudio schlafe, irgendwo in der Vorstadt, auf einer Matratze auf dem Boden. Ich werde ihr sagen müssen, dass ich auf die verrückte Idee gekommen bin, einen Krimi zu schreiben. Genau genommen eine Krimireihe. Auf einseitig bedrucktes Altpapier aus dem Kopierladen von der Ecke. Und dass das Schreiben sich so verdammt richtig anfühlt, so längst überfällig und richtig, obwohl ich so gar nichts damit verdiene. Ja, ich werde ihr früh genug eine Menge erzählen müssen. Auch etwas über meine neu gewonnene Freiheit. Freiheit? Der Westen war nicht viel gnädiger zu mir als der Osten. Aber dennoch bin ich endlich irgendwo angekommen. Und ich werde langsam zu mir selbst. Das klingt für einen sechsunddreißigjährigen Typen bestimmt vollkommen dämlich, aber ich bin unbeschreiblich stolz darauf. »Hey, Erde an Blödmann! Woran denkst du schon wieder?« Die Amazone sticht mir den Finger in die Rippen und grinst zufrieden. »Wahrscheinlich denkst du darüber nach, wie du möglichst schnell in mein kleines Naherholungsgebiet kommen kannst?«

Die köstliche Suppe schießt aus meinem Mund über den Tisch. Geistesgegenwärtig habe ich noch versucht, die Hand nach oben zu reißen, aber das funktioniert nur halb. Die Vorderseite der Amazone bekommt einiges ab. Merde, ich hatte ganz vergessen, wie direkt diese Frau sein kann. Die Amazone betrachtet gelassen ihre beschmutzte Jacke.

»Das ist wirklich eine reife Leistung. Du kommst heute auf jeden Fall noch in mein Naherholungsgebiet, Freundchen«, entscheidet sie grinsend. »Aber vorher muss ich noch etwas wissen.«

Das Grinsen ist plötzlich verschwunden. Das hier ist ernst. Ich lege vorsorglich den Löffel auf den Tisch. Schön langsam. Schön ordentlich, so gut das mit meinen zittrigen Fingern eben geht.

»Willst du das wirklich? Das mit uns?«

Ich weiche ihrem Blick aus und folge dem Verlauf ihrer Adern die trainierten Arme hinab.

»Was meinst du damit?« Mehr bekomme ich nicht heraus.

»Ich meine damit, dass sehr viel Zeit vergangen ist. Wirklich viel Zeit. Du hast in dieser Zeit überleben müssen. Und ich auch.«

Was kann ich dazu sagen? Was sollte ich dazu sagen? Ich will sie nicht verärgern. Nur das nicht. Nicht heute

»Ich war hier draußen. Du nicht. Ich habe mich mit Leuten getroffen. Du nicht. Ich habe mein Ding durchgezogen.« Ihr Blick ist hart und fest. »Frag mich. Du kannst mich alles fragen. Aber mach es mir nicht zum Vorwurf, dass ich frei war. Denn dann wird das hier nicht funktionieren.«

Ich weiß. Alles, was sie sagt, weiß ich längst. Alle Vorwürfe habe ich längst gegen sie erhoben. Längst habe ich sie verflucht und aufgegeben. Und mich auch. Ich bin längst jenseits davon. Ich schweige. Vielleicht ist das das Beste.

»Weißt du, warum ich heute hier bin?«

Ich schüttele den Kopf, während die Tränen mein Gesicht herablaufen und in die Suppe tropfen.

»Scheiß auf deren verlogene Moral. Scheiß auf die!«

Ihre Faust kracht auf die Tischplatte. Protestierend klappern und schwanken die Schüsseln. Köpfe drehen sich um, aber keiner wagt, etwas zu sagen. Nicht beim Anblick der Amazone.

»Scheiß auf die! Denk an unseren Hochzeitsspruch. Kennst du den noch?«

Natürlich kenne ich den noch, du blöde Kuh. Natürlich erinnere ich mich. Es ist ein Textstück aus dem Buch Ruth: »*Wo du hingehst, da will ich auch hingehen; wo du bleibst, da bleibe ich auch. Dein Volk ist mein Volk, und dein Gott ist mein Gott. Wo du stirbst, da sterbe ich auch, da will ich auch begraben werden. Der Herr tue mir dies und das, der Tod muss mich und dich scheiden.*«

Ich weine. Ich weine wie noch nie zuvor in meinem Leben. Mir sind die Leute ringsum egal. Die Suppe ist mir egal. Alles ist mir egal. Es muss raus. Ich habe in den Jahren so vieles gesehen. Treue gehörte nicht sehr oft dazu. Ich schlage die Hände vor mein Gesicht und weine. Die Amazone weint auch.

»Jetzt hör auf zu heulen, du Mädchen«, sagt sie schließlich. »Und scheiß auf die Suppe.«

Durch meine Tränen hindurch glitzert die Amazone wie eine überirdische Erscheinung. »Los jetzt, wir gehen zu mir.«

Sie knallt ein paar Scheine auf den Tisch und zieht mich aus Little Japan. Und sie hält ihr Versprechen. Das Naherholungsgebiet betreffend. Und auch unseren Trauspruch. Später, als wir verschwitzt auf einem zerwühlten Hotelbett liegen und sie schläft, kritzele ich auf den Schreibblock auf der Minibar:

Man muss den Staub
aus dem Rauschen nehmen,
dann rauscht das Meer wieder.

Man muss den Staub herausnehmen
und den Zauber wiedereinsetzen.

Machen,
dass das Rauschen uns verzaubern kann,
erneut.
Wir müssen den Staub

aus unseren Ohren nehmen
und unseren Herzen,
dann rauscht unser Meer wieder
und verzaubert.

Lang lebe die Techniker Krankenkasse. Sie bezahlen mir eine ganze lange Reihe von Sitzungen bei einem Kopfdoktor. Es ist angeblich ein Spezialist für völlig verdrehte und kaputtgegangene Oberstübchen. Und wie soll das gehen? Kann der Typ etwas zaubern?

»Sie wollen also ...«, der Mann blickt auf seinen Zettel, »... das Rauschen aus Ihrem Herzen nehmen?«

Oh, merde. Ich hätte dem Kerl meinen Text nicht zeigen sollen. Es klingt einfach nur dämlich, wenn er es so sagt. Ich nicke aber trotzdem. Ich bin durch einen unscheinbaren Hausflur in die Praxis gelangt. Die Räumlichkeiten haben die Anmutung eines Steuerberatungsbüros mit Patientenliege, hässlichen Topfpflanzen und einer winzigen Küche. Die Reparatur der Gehirne findet parterre statt. So kann ich von der Couch aus beobachten, wie auf der Straße, hinter den Gardinen, die Menschen mit besser funktionierenden Gehirnen ihren Besorgungen nachgehen. Ich soll hier verstehen, wie kaputt ich bin. Und warum. Und wie sich dieser Zustand mildern lässt. Und der Krankenkassen-Mechaniker, mit seinem Doktortitel und all seinen Diplomen an der Wand, soll mir bei der Selbsterkenntnis das Händchen halten. Aber eigentlich bin ich nur wegen der Amazone hier. Weil sich etwas ändern muss. Ich kann diese Frau nicht noch einmal verlieren wegen irgendeiner Blödheit. Amors Pfeil steckt mir mitten im Kopf. Zur selben Frau. Schon wieder. Na ja, es gibt schlechtere Motivationen für eine Therapie.

Drei Sitzungen später: »Wenn Ihr Leiden einen Sinn haben soll, müssen Sie versuchen, in die Welt Ihrer Gefühle zu gehen.«

»Die Welt der Gefühle?« Wie tief denn noch, bitte? Die Intention verstehe ich durchaus, an der Umsetzung habe ich so meine Zweifel. »Ist das alternativlos?«

Warum geht es nicht mit Logik? Mit Kausalität? Wie objektiv kann jemand sein, der dafür bezahlt wird, den Leuten einzureden, dass es nur diesen einen Lösungsweg gibt? Ich winde mich wie ein Aal. Ich gebe dem Zauberer Widerworte. Ich gebe ihm alternative Theorien zu kauen. Sorgfältig zusammengezimmerten Mist. Bis ich mir in Sitzung fünf oder sechs eingestehen muss, dass sich all der Verlust in mir nicht einfach in Luft aufgelöst haben kann. Ich habe nie gewagt, die Abwesenheit meines Vaters zu beklagen. All die Toten. Die Tode. Den von Großvater, beispielsweise. Und vielleicht habe ich ja wirklich versucht, mit Teilen meiner Begeisterung für den Messias die alte Vaterwunde zu stopfen. Oder die Großvaterwunde? Franz Ferdinand, auch so ein »Vater/Großvater«. Auch gestorben, kurz bevor wir ein bereits vereinbartes Gespräch abhalten konnten. Mein Anwalt, tot. Angeblich freiwillig gegangen. Obwohl erfolgreich und mitten im Leben. Mein Karatetrainer, Budo-Vorbild und Freund, gestorben. Meine erste Therapeutin, gestorben. Die Frau von Thomas, Kollege und Freund, gestorben. Auch an Krebs. Thomas, gestorben, auf dem Weg zu einem Treffen mit mir. Auch an seiner Freiwilligkeit habe ich mindestens ebenso große Zweifel wie bei meinem Anwalt. Meine Mutter. Tot. Und mein Bruder auch. Was für eine gigantische Menge an Abschied. Und verpasster Gelegenheit. Was für ein gewaltiger Haufen an Mist.

»Was soll ich damit tun?«, frage ich den Zauberer.

»Womit?«

»Mit dem Tod.«

»Was wollen Sie denn damit tun?« Kann dieser Mann nicht einen geraden, unkryptischen Satz sprechen? Nur einmal nicht dieses verdammte Psychogelaber ...

»Ich würde gern machen, dass das aufhört.«

»Das was aufhört?«

Ja, was eigentlich? »Das Sterben. Das Sterben soll aufhören.«

Der Zauberer nickt. Vielleicht bin ich auf einer Spur. »Ich will, dass nicht alle aus meinem Leben einfach verschwinden.« Der Bleistift des Zauberers kratzt über das Papier.

»Warum wollen Sie das? Haben Sie sich das schon gefragt?«

Ja, warum? Ich muss überlegen.

»Warum wollen Sie, dass die Menschen um Sie herum nicht mehr sterben?«

Alles, was gut erscheint, löst sich in Luft auf. In Lüge. Und in den Tod. Draußen vor dem Fenster laufen die normalen Leute eilig zu ihren normalen Dingen. Ich rätsele, wie sie es schaffen, ihre Leben zu leben. Ihre Freude. Ihren Schmerz.

»Ich würde so gern endlich irgendwo ankommen. Endlich einmal irgendwo zu Hause sein«, antworte ich dem Zauberer. Und weine.

»Ich werde dort austreten.«

Einige Zeit ist vergangen. Ich liege weiter jede Woche auf der Couch. Heute hoffe ich einmal mehr auf seinen Rat. Eigentlich hoffe ich, dass er mir diese Entscheidung abnimmt. Oder sie mir ausredet. Oder das Gegenteil. Eigentlich ist es mir ganz egal.

»Sie wollen also austreten, bei diesem ...«

»Uniter.« Ich fülle hilfsbereit die Lücke. Schließlich soll der gute Mann gleich mal in seine Glaskugel für mich schauen.

»Was ist das, Uniter? Helfen Sie mir.«

»Na ja, das ist wie eine Art Selbsthilfegruppe für alle möglichen Leute, die mit Sicherheit zu tun haben.«

Das Gesicht bleibt neutral. Wenn er über die Angelegenheit etwas gelesen hat, dann behält er es für sich.

»Warum wollen Sie da austreten?«

Wird das heute wieder so laufen? Ich mache die Arbeit, und er wird dafür bezahlt?

»Es ist nicht das, was ich gesucht habe.« Die Sportschule war es nicht. Die Bibellesegruppe der Charismatiker war es nicht. Die Neo-Anthroposophen auch nicht. Ich habe es in der Kaserne nicht gefunden. Und schon gar nicht in der Haft. Und bei Uniter? Eben auch nicht.

Der Zauberer schaut mich erwartungsvoll an. Dann gibt er mir einen Schubs: »Könnte es sein, dass es gar nicht darum geht, wo sie sind oder mit wem? Sondern warum?«

Ich schweige.

»Haben Sie Angst, dort Verantwortung übernehmen zu müssen?«

Ich schüttele meine Lähmung ab. Das ist Unsinn, Psychoquatsch!

»Welche Verantwortung?«, belle ich heraus. Er tut gerade, als würden die dort hoch bezahlte Planstellen verlosen. Aber dem war nicht so. Also was für eine Verantwortung, bitte?

»Verantwortung für sich selbst?«, erwidert der Zauberer ruhig. »Und durch Ihre Handlungen auch Verantwortung für andere. Oder sehen Sie das nicht so?«

Ich merke, wie ich meine Wut über sein Gerede kaum noch kontrollieren kann.

»Ich wollte, dass Sie sagen, was ich tun soll. Ich meine, Sie können doch einmal klar sagen, was Sie denken!« Das ist wirklich nicht zu viel verlangt! Mein Ton ist recht scharf. Der Zauberer zuckt kurz zusammen »Sie wollen also, dass ich Ihnen die Antworten vorsage?«

Ich nicke eifrig. Ja, das will ich. Die ganze Zeit schon, verdammte Scheiße.

»Also gut.« Der Zauberer legt Stift und Block neben sich auf den kleinen runden Tisch. Dort, wo auch sein Wasser immer steht. Dann beugt sich der Zauberer nach vorn.

»Sie haben beinahe all Ihre Chancen vertan. Mutwillig. Und Sie haben Männer bei Straftaten angeführt. Und ...« Der Zauberer schreibt mit seinem Zeigefinger ein Ausrufezeichen in die Luft. »Sie haben schwerste emotionale Verletzungen verursacht. Bei Ihren Opfern. Bei Ihrer Mutter natürlich. Aber auch bei Ihren Freunden. Und sich selbst. Dafür sind Sie verantwortlich.

Und ich bin der festen Überzeugung, dass Sie das zumindest in Teilen längst verstanden haben.«

Üblicherweise sagt der Mann fast überhaupt nichts. Heute sprudelt es aus ihm heraus. Kann er damit aufhören, bitte? Nein, kann er nicht.

»Jegliches Verhalten ist wie ein Tatort. Und Sie müssen das Motiv des Täters in Erfahrung bringen. Also?«

Er deutet mit seinem knochigen Zeigefinger in meine Richtung. »Was treibt Sie an? Wieso laufen Sie davon?«

Der Kripo-Mann in mir protestiert gegen meinen reflexartigen Kopfstimmenprotest. So eine elende Scheiße.

»Wer mit öffentlichen Trägern arbeiten will, muss sich von so etwas fernhalten.« Protestiere ich dann doch noch, denn das ist die Wahrheit. Uniter ist offiziell als »Verdachtsfall« eingestuft. Obwohl mich dort bislang niemand zu einem Putsch einladen wollte. Niemand dort wollte die »Mutti« vor das Kanzleramt schleifen und aufhängen. Oder irgendeinen sonstigen Mist dieser Art. Mir erscheint der Laden eher wie eine Generalversammlung für Sicherheitszeugs, wie eine private Forschungsgruppe, in der man sich gegenseitig Vorträge hält und mildtätige Aktionen organisiert für all jene, die an ihrem Innenleben verkrüppelt aus den diversen Einsätzen zurückkommen.

»Genau, es geht nicht darum, wer diese Leute sind. Oder auch nicht. Sondern es geht darum, was Sie dort zu finden hoffen, davon bin ich fest überzeugt.« Und nach einer kurzen Pause fügt der Zauberer hinzu. »Und diesen Filter im Kopf nehmen Sie überallhin mit. Egal, wo Sie sind und was Sie auch tun.«

Folgt man dem Zauberer in seiner Logik, dann habe ich mal wieder einen Vater gesucht. Oder zumindest einen Ritterorden als Vater-Sicherheitsersatz. Und statt der Tafelrunde traf ich eine Versammlung von Handwerkern. Und statt meiner Erlösung bekam ich Hausaufgaben. Das war nicht das, was ich von denen wollte. Deshalb laufe ich weg. Ich will keine Verantwortung. Ich will der Mutter und ihrem strafenden Urteil entkommen. Und ich kann die Vater-/Großvater-Leerstelle nicht loslassen. Ich will nicht erwachsen sein. Darf es aber endlich. Dann bin ich keine Puppe mehr, an niemandes Fäden. Kein Vater-Leerstellen-Junkie. Vielleicht ist es wirklich so banal. So einfach. Ich ziehe den Rotz die Nase hoch. Und lache.

»Warum lachen Sie?«, fragt der Zauberer. Und das löst nur noch mehr Heiterkeit in mir aus. Ich kreische vor Lachen. Von allem Erwachsenen befreit. Und aus vollem Hals. Die Tränen laufen mir die Wangen hinab.

»Ich musste an *Sponge Bob* denken«, bekomme ich schließlich heraus. Der Zauberer runzelt die Stirn. »Die Zeichentrickfigur?« Ich nicke und wische mir die Tränen aus den Augen. »Ich musste daran denken, was Sponge Bob zu seinem Kumpel sagt: Wir sind nicht hässlich. Wir stinken.«

Ende gut, alles gut. Darüber denke ich nach, als deine Schritte die Treppe heraufkommen und dein Schlüssel an der Tür zu hören ist. Der Regen hat dich wieder ausgespuckt, du bist daheim. Du bist durch den Stau gekommen auf der äußeren Ringstraße. Der Stau hat dich nicht abhalten können. Und wahrscheinlich hatte auch Petrus nicht den Schneid, sich mit dir anzulegen.

»Was starrst du mich so an wie ein verliebtes Eichhörnchen?« Ich muss grinsen, du auch.

»Hör damit auf, du Kasper.«

Ich kann nicht. Ich würde ja gern, aber ich kann nicht.

»Na gut, dann grinse halt weiter.« Du schiebst mich in die Küche. »Aber mach dabei etwas zu essen. Ich bin hungrig für drei Braunbären. Dort gab es nur Selleriestäbchen und Joghurtdip, stell dir das vor? Sie hat mal wieder eine Low-Carb-Phase.«

Ich bin so froh, dass du wieder daheim bist. Ich wage eine Umarmung, obwohl ich weiß, wie gefährlich du bist in deinem ausgehungerten Zustand. Dein Kuss spricht darüber Bände. Dann schiebst du mich von dir weg.

»Fort! Ich koch uns was.« Damit schiebst du mich aus der Küche. »Und lies bitte mal die Mail wegen der September-Reihe. Die haben da noch Fragen wegen des Curriculums. Oder ein, zwei Anliegen? Ich habe es nicht mehr genau im Kopf.« Damit bin ich entlassen. Und du beginnst, zwischen den Schränken herumzuwirbeln wie ein psychopathischer Zauberkünstler. Im Arbeitszimmer öffne ich das Mailprogramm auf dem großen Bildschirm. Mein Blick gleitet die Betreffzeilen hinauf und hinab, ohne dass ich mich auf irgendetwas konzentrieren kann. Ich lausche in mich hinein, aber selbst das Kollektiv der Verkläger hat dazu keinen sinnvollen Kommentar. Schließlich ziehe ich mir ein Blatt aus dem Drucker, und der Füller fliegt wie von selbst von einer Seite auf die andere.

> *Du bist mein Leuchtfeuer im Sturm, hast meine Zweifel*
> *geheilt, mit deinem Lächeln.*
> *Ich träume davon. Wohin ich auch gehe, wo immer ich auch*
> *bin.*
> *Ich träume, wie ich wach werde auf deinem Schoß.*
> *Und draußen vor dem Fenster singt ein wilder Chor*
> *Spatzen eine noch wildere Hymne auf das Leben.*

Ich starre kurz auf mein Gekritzel, dann falte ich es zu einem Dampfer zusammen und stecke es im Flur schnell in die vordere Tasche deiner Messengerbag zu deinem Telefon. Das Dampfer-Origami ist über die Jahre hinweg zwischen uns zu einem »Insider« geworden. Du bekommst von mir eine Liebespost. Und ich bekomme von dir Widerworte. »Blödmann«. »Verliebter Hamster«. Oder etwas in dieser Art. Wir zanken uns wie ein Ehepaar. Wir sind ein Ehepaar. Wir sind Gefährten. Und dazu die Mädchen. Was fehlt noch? Alles passt, nichts fehlt mehr.

Das neue Buch der Bestsellerautorin Maja Göpel

Die Menschheit befindet sich in einem gewaltigen Transformationsprozess. Unser Umgang mit Umwelt, Wirtschaft, Politik und Technologie muss von Grund auf neu gestaltet werden. Die Menge dessen, was anzupacken, zu reparieren und neu auszurichten ist, scheint übergroß. Wie finden wir Kompass, Kreativität und Courage, um diese Herausforderungen konstruktiv zu bewältigen? Und: Wer ist eigentlich wir?

ullstein

Besser leben ohne die negative Macht des Unterbewusstseins

Schnelle, aber fatale Entscheidungen. Ruinöse Fehleinschätzungen. Krankmachende Grübeleien und sinnlose Konflikte ... Oft genug entstammt so etwas den Tiefen unserer Psyche. Der renommierte Hirnforscher und Bestsellerautor Stefan Kölsch ergründet erstmals die Bedeutung und die Gefahren des Unterbewussten für unser Leben – auf dem aktuellen Stand der Wissenschaft, für jedermann verständlich und mit vielen Beispielen.

Stefan Kölsch
Die dunkle Seite des Gehirns
Wie wir unser Unterbewusstes überlisten und negative Gedankenschleifen ausschalten

Taschenbuch
Auch als E-Book erhältlich
www.ullstein.de

ullstein